Inestabilidad y desigualdad
La vulnerabilidad del crecimiento en América Latina y el Caribe

Claudio Aravena
Mariela Buonomo Zabaleta
Rodrigo Cárcamo-Díaz
Juan Alberto Fuentes Knight
Ivonne González
Luis Felipe Jiménez
Cornelia Kaldewei
Sandra Manuelito
Ricardo Martner
Nanno Mulder
Ramón Pineda-Salazar
Andrea Podestá
Osvaldo Rosales
Roberto Urmeneta
Jürgen Weller
Pablo Yanes Rizo
Dayna Zaclicever

Comisión Económica para América Latina y el Caribe (CEPAL)
Santiago de Chile, agosto de 2014

Libros de la CEPAL

128

Alicia Bárcena
Secretaria Ejecutiva

Antonio Prado
Secretario Ejecutivo Adjunto

Jürgen Weller
Oficial a cargo de la División de Desarrollo Económico

Ricardo Pérez
Director de la División de Publicaciones y Servicios Web

Esta publicación fue coordinada por Juan Alberto Fuentes Knight, ex Director de la División de Desarrollo Económico de la Comisión Económica para América Latina y el Caribe (CEPAL), con la colaboración de Luis Felipe Jiménez, experto de la División. La *Deutsche Gesellschaft für Internationale Zusammenarbeit* (GIZ) aportó recursos para su edición, mientras que la Agencia Española de Cooperación Internacional para el Desarrollo (AECID) contribuyó al financiamiento de dos seminarios, realizados en octubre de 2012 y abril de 2013 en Santiago, en que los autores presentaron avances de sus trabajos. Los autores agradecen a las siguientes personas sus comentarios durante estos seminarios: Ángel Arita, Luis Felipe Céspedes, Luis Eduardo Escobar, Rodrigo Fuentes, Claudio Hamilton, Clara Jusidman, Osvaldo Kacef, Ignacio Lozano, Manuel Marfán, Mayra Palencia Prado, Julio Pineda, Juan Manuel Rodríguez y Gabriel Ulyssea. Julio Rosado, Javier Meneses y Michael Seitz contribuyeron a la elaboración de los capítulos IV, V y VII, respectivamente.

Publicación de las Naciones Unidas
ISBN 978-92-1-121860-2
eISBN 978-92-1-056541-7
LC/G.2618-P
Número de venta S.14.II.G.16
Copyright © Naciones Unidas, 2014
Todos los derechos reservados
Impreso en Naciones Unidas, Santiago de Chile

Esta publicación debe citarse como: Juan Alberto Fuentes Knight (ed.), "Inestabilidad y desigualdad: la vulnerabilidad del crecimiento en América Latina y el Caribe", *Libros de la CEPAL*, N° 128 (LC/G.2618-P), Santiago de Chile, Comisión Económica para América Latina y el Caribe (CEPAL), 2014.

La autorización para reproducir total o parcialmente esta obra debe solicitarse al Secretario de la Junta de Publicaciones, Sede de las Naciones Unidas, Nueva York, N.Y. 10017, Estados Unidos. Los Estados miembros y sus instituciones gubernamentales pueden reproducir esta obra sin autorización previa. Solo se les solicita que mencionen la fuente e informen a las Naciones Unidas de tal reproducción.

Índice

Prólogo 13
Introducción
    Juan Alberto Fuentes Knight 17
    A. Un patrón de crecimiento marcado
         por la inestabilidad 17
    B. Crecimiento acompañado por grados variables
         y persistentes de desigualdad 24
    C. Crecimiento económico, cambios estructurales
         y políticas 27

Capítulo I
El desempeño mediocre de la productividad laboral en
América Latina: una interpretación neoclásica
    Claudio Aravena y Juan Alberto Fuentes Knight 31
    Introducción 31
    A. Evolución de la productividad laboral
         en América Latina de 1981 a 2010 32
    B. Metodología utilizada 36
         1. Factor capital 38
         2. Factor trabajo 42
    C. Los resultados 43
    D. Conclusiones 53
    Bibliografía 56
    Anexo 58

Capítulo II
Crecimiento económico, empleo, productividad e igualdad
Jürgen Weller y Cornelia Kaldewei 61

Introducción 61
A. Evolución de la fuerza de trabajo 64
B. Estructura del mercado laboral, crecimiento económico
y distribución del ingreso 68
C. Productividad laboral 80
D. Cambios de la productividad laboral en y entre sectores,
1990-2012 83
1. Período 1990-2002 85
2. Período 2002-2011/2012 89
E. Costos laborales y distribución de ingresos 92
F. Conclusiones 98
Bibliografía 101

Capítulo III
Inversión y crecimiento en América Latina 1980-2012:
rasgos estilizados de la relación
Luis Felipe Jiménez y Sandra Manuelito 105

Introducción 105
A. Relación del crecimiento económico y la inversión 106
B. Principales hechos estilizados de la inversión
1980-2012 108
1. Evolución de la inversión 1980-2012 108
2. Factores gravitantes en los dos subperíodos
de aumento relativo de la inversión 114
C. Análisis empírico de la relación del crecimiento
e inversión en América Latina 122
1. Análisis de correlaciones del crecimiento e inversión 122
2. Análisis de causalidad del crecimiento e inversión 127
D. Implicancias para la política económica 133
1. Tres aspectos clave de corto plazo 134
2. Aspectos de largo plazo para el fortalecimiento
de la inversión 137
E. Síntesis y conclusiones 140
Bibliografía 142
Anexo 144

Capítulo IV
Crecimiento económico, inclusión y brechas sociales
en América Latina y el Caribe
Mariela Buonomo Zabaleta y Pablo Yanes Rizo 147

Introducción 147

  A. Pobreza y distribución de ingresos 150
    1. Evolución de la pobreza 1980-2011 150
    2. Persistencia de la desigualdad de ingresos 155
  B. Educación, desigualdad y crecimiento 160
  C. Salud, desigualdad y crecimiento 166
  D. El elefante en la habitación: violencia y desigualdad 170
    1. Violencia en América Latina y el Caribe 170
    2. Relaciones entre desigualdad y violencia 172
    3. El impacto económico de la violencia 174
    4. Conclusiones 175
  Bibliografía 177

Capítulo V
Comercio internacional: ¿qué aporta al crecimiento inclusivo?
Osvaldo Rosales, Nanno Mulder, Roberto Urmeneta
y Dayna Zaclicever 181
 Introducción 181
  A. Comercio internacional y crecimiento inclusivo:
    canales de transmisión 183
  B. Transformaciones recientes en el comercio mundial 187
  C. Vínculos macroeconómicos entre comercio,
    crecimiento y empleo 189
    1. Apertura de las economías al comercio 190
    2. Aporte del comercio al crecimiento del PIB 194
    3. Papel de los términos de intercambio
      en el ingreso nacional bruto 195
    4. El aporte de la diversificación exportadora
      al crecimiento 196
    5. El empleo asociado a las exportaciones 201
  D. La "calidad" de la especialización exportadora
    e importadora 203
    1. El comercio interindustrial 203
    2. La intensidad tecnológica 206
    3. Contenido de valor agregado por tipo
      de producto exportado 207
    4. El margen intensivo y extensivo 209
    5. Las empresas exportadoras 210
  E. El vínculo microeconómico del comercio
    y la productividad 213
  F. Inserción en cadenas regionales y globales de valor 217
  G. Conclusiones 221
 Bibliografía 227

Capítulo VI
Crecimiento económico y volatilidad real: el caso
de América Latina y el Caribe
    Rodrigo Cárcamo-Díaz y Ramón Pineda-Salazar 231
    Introducción 231
    A. Crecimiento económico y volatilidad real en la región
         (1990-2012): datos y hechos estilizados................................... 235
         1. Descripción de los datos utilizados 235
         2. Hechos estilizados vinculados al crecimiento
             en la región 236
         3. Medición de la volatilidad real en la región 238
    B. Relación empírica de la volatilidad y el crecimiento
         en la región, 1990-2012.. 247
         1. Resultado del uso de distintos indicadores
             de volatilidad 248
         2. Volatilidad y crecimiento: controlando
             por choques externos 251
    C. Conclusiones: discusión de los resultados
         e implicaciones de política 255
    Bibliografía 257

Capítulo VII
Políticas fiscales para el crecimiento y la igualdad
    Ricardo Martner, Andrea Podestá e Ivonne González 259
    Introducción 259
    A. Aspectos conceptuales y evidencia empírica del vínculo
         entre política fiscal y crecimiento económico...................... 262
    B. La deuda pública y las políticas fiscales 272
         1. Evolución de la deuda pública 272
         2. Hacia una arquitectura fiscal contracíclica 276
         3. La necesidad de fortalecer las instituciones fiscales 284
    C. La incidencia de los gastos e ingresos públicos en el
         crecimiento y la distribución del ingreso disponible 288
    D. Comentarios finales 293
    Bibliografía 295
Publicaciones de la CEPAL 299

Cuadros

1   América Latina y el Caribe: tasas de crecimiento medio anual
        del PIB (promedio simple) por grupos de países según su
        especialización económica y tamaño, 1980-2012 22
I.1   América Latina (12 países): producto interno bruto por hora
        trabajada respecto de los Estados Unidos, 1980-2010 37
I.A.1 Sectores económicos 58

I.A.2	Desagregación de la formación bruta de capital fijo por tipo de activo	59
I.A.3	Características de clasificación	60
II.1	América Latina (14 países): coeficientes de la correlación del empleo y el crecimiento económico: empleo total, empleo asalariado y trabajo por cuenta propia, 1995-2012	75
II.2	América Latina y el Caribe (23 países): variación de la productividad laboral media y contribución de los cambios intersectoriales e intrasectoriales, 1990-2002	85
II.3	América Latina y el Caribe: crecimiento anual de la productividad laboral por rama de actividad y aportes a los cambios de productividad generados en procesos internos de las ramas, 1990-2002 y 2002-2011/2012	87
II.4	América Latina y el Caribe (23 países): variación de la productividad laboral media y contribución de los cambios intersectoriales e intrasectoriales, 2002-2011/2012	90
III.1	América Latina: formación bruta de capital fijo, 1980-2010	111
III.2	América Latina: formación bruta de capital fijo público y privado, 1980-2010	112
III.3	América Latina: formación bruta de capital fijo en construcción y maquinaria y equipo, 1980-2010	113
III.4	América Latina: ahorro nacional, 1980-2010	117
III.5	América Latina: ahorro público, 1980-2010	118
III.6	América Latina: ahorro privado, 1980-2010	119
III.7	América Latina: ahorro externo, 1980-2010	120
III.8	América Latina: correlaciones (Pearson) de la tasa de crecimiento del $PIB_{(t)}$ y el coeficiente de inversión, 1980-2010	123
III.9	América Latina: correlaciones de la tasa de crecimiento del $PIB_{(t)}$ y los coeficientes de inversión pública y privada, 1980-2010	124
III.10	América Latina: correlaciones de la tasa de crecimiento del $PIB_{(t)}$ y los coeficientes de inversión en construcción y maquinaria y equipo, 1980-2010	126
A.III.1	América Latina: análisis de correlaciones del coeficiente de inversión total y el nivel de precios internacionales de materias primas seleccionadas, 1980-2010	144
A.III.2	América Latina: análisis de correlaciones del coeficiente de inversión total y la tasa de variación del consumo global en los subperíodos $(t-1)$, (t) y $(t+1)$, 1980-2010	145
IV.1	América Latina (18 países): evolución de la pobreza y la indigencia, 1980-2011	151
IV.2	América Latina (17 países): elasticidad en función del ingreso de la pobreza y la indigencia, alrededor de 2002-2007	154

IV.3	América Latina (18 países): relación del ingreso medio per cápita de hogares del decil 10 respecto de los deciles 1 a 4, 1980-2011	156
IV.4	América Latina (18 países): concentración del ingreso según el índice de Gini, 1990-2011	158
IV.5	América Latina (16 países): años de educación de la población económicamente activa, por sexo, 2011	161
IV.6	América Latina y el Caribe: esperanza de vida de ambos sexos, 1980-2010	169
V.1	América Latina (17 países): variación anual promedio del PIB total, las exportaciones netas y el PIB no exportado, 1990-2010	194
V.2	Modelo que explica el crecimiento quinquenal del PIB real per cápita,1970-2010	200
V.3	América Latina (5 países seleccionados): empleo asociado al sector exportador	201
V.4	América Latina (4 países seleccionados): variación del empleo debido a cambios en el grado de apertura	203
V.5	América Latina y otros países y regiones del mundo: comercio intraindustrial, 2011	205
V.6	Países seleccionados: exportaciones, empresas y apoyo a la pyme	211
V.7	América Latina y países y regiones del mundo seleccionados: indicadores de empresas exportadoras, 2010	212
V.8	Países seleccionados de América Latina: evidencia microeconométrica sobre los vínculos del comercio y el desempeño de las empresas	214
V.9	Agrupaciones seleccionadas: participación de los bienes intermedios en las exportaciones de bienes, promedio 2010-2011	217
V.10	América Latina y el Caribe: comercio internacional por destino e impacto sobre diversas dimensiones de la inclusión	223
VI.1	América Latina y el Caribe: elaboración de series del PIB trimestral, 1990-2012	236
VI.2	América Latina y el Caribe: PIB per cápita relativo respecto a los Estados Unidos	237
VI.3	América Latina y el Caribe: volatilidad real, coeficiente de variación y desviación estándar de la tasa de crecimiento del PIB y su componente cíclico, 1990-1992 y 2011-2012	240
VI.4A	América Latina y el Caribe: volatilidad real, coeficiente de variación, desviación estándar de la tasa de crecimiento del PIB y su componente cíclico, 1990-1992 y 2011-2012	246
VI.4B	Volatilidad real: episodios de contracción, duración y pérdida acumulada del PIB	247

VI.5   América Latina y el Caribe: volatilidad real y crecimiento............249
VI.6   América Latina y el Caribe: volatilidad real controlada
         por choques externos...255
VII.1   Modelos de efectos de corto plazo de la política fiscal
         sobre el crecimiento...262
VII.2   Literatura empírica sobre la relación entre impuestos
         y crecimiento económico: principales resultados...........................266
VII.3   Efectos en el crecimiento económico del aumento
         de los impuestos, el gasto público y el déficit................................267
VII.4   América Latina (20 países): efectos del gasto público sobre
         el producto interno bruto, 1990-2010..271
VII.5   América Latina (16 países): máximos y mínimos
         de la brecha del PIB y del saldo fiscal cíclico
         y elasticidades de largo plazo, 1990-2012..277
VII.6   América Latina (20 países): diferencial entre las tasas reales
         de crecimiento del gasto primario y del PIB, 1990-2012................279
VII.7   El Caribe (13 países): diferencial entre las tasas reales de
         crecimiento del gasto primario y del PIB, 1997-2012......................280
VII.8   América Latina (18 países): cambios en el coeficiente de Gini
         y en sus variables explicativas, 2000-2011......................................292

Gráficos

I.1   América Latina: tasa de variación del valor agregado, horas
         trabajadas y productividad laboral, 1981-2010 y décadas
         de 1981-1990, 1991-2000 y 2001-2010..33
I.2   América Latina (16 países): tasa de variación del valor agregado,
         horas trabajadas y productividad laboral, 1981-2010
         y décadas de 1981-1990, 1991-2000 y 2001-2010...............................34
I.3   América Latina (16 países): evolución de la
         productividad laboral, 1980-2010..36
I.4   América Latina (16 países): contribución de la relación del capital
         por hora trabajada al crecimiento de la productividad laboral,
         1981-2010...44
I.5   América Latina: determinantes de la productividad laboral
         según los métodos tradicional y no tradicional, 1981-2010............44
I.6   América Latina (16 países): determinantes de
         la productividad laboral, 1981-2010...47
I.7   Argentina, Brasil, Chile y México: determinantes de
         la productividad laboral, 1994-2008...49
I.8   Argentina, Brasil, Chile y México: determinantes de
         la productividad laboral por año, 1994-2008....................................49
I.9   Argentina, Brasil, Chile y México: determinantes de
         la productividad laboral por sector, 1994-2008................................51

II.1 América Latina: PIB per cápita y nivel educativo medio de la población económicamente activa urbana, fines de la década de 2000 67
II.2 Canadá y Estados Unidos, OCDE y América Latina y el Caribe: crecimiento económico y generación de empleo, 1992-2010 70
II.3 Canadá y Estados Unidos, OCDE y América Latina y el Caribe: crecimiento económico y variación de la productividad laboral media, 1992-2010 71
II.4 América Latina y el Caribe: crecimiento económico y dinámica en la generación del empleo, 2000-2012 74
II.5 América Latina y el Caribe (17 países): grado de asalarización de la estructura ocupacional (fines de la década de 2000) y correlación del crecimiento económico y la variación de la tasa de ocupación, 1990-2010 76
II.6 América Latina y el Caribe (17 países seleccionados): coeficiente de correlación del crecimiento del PIB per cápita y los cambios en la tasa de ocupación urbana, 1990-2010 77
II.7 América Latina: empleo urbano en sectores de baja productividad, según nivel del PIB per cápita, fines de la década de 2000 78
II.8 América Latina y el Caribe (15 países seleccionados): evolución del PIB por ocupado, 2000-2012 81
II.9 América Latina y el Caribe: contribución del aumento del empleo y la productividad laboral al crecimiento del producto, según rama de actividad, 1990-2002 y 2002-2011/2012 88
II.10 América Latina y el Caribe (21 países seleccionados): participación de remuneraciones en el PIB, por subregión, 2000-2010 93
II.11 América Latina y el Caribe (12 países seleccionados): relación del salario real del sector formal y el PIB por ocupado 95
III.1 América Latina: formación bruta de capital fijo, 1980-2012 108
III.2 América Latina y países seleccionados de Asia: formación bruta de capital fijo, 1980-2010 109
III.3 Regiones emergentes: tasa de inversión, 1980-2012 110
III.4 Índice de precios de importación de bienes de capital, excepto automóviles, 1980-2011 116
III.5 América Latina: variación del poder de compra de las exportaciones de bienes, 1981-2010 121
III.6 América Latina: resultados de causalidad (Granger) entre la tasa de crecimiento del PIB y el coeficiente de inversión, 1980-2010 128
III.7 América Latina: resultados de causalidad (Granger) entre la tasa de crecimiento del PIB y el coeficiente de inversión pública, 1980-2010 129

III.8 América Latina: resultados de causalidad (Granger) entre la tasa de crecimiento del PIB y el coeficiente de inversión privada, 1980-2010 130

III.9 América Latina: resultados de causalidad (Granger) entre la tasa de crecimiento del PIB y el coeficiente de inversión en construcción, 1980-2010 131

III.10 América Latina: resultados de causalidad (Granger) entre la tasa de crecimiento del PIB y el coeficiente de inversión en maquinaria y equipo, 1980-2010 132

IV.1 América Latina (13 países): tasa neta de educación secundaria, 2000, 2008 y 2011 163

IV.2 América Latina y el Caribe: tasa de mortalidad infantil, 1980-2010 167

IV.3 América Latina y el Caribe: esperanza de vida por sexo, 1980-2010 168

IV.4 Tasa de homicidios por cada 100.000 habitantes, según continentes, 2012 171

V.1 Países desarrollados y en desarrollo: evolución y proyección de las exportaciones, 1985-2020 188

V.2 América Latina y el Caribe y el mundo: indicadores de apertura comercial 192

V.3 América Latina (17 países): participación de las exportaciones brutas y netas en el PIB, 1990, 2000 y 2010 193

V.4 Países seleccionados de América Latina y desarrollados: composición de la variación del ingreso nacional bruto 196

V.5 América Latina y el Caribe: índices de concentración de las exportaciones 197

V.6 América Latina y el Caribe: intensidad tecnológica de las exportaciones por destino, décadas de 1990 y 2000 207

V.7 América Latina (5 países seleccionados): contenido y composición de las exportaciones 208

V.8 América Latina y el Caribe: margen intensivo y extensivo de las exportaciones 210

V.9 Países seleccionados: índice de integración vertical 2001, 2004 y 2007 218

VI.1 América Latina y el Caribe (21 países): crecimiento acumulado del PIB, 1990 (primer trimestre)-2004 (cuarto trimestre) 238

VI.2A América Latina y el Caribe: variabilidad del componente cíclico del PIB, desviación estándar y coeficiente de variación, 1990-2012 240

VI.2B Episodios de contracción acumulada del PIB, duración y número, 1990-2012 242

VI.3A América Latina y el Caribe: variabilidad del componente cíclico del PIB, desviación estándar y coeficiente de variación, 1990-2012 243

VI.3B América Latina y el Caribe: variabilidad del componente
de la tasa de crecimiento del PIB, desviación estándar
y coeficiente de variación, 1990-2012 244
VI.3C América Latina y el Caribe: episodios de contracción
acumulada del PIB, duración y número, 1990-2012 245
VI.4 Evolución trimestral de los precios de bienes básicos (energía,
bienes agrícolas, metales), ajustada por factores estacionales,
1990 (primer trimestre)-2012 (cuarto trimestre) 252
VI.5 Estados Unidos: evolución de la tasa de interés de los fondos
de la Reserva Federal 253
VI.6 Evolución de la volatilidad externa: índice
de volatilidad VIX.. 254
VII.1 América Latina (19 países): proporción de la deuda pública
externa e interna con respecto al PIB,
1970-2012 y 1990-2012 273
VII.2 América Latina: factores explicativos de la dinámica
de la deuda pública, 1999-2012 275
VII.3 América Latina (18 países): variación del balance fiscal
cíclicamente ajustado (BFCA) y de la brecha del PIB,
1990-2012 278
VII.4 América Latina: cambios en el gasto y la deuda pública
con respecto al PIB, 1991-1998 y 2003-2007 282
VII.5 El Caribe: cambios en el gasto y la deuda pública
con respecto al PIB, 2003-2007 283
VII.6 América Latina (18 países) y economías de la Organización
para la Cooperación y el Desarrollo Económicos (OCDE):
índice de Gini y años de educación de la población
de entre 25 y 64 años, 2011 293

Recuadros
V.1 Comercio y crecimiento inclusivo: ¿qué dicen las teorías?............ 186
VII.1 Multiplicadores de política fiscal 284

Diagramas
V.1 Canales de transmisión del comercio internacional
y el crecimiento inclusivo 184
VII.1 Objetivos e instrumentos de la política fiscal 261

Prólogo

En los últimos 30 años, América Latina y el Caribe ha transitado por períodos de luces y sombras, durante los cuales ha encarado graves crisis económicas, lentas recuperaciones y etapas de auge y de fuertes transformaciones, asociadas a ritmos variables de crecimiento, que responden en gran medida a los profundos cambios de la economía mundial y a una mayor vulnerabilidad de la región frente al contexto externo. Estos contrastes estuvieron acompañados de políticas públicas menos activas en los años ochenta y noventa y más activas a partir del cambio de milenio. Después de la crisis de los ochenta, en gran parte como resultado de las políticas de ajuste, se registraron aumentos dramáticos de la pobreza y se produjo un nuevo paradigma de desarrollo —el mercado céntrico—, de carácter hegemónico, insostenible desde la perspectiva social y que luego fue cuestionado y acompañado por amplios procesos de democratización.

Ya en los años noventa comienza la implementación de políticas sociales focalizadas, que se tradujeron en mejoras graduales de las condiciones de vida de los hogares de menores ingresos. Sin embargo, no fue sino hasta ya entrada la década del 2000 cuando se lograron avances más profundos en el combate a la pobreza, que han dado lugar a nuevas formas de interacción social entre la sociedad, el mercado y el Estado. Estas transformaciones, los cambios tecnológicos y las nuevas relaciones de América Latina y el Caribe con el mundo afectaron sensiblemente la manera de producir y consumir de millones de personas. Tales son los cambios que se analizan en este libro.

Las tres décadas evaluadas en el presente trabajo legaron una herencia notable en términos de lecciones sobre los problemas de desarrollo de América Latina y el Caribe y en relación con las políticas públicas que se aplicaron para enfrentarlos. En este sentido, no cabe duda de que la región ha hecho progresos importantes en el manejo del ciclo económico, como se expresa en la reducción de vulnerabilidades fiscales y monetarias durante la primera década del siglo XXI, y en la puesta en marcha de políticas sociales innovadoras para reducir la pobreza. Sin embargo, ello no ha sido suficiente para superar el gran rezago productivo, la brecha estructural y la gran desigualdad que aún recorre a nuestra región.

En este libro se presentan evidencias de que fundamentalmente esta realidad es el resultado de tres dimensiones: por un lado, la insuficiente acumulación de capital, de inversión y de ahorro. Por otro, la pérdida de productividad y la ampliación de brechas horizontales y verticales entre sectores, que llama a un urgente cambio estructural basado en la incorporación creciente de innovaciones tecnológicas y conocimiento. Y por último, la distribución funcional desigual entre capital y trabajo a lo largo del tiempo, tema que se desarrolla más extensamente en el documento que la CEPAL presentó en su trigésimo quinto período de sesiones celebrado en mayo de 2014, *Pactos para la igualdad: hacia un futuro sostenible*[1].

Durante los últimos años la CEPAL ha desplegado un gran esfuerzo para repensar y reflexionar sobre las políticas de desarrollo, sobre la base de un detallado diagnóstico de los problemas de América Latina y el Caribe. Se ha recalcado que la heterogeneidad estructural y la desigualdad son el núcleo de estos problemas y que las limitaciones del crecimiento económico y la profunda desigualdad que caracterizan a la región deben enfrentarse de manera simultánea e integral. Para ello es preciso retomar la centralidad de la política para articular, en torno de una estrategia de cambio estructural con igualdad, al Estado, el sector privado —el mercado— y la sociedad. El instrumento clave para alcanzar un acuerdo de largo plazo es el logro de pactos políticos que contribuyan a replantear la relación entre las instituciones, las estructuras y las políticas frente a un contexto externo incierto.

En definitiva, se requiere generar círculos virtuosos entre la sostenibilidad económica, social y ambiental del desarrollo, fomentando niveles más elevados de inversión, mayor incorporación de la innovación y el conocimiento a la estructura productiva, la ampliación del empleo formal con derechos sobre la base de grados crecientes de productividad, una mejor distribución del ingreso y una regulación eficaz y eficiente de los mercados.

Frente a propuestas que buscan una receta única para superar los males que afectan a la región, la CEPAL hace énfasis en la heterogeneidad entre los países que la conforman y la necesidad de que las estrategias de desarrollo tomen en cuenta las características estructurales, los senderos de desarrollo del pasado, el patrón de inserción externa y las vulnerabilidades que son propias de cada país.

---

[1] LC/G.2586(SES.35/3).

Precisamente el reconocimiento de esta heterogeneidad lleva a subrayar la importancia de los pactos a nivel nacional como instrumentos idóneos para identificar los desafíos específicos de cada país y sus características y así delimitar las respuestas adecuadas para el desarrollo en el largo y mediano plazo. Cada país tendrá respuestas distintas para articular al Estado, al mercado y a la sociedad. No hay recetas únicas.

Este libro espera contribuir, con una mirada histórica, a enriquecer el análisis de los desafíos de desarrollo que enfrenta América Latina y el Caribe, acompañado de una reflexión sobre posibles opciones de política para resolverlos. Debido a que un crecimiento económico elevado y sostenido desempeña un papel clave para avanzar en la línea del desarrollo esbozado en los párrafos anteriores, los capítulos de este libro se centran en las características del crecimiento económico a lo largo de las últimas tres décadas, sus pautas e implicaciones.

En las contribuciones a este libro se analizan las pautas del crecimiento, entre ellas las causas de su elevada volatilidad, el papel que cumple la inversión en el crecimiento, la evolución de la productividad, el papel del comercio internacional en un crecimiento inclusivo, el desempeño de los mercados laborales, los avances y retos de la inclusión social y la incidencia de la política fiscal en el manejo del ciclo económico y el fomento del crecimiento. Confiamos en que este aporte al análisis de la dinámica del crecimiento económico de la región, contenido en los distintos trabajos que componen el libro, logre estimular el debate sobre las políticas y opciones para un crecimiento elevado y sostenible.

Agradezco la labor de coordinación de este esfuerzo realizada por Juan Alberto Fuentes Knight, Director de la División de Desarrollo Económico hasta principios de 2014, así como a Jürgen Weller, Oficial Superior de Asuntos Económicos y actualmente a cargo de la División, y a Luis Felipe Jiménez, experto de la misma División, por su encomiable trabajo en la edición final de esta obra.

Alicia Bárcena
Secretaria Ejecutiva
Comisión Económica para
América Latina y el Caribe (CEPAL)

Introducción

Juan Alberto Fuentes Knight

A. Un patrón de crecimiento marcado por la inestabilidad

Durante las últimas tres décadas ocurrieron cuatro grandes hitos que agravaron la inestabilidad del crecimiento económico en la mayoría de los países de América Latina y el Caribe: la crisis de la deuda externa en los años ochenta, los choques financieros en la década de 1990, el auge de los precios de las materias primas en el primer decenio de este siglo y la crisis financiera global de 2008-2009 y sus secuelas. Todos estos choques pusieron de manifiesto la vulnerabilidad del crecimiento de la región frente a acontecimientos externos, si bien los cambios en las políticas macroeconómicas aplicadas en este período, y que son analizadas en este libro, contribuyeron a reducir tanto su inestabilidad, real y nominal, asociada esta última con la inflación y las crisis financieras. Los huracanes y terremotos, que han impactado especialmente a México, a los países centroamericanos y del Caribe, así como a los de la costa del Pacífico de América del Sur, han sido un quinto tipo de choque en estos años, menos sujeto a evaluaciones macroeconómicas.

Los años ochenta, conocidos como la década perdida para el crecimiento de la región, estuvieron marcados por la crisis de la deuda externa, que formalmente se inició en México en agosto de 1982, si bien

Costa Rica ya había declarado la moratoria de su deuda externa en julio de 1981. Durante el decenio previo, en el contexto de la recirculación de los petrodólares, generados por el aumento de precios del crudo, varios países de la región habían incurrido en un acelerado proceso de endeudamiento externo con la banca internacional, con tasas de interés bajas pero flexibles, en algunos casos para financiar la creciente brecha entre ingresos y gastos públicos y en otros para satisfacer la expansión de la demanda de crédito privado. Varios de estos últimos países, sobre todo del Cono Sur, habían impulsado una creciente liberalización de los flujos financieros externos que, con marcos de regímenes de tipo de cambio fijo o administrado, dieron lugar a garantías implícitas que contribuyeron acelerar al proceso de sobreendeudamiento privado[1].

Lo que examinado en retrospectiva fue una excesiva exposición al riesgo en la región por parte de la banca comercial internacional, en particular de los Estados Unidos, condujo a que varios países de América Latina no pudieran continuar sirviendo su deuda cuando en un contexto de recesión internacional en 1979 aumentó la tasa de interés en EE.UU. y se deterioraron los términos de intercambio de la región. A la vez, el cambio en las condiciones financieras mundiales debido al alza de la tasa de interés en EE.UU. produjo una fuerte reversión en los flujos de capitales, agregando una crisis de liquidez externa a la crisis de solvencia que ya experimentaban varios países.

La consiguiente suspensión del acceso de la región al financiamiento externo voluntario, la condicionalidad asociada a las negociaciones de la deuda externa —reflejada en agudos procesos de consolidación fiscal y ajuste estructural— y las obligaciones que resultaron de las suspensiones transitorias de pago y de la renegociación de la deuda externa, culminaron en devaluaciones masivas. Esto elevó la inflación, redujo el ingreso real y provocó una transferencia neta de recursos al exterior acumulada de 1982 a 1990, equivalente al 25,8% del producto interno bruto (PIB) de la región. La contracción de las importaciones requerida para producir un superávit comercial, junto con la incertidumbre generalizada que desencadenaron estos procesos de ajuste, se expresaron en una caída de la inversión pública y privada, y hasta del consumo, y se deterioró gravemente la productividad y la capacidad de crecimiento de más largo plazo en la mayoría de los países de la región. Durante el primer lustro de los años ochenta, varios países experimentaron fuertes contracciones económicas que se tradujeron en tasas elevadas de desempleo y aumento de la pobreza[2].

---

[1] Véase al respecto José Antonio Ocampo y otros, *La crisis latinoamericana de la deuda desde la perspectiva histórica*, CEPAL, Santiago de Chile, 2014.

[2] Por ejemplo, durante 1981 el PIB de la Argentina se contrajo un 5,4% y el de Costa Rica un 2,3%, en tanto en 1982 en Chile se contrajo un 13,6%, en Guyana un 10,4%, en el Uruguay un 9,4%, en Costa Rica un 7,3%, en el Brasil un 4,3%, y al año siguiente Chile volvería contraerse un 2,8% adicional, México un 4,2%, el Uruguay un 5,9% adicional y el Perú un 12,6%.

El deterioro de los términos de intercambio y la percepción de la región como un conjunto de países financieramente inestables en la década de 1980 redundó en problemas de acceso al financiamiento privado externo, incluso de aquellos países que no enfrentaron problemas de capacidad de pago de la deuda externa, como algunos de Centroamérica, Colombia y el Paraguay. En Centroamérica, marcada por guerras civiles en tres países de la subregión, se mantuvo un flujo neto positivo de recursos debido a la cooperación financiera oficial bilateral o multilateral, a la que también tuvieron acceso otros países como Chile y Colombia, y que contribuyó en este último caso a un desempeño macroeconómico menos desfavorable. Los países del Caribe de habla inglesa exportadores de servicios no sufrieron las consecuencias negativas del menor acceso a recursos externos ni del deterioro de sus términos de intercambio, aunque el cuadro recesivo global determinó en varios casos un bajo crecimiento.

El segundo lustro de los años ochenta fue levemente más benigno que la fase crítica previa, gracias en parte a la relativa recuperación de los Estados Unidos y de otras regiones desarrolladas, lo que permitió a la región experimentar cierta recuperación, aunque vacilante. Como resultado de estas turbulencias el crecimiento promedio del PIB de América Latina durante la década de 1980 fue de un magro 1,8% anual y el del Caribe de un 1,5% anual.

Con la aplicación del Plan Brady a partir de 1989 se reanudó el financiamiento externo voluntario para la región, que contribuyó a la reactivación económica y a la vez marcó el inicio de un nuevo ciclo financiero expansivo, desde 1990 hasta 1997, cuando sobrevino la llamada crisis asiática. Además, desde 1993 y hasta 1997 América Latina y el Caribe se beneficiaron por la mejoría en sus términos de intercambio, mientras comenzaban a recibirse crecientes flujos de inversión, tanto de cartera como de inversión extranjera directa (IED), relacionadas con las privatizaciones de empresas estatales, la securitización de la deuda externa y el inicio de un nuevo ciclo de inversiones en sectores exportadores de productos básicos (*"commodities"*), en el caso de algunos países.

No obstante, el crecimiento durante el segundo quinquenio de los años noventa y hasta 2002 estuvo jalonado por intensas turbulencias externas y desequilibrios internos. De las externas destacan la crisis asiática de 1997 y de Rusia (con moratoria), y la de Turquía en 1998. Estas impactaron vigorosamente a la región, a través de canales financieros (las de Rusia y Turquía afectaron fuertemente al Brasil) y del comercio (la asiática golpeó a América del Sur). Los países centroamericanos, poco integrados a los mercados financieros internacionales y menos dependientes del intercambio con Asia, fueron menos afectados por los choques financieros y comerciales de los años noventa y se beneficiaron del crecimiento económico relativamente elevado de los Estados Unidos, su principal socio comercial. Este dinamismo, junto con el auge de las remesas —asociado en parte al aumento de la emigración estimulada por los conflictos armados que sufrió Centroamérica en la década previa— generó un fuerte aumento del consumo, contribuyendo a que el crecimiento en la subregión no estuviera sujeto a las mismas fluctuaciones que el resto de los países de America Latina.

También hubo fuertes turbulencias de origen interno en la región, a pesar de los avances, parciales en algunos casos, en materia de control de la inflación, que fueron profundizándose posteriormente en varios países, como explican Rodrigo Cárcamo y Ramón Pineda en el capítulo VI de este libro, que evalúa la relación de la volatilidad y el crecimiento. En primer término, varias de las crisis financieras del período 1995-2001 fueron ocasionadas por el ingreso de capitales, combinado con sistemas financieros insuficientemente regulados en ciertos países, sobre todo los más grandes, junto con tipos de cambios poco flexibles —utilizados como anclas antiinflacionarias, que condujeron a una sobrevaloración cambiaria real. Como describen en el capítulo VII de este libro Ricardo Martner, Andrea Podestá e Ivonne González, los efectos de estos flujos fueron reforzados por políticas fiscales y monetarias procíclicas que intensificaron los ciclos de auge y de contracción.

En segundo lugar, a pesar de los recortes en los niveles de deuda con el Plan Brady, en la gran mayoría de los casos estos fueron insuficientes como para permitir una reducción sostenida en la razón deuda/PIB. Las crisis descritas y el bajo crecimiento se expresaron en ciertos países en un creciente peso del pago de intereses y en el aumento de la deuda como proporción del PIB a partir de mediados de los años noventa. A esto se sumaron en el caso del Ecuador, el deterioro de los precios de sus principales exportaciones, los efectos climáticos de la corriente del Niño, la elevada inflación y una grave crisis política interna, lo que desembocó en el primer *default* de una deuda por bonos Brady en 1998. A diferencia de otros países que enfrentaron dificultades previas (México, Brasil y Argentina, por ejemplo) en este caso el Fondo Monetario Internacional (FMI) y el Departamento del Tesoro de EE.UU. no presentaron un programa preventivo para evitar el *default*. Al caso del Ecuador siguió en 2001 la cesación de pagos de la Argentina, otra crisis extrema de esos años. Con todo, el decenio de 1990 representó una mejoría, si bien leve, respecto a la década anterior y el crecimiento promedio del PIB fue de 2,7% en América Latina y de 2,3% en el Caribe.

A partir de 2003 la mejoría de los términos de intercambio en la mayoría de los países de la región abrió una nueva etapa, de mayor crecimiento y relativa estabilidad, aunque puso de manifiesto un patrón de especialización vulnerable, que puede o no favorecer el crecimiento inclusivo, como analizan Osvaldo Rosales y otros en el capítulo V de este libro. La duración promedio del ciclo de aumento de precios, de 2003 a 2008, atribuible en especial a la expansión de la demanda en Asia y a ciertas restricciones de la oferta, fue mayor que en los ciclos anteriores, a la vez que el incremento medio de los precios fue también más pronunciado. A la vez, el número de mercados que en forma simultánea tuvieron auges de precios fue mayor que en el pasado. Esto permitió que durante varios años consecutivos la región registrara un superávit en la cuenta corriente de la balanza de pagos.

Las mejoras de los términos de intercambio se reflejaron en un aumento importante del ingreso disponible, sobre todo en América del Sur. Esto fue complementado en algunos casos por políticas fiscales y monetarias más orientadas a la sostenibilidad de las finanzas públicas y la estabilidad, lo que se tradujo en un aumento del ahorro que permitió financiar la inversión con recursos internos, como analizan Felipe Jiménez y Sandra Manuelito en el capítulo III de este libro, centrado en el tema del crecimiento y la inversión. A su vez, la mayor inversión y una gradual mejora de la calificación laboral contribuyeron a elevar la productividad en la mayoría de los países de la región durante la última década, como examinan Claudio Aravena y Juan Alberto Fuentes en el capítulo I de este libro.

De acuerdo con la composición de las exportaciones totales y el tamaño de los países, los exportadores de minerales y metales de Chile, Perú y Suriname fueron el grupo de países que más creció en el período 2003-2012 y en especial de 2003 a 2008, con una tasa media de expansión del PIB de un 5,3% en este último subperíodo (véase el cuadro 1). Esto se relaciona con el hecho que, de los productos básicos de exportación, los precios de los metales fueron los que más aumentaron durante esta década.

Siguió, en segundo lugar, el grupo de países exportadores de hidrocarburos: Bolivia (Estado Plurinacional de), Colombia, Ecuador, Trinidad y Tabago y Venezuela (República Bolivariana de), que crecieron un 5,0% de 2003 a 2008. Se situaron a continuación los países exportadores de productos agrícolas y de manufacturas, que incluyen a los de Centroamérica, salvo Panamá, y a Haití, Paraguay, República Dominicana y Uruguay, que en conjunto crecieron un 4,4% favorecidos sobre todo por las exportaciones de productos agrícolas (alimentos y bebidas tropicales o granos), beneficiados de un aumento importante de precios. En algunos de estos casos, como eran importadores netos de alimentos se redujo la mejora de los términos de intercambio o los volvió negativos (en especial en 2008), pero no debe desdeñarse el impacto favorable del aumento de los precios de sus exportaciones. El deterioro afectó más a aquellos países con una capacidad limitada de oferta exportadora de productos agrícolas, que tenían serios problemas de sostenibilidad ambiental, como El Salvador y Haití, los países que menos crecieron.

Las tres mayores economías de la región (Argentina, Brasil y México), que a la vez son diversificadas, tuvieron un desempeño que puede en buena parte explicarse por su estructura exportadora. El mayor crecimiento de la Argentina (5,7%, el más alto de la región de 2003 a 2008) estuvo en parte asociado a la exportación de productos alimenticios (soya) y de otros productos favorecidos por la devaluación de su moneda en 2002. El Brasil, con un crecimiento más bajo (4,0%) en este período, también se benefició de precios favorables para sus exportaciones agrícolas y de minerales, mientras que México, cuyas exportaciones son básicamente manufacturas, creció solo un 2,7%.

En cambio, las economías pequeñas especializadas en servicios (islas del Caribe y Panamá), en el período 2003-2008, por primera vez desde los años setenta, tuvieron tasas de crecimiento inferiores al promedio regional, en el contexto del deterioro de sus términos de intercambio y, en muchos casos, con serios problemas de endeudamiento externo[3].

Cuadro 1
América Latina y el Caribe: tasas de crecimiento medio anual del PIB (promedio simple) por grupos de países según su especialización económica y tamaño, 1980-2012
(En porcentajes)

Promedio simple	1980-2012	1980-1989	1990-1996	1997-2002	2003-2008	2009-2012
Especializados en la exportación de minerales y metales	3,3	1,1	3,5	2,7	5,6	4,8
Especializados en la exportación de hidrocarburos	2,8	0,8	3,4	2,6	6,1	2,7
Especializados en la exportación de servicios	3,2	3,9	3,3	3,0	4,2	3,3
Economías grandes diversificadas	2,7	1,5	3,1	1,5	4,1	2,6
Economías pequeñas especializadas en exportaciones de productos agroindustriales	2,7	1,3	3,3	2,6	4,9	3,3
América Latina y el Caribe	2,9	2,2	3,1	2,7	4,6	2,9

Fuente: Cálculos sobre la base de datos de la Comisión Económica para América Latina y el Caribe (CEPAL).
Nota: Países especializados en la exportación de minerales y metales (Chile, Perú y Suriname); especializados en la exportación de hidrocarburos (Bolivia (Estado Plurinacional de), Colombia, Ecuador, Trinidad y Tabago y Venezuela (República Bolivariana de)); especializados en la exportación de servicios (Antigua y Barbuda, Bahamas, Barbados, Belice, Dominica, Granada, Jamaica, Panamá, Saint Kitts y Nevis, San Vicente y las Granadinas y Santa Lucía); grandes economías diversificadas (Argentina, Brasil y México), y las economías pequeñas especializadas en exportaciones de productos agroindustriales (Costa Rica, El Salvador, Guatemala, Haití, Honduras, Nicaragua, Paraguay, República Dominicana y Uruguay).

---

[3] La principal excepción es Panamá, que a pesar de estar especializada en la exportación de servicios, ha sido una de las economías más dinámicas de la región en los últimos años.

El significativo aumento en las tasas de crecimiento que tuvo la región desde 2003 hasta mediados de 2008 fue bruscamente interrumpido por la eclosión de la crisis financiera global, originada en los sistemas financieros de países desarrollados. De hecho, el crecimiento promedio ponderado de América Latina y el Caribe 2003-2008, que fue de un 4,5% anual, cayó bruscamente a un -1,9% en 2009, es decir, tuvo un vuelco negativo de 6 puntos porcentuales del PIB en un año. Sin embargo, hubo diferencias enormes según los países, poniendo de manifiesto tanto la diversidad de estructuras económicas como la aplicación de políticas económicas y sociales variadas. Así, mientras en México el PIB cayó un -6,0%, en otros países como Argentina, Bolivia (Estado Plurinacional de), Colombia, Guatemala, Panamá y Perú pudieron mantener tasas positivas de crecimiento ese año.

La región repuntó significativamente en los dos años siguientes, con algo de resiliencia frente a la crisis, creciendo un 5,9% y un 4,3%, respectivamente en 2010 y 2011. Esto se registró en un escenario de continuidad de la variabilidad externa y el bajo crecimiento de las economías desarrolladas; en el caso de la eurozona, la falta de solución a la crisis provocó un retroceso de su crecimiento. El escenario externo menos favorable continuó manifestándose en 2013 y 2014, a lo que contribuyó la desaceleración en ingentes mercados externos de la región, como China. El crecimiento de América Latina desde 2010, si bien positivo, tuvo una tendencia a la desaceleración, en tanto el Caribe registró un período de muy baja expansión, dada la incidencia de los países desarrollados en sus exportaciones a lo que se sumaron problemas internos de algunas economías de mayor tamaño en esta subregión.

En síntesis, la experiencia del crecimiento económico en América Latina y el Caribe durante las tres últimas décadas pone de manifiesto la fuerte influencia de las condiciones externas: períodos de bajo acceso a recursos financieros externos, episodios de crisis de economías, sea de la región o de fuera de esta, junto con la evolución negativa en los mercados de exportación se han expresado en deterioros de los términos de intercambio y traducido casi siempre en menores ritmos de crecimiento y, en ciertos casos extremos, en caídas en los niveles de producto. Aunque en la crisis financiera global la región tuvo un importante nivel de resiliencia al aprovechar el período de auge para reducir su vulnerabilidad y poner en vigor políticas contracíclicas y recuperar con rapidez el acceso a los mercados financieros internacionales, la incidencia de la variabilidad externa en los años siguientes continuó gravitando de modo importante sobre el crecimiento.

B. Crecimiento acompañado por grados variables y persistentes de desigualdad

La evidencia disponible sobre la distribución del ingreso en la región registra un aumento de la concentración del ingreso —medido por el coeficiente de Gini— en la década de 1980, cierta estabilización, con variaciones y una tendencia al alza en el siguiente decenio, y mejoras en la mayoría de los países a partir de 2003. Tres factores han sido determinantes en esta evolución: en primer lugar, cambios en la relación de las rentas del capital y los ingresos del trabajo; en segundo término, la captación de una creciente proporción de las rentas del capital por parte de los gobiernos, en buena medida a través de mayores ingresos de las empresas públicas exportadoras de recursos naturales y, finalmente, modificaciones en la distribución de los ingresos salariales.

En primer lugar, se observa en los países de América Latina y el Caribe un aumento del excedente de explotación como porcentaje del PIB de 1980 a 2010[4]. En tanto valor medio regional, el excedente de explotación aumentó de un promedio anual del 43% en la década de 1980, a un promedio anual del 47% en el período de 1990 a 2002, y después alcanzó un promedio anual del 51% de 2003 a 2010. El aumento del excedente de explotación como porcentaje del PIB fue más generalizado en el período más reciente. En el caso de los países más especializados en la producción de productos básicos mineros —Bolivia (Estado Plurinacional de), Chile y Perú—, este indicador aumentó de 4 a 6 puntos porcentuales como promedio anual del período 2003-2010 respecto al período 1990-2002. Este proceso de alteración de la distribución del ingreso a favor de las rentas del capital también se observó en Guatemala, Honduras, Panamá y Uruguay, a pesar que no son países exportadores de productos básicos mineros. En Venezuela (República Bolivariana de), el promedio anual del excedente de explotación como porcentaje del PIB mantuvo valores similares durante todo el período, pero en niveles altos, en torno al 53% y el 54%, respectivamente.

El incremento de la participación del excedente de explotación en el PIB en la mayoría de estos países fue en detrimento de la participación de la remuneración de los asalariados, que disminuyó en ambos períodos en una magnitud similar. Una excepción fue Honduras, donde el aumento de la participación del excedente de explotación en el PIB se registró en detrimento de la participación de los impuestos netos.

---

[4] Donde era posible, se intentó hacerlas comparables entre países. Para una explicación de la metodología utilizada véase el capítulo II, sección A, de la parte II del Estudio Económico 2013 de la CEPAL, *Tres décadas de crecimiento desigual e inestable*, (LC/G.2474), Santiago de Chile, 2013.

El segundo hecho que provocó cambios profundos en la distribución del ingreso fue la mayor captación del excedente por parte del sector público. Si bien se podría considerar el excedente de explotación como una variable aproximada al ahorro corporativo privado, el aumento de su participación en el PIB no correspondió en su totalidad a un alza de este tipo de ahorro, dado que en varios países (Bolivia (Estado Plurinacional de), Chile, Colombia, Ecuador y Venezuela (República Bolivariana de)) el sector público estaba presente en la producción de materias primas. El incremento del excedente de explotación en el período 2003-2010 en estos países se relaciona también con el aumento del ahorro público que se registró como resultado de una combinación de tres factores: la generación sistemática de superávits primarios (apoyada por el fortalecimiento de sus sistemas tributarios y por la generación de ingresos extraordinarios provenientes de la exportación de productos básicos); mecanismos de autoseguro (como los fondos de estabilización o los esquemas de prepago de deuda durante las fases de auge o de reducción de las tasas de interés), y el mejoramiento de la gestión de pasivos y activos públicos. En suma, las empresas públicas que captaron rentas e ingresos resultantes de los mayores precios de los recursos naturales que exportan, o una más alta recaudación de ingresos tributarios asociada a mayor crecimiento y a mejoras en la legislación o la administración tributaria, permitieron ejecutar políticas fiscales redistributivas orientadas a compensar el efecto concentrador de la mayor participación del excedente de explotación privado en el PIB.

En tercer lugar, en contraste con lo ocurrido en los años ochenta y noventa, durante la década de 2000 hubo una significativa disminución de la concentración de los ingresos laborales, que se reflejó en la reducción de brechas salariales. En las dos décadas previas aumentaron sobre todo los ingresos de los trabajadores más calificados. Como explican Jürgen Weller y Cornelia Kaldewei en el capítulo II, además de las referencias incluidas en ese trabajo, la ampliación de las brechas de ingresos durante los años ochenta y noventa sorprendió a quienes esperaban que las reformas comerciales, financieras y laborales impulsadas en América Latina favorecerían la contratación de la mano de obra menos calificada, y que su abundancia relativa incidiría en las ventajas comparativas de la región. Esto tendría un impacto positivo en la equidad en el mercado de trabajo, en términos de empleo e ingreso. Sin embargo, la evidencia empírica de una ampliación de la brecha salarial en esta época contradijo estas expectativas.

Varios factores explican lo ocurrido. Uno de estos es que las ventajas comparativas de muchos países de la región no estaban basadas en la mano de obra de baja calificación, como suponía la hipotética conclusión de que habría una reducción de las brechas salariales, sino en recursos naturales.

Además, la entrada de países como China y otras economías asiáticas con reservas enormes de mano de obra con bajo nivel de calificación y salarios habría presionado globalmente hacia una reducción de los salarios de este tipo de trabajadores. Factores institucionales, incluida la caída o contención del salario mínimo, el debilitamiento de los sindicatos, la reducción de la protección al empleo y la contracción del empleo público también pueden haber sido relevantes. Finalmente, el avance tecnológico —posiblemente relacionado con la apertura e importación de bienes de capital, en un escenario de creciente inversión extranjera directa— habría favorecido la demanda de mano de obra calificada, en detrimento de aquella menos calificada.

La tendencia cambió en la década de 2000 y se registró una disminución de la brecha salarial en el período, que resultó determinante en la reducción de la concentración del total de ingresos obtenidos del trabajo en esa década. Entre las explicaciones de este fenómeno estarían el aumento de la oferta de mano de obra más calificada en un contexto donde ya no existía el sesgo de una mayor demanda por personal más calificado, como había ocurrido en la década previa, así como más acceso de trabajadores de menor calificación a empleos en sectores formales de mayor productividad. También habrían contribuido a esta reducción de las brechas salariales en algunos países ciertos cambios institucionales como el fortalecimiento de los sindicatos y políticas de salario mínimo crecientes.

A pesar de sus avances, la región continuaba siendo altamente desigual en 2013. Los datos más recientes en torno a este año apuntan a que el 10% más rico de la población capta el 32% de los ingresos totales, mientras que el 40% más pobre solo percibe el 15%. Durante las últimas décadas el nivel de pobreza estuvo sujeto a altibajos, en una dinámica estrechamente dependiente del ciclo económico y también del alcance diferente de las políticas adoptadas durante estos ciclos, tema que Mariela Buonomo y Pablo Yanes analizan en el capítulo IV.

La década de 1980 fue perdida en la región no solo en términos económicos sino también en cuanto a la evolución de la pobreza, reflejando las consecuencias de una severa contracción transitoria del crecimiento y el aumento de la desigualdad en esos años. Al finalizar ese decenio, la tasa de pobreza en América Latina había aumentado del 40,5% al 48,4% y el porcentaje de indigencia de un 18,6% a un 22,6%. En términos absolutos esto significó que el número de pobres llegó a 200 millones de personas en 1990 y el de indigentes a 93 millones de personas, un 50% más que en 1980. En el escenario de deterioro del bienestar, la política de restricciones fiscales para enfrentar la crisis de la deuda agravó la situación social.

El período de 1990-2002 se caracterizó por una reversión parcial del aumento de la pobreza como resultado de un crecimiento económico levemente más alto que en la década anterior, pero inestable y afectado por fuertes crisis en los países de la región. De 2002 a 2008, la mayoría de los países experimentó una baja de los niveles de pobreza e indigencia. La expansión económica se tradujo en un significativo aumento de los niveles de empleo lo que, junto con un moderado crecimiento de los ingresos laborales reales, redundó en un incremento de los ingresos medios de los hogares. Esto, junto con las mejoras distributivas y las políticas adoptadas, se expresó a nivel agregado en América Latina en una caída de la tasa de pobreza de casi un 25% y en la tasa de indigencia del 33%.

La crisis financiera global de 2008-2009 incidió sobre el crecimiento económico, pero gracias a medidas de protección de los salarios reales y del empleo, a políticas contracíclicas aplicadas en muchos países y a la rápida recuperación del crecimiento, la pobreza no aumentó, y en los años posteriores siguió su trayectoria descendiente, hasta un estimado de 28,8% en 2012.

C. Crecimiento económico, cambios estructurales y políticas

En este escenario signado por la inestabilidad y la desigualdad, durante el período de 1980 a 2013 las economías de América Latina y el Caribe se transformaron, crecieron y estuvieron sujetas a condiciones internas y externas cambiantes, así como a políticas que se modificaron considerablemente en los años considerados. En este libro se abordan esos temas. Por una parte, se evalúa cómo se relacionaron el crecimiento y la productividad con la inversión, la inserción internacional, el empleo y el desarrollo social. Por otra parte, se analiza cómo evolucionaron las políticas monetarias y cambiarias, destacando su incidencia en el ámbito de la inestabilidad, así como las políticas fiscales, tomando en cuenta su papel estabilizador y sus aportes al crecimiento y a la igualdad.

En el capítulo I, Claudio Aravena y Juan Alberto Fuentes examinan la evolución de la productividad laboral en 16 países de la región, destacando los aspectos fuertes y débiles del crecimiento de largo plazo mediante la identificación de similitudes y diferencias con otros países. Los autores estiman los factores que contribuyen a la productividad laboral en el período 1980-2010 a través de la aplicación de la metodología de la contabilización del crecimiento, pero a diferencia de la práctica normalmente utilizada en este tipo de análisis, el énfasis se centra en cuantificar la contribución de las diferentes características del trabajo, como su grado de calificación, género y edad, y en una desagregación del capital, incorporando al análisis el efecto de las tecnologías de la información y comunicación.

Estos autores destacan la importancia de la inversión como uno de los determinantes clave de la evolución de la productividad laboral. Explican que al incluir la calificación de la mano de obra y la heterogeneidad de los bienes de capital en la metodología de medición, y especialmente el aporte de las tecnologías de la información y las comunicaciones, la contribución del capital por hora trabajada a la productividad laboral es mayor que en el caso de otras metodologías que no toman en cuenta tales especificaciones. También disminuye el número de países donde el aporte de la inversión es negativo, y la contribución de la productividad total de los factores deja de ser el elemento explicativo más relevante de las variaciones de la productividad. Esto pone de manifiesto que la metodología tradicional subestima la contribución efectiva del capital (con progreso técnico incorporado) a la productividad laboral.

En los dos capítulos siguientes se analizan los vínculos que durante las últimas décadas han tenido los principales factores de producción, trabajo y capital, con el crecimiento económico. En el capítulo II de este libro, Jürgen Weller y Cornelia Kaldewei abordan la relación del empleo y el crecimiento económico, que tiene un carácter multifacético y una causalidad típicamente bidireccional de ambas variables. Por un lado, el trabajo es uno de los factores de producción que contribuyen al crecimiento económico y sus características inciden vigorosamente en la sostenibilidad económica del crecimiento. Por otro lado, una expansión de la producción más allá de cierto umbral suele "generar" nuevos puestos de trabajo y un aumento del nivel de empleo.

Weller y Kaldewei analizan la evolución reciente de los mercados laborales de la región en cuatro áreas: la trayectoria de la fuerza de trabajo en términos de cantidad y de calidad; la importancia de la estructura productiva y el funcionamiento del mercado de trabajo para el crecimiento económico y la distribución del ingreso; la evolución de la productividad laboral y sus características; y los ingresos laborales y su papel para la distribución y los costos de producción. En su análisis destacan que el funcionamiento de los mercados laborales de la región difiere de aquellos de los países desarrollados.

Frente al magro desempeño de los años ochenta y noventa resaltan los avances recientes, sobre todo en la generación de empleo, aumentos de la productividad laboral (en parte resultado de un cambio estructural benigno) y mejoras salariales. Sin embargo, para conferir sostenibilidad a las pautas favorables en términos laborales, concluyen que se requiere una institucionalidad del trabajo capaz de establecer círculos virtuosos del crecimiento del producto y la productividad por un lado y la distribución de sus frutos por otro.

En el capítulo III, Felipe Jiménez y Sandra Manuelito examinan la relación de la inversión y el crecimiento. Con estimaciones previamente no disponibles sobre la inversión y sus componentes en los últimos 30 años en América Latina revisan los principales hechos estilizados, exploran factores causales en la relación del crecimiento económico y la formación bruta de capital fijo y debaten las implicancias de los resultados para la política económica.

En particular, analizan desde un punto de vista econométrico la relación del crecimiento y la inversión. El resultado principal sugiere que la tasa de variación del PIB se correlaciona positivamente con el nivel del coeficiente de inversión contemporáneo y futuro y, de acuerdo al análisis de causalidad (en el sentido de Granger), cambios en la tasa de variación del PIB preceden a modificaciones en el coeficiente de inversión. A partir de esta constatación ahondan en las consecuencias de una estrategia orientada a elevar el crecimiento en la región.

El crecimiento económico desempeña un papel importante en la lucha contra la pobreza, por lo que en el capítulo IV Mariela Buonomo y Pablo Yanes pasan revista a la evolución de la pobreza y la distribución del ingreso durante las últimas tres décadas, y su relación con el crecimiento económico. Además, analizan algunos factores determinantes de la naturaleza inclusiva o no que puede tener el crecimiento, y en especial la educación y la salud en la región. Por último, examinan la situación de América Latina en materia de inseguridad y violencia, tomando en cuenta la desigualdad como uno de sus factores causales.

En este capítulo Buonomo y Yanes constatan que, no obstante que América Latina y el Caribe han reportado mejoras diferenciales en varios de sus indicadores sociales, la región está todavía lejos de encontrarse en una ruta sostenida y progresiva de crecimiento con inclusión social. Los avances son en especial respecto al punto de partida, pero todavía limitados en relación a la aspiración de contar con los niveles de bienestar que la región podría alcanzar dada su dotación de recursos, la magnitud de sus economías, su población y ubicación geográfica.

En el capítulo V, Osvaldo Rosales y otros abordan el vínculo del crecimiento económico en la región y el patrón de inserción internacional. Desde los años ochenta, las economías de América Latina y el Caribe se internacionalizaron fuertemente, con una importante expansión de sus exportaciones e importaciones. Estos flujos crecieron más rápidamente que el PIB, lo que condujo a una tasa más alta de apertura (medida por la relación del comercio y el producto). El mayor comercio fue en parte resultado de la disminución de las barreras arancelarias y no arancelarias a las importaciones en la región y otros mercados del mundo. También contribuyeron al crecimiento del comercio los mayores flujos de inversión extranjera directa, los avances en materia de estabilidad macroeconómica y otras políticas complementarias.

A partir de la evidencia empírica, los autores concluyen que el aporte del comercio al crecimiento inclusivo, definido como el crecimiento que conlleva una reducción de la heterogeneidad estructural y de la desigualdad a través del aumento del empleo, la productividad y el ingreso de la mayoría, no es automático y depende en buena medida de la modalidad de inserción internacional y de la calidad de las políticas públicas que lo orienten y complementen. Si ambas son deficientes, el mero crecimiento del comercio internacional podría ejercer un impacto neutro e inclusive negativo sobre el crecimiento inclusivo, en términos de la concentración en las empresas exportadoras, los eslabonamientos productivos con el resto de la economía, la transferencia de conocimientos y las brechas de productividad domésticas e internacionales.

En el capítulo VI, Rodrigo Cárcamo y Ramón Pineda analizan las consecuencias de la volatilidad real sobre el crecimiento económico. Destacan que en los últimos 20 años los gestores de política de la región emplearon diversas herramientas, incluyendo el uso activo de la política monetaria y cambiaria, para intentar reducir la volatilidad y estimular el crecimiento económico. Estos esfuerzos contribuyeron a una reducción significativa de los niveles y la volatilidad de la inflación en América Latina y el Caribe, pero no aseguraron un crecimiento económico más vigoroso y sostenido.

Sobre la base de un panel con datos trimestrales de 21 países de la región de 1990 a 2012, los autores concluyen que la volatilidad real en la región se encuentra correlacionada de modo importante con el pobre desempeño que exhiben sus economías. Además, dado que existe un amplio consenso acerca de la vulnerabilidad de la región ante los choques externos, examinan si la relación empírica de la volatilidad real y el crecimiento persiste incluso controlando por la volatilidad externa que enfrenta la región. Al incorporar variables que controlan por estos choques, demuestran que la correlación entre la volatilidad y el crecimiento continúa siendo negativa y estadísticamente significativa incluso en ausencia de choques externos.

Finalmente, en el capítulo VII, Ricardo Martner, Andrea Podestá e Ivonne González examinan la contribución de la política fiscal al logro del crecimiento económico y la igualdad. Después de una revisión de la literatura sobre el vínculo de la política fiscal y el crecimiento, los autores describen la evolución reciente de las finanzas públicas en la región, enfatizando la importancia de contar con una arquitectura contracíclica, que permita enfrentar con éxito la excesiva volatilidad de ingresos y gastos públicos, e ilustran la relevancia del nivel y la composición de gastos e ingresos públicos para los objetivos del crecimiento con igualdad.

Capítulo I

El desempeño mediocre de la productividad laboral en América Latina: una interpretación neoclásica[1]

Claudio Aravena
Juan Alberto Fuentes Knight

Introducción

En este capítulo se realiza una estimación de los factores que contribuyeron a la productividad laboral en América Latina[2] en el período 1980-2010, medidos a través de la aplicación de la metodología de la contabilización del crecimiento. A diferencia de las investigaciones tradicionales, en este caso el documento se concentró en la cuantificación del aporte de las diferentes características del empleo, distinguiendo el nivel de estudio del factor trabajo, y desagregando los activos mediante la diferenciación de aquellos que tienen tasas de depreciación elevadas (y costos de uso altos) de los con tasas de depreciación bajas (y costos de uso iguales a productividades marginales reducidas) dentro del total del capital. Esta metodología permite

---
[1] Una versión previa de este capítulo se publicó como parte de la serie Macroeconomía del Desarrollo, N° 140 (LC/L.3725), Santiago de Chile, CEPAL, 2013.
[2] En un primer análisis global en este capítulo se evalúa el desempeño de 16 países: Argentina, Bolivia (Estado Plurinacional de), Brasil, Chile, Colombia, Costa Rica, Ecuador, Guatemala, Honduras, México, Nicaragua, Panamá, Paraguay, Perú, Uruguay y Venezuela (República Bolivariana de). Posteriormente se efectúa un análisis sectorial restringido a cuatro países (Argentina, Brasil, Chile y México).

medir, al menos en parte, la incorporación del progreso técnico en la inversión, a diferencia de aquellas que se centran en la productividad total de los factores como fuente "externa" del progreso técnico. En particular, se estima para 16 países el aporte de las tecnologías de la información y comunicación incorporadas a la inversión, mediante la desagregación del capital en cuatro tipos de activos, analizados sobre la base de su costo de uso y no de su valor de mercado como ponderador[3].

De manera complementaria se utiliza la base de datos LA-KLEMS[4] para una desagregación en nueve sectores económicos. En cada uno de ellos se distinguen tres características del factor trabajo (sexo, edad y nivel de estudios) y ocho tipos de activos referidos al capital. La amplitud de estos datos es inferior, pues cubren el período 1994-2008 y su cobertura de países es limitada, disponible solo para Argentina, Brasil, Chile y México.

El capítulo se ha estructurado en cinco secciones, incluida esta introducción, y un anexo. En la sección A se presenta una visión general sobre la evolución de la productividad laboral en América Latina durante las últimas tres décadas. El desempeño poco satisfactorio de la productividad en la región que surge de este panorama es la principal motivación de este estudio, que busca responder a la interrogante de cuáles son los principales factores determinantes de este fenómeno y la forma correcta de medirlos. En la sección B se describe la metodología neoclásica de cálculo de los determinantes del crecimiento y el cálculo de los factores de producción. En la sección C se presentan los resultados de este ejercicio y se examinan las fuentes del crecimiento, tanto en los cálculos agregados de los dieciséis países como en los sectoriales de los cuatro países analizados. Por último, en la sección D se exponen las conclusiones.

A. Evolución de la productividad laboral en América Latina de 1981 a 2010

Al descomponer el impacto del crecimiento del valor agregado en los cambios en las horas trabajadas y en la productividad (valor agregado por hora), se puede observar que el crecimiento promedio de un 2,8% del valor agregado de 1981 a 2010 en el conjunto de los 16 países analizados se explica

---

[3] Véase en Vries y otros (2007) un estudio reciente donde se desagrega la inversión en tecnologías de la información y las comunicaciones.
[4] El proyecto LA-KLEMS es coordinado por la Comisión Económica para América Latina y el Caribe (CEPAL). El objetivo de esta iniciativa es la construcción de estadísticas de productividad comparables a nivel de sectores para países de América Latina. Las siglas provienen del uso de una función de producción que contabiliza, además del capital (K) y el trabajo (L), insumos de energía (E), materiales (M) y servicios (S). Para mayores detalles, véanse Hofman y Aravena (2013) y [en línea] www.cepal.org/la-klems.

por el aumento de las horas trabajadas, mientras que la productividad laboral se redujo en un -0,3% (véase el gráfico I.1). Este promedio esconde diferencias en los países, así como sus tendencias cambiantes. Por una parte, en la mitad de los países el aumento de horas trabajadas (HR) fue complementado por un débil incremento de la productividad laboral, a excepción de los casos de la Argentina y Chile, donde el crecimiento de la productividad explica la mitad del mayor valor agregado. En el resto de los países examinados (8 de 16), la productividad laboral disminuyó, lo que fue compensado por un aumento de los horas trabajadas superior al incremento del valor agregado (véanse los gráficos I.1 y I.2).

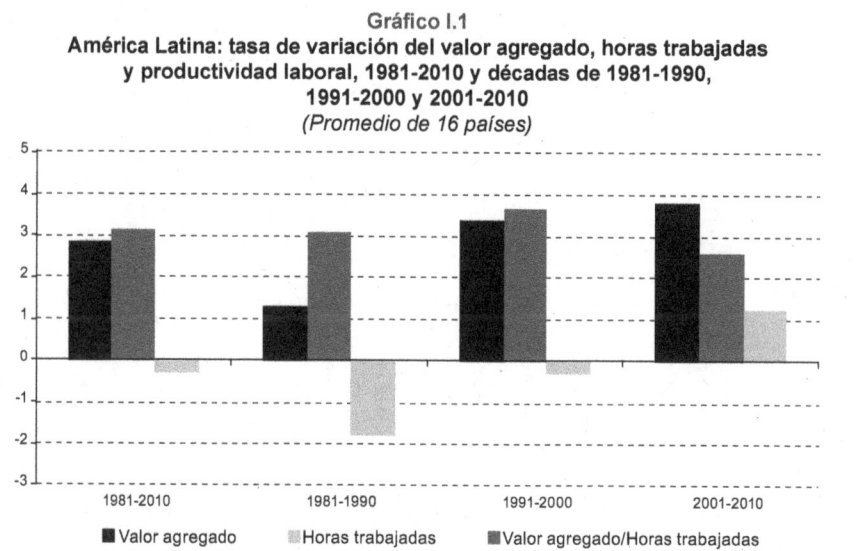

Gráfico I.1
América Latina: tasa de variación del valor agregado, horas trabajadas y productividad laboral, 1981-2010 y décadas de 1981-1990, 1991-2000 y 2001-2010
(Promedio de 16 países)

■ Valor agregado ■ Horas trabajadas ■ Valor agregado/Horas trabajadas

Fuente: Elaboración propia sobre la base de datos oficiales de los países y de la Organización Internacional del Trabajo (OIT).

Por otra parte, los resultados por décadas reflejan que en la década de 1980 el valor agregado (VA) promedio aumentó en solo un 1,3% y únicamente dos países, Colombia y Honduras, experimentaron incrementos de su productividad laboral. Durante la década de 1990 hubo una mejoría tanto en el valor agregado como en la productividad laboral, y siete países registraron aumentos de su productividad laboral. Se destacan los casos de la Argentina y Chile, donde dicho aumento explica cerca de tres cuartas partes del crecimiento del valor agregado, así como el Uruguay, donde es por completo atribuible a este fenómeno. En la década de 2001-2010, cuando el valor agregado creció un 3,8%, en trece de los 16 países se registró un incremento de la productividad laboral, aunque en varios casos no se lograron recuperar los niveles de productividad prevalecientes a principios de los años ochenta. En los países que más elevaron su productividad resalta el caso de Chile (véase el gráfico I.3, primer panel), mientras que ocho países terminaron con una productividad laboral menor a la observada 30 años antes, con un declive fuerte en la primera década que no fue compensado a pesar del aumento en los años posteriores (véase el gráfico I.3, segundo panel).

Gráfico I.2
América Latina (16 países): tasa de variación del valor agregado, horas trabajadas y productividad laboral, 1981-2010 y décadas de 1981-1990, 1991-2000 y 2001-2010
(Promedio por país)

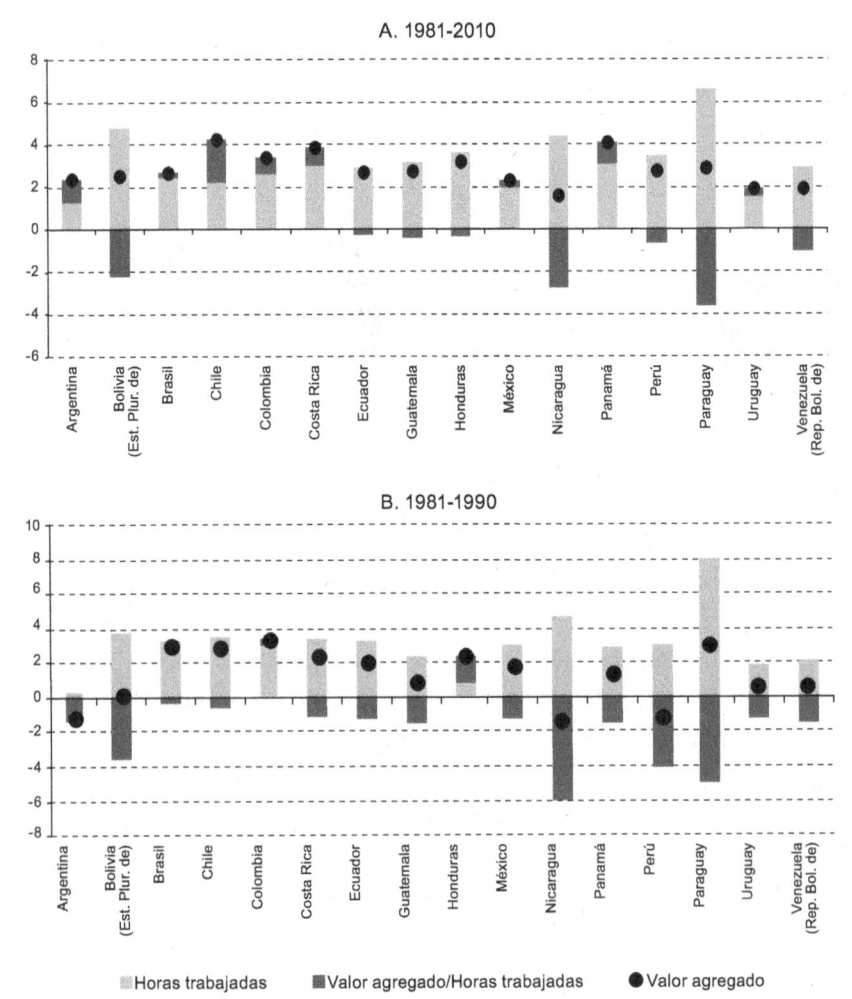

A. 1981-2010

B. 1981-1990

■ Horas trabajadas   ■ Valor agregado/Horas trabajadas   ● Valor agregado

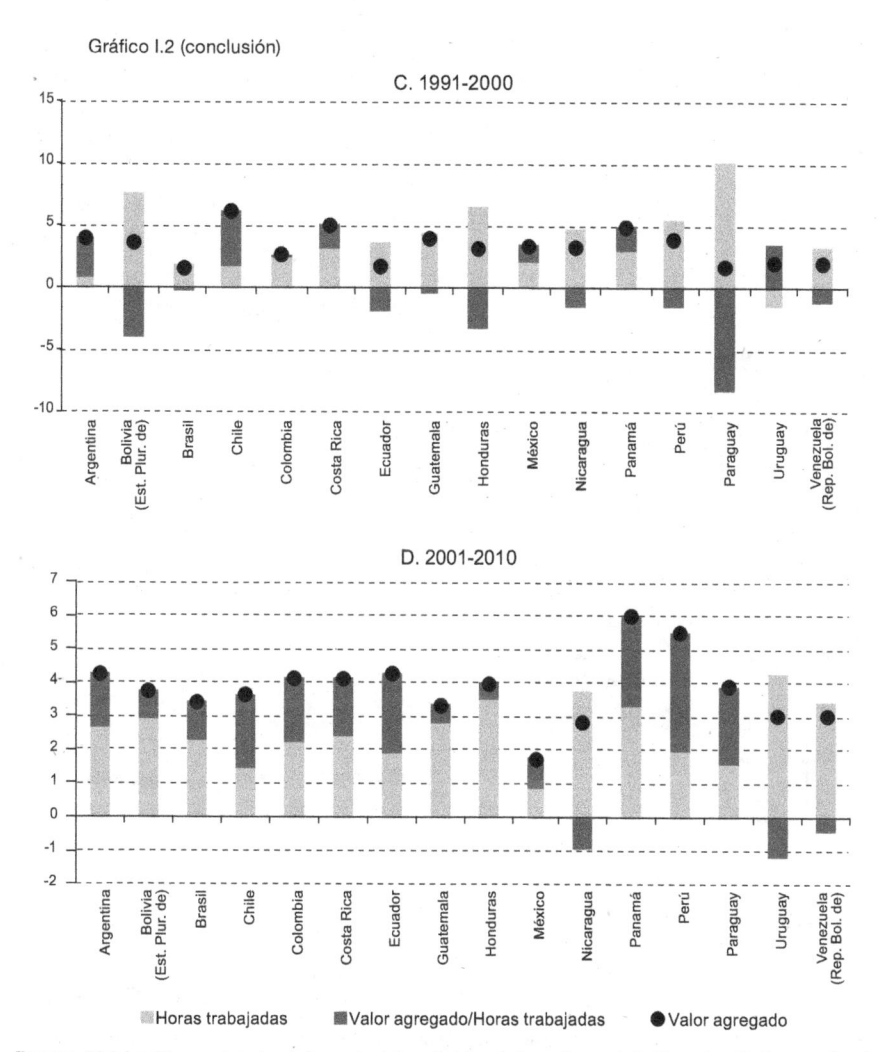

Gráfico I.2 (conclusión)

C. 1991-2000

D. 2001-2010

☐ Horas trabajadas   ■ Valor agregado/Horas trabajadas   ● Valor agregado

Fuente: Elaboración propia sobre la base de datos oficiales de los países y de la Organización Internacional del Trabajo (OIT).

Al comparar la productividad de los países de la región con la de los Estados Unidos se observa que la brecha se amplió, con la excepción de Chile (véase el cuadro I.1). Este último país pudo recuperar el punto de partida que tuvo el indicador a comienzos de los años ochenta respecto de los Estados Unidos, para después superarlo a fines de los años noventa y consolidar este avance durante la década siguiente.

Gráfico I.3
América Latina (16 países): evolución de la productividad laboral, 1980-2010
(1980=100)

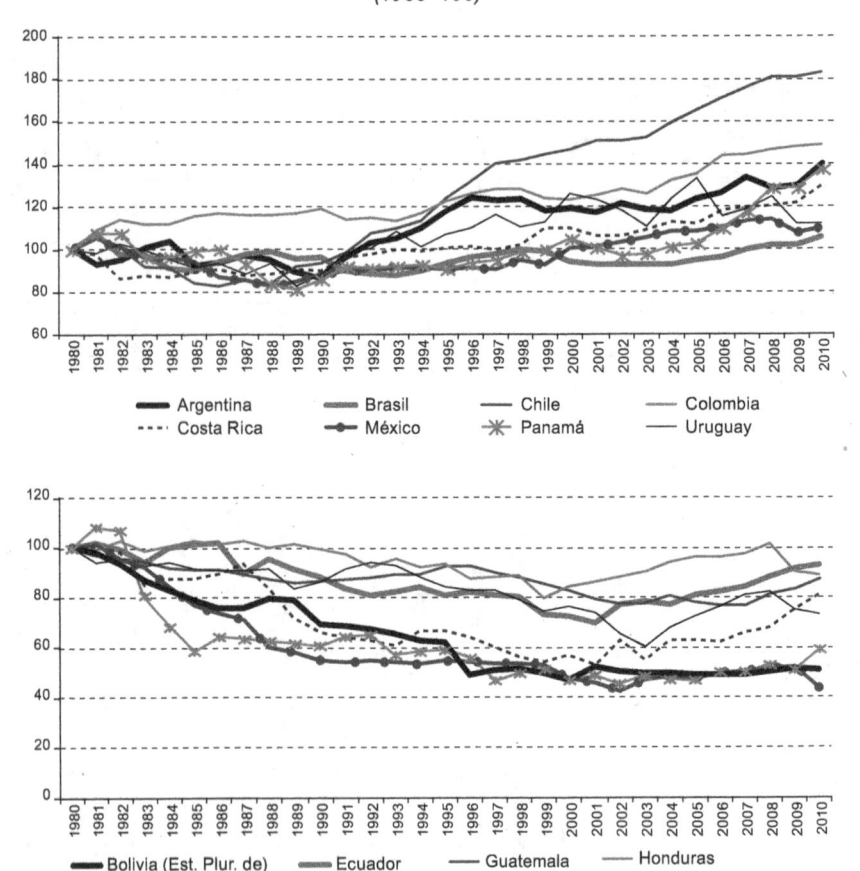

[Gráfico superior con las series: Argentina, Brasil, Chile, Colombia, Costa Rica, México, Panamá, Uruguay]

[Gráfico inferior con las series: Bolivia (Est. Plur. de), Ecuador, Guatemala, Honduras, Perú, Nicaragua, Paraguay, Venezuela (Rep. Bol. de)]

Fuente: Elaboración propia sobre la base de datos oficiales de los países y de la Organización Internacional del Trabajo (OIT).

B. Metodología utilizada

El marco teórico utilizado para analizar la evolución de la productividad en América Latina fue en este caso es el enfoque neoclásico tradicional, centrado en dos fuentes del crecimiento económico, el capital y el trabajo. Para medir la contribución al crecimiento económico de estos factores se aplicó la metodología conocida como contabilidad del crecimiento, cuyo origen se encuentra en la obra de Jorgenson y Griliches (1967)[5].

---

[5] También está en Jorgenson, Gollop y Fraumeini (1987) y Jorgenson, Ho y Stiroh (2005).

Cuadro I.1
América Latina (12 países): producto interno bruto por hora trabajada respecto de los Estados Unidos, 1980-2010
(En porcentajes)

	1980	1990	2000	2010
Argentina	36	28	31	27
Bolivia (Estado Plurinacional de)	21	13	07	07
Brasil	30	22	19	18
Chile	37	30	39	41
Colombia	23	21	17	17
Costa Rica	26	21	21	21
Ecuador	29	22	15	16
Guatemala	23	17	13	12
México	38	29	27	26
Perú	40	23	16	19
Uruguay	40	30	38	28
Venezuela (República Bolivariana de)	61	46	34	27

Fuente: Elaboración propia sobre la base de datos oficiales de los países, de la Organización Internacional del Trabajo (OIT) y de The Conference Board.

La metodología empleada se basa en la frontera de posibilidades de producción (FPP). Esta describe combinaciones eficientes de producción e insumos para la economía en su conjunto y adopta la forma siguiente:

$$Y = A.f(K, L) \tag{0}$$

donde Y es el producto agregado, K y L son el capital y el trabajo, y A es un factor, neutral en el sentido de Hicks, que aumenta el volumen agregado de insumos. Como aporte de este estudio, el marco analítico —y su medición correspondiente— se amplía para destacar la composición de los insumos del capital y del trabajo de la siguiente forma:

$$Y = A.f(K(K_{tic}, K_{notic}), L(H, L_Q)) \tag{2}$$

donde K_{tic} y K_{notic} son el capital de activos de las tecnologías de la información y las comunicaciones (TIC) y el capital de activos sin estas (no TIC), respectivamente. H es el total de horas trabajadas y LQ es la calidad del trabajo. Es necesaria la estimación de la contribución del capital TIC por la ola de inversiones de estas tecnologías, estimuladas por la brusca aceleración en el ritmo de descenso de los precios del *hardware* y *software*, que comenzó en 1995. Esto es congruente con la observación de Abramovitch (1993), respecto de la necesidad de ajustar las estimaciones del crecimiento y de sus fuentes, tomando en cuenta las características más específicas del capital en cada momento histórico. Estas características también contribuyen a explicar lo que de otra manera pareciera ser explicado por la productividad total de los factores, un factor residual que se presenta como A en las siguientes ecuaciones.

Suponiendo que los mercados de productos y factores son competitivos, el marco ampliado implica la siguiente descomposición:

$$\Delta \ln Y = v_{Ktic} \Delta \ln K_{tic} + v_{Knotic} \Delta \ln K_{notic} + v_L \Delta \ln H + v_L \Delta \ln L_Q + \Delta \ln A \quad (3)$$

Cada v representa la participación en los ingresos totales del insumo expresado en el subíndice. Es decir, el crecimiento de la producción puede ser descompuesto en las contribuciones del capital TIC, del capital no TIC, de las horas de trabajo, de la calidad del trabajo y un factor residual (A), que en la literatura neoclásica generalmente se califica como la productividad total de los factores. La ecuación (3) puede también plantearse en términos de los determinantes de la productividad laboral, cuyos factores son la relación de capital por hora, la calidad del trabajo y un residual:

$$\Delta \ln Y/H = v_{Ktic} \Delta \ln K_{tic}/L + v_{Knotic} \Delta \ln K_{notic}/L + \Delta \ln L_Q + \Delta \ln A \quad (4)$$

Existen varias fuentes de error en la medición de las variables de la ecuación (3), pero que son relativamente menores en comparación con el problema que representa por un lado la definición y medición de los acervos de capital y sus servicios, y por otro, de los servicios relativos del empleo (Jorgenson y Griliches, 1967)[6].

1. Factor capital

De una manera análoga a como los trabajadores son repositorios del acervo de capital humano y prestan servicios medibles en número de horas trabajadas, los bienes de capital representan un acervo que provee un flujo de servicios[7], los cuales constituyen insumos en el proceso productivo. La diferencia es que mientras los trabajadores reciben una remuneración a cambio de los servicios prestados, en general, los bienes de capital son de propiedad de la empresa que los utiliza, por lo que no existe un registro de la remuneración de los servicios que prestan.

En consecuencia, la medición del aporte del factor capital en el proceso productivo plantea la necesidad de hacer una estimación de los flujos de los servicios derivados de los distintos tipos de activos de capital, así como de los ponderadores utilizados en su agregación. La estimación

---

[6] Griliches (1994) ha argumentado que la certeza con la que se puede estimar el aporte del capital y del empleo está limitada por la disponibilidad de datos. Véase en Griliches (1994) una discusión detallada al respecto.

[7] El ejemplo clásico es el de una bodega que provee un flujo de servicios medido en volumen de almacenaje.

de los flujos de servicios de capital se inicia a través de la medición de los acervos de capital disponibles en el tiempo. Después que el acervo de capital ha sido estimado, se calcula su respectivo costo de uso, que es utilizado para agregar los distintos tipos de activos en un índice de servicios de capital.

a) Acervo de capital

El acervo de capital neto es definido como la suma ponderada de las inversiones pasadas de los diferentes tipos de activos productivos disponibles en la economía. La ponderación está definida por la eficiencia relativa de los distintos activos, de diferentes edades. El stock de capital neto para el activo j se estima a partir de la siguiente fórmula:

$$K^p_{t,j} = \sum_{\tau=0}^{T_j} I_{j,t-\tau} R_{j,\tau} E_{j,\tau} \qquad (5)$$

donde $I_{j,t-\tau}$ es la inversión de edad τ expresada a precios constantes; $R_{j,\tau}$ es la función de retiro, que determina la proporción de la inversión realizada en τ períodos anteriores que sobrevive actualmente; y $E_{j,\tau}$ representa el perfil de edad y eficiencia con que se caracteriza la pérdida de eficiencia productiva de los activos según envejecen. Se utiliza una depreciación geométrica para modelar tanto el retiro, como la pérdida de eficiencia, y ambos componentes son reemplazados por la tasa de depreciación.

Después que se ha estimado el stock de capital neto para cada tipo de activo, el siguiente paso en este proceso es agregar los activos. El supuesto de competencia perfecta en el mercado de factores implica que una empresa maximizadora de beneficios utilizará bienes de capital hasta el punto en que la renta pagada sea igual al beneficio marginal del bien. Por tanto, la agregación de los servicios de capital de distintos tipos de activos se lleva a cabo utilizando como ponderador el costo de uso de capital.

b) Costo de uso del capital

En equilibrio, y dados los supuestos que se han planteado, el precio de mercado de un activo sería igual al valor presente esperado de sus flujos. En el caso de un bien de capital, el flujo es equivalente a lo que su propietario recibiría como renta del activo durante un cierto período. En consecuencia, el valor de mercado de un activo con vida máxima T_j, de edad τ en el momento t estaría dado por:

$$p_{j,t,\tau} = \sum_{s=0}^{T_j} \left[\frac{\mu_{j,t+s,\tau+s}}{\prod_{k=0}^{s}(1+i_{t+k})} \right] \qquad (6)$$

donde i_t es la tasa nominal de retorno, que se supone es igual para todos los tipos de activos; y $\mu_{j,t,\tau}$ es el monto recibido por rentar el activo de edad τ durante el período t, o costo de uso, que bajo los supuestos considerados es igual al producto marginal del activo y está expresado como:

$$\mu_{j,t,0} \approx p_{j,t,0} (i_t + d_{j,t,0} - q_{j,t}) \quad (7)$$

En este capítulo se estima el costo de uso utilizando una tasa de retorno exógena, obtenida a partir de las tasas de interés observables en el mercado. El problema es que la tasa relevante depende del perfil de financiamiento de cada empresa, por lo que se suele emplear un promedio de las tasas activas y pasivas.

La utilización de una tasa de retorno exógena supone implícitamente (Harchaoui y Tarkhani, 2002) que los agentes económicos tienen información completa. De esto se deriva que no existen problemas de agencia en los propietarios de los factores de producción y quienes los administran, mientras que existe un mercado completo y eficiente de activos de segunda mano. De esto se infiere que las decisiones de inversión son reversibles, los activos de capital divisibles y los distintos tipos de activos, sustitutos en el proceso productivo.

Una de las consecuencias de adoptar una tasa de retorno exógena es que, en general, el valor total de los servicios de capital no será igual al excedente bruto de explotación obtenido a partir de las cuentas nacionales. Esta discrepancia se puede explicar como una diferencia de los costos esperados y los incurridos, como evidencia de que el proceso productivo no exhibe rendimientos constantes a escala, o de la existencia de mercados no competitivos.

En particular, se supone que la tasa de retorno nominal está dada por la fórmula de Fisher:

$1+i_t=(1+r)(1+\pi_t)$; donde, tal como se plantea en Mas, Pérez y Uriel (2005), se supone que $r=4\%$, que es aproximadamente el promedio histórico de la tasa de interés libre de riesgo en los países de la Organización de Cooperación y Desarrollo Económicos (OCDE).

Después de estimados los costos de uso de capital para cada tipo de activo, se pueden obtener las variaciones del índice de valor de los servicios de capital utilizando un índice de Tornqvist (1936)[8]:

$$\Delta \zeta_{t,K^p} = \Pi_j \left(\frac{K^p_{j,t}}{K^p_{j,t-1}} \right)^{\bar{v}_j} \quad (8)$$

---

[8] Para una descripción más detallada de esta metodología véase Mas, Pérez y Uriel (2005).

en donde los ponderadores se definen como:

$$\bar{v}_j = 0.5\left(v_{j,t} + v_{j,t-1}\right) \qquad\qquad v_{j,t} = \frac{\mu_{j,t} K_{j,t}^p}{\sum_j \mu_{j,t} K_{j,t}^p}$$

c) Formación bruta de capital fijo

La formación bruta de capital fijo (FBCF) es un insumo indispensable para el cálculo del acervo neto de capital, ya que como está compuesto de bienes utilizados para producir o crear valor en un proceso productivo, su desagregación por tipo de activo es de suma importancia al realizar la correcta estimación de los flujos de servicios de capital y descomponer el aporte al crecimiento de cada tipo de activo. La diferenciación por tipo de activo permite comparar el papel que desempeñan los activos de las TIC y no TIC en el crecimiento económico.

Dado que los activos de las TIC se han integrado fuertemente en las últimas décadas, y de forma dispar en las economías en estudio, las cuentas nacionales hoy disponen de series oficiales de inversión en equipos computacionales y de telecomunicaciones. Sin embargo, como estas series no son muy extendidas en la historia, cuando no están disponibles es necesario aplicar una metodología que permita su estimación. Un caso particular es el activo *software*, que no cuenta con mediciones en gran parte de la región, por lo que se aplica una metodología conforme a los lineamentos de la OCDE y la Oficina de Análisis Económicos (BEA) de los Estados Unidos.

En los países y los períodos de tiempo donde no existen series oficiales, los activos de los equipos computacionales y de telecomunicaciones son estimados a través del *commodity-flow method*[9]. Este método realiza un seguimiento de los productos desde su elaboración doméstica o importación hasta su destino final, sea para el consumo o la inversión. En primer lugar se utilizan las encuestas industriales y estadísticas de comercio (de la Base de Datos Estadísticos de Comercio Exterior BADECEL de la CEPAL) para obtener el gasto aparente en equipos de oficina y computacionales y equipos de telecomunicaciones, es decir, la producción nacional más las importaciones, menos las exportaciones. En segundo término, se calcula la proporción de inversión sobre el gasto aparente de dichos bienes en las matrices de insumo producto de cada país. Finalmente, para obtener las series de inversión en equipos de oficina y computacionales y equipos de telecomunicaciones, esta proporción se aplica al gasto aparente obtenido en el primer paso, como se señala a continuación:

---

[9] Para más detalle véase Van Ark y otros (2002).

$$I_{i,t} = \frac{I_{i,t}^{IO}}{(Q_{i,t}^{IO} + (M_{i,t}^{IO} - E_{i,t}^{IO})} * (Q_{i,t} + M_{i,t} - E_{i,t})$$

(9)

Donde $I_{i,t}$ es la inversión en los bienes i, equipos de oficina y computacionales y equipos comunicacionales, para el año t, Q_{it} es la producción doméstica, M_{it} son las importaciones y E_{it} son las exportaciones de estos bienes. El supraíndice *IO* denota el uso de las matrices de insumo producto de cada país[10].

2. Factor trabajo

El cálculo de los servicios laborales permite reflejar de una forma más adecuada el aporte que cada tipo de trabajador realiza al crecimiento, al reconocer sus diferencias, como se hace en el caso del capital. Esta concepción análoga parte del reconocimiento que los trabajadores tienen curvas de eficiencia diferentes dependiendo de su nivel de educación.

La cantidad de horas trabajadas proporciona un punto de partida para una medida económica del factor trabajo. Sin embargo, como los atributos individuales de cada persona ocupada pueden incidir, generando diferencias en la productividad por hora, considerar únicamente una calidad constante podría ser una estimación sesgada que desconoce la heterogeneidad de la fuerza laboral.

Una mejor estimación acerca de la "calidad" del factor trabajo permitiría distinguir una medida capaz de reflejar la sustitución y calidad en comparación con otra medida más sencilla, que no logra incorporar la heterogeneidad de los trabajadores y su capital humano.

El factor trabajo es definido como el número total de horas trabajadas en un período dado (H), que es igual al número total de trabajadores (N) multiplicado por el número promedio de horas trabajadas por trabajador (h) y multiplicado por un factor de calidad (L_Q), que incorpora las diferencias de productividad de los trabajadores.

$$L = NhL_Q \qquad (10)$$

$$L_Q = \sum \varphi_j \frac{P_j}{P} \qquad (11)$$

El componente de calidad del trabajo (L_Q), de acuerdo a la contabilidad del crecimiento, refleja la composición laboral basada en el nivel de estudios de la población. Dicho componente es un promedio ponderado del nivel de estudios de la población (P) con las tasas de retorno de la escolaridad obtenidas en las ecuaciones de salarios de Mincer (1974).

---

[10] Véase el anexo para mayores detalles.

La estimación del factor trabajo de los cuatro países LA-KLEMS, junto con incorporar el sector económico al que pertenecen, suma características adicionales al nivel educacional como el sexo y tramo de edad, y la tasa de crecimiento del empleo Lt, se expresa como una función trascendental logarítmica (*translog*), para los i tipos de características, que se definen como:

$$\Delta \ln L_t = \sum \bar{v}_t \Delta \ln H_{it} \qquad (12)$$

en donde los ponderadores v_t están dados por el promedio de las participaciones de cada categoría en el valor de los ingresos laborales sectoriales.

Esta desagregación permite identificar la relación del aporte al crecimiento, cuando se logra observar la heterogeneidad del mercado laboral.

C. Los resultados

Dos enfoques fueron utilizados para estimar las contribuciones a la productividad laboral. El primero de estos, empleado en los estudios que podrían clasificarse como aquellos que aplican el método tradicional, considera el stock del capital y el total de horas trabajadas como los factores de la ecuación (3). El segundo enfoque, explicado en forma detenida en las secciones anteriores, utiliza las series de servicios de capital y servicios de trabajo, lo que permite capturar la heterogeneidad existente tanto en los activos del stock de capital como en las distintas características de las horas trabajadas. La serie de la productividad total de los factores (PTF), o residual, fue estimada para cada enfoque descontando del crecimiento del producto interno bruto (PIB) una suma ponderada de los insumos de capital y trabajo, usando como ponderadores la participación en los ingresos de cada insumo registrada en las cuentas nacionales[11].

Al comparar las estimaciones de capital en los casos donde la agregación de activos se realiza utilizando sus respectivos costos de uso, con el enfoque tradicional, donde la agregación se efectúa empleando las proporciones nominales del capital neto, se puede observar que en la primera estimación del servicio de capital se registra una mayor contribución al crecimiento de la productividad laboral que en la segunda. En otros términos, el enfoque tradicional subestima la aportación del capital, o de la inversión, cuando la agregación no se realiza utilizando el costo de uso como ponderador (véase el gráfico I.4). El ajuste de calidad del capital aumenta el aporte de la intensidad del capital por hora y disminuye el número de países donde el indicador es negativo (se vuelve positivo en la Argentina y el Brasil).

---

[11] Ante la imposibilidad de distribuir el ingreso mixto, este es asignado al pago del empleo.

Gráfico I.4
América Latina (16 países): contribución de la relación del capital por hora trabajada al crecimiento de la productividad laboral, 1981-2010
(Promedio por país)

■ Aporte capital productivo/horas trabajadas   ■ Aporte servicios de capital/horas trabajadas

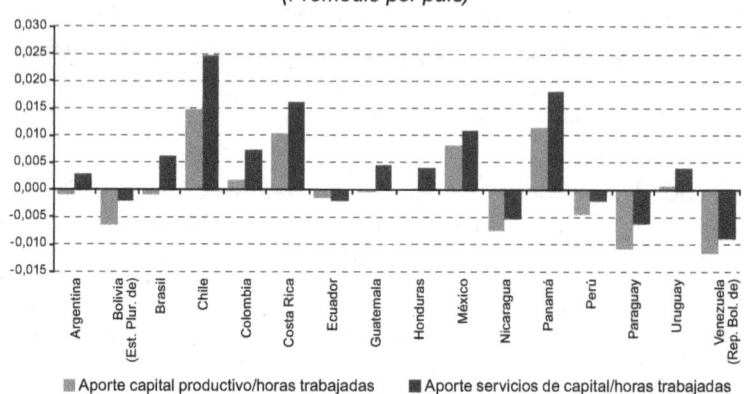

Fuente: Elaboración propia.

Si se compara la descomposición de los determinantes de la productividad laboral por ambos métodos, sin incluir la heterogeneidad de sus factores y después incluyéndola (véase el gráfico I.5), se puede concluir que el uso del método tradicional da lugar a aumentos superiores de la productividad (PTF), en contraste con la metodología ajustada que se utiliza en este estudio. Esto se explica porque aumenta el aporte, o lo que es similar, el poder explicativo de la suma de la relación de capital por hora, medida a costo de uso, considerando las vidas medias y funciones de eficiencia específicas de cada activo, junto con el incremento de las horas trabajadas al corregirlas por educación.

Gráfico I.5
América Latina: determinantes de la productividad laboral según los métodos tradicional y no tradicional, 1981-2010
(Promedio por país)

■ Aporte capital productivo/horas trabajadas   ■ Productividad total de los factores
● Valor agregado/horas trabajadas

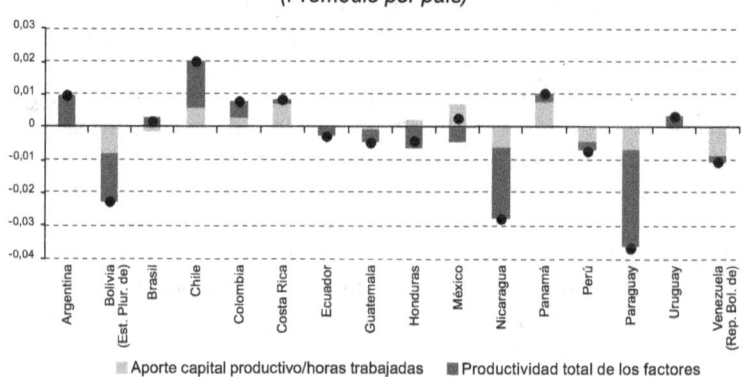

Gráfico I.5 (conclusión)

- Aporte servicios de capital/horas trabajadas
- Aporte efecto calidad del trabajo
- Productividad total de los factores
- Valor agregado/horas trabajadas

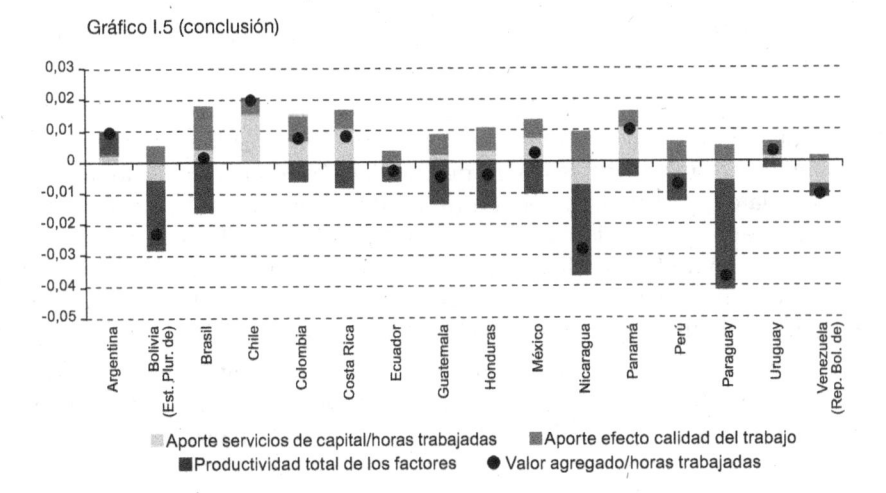

Fuente: Elaboración propia.

En particular, se observa un aumento del aporte a la calidad de las horas trabajadas en todos los países, tanto debido al incremento de los años de educación como por la poca variación de las tasas de retorno. A su vez, los resultados sugieren que cuando se utiliza el valor de mercado como ponderador en la agregación de activos del análisis de productividad, en lugar del costo de uso, se subestima la aportación del capital al proceso productivo y, por tanto, se sobreestima la estimación de la productividad total de los factores. La descomposición por tipos de activos, distinguiendo aquellos con tasas de depreciación altas (y costos de uso elevados) de los que tienen tasas de depreciación bajas (y costos de uso iguales a productividades marginales reducidas) dentro del total de capital, permite medir, al menos en parte, la incorporación del progreso técnico en la inversión[12], a diferencia

---

[12] Parte de la compleja "controversia sobre el capital" de las escuelas de Cambridge (Reino Unido y Estados Unidos) sobre el tema de la estimación y uso del capital en un sentido agregado para la economía en su conjunto estaba relacionada con el problema de no considerar distintas tasas de depreciación para diferentes tipos de equipo. Esto se resolvería con la metodología de descomposición de los activos según sus diferentes tasas de depreciación. Aunque existían otras críticas, conviene recordar la de Joan Robinson al concepto de la productividad marginal del capital que resultaba de no tomar en cuenta sus costos diferentes de reposición: Podemos comparar la productividad de una determinada fuerza de trabajo equipada de un modo u otro (para ver cuánto influye el equipamiento) pero en general los distintos productos se distribuirán en el futuro en diferentes patrones temporales y requerirán distinta cantidad de mano de obra para producirlos. Si intentamos expresar cada uno como un flujo perpetuo y parejo, suponiendo que un acervo de equipo, una vez construido, se mantiene permanentemente, debemos comparar diferentes reemplazos cuya vida útil termina en diferentes fechas, de manera que el costo de sustitución no es un simple cálculo. Por lo tanto, no podemos comparar de manera sencilla los valores de dos planes de inversión en términos de su productividad futura (Robinson, 1961, págs.11-12).

de las metodologías que se centran en la PTF como fuente "externa" del progreso técnico.

El efecto positivo de ajuste del capital por hora es particularmente favorable en los países de mayor crecimiento (Chile, Colombia, Panamá y en menor medida Costa Rica), lo que sugiere que no solo el monto sino también la calidad de la inversión (reflejada en este caso en el ajuste que considera su composición y sobre todo el uso de las TIC) se torna más importante como fuente de productividad. A su vez, el análisis agregado de los 16 países permite concluir que en todos los casos hubo un aporte favorable (bastante homogéneo) de la mayor calidad de mano de obra.

Un análisis de los determinantes de la productividad por década refleja el papel que han tenido los distintos factores a través del tiempo en su aporte a la productividad laboral. De los 16 países solo en 2 se registraron incrementos de la productividad laboral en la década de 1980; esta cifra subió a 7 países en la década de 1990 y a 11 en la de 2000. El aporte de la educación siempre fue positivo en todos los países y períodos, con la excepción de la República Bolivariana de Venezuela en los años ochenta. El aporte de la relación del capital por hora de trabajo fue principalmente negativo en los años ochenta y, en los cinco países donde su aporte fue positivo, este fue muy bajo. Lo anterior es atribuible a los bajos niveles de inversión en ese período; en 11 de los países estudiados se registró un crecimiento negativo de la inversión en la década. Esta situación cambió en los años noventa, cuando en diez países se observó un aporte positivo e importante del capital por hora de trabajo. En esta década solo dos países tuvieron una tasa de crecimiento negativo de su inversión, la que en ambos casos persistió en la siguiente década.

La estimación de la PTF sugiere que su evolución es procíclica: su aporte es positivo en el caso de los países con mayores aumentos de productividad laboral pero cuando esta última se reduce también tiene un aporte negativo. La contracción y expansión de la productividad total de los factores durante los períodos de contracción y auge, documentada en estudios previos, ha conducido a la hipótesis de que estas grandes variaciones de la PTF estimada no corresponden a factores tecnológicos y que pueden ser el resultado de restricciones financieras (Calvo, Izquierdo y Talvi, 2006).

El hecho de que la dirección (positiva o negativa) de estas variaciones coincida con la orientación del aporte de la inversión (ajustada), sugiere que la PTF está reflejando el grado de utilización de la capacidad instalada: en momentos de contracción cae —tal como ocurre con la inversión— y en momentos de auge se eleva, también junto con la inversión (véase el gráfico I.6). A su vez, y de forma congruente con los mayores aportes de la inversión y el trabajo (ajustados), el tamaño del aporte de la PTF, positivo o negativo, se reduce con el avance de las décadas (véase el gráfico I.6). Todo esto refuerza su caracterización no solo como un factor residual que refleja la existencia de variables no recogidas en el modelo (el grado de utilización de la capacidad instalada, entre otras), sino también su capacidad débil o inexistente para medir el progreso técnico[13].

Gráfico I.6
América Latina (16 países): determinantes de la productividad laboral, 1981-2010
(Promedio por país)

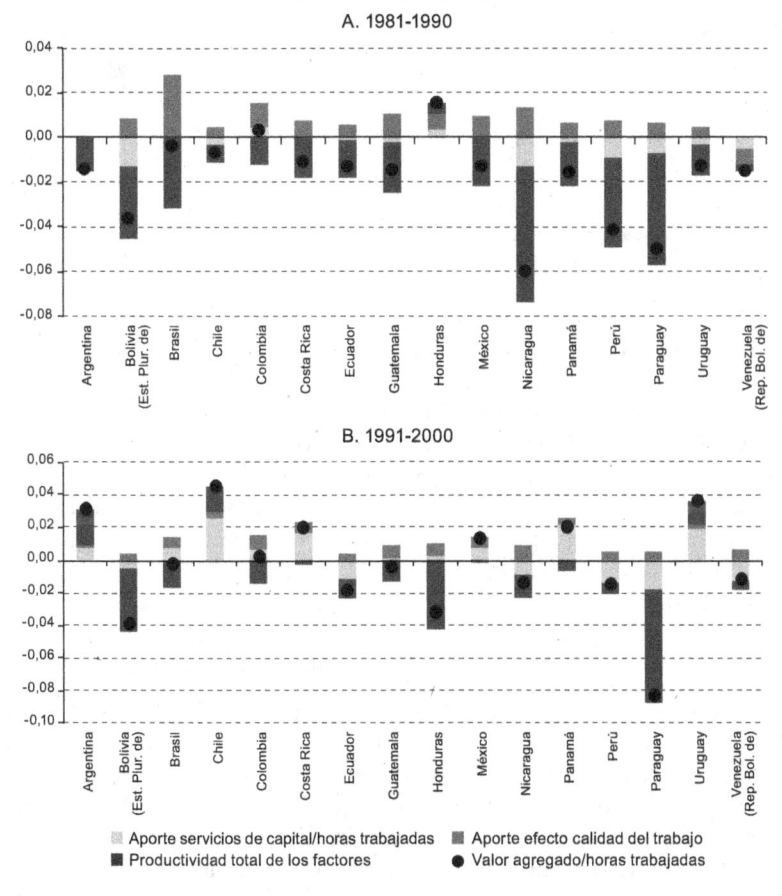

A. 1981-1990

B. 1991-2000

- Aporte servicios de capital/horas trabajadas
- Aporte efecto calidad del trabajo
- Productividad total de los factores
- Valor agregado/horas trabajadas

---

[13] La ausencia de retornos de escala, la libertad de ajuste de los factores productivos para maximizar los beneficios, los mercados competitivos y una tecnología idéntica en todas las plantas en el cálculo de la PTF implican que su identificación con el progreso técnico deja de ser válida. Tybout (1991) analiza los problemas que plantea la ausencia de estos supuestos.

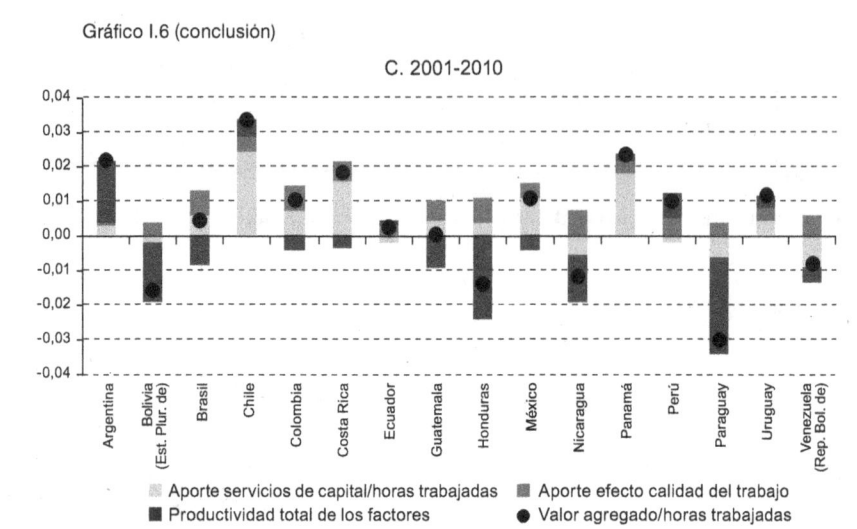

Gráfico I.6 (conclusión)

C. 2001-2010

- Aporte servicios de capital/horas trabajadas
- Aporte efecto calidad del trabajo
- Productividad total de los factores
- Valor agregado/horas trabajadas

Fuente: Elaboración propia.

El análisis de los aportes a la evolución global de la productividad laboral de los cuatro países (Argentina, Brasil, Chile y México) con datos sectoriales disponibles como resultado del proyecto LA-KLEMS, confirma el aporte positivo de la mejoría en la calidad de mano de obra en todos los casos (véase el gráfico I.7). En el caso del Brasil, el aumento de la calidad del trabajo es el único aporte positivo al crecimiento de la productividad laboral globalmente, que podría explicarse como resultado de un aumento importante de empleo, cada vez más calificado —aunque partiendo de una base limitada— en ese país. Este mayor crecimiento del número de horas trabajadas en comparación con el capital explicaría el aporte global negativo del capital/hora trabajada a la productividad laboral en el Brasil.

Chile y México se caracterizan por tener lo que podría calificarse como un patrón "normal" de aumento de la productividad laboral: se observan aportes positivos originados tanto por un incremento de la inversión por hora trabajada como por mejoras de la calidad de la mano de obra. Sin embargo, el aporte de la inversión es mayor en Chile y explica su más alta productividad laboral en comparación con México.

Mientras que en Brasil, Chile y México se registra una estimación del aporte de la PTF a la productividad laboral que es negativa, en el caso de Argentina es positiva, además del aporte de la calidad de mano de obra (véase el gráfico I.7), de forma similar a lo que encontraron Jorgenson y Vu (2010). Al evaluarse la evolución de la productividad para este conjunto de países (véase el gráfico I.8), tiende a confirmarse la correspondencia del auge y crisis con, respectivamente, el aumento y la disminución de la PTF (Calvo, Izquierdo y Talvi, 2006). En el caso de la Argentina esto sugiere que frente a la insuficiente inversión ha habido momentos (1994-1996 o 2005-

2007) que se podrían calificar como de mayor utilización de la capacidad instalada. También hubo ajustes rápidos en el empleo de mano de obra calificada (2004) después de una inicial ampliación del empleo menos calificado (2003) al superarse la crisis de 2001-2002.

Gráfico I.7
Argentina, Brasil, Chile y México: determinantes de la productividad laboral, 1994-2008
(Promedio por país)

■ Aporte servicios de capital/horas trabajadas ■ Aporte efecto calidad del trabajo
■ Productividad total de los factores ● Valor agregado/horas trabajadas

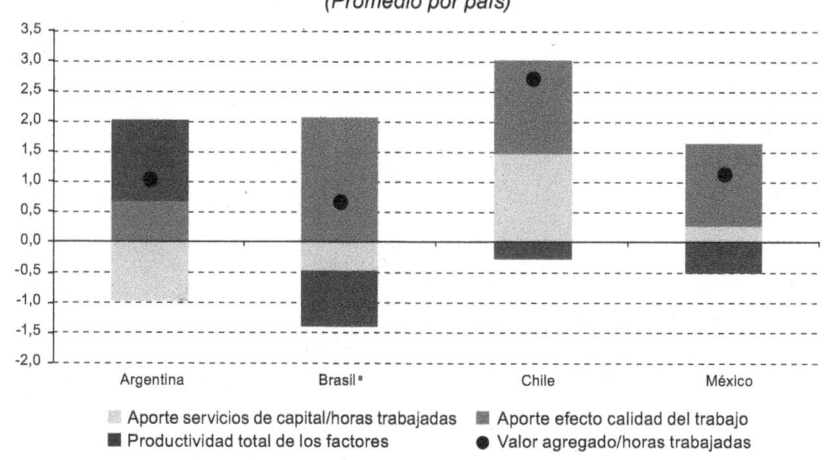

Fuente: Elaboración propia, sobre la base de información de la base de datos LA-KLEMS.
[a] Los datos del Brasil incluyen desde 1996 a 2008.

Gráfico I.8
Argentina, Brasil, Chile y México: determinantes de la productividad laboral por año, 1994-2008
(Promedio por país y año)

A. Argentina

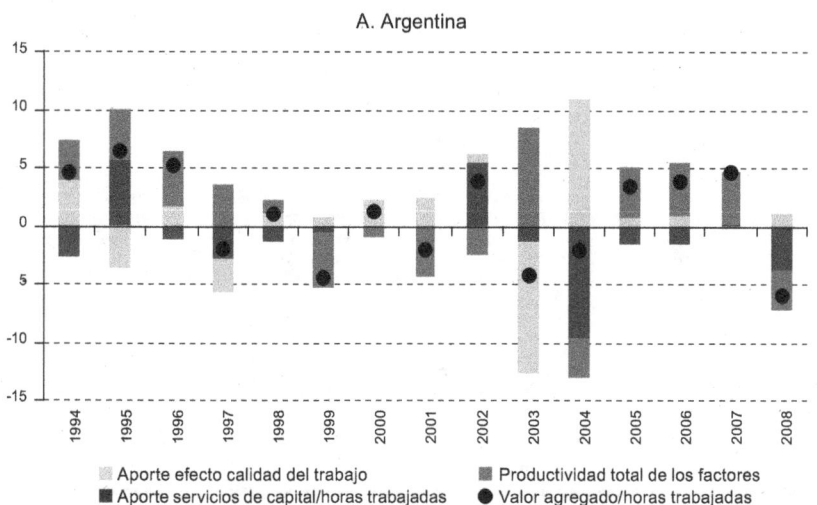

■ Aporte efecto calidad del trabajo ■ Productividad total de los factores
■ Aporte servicios de capital/horas trabajadas ● Valor agregado/horas trabajadas

Gráfico I.8 (conclusión)

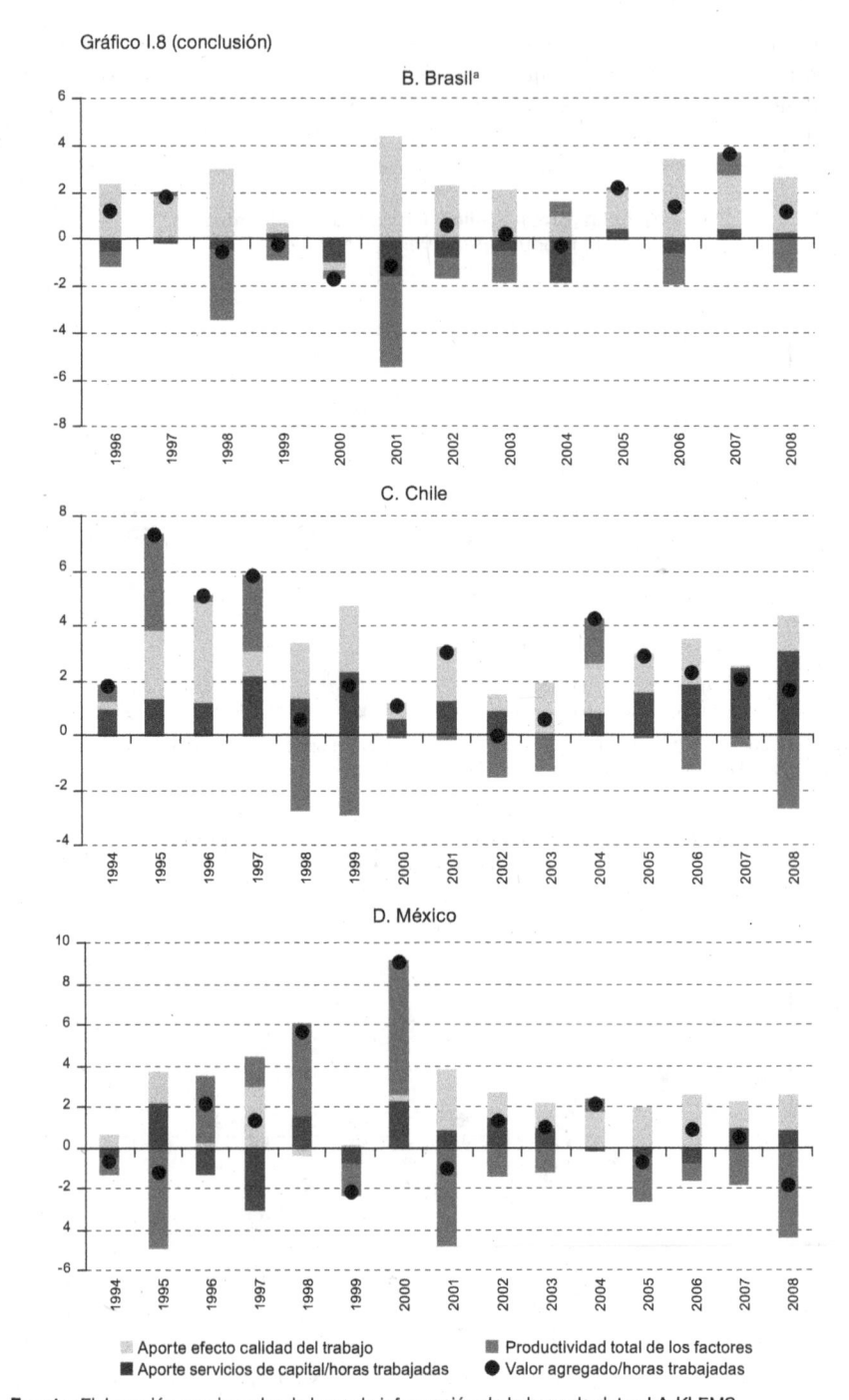

B. Brasil[a]

C. Chile

D. México

- Aporte efecto calidad del trabajo
- Aporte servicios de capital/horas trabajadas
- Productividad total de los factores
- Valor agregado/horas trabajadas

Fuente: Elaboración propia, sobre la base de información de la base de datos LA-KLEMS.
[a] Los datos del Brasil incluyen desde 1996 a 2008.

La evolución de los aportes a la productividad en el Brasil, a su vez, confirma la contribución significativa de las mejorías de la calidad de la mano de obra a lo largo del tiempo, y sugiere que la inversión por hora trabajada (ajustada) ha sido insuficiente para aumentar la productividad de manera más pronunciada. El aporte de la inversión por hora trabajada ha sido mayor en México que en los casos de la Argentina o el Brasil, pero el contraste con Chile —donde el aporte de la inversión por hora trabajada no solo es más alto sino positivo todos los años— también sugiere que en México, al igual que en la Argentina y el Brasil ha sido insuficiente, tanto en términos de monto como de calidad (véase el gráfico I.4).

Al analizar los aportes a la productividad laboral por sector (véase el gráfico I.9), se destacan ciertos rasgos comunes. En primer lugar, en México y el Brasil las variaciones de la productividad laboral cambian significativamente según los sectores, mientras que en Chile y la Argentina predominan los aumentos en la mayoría de estos. En el caso de Chile, dichos aumentos coinciden con un incremento del aporte positivo de la inversión, mientras que en la Argentina la mayor productividad ocurre junto con una contribución positiva importante de la PTF, que posiblemente refleje menores niveles de inversión resultantes de una mayor utilización de la capacidad instalada en cada sector, como ya se indicó. En México, la productividad aumenta en los sectores transables y disminuye en los no transables, y en el Brasil se registra la mayor heterogeneidad: mientras la productividad laboral experimenta un fuerte aumento en agricultura se reduce en la industria, la construcción y en varios de los sectores de servicios.

Gráfico I.9
Argentina, Brasil, Chile y México: determinantes de la productividad laboral por sector, 1994-2008
(*Promedio por países y sectores*)

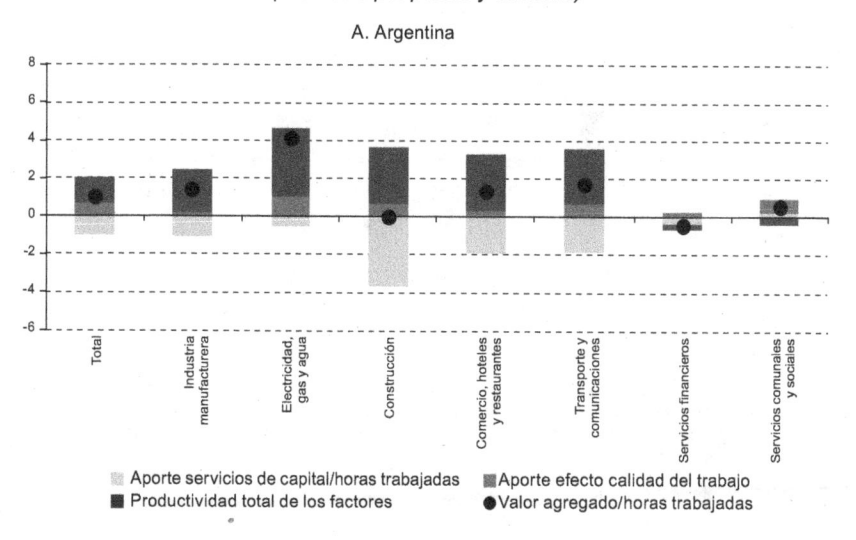

A. Argentina

Gráfico I.9 (conclusión)

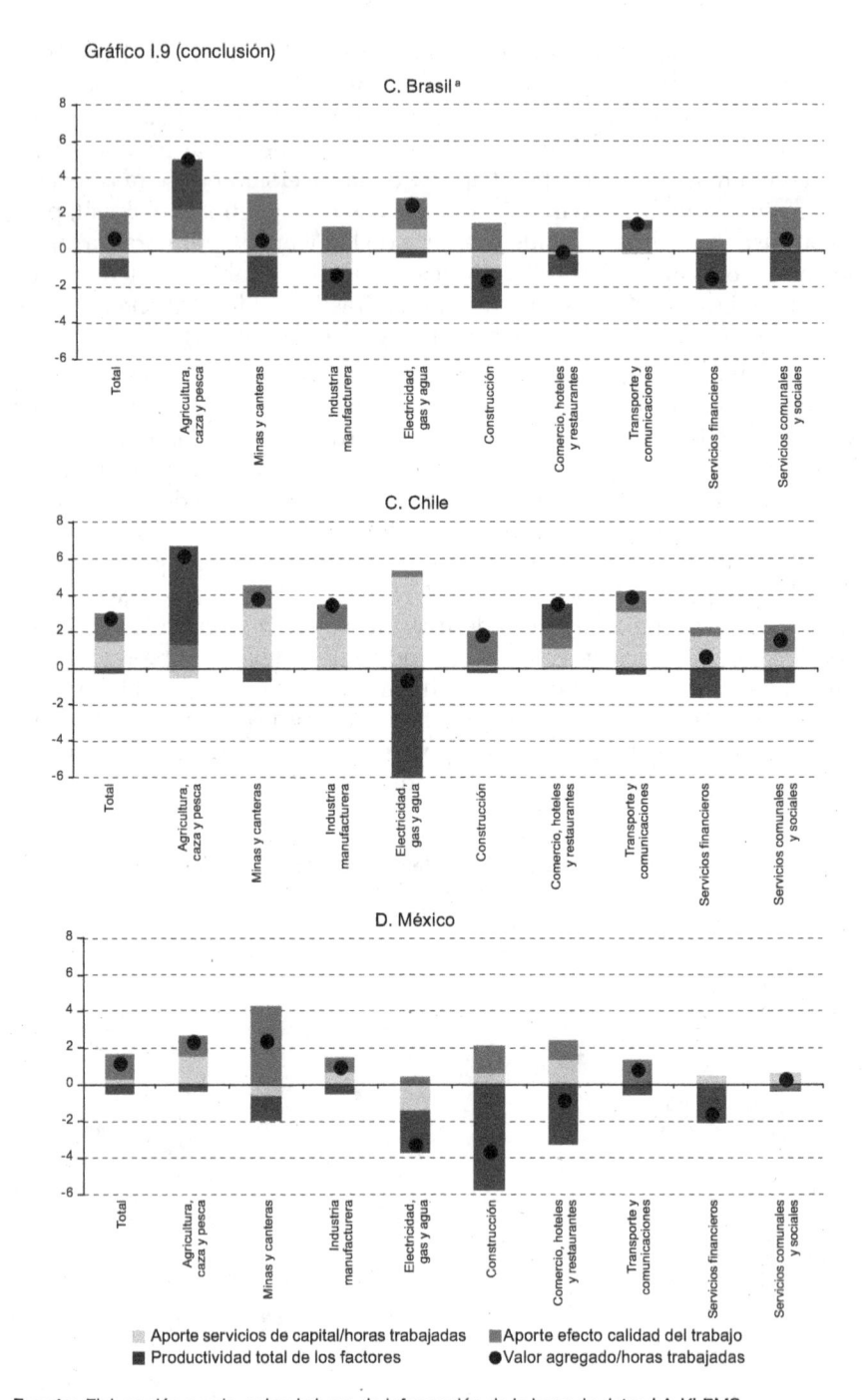

C. Brasil[a]

C. Chile

D. México

- Aporte servicios de capital/horas trabajadas
- Aporte efecto calidad del trabajo
- Productividad total de los factores
- Valor agregado/horas trabajadas

Fuente: Elaboración propia, sobre la base de información de la base de datos LA-KLEMS.
[a] Los datos del Brasil incluyen desde 1996 a 2008.

En segundo término, en los países donde se cuenta con información, la agricultura tiende a ser uno de los sectores donde más se eleva la productividad laboral. En el caso del Brasil y Chile, este fenómeno se asocia con un aumento importante del aporte estimado de la PTF, que en los hechos refleja una disminución del empleo de la mano de obra no calificada en la agricultura, de un 47% y un 22%, respectivamente. En México, el aumento de la productividad laboral en el sector agrícola está asociado sobre todo con un incremento de la inversión por hora trabajada.

Un tercer aspecto común es que los aumentos tienden a ser mayores en los sectores transables (representados por la agricultura, la minería y la industria), en contraste con los no transables (la construcción y los servicios)[14], aunque con variaciones según los países. La productividad del sector industrial aumenta en mayor medida en Chile y más modestamente en la Argentina y México, mientras que cae en el Brasil.

En cuarto lugar, la estimación del aporte de la PTF tiende a ser negativa en todos los sectores, salvo en la Argentina, donde es positiva en casi la totalidad de los sectores[15]. En general, el patrón sectorial del aporte de la productividad total de factores coincide con el patrón que caracteriza el conjunto de países de la región, con aportes mayores en aquellos sectores con los aumentos o disminuciones más fuertes de la productividad laboral. Un caso que ilustra el aporte negativo de la PTF como reflejo de capacidad no utilizada ocurre en el sector de la electricidad, gas y agua de Chile, donde el cambio de la matriz energética redundó en un aumento significativo de la inversión que posteriormente no se utilizó (debido a la interrupción del envío de gas desde Argentina) o cuya eficiencia es limitada (poco valor agregado generado por equipos que utilizan hidrocarburos importados a altos costos).

En quinto término, en estos cuatro países el aporte de la calidad de la mano de obra es positivo, con mayores variaciones en el caso del Brasil en comparación con los demás países, como consecuencia del fuerte aumento de la participación del empleo de calificación alta y media, que incrementaron su peso en un 75% y un 55%, respectivamente, de 1996 a 2008.

D. Conclusiones

La baja productividad laboral es la principal causante del pobre crecimiento económico que han experimentado los países de América Latina durante las últimas tres décadas. Su aporte promedio al crecimiento fue negativo (-0,3%), siendo el aumento de las horas trabajadas el sustento del crecimiento de la región.

---

[14] En la práctica existen servicios que son transables, pero se establece esta separación como una aproximación analítica.
[15] La cobertura de las encuestas de empleo no permite capturar la composición del empleo en la minería y la agricultura.

Además, a lo largo del período 1980-2010, la tasa de crecimiento de la productividad laboral en los países de América Latina fue inferior a la de los Estados Unidos. Esto se tradujo en un aumento de la brecha de productividad de la región con respecto a los Estados Unidos de 12 puntos porcentuales, siendo Chile el único país donde esta disminuyó. Estos resultados de baja productividad son la principal motivación para este estudio, que busca dar respuesta a cuáles son sus principales determinantes y la forma correcta de medirlos.

De manera análoga a como los trabajadores son repositorios del stock de capital humano y prestan servicios medidos en horas trabajadas, los bienes de capital representan un stock proveedor de un flujo de servicios, que son insumos en el proceso productivo. La correcta estimación de su aporte requiere capturar la heterogeneidad de sus activos. Sin embargo, mientras que los trabajadores reciben una remuneración a cambio de los servicios prestados, en general, los bienes de capital son de propiedad de la empresa que los utiliza, por lo que no existe un registro de la remuneración recibida por sus servicios.

En consecuencia, la medición del aporte del insumo de capital al proceso productivo plantea la necesidad de hacer una correcta estimación de los ponderadores utilizados en la agregación de los distintos tipos de bienes de capital, que debe efectuarse utilizando el costo de uso de cada uno de estos, y no sus precios de mercado como tradicionalmente se realiza.

El cálculo tradicional de la medición del capital en los países de América Latina sugiere que ha predominado el aporte de la PTF a la productividad laboral, y que la contribución de la intensidad de la inversión por hora ha sido positiva en algunos casos y negativa en otros, con predominio de este último efecto. Sin embargo, al incluir la heterogeneidad de los activos de capital en la metodología de medición, y sobre todo el aporte de las tecnologías de la información y las comunicaciones —que puede considerarse como un indicador de la calidad de la inversión—, la contribución de la inversión por hora trabajada a la productividad laboral aumenta, mientras que disminuye el número de países donde es negativa. Esto pone de manifiesto que con la metodología tradicional se subestima el aporte real de la inversión (con el progreso técnico incorporado) a la productividad laboral.

El análisis más detallado de los casos de Argentina, Brasil, Chile y México refuerza lo anterior. Chile y México comparten lo que podría calificarse como un patrón "normal" de aumento de productividad laboral, en que los aportes positivos se explican por una mayor inversión por hora trabajada y mejoras de la calidad de la mano de obra. En la Argentina, el aumento de la productividad está asociado con aportes de la PTF y de la calidad de la mano de obra, y en el Brasil, la fuente casi exclusiva de aumentos de la productividad laboral son las mejorías en la calidad de la mano de obra.

El aporte de la inversión por hora trabajada ha sido mayor en México que en el caso de la Argentina o el Brasil, pero el contraste con Chile, donde la contribución de este factor no solo es más alta sino que positiva todos los años, también sugiere que en México, —junto con la Argentina y el Brasil— ha sido insuficiente, tanto en términos de monto como de calidad. Que del conjunto de países analizados, los con mayor crecimiento de su productividad laboral sean también aquellos con un mayor aporte de la inversión por hora trabajada confirma la necesidad de aumentar la inversión, tanto en términos de cantidad como de calidad.

Por otra parte, como la dirección (positiva o negativa) de las variaciones del aporte de la PTF coinciden con la orientación del aporte de la inversión (ajustada), se puede inferir que la productividad total de factores está reflejando el grado de utilización de la capacidad instalada: en momentos de contracción cae —tal como ocurre con la inversión— y en los períodos de auge se eleva, también junto con la inversión. Esto se observa tanto al considerar a los países como a los sectores como objeto del estudio de la productividad laboral. A su vez, y de forma congruente con los mayores aportes de la inversión y del trabajo (ajustados), se reduce con el avance de las décadas el tamaño de la contribución de la PTF estimada a la productividad laboral, positiva o negativa. Todo esto refuerza su caracterización no solo como un factor residual que refleja la existencia de variables no recogidas en el modelo (el grado de utilización de la capacidad instalada), sino también su escasa o nula capacidad para medir el progreso técnico.

En cuanto a la contribución del trabajo a la productividad laboral, existe homogeneidad en todos los países de la región respecto al aporte de la educación en la mejoría de la fuerza de trabajo. Esto se refleja en la aportación positiva y generalizada de la calidad del trabajo al crecimiento de la productividad laboral. El fenómeno también confirma la importancia de la formación de la mano de obra como requisito para aumentar la productividad.

El análisis sectorial permite corroborar las apreciaciones anteriores y obtener conclusiones adicionales. Entre estas últimas se encuentran el aumento mayor de la productividad laboral que ha experimentado el sector agrícola, un incremento más homogéneo de la productividad laboral en la Argentina y Chile, en contraste con la heterogeneidad sectorial del Brasil y México, y una tendencia a que la expansión de la productividad haya sido más alta en los sectores transables que en los no transables.

Bibliografía

Abramovitz, M. (1993), "The search for the sources of growth: Areas of ignorance, old and new", *The Journal of Economic History*, vol. 53, N° 2, junio.

Aravena, C., J. Jofré y F. Villarreal (2009), "Estimación de servicios de capital y productividad para América Latina", serie *Estudios Estadísticos y Prospectivos*, N° 68 (LC/L.3157-P), Santiago de Chile, Comisión Económica para América Latina y el Caribe (CEPAL).

Calvo, G.A., A. Izquierdo y E. Talvi (2006), "Phoenix miracles in emerging markets: recovering without credit from systemic financial crisis", *NBER Working Paper*, N° 1201, Cambridge, marzo.

De Vries, G. y otros (2007), "ICT Investment in Latin America: Does it Matter for Economic Growth?", Universidad de Groningen.

Fraumeni, B. (1997), "The measurement of depreciation in the U.S. national income and product accounts", *Survey of Current Business*, julio.

Griliches, Z. (1994), "Productivity, R&D, and the data constraint", *American Economic Review*, vol. 84, N° 1.

Harberger, A. (1978), "Perspectives on capital and technology in less developed countries", *Contemporary Economic Analysis*, M. Artis y A. Nobay (eds.), Londres, Croom Helm.

Harchaoui, T. M. y F.Tarkhani (2002), A Comprehensive Revision of Statistic's Canada Estimates of Capital Input for Productivity Accounts. Technical report, Statistics Canada.

Hofman, A. y C. Aravena (2013), "Productivity and Economic Growth in Latin America – LA KLEMS productivity data base", Santiago de Chile, Comisión Económica para América Latina y el Caribe (CEPAL), inédito.

Hulten, C. R. y F.C. Wykoff (1981a), "Economic depreciation and the taxation of structures in United States manufacturing industries: An empirical analysis", *The Measurement of Capital*, D. Usher (ed.), Chicago, University of Chicago Press.

___(1981b), "The estimation of economic depreciation using vintage assets prices: an aplication of the box-cox power transformation", *Journal of Econometrics*, N° 15.

___(1981c), "The measurement of economic depreciation", *Depreciation, Inflation and the Taxation of Income from Capital*, C. R. Hulten (ed.), Washington, D.C., The Urban Institute Press.

Jorgenson, D. W. y Khuong Minh Vu (2010), "Latin America and the world economy", *Innovation and Economic Development: The Impact of Information and Communication Technologies in Latin America*, M. Cimoli, A. Hofman y N. Mulder (eds.), Cheltenham.

Jorgenson, D. W. y Z. Griliches (1967), "The explanation of productivity change", *Review of Economic Studies*, vol, 34.

Jorgenson, D. W., F. M. Gollop y B.M. Fraumeni (1987), *Productivity and U.S. Economic Growth*, Harvard University Press, Cambridge.

Jorgenson, D.W., M. S. Ho y K.J. Stiroh (2005), *Information Technology and the American Growth Resurgence*, Cambridge, MIT Press.

Mas, M., F. Pérez y E. Uriel (2005), El stock y los servicios de capital en España, nueva metodología, Bilbao, Fundación BBVA.

Mincer, J. (1974), *Schooling, Experience and Earnings*, Nueva York, National Bureau of Economic Research (NBER).

OCDE (Organización de Cooperación y Desarrollo Económicos) (2001a), Measuring Capital. Measurement of Capital Stocks, Consumption of Fixed Capital and Capital Services, París.
___(2001b), Measuring Productivity. Measurement of Aggregate and Industry-Level Productivity Growth, París.
___(1991), Flows and Stocks of Fixed Capital (1969-89), París.
OIT (Organización Internacional del Trabajo) (2009), Estimates and projections of the economally active population:1980-2020. Methodological description, Ginebra, quinta edición.
Robinson, J. (1961), *Exercises in Economic Analysis*, Londres, Macmillan.
Törnqvist, L. (1936), "The Bank of Finland's Consumption Price Index", *Bank of Finland Monthly Bulletin*, N° 10
Tybout J. (1991), "Linking trade and productivity: New research directions", proyecto "Industrial competition, productive efficiency and their relation to trade regimes", Washington, D.C., Banco Mundial.
Van Ark, Bart y otros (2002), "ICT investments and growth accounts for the European Union 1980-2000", Research Memorandum GD-56 [en línea] http://www.ggdc.net/publications/memorandum/gd56.pdf.

Anexo

Datos

1. Capital

Las series de formación bruta de capital fijo (FBCF) deben estar desagregadas según el sector económico y los tipos de activos (véanse los cuadros I.A.1 y I.A.2). La desagregación no coincide necesariamente con las clasificaciones de la FBCF publicadas por los institutos nacionales de estadísticas y los bancos centrales de los países estudiados. Estas diferencias se originan en la falta de desagregación en algunos activos y en modificaciones metodológicas introducidas durante el período de análisis, debido a cambios en los años de referencia de las cuentas nacionales. Por este motivo, la tarea abordada no solo supone el enlace de magnitudes sino que también, en la medida que sea factible, incorpora la necesidad de realizar una homogeneización previa de dichas magnitudes.

Sobre la base de las cifras oficiales de cada país y la estimación de la totalidad o parte de los activos TIC se efectuó un ejercicio de aproximación a la descomposición planteada, que puede examinarse con más detenimiento en Hofman y Aravena (2013).

Cuadro I.A.1
Sectores económicos

Agricultura, caza y pesca
Minas y canteras
Industria manufacturera
Electricidad, gas y agua
Construcción
Comercio, hoteles y restaurantes
Transporte y comunicaciones
Servicios financieros
Servicios comunales y sociales

Fuente: Elaboración propia.

Cuadro I.A.2
Desagregación de la formación bruta de capital fijo por tipo de activo

Construcción
Construcción residencial
Construcción no residencial
Equipos de transporte
Maquinaria, equipos y otros productos
Otros
Productos TIC
Maquinaria de oficina y equipo informático
Equipos de telecomunicaciones
Software

Fuente: Elaboración propia.

2. Empleo

Los datos acerca de las horas e ingresos comprenden el período de 1990 a 2009, a través de información extraída de las encuestas de hogares de cada país. En el caso de la Argentina, se utilizó la Encuesta Permanente de Hogares juntos con las cuentas nacionales. En el caso del Brasil, se recurrió a la Encuesta nacional de hogares (PNAD) y el Informe anual de informaciones sociales (RAIS). En Chile, la información se obtuvo a través de la Encuesta Nacional de Empleo (ENE) y la Encuesta Suplementaria de Ingresos (ESI), y en México los datos fueron recopilados de la Encuesta Nacional de Ocupación y Empleo (ENOE), la Encuesta Nacional de Empleo (ENE) y los censos económicos (1993 y 1998).

Los microdatos se trabajaron y enlazaron con el objeto de construir estimaciones homogéneas metodológicamente en los cuatro países para los ocupados según su nivel de estudios, edad, género y el sector de actividad donde se desempeñan, algo que es imprescindible para aplicar la metodología KLEMS. Con esta información fue posible la estimación de los ocupados en términos de horas efectivamente trabajadas y los ingresos laborales, asociados a cada una de sus características (véase el cuadro A.3).

Cuadro I.A.3
Características de clasificación

Sectores económicos	Agricultura, caza y pesca
	Minas y canteras
	Industria manufacturera
	Electricidad, gas y agua
	Construcción
	Comercio, hoteles y restaurantes
	Transporte y comunicaciones
	Servicios financieros
	Servicios comunales y sociales
Sexo	Femenino
	Masculino
Tramos de edad	15-29 años
	30-49 años
	50 años y más
Tramos de educación	Calificación baja
	Calificación media
	Calificación alta

Fuente: Elaboración propia.

Capítulo II

Crecimiento económico, empleo, productividad e igualdad

Jürgen Weller
Cornelia Kaldewei

Introducción

La multifacética relación del empleo y el crecimiento económico tiene causas y efectos bidireccionales. Por un lado, el trabajo es uno de los factores de producción que contribuyen al crecimiento económico y sus características inciden en las pautas y la sostenibilidad económica de este. Por otro lado, una expansión de la producción más allá de cierto umbral suele estimular la creación de nuevos puestos de trabajo y un aumento del nivel de empleo.

Además, el empleo es el instrumento a través del cual la gran mayoría de los hogares percibe los medios para su subsistencia y pretende mejorar su nivel de bienestar. El acceso a un empleo productivo y de calidad constituye el principal mecanismo para la participación de las personas en el crecimiento económico, por lo que facilitarla a una proporción creciente de la población es una política fundamental para que el proceso sea socialmente sostenible. A la vez, las pautas distributivas del mercado laboral influyen de forma determinante en la distribución del ingreso a nivel de los hogares así como en la dinámica y las características del crecimiento económico.

El aporte del factor trabajo al crecimiento económico depende en gran medida de su evolución cuantitativa y cualitativa. La expansión cuantitativa de la fuerza laboral resulta de la evolución demográfica y la participación laboral. En la actualidad, la región estaría en condiciones de cobrar un "bono demográfico" que impulsaría el crecimiento económico y favorecería el bienestar de los hogares, con efectos positivos potenciales en la distribución del ingreso. Más allá de estos cambios cuantitativos, las características de la mano de obra tienen cada vez mayor relevancia en el proceso de desarrollo, y la generación de una fuerza laboral altamente calificada debería ser un reto prioritario en la región.

Para aprovechar el potencial "bono demográfico" y una fuerza laboral crecientemente calificada se requieren condiciones productivas y económicas favorables para generar la demanda laboral correspondiente. América Latina y el Caribe no ha sido exitosa en este terreno, lo que se refleja en la elevada heterogeneidad estructural de su aparato productivo y en la fuerte segmentación de sus mercados laborales, donde un segmento es determinado principalmente por la demanda y el otro por la oferta laboral. Estas características determinan en gran parte las relaciones del crecimiento económico, la generación de empleo y la evolución de la productividad laboral, que difieren según los países de la región.

La productividad laboral es un factor clave para el desarrollo, tanto en términos económicos como sociales y crece a partir de dos dinámicas. Por una parte, el desarrollo económico se relaciona estrechamente con procesos de cambio estructural que implican la reasignación de los recursos desde sectores de baja productividad —generadores de empleos de baja calidad— hacia sectores de productividad intermedia y alta, o sea mejoras debido a cambios intersectoriales. Por otra parte, la productividad de las ramas de actividad podría aumentar con una mayor intensidad de capital físico y/o humano, cambios tecnológicos, un uso más eficiente de los recursos, así como con el reemplazo de empresas por otras más productivas (mejoras debido a cambios intrasectoriales). El peso relativo de ambos procesos varía según el avance del desarrollo económico, reduciéndose gradualmente la incidencia del cambio estructural (Rodrik, 2013). Las brechas enormes de productividad intersectorial indican que la región tiene espacio para mejoras basadas en el cambio estructural, sin ignorar la importancia de los cambios intrasectoriales.

En el mejor de los casos, ambos procesos se desarrollarían de forma simultánea. La mayor demanda de recursos por parte de los sectores que se expanden en el contexto del cambio estructural restaría recursos a los otros sectores, incentivándolos a un uso más eficiente de estos, con los correspondientes efectos positivos en su productividad (cambios intrasectoriales). A la inversa, en regiones en desarrollo, en un contexto de bajo crecimiento económico y escasa demanda laboral, las necesidades de sobrevivencia de los hogares pueden incidir en un aumento del empleo generado por la presión de la oferta laboral. Esto afectaría negativamente tanto a los cambios intersectoriales, dado que este tipo de inserción suele concentrarse en sectores de baja productividad, como a los cambios intrasectoriales, puesto que dentro de las ramas de actividad este incremento del empleo reduce la productividad marginal, lo que incide negativamente en su productividad media.

El crecimiento socialmente sostenible requiere de niveles mínimos de cohesión social para que la población considere no solamente que las pautas de crecimiento son efectivas y eficientes en términos económicos sino también para que la distribución de los frutos generados sea percibida como justa[1]. Es importante tomar en cuenta tanto la distribución de las ganancias de productividad de capital y trabajo, que a nivel global ha sido crecientemente desigual durante las últimas décadas, así como la distribución de los ingresos personales y de los hogares; esta última depende en gran parte de la evolución diferenciada de los ingresos laborales de los grupos de perceptores.

Este capítulo se ha estructurado en siete secciones, incluida esta introducción, para analizar la evolución reciente de los mercados laborales de la región[2]. A continuación, en la sección A se revisa la evolución de la fuerza de trabajo en términos cuantitativos y cualitativos. En la sección B se examina la importancia de la estructura productiva y el funcionamiento del mercado de trabajo para el crecimiento económico y la distribución de los ingresos. En la sección C se describe el desempeño reciente de la productividad laboral en los países de la región. En la sección D se analizan los cambios en la productividad intersectorial e intrasectorial, en dos períodos, 1990-2002, en un contexto de inestabilidad y frecuentes shocks externos, y 2002-2011/2012, en un escenario de crecimiento solo interrumpido por la crisis global de 2008-2009. En la sección E se estudian los costos laborales y la distribución de los ingresos, así como su trayectoria en la región. El texto concluye en la sección F con la presentación de las conclusiones.

---

[1] En OCDE (2012, cap. 2) se resume la evidencia empírica sobre el vínculo entre la cohesión social, el crecimiento económico y el desarrollo. Se hace hincapié en que altas tasas de crecimiento no necesariamente generan mayores niveles de satisfacción y se describe como los tres componentes de la cohesión social (integración social, capital social y movilidad social) tienden a contribuir a niveles más altos de crecimiento. Véase también el capítulo I en OIT (2011a).

[2] En Weller y Kaldewei (2013, cap. I) se revisan las contribuciones teóricas relevantes al respecto, en áreas tales como la relación del capital humano y el crecimiento, los mercados de trabajo segmentados, el papel del cambio estructural para el crecimiento económico, la regulación de los mercados laborales y la relación entre la distribución de los ingresos y el crecimiento económico.

A. Evolución de la fuerza de trabajo

La transición demográfica comenzó en América Latina y el Caribe a mediados del siglo pasado, cuando la reducción de la mortalidad infantil y una tasa de fecundidad relativamente constante redundaron en un elevado crecimiento de la población, acompañado por un aumento de la relación de dependencia. Esta última llegó a su apogeo hacia fines de los años sesenta, en que inició su descenso como consecuencia de la disminución de la tasa de natalidad. A partir de los años ochenta la tasa de dependencia se sitúa por debajo de la relación previa a la transición demográfica.

Durante las últimas décadas, la población en edad de trabajar (PET) siguió creciendo a tasas elevadas, pero declinantes. Sin embargo, en lo que reflejaría la existencia de un potencial "bono demográfico", estas tasas sobrepasan las del crecimiento de la población en su conjunto y se proyecta que en 2015 la PET representaría dos tercios de la población total de la región, de manera que la relación de dependencia disminuiría del 78,8% en 1980 al 49,9% en 2015[3].

Esta evolución se explica principalmente por las menores tasas de fecundidad, de manera que la proporción de niños menores de 15 años de edad caería en la población total desde un 39,6% a un 25,6% en el mismo período anterior. Resalta el hecho de que a partir del segundo lustro de los años dos mil, el número de niños empezó a descender en términos absolutos. En contraste, aumentaría gradualmente la proporción de los adultos mayores en la población total (del 4,5% en 1980 al 7,7% en 2015). Este proceso de envejecimiento de la población advierte, con ingentes diferencias según los países de la región, del futuro vencimiento del "bono demográfico".

A través de este aumento relativo de la PET, pero también del incremento de la participación laboral (proporción de la PET que se incorpora al mercado laboral), el "bono demográfico" contribuiría al crecimiento económico y especialmente del producto per cápita[4]. El aumento de la participación laboral es atribuible a la creciente inserción laboral de las mujeres, mientras que la de los hombres tiende a bajar levemente debido a tres factores: la permanencia más prolongada de los jóvenes en el sistema educacional; la caída ligera de la tasa de participación en los grupos etarios más altos, y el aumento de la proporción de estos grupos en la estructura etaria[5]. A raíz de estas tendencias, para el período

---

[3] Weller y Kaldewei (2013), sobre la base de datos de CEPALSTAT.
[4] Otras contribuciones potenciales del "bono demográfico" serían una mayor tasa de ahorro e inversiones más elevadas en materia de educación y capacitación.
[5] La tasa de participación generalmente se calcula sobre la base de una definición más amplia de la PET, que establece un piso de edad sin un techo. De esta forma se toma en cuenta el hecho de que en la región una significativa proporción de adultos mayores se ven obligados a continuar trabajando por la ausencia de sistemas de pensión suficientemente sólidos en términos de cobertura y beneficios.

1990-2015 se proyecta una expansión de la tasa de participación femenina de un 38,1% a un 54,7% y una reducción de la tasa de participación masculina de un 80,8% a un 79,6% (CEPAL, 2006).

Como resultado de estos procesos, las tasas globales de participación de América Latina (promedio de 21 países) y del Caribe (10 países) superaron en 2010 el promedio de los países de la Organización de Cooperación y Desarrollo Económicos (OCDE), excluyendo a los países miembros latinoamericanos, con 65,5% y 65,4%, respectivamente, en comparación con el 60,4%[6]. Sin embargo, a estas tasas más altas de participación en América Latina y el Caribe contribuyen dos elementos no deseables desde la perspectiva del desarrollo socioeconómico:

- La permanencia más breve de los jóvenes en el sistema educativo de la región[7].
- La permanencia más prolongada de las personas de mayor edad en el mercado laboral.

Si la comparación se limita a la población de 15 a 64 años, la situación varía: la tasa de participación de América Latina en 2010 llega a un 69,8% y la del Caribe a un 71,2%, mientras que el mismo indicador en los países de la OCDE se incrementa bastante más respecto a la medición sin límite de edad, y alcanza un 71,8%. La diferencia en las tasas de participación de 15 a 64 años es elevada sobre todo en el caso de las mujeres: en el mismo año, en América Latina es de un 56,7%, mientras que en la OCDE es de un 65,7%; en cambio, la tasa de participación del Caribe (62,0%) se aproxima más al nivel de la OCDE[8].

De este análisis se desprende que no siempre es necesario un aumento de la tasa global de participación para el mejor aprovechamiento del potencial de la población en edad de trabajar, sino que puede ser preferible una reestructuración de esta participación. Para facilitar un mejor aprovechamiento de la fuerza laboral como palanca del crecimiento económico de América Latina y el Caribe, sería conveniente reducir la participación juvenil (disminuyendo la inserción laboral prematura de aquellos jóvenes que desertan del sistema educativo para producir ingresos, especialmente hasta los 18 años) y de las personas de mayor edad (en el

---

[6] Cálculo propio sobre la base de datos de la Organización Internacional del Trabajo (OIT), *Key Indicators of the Labour Market* (KILM). Debido a diferencias en las fuentes, hay leves discrepancias con las tasas citadas previamente.

[7] Esto es sobre todo válido para las zonas rurales, donde los jóvenes de 15 a 24 años tienen en promedio 8 años de educación, mientras que en las áreas urbanas son 10 años (promedio de 14 países, cálculo propio sobre la base de datos de CEPAL (2011b).

[8] Los países de la OCDE tienen también cifras heterogéneas al respecto. En los países nórdicos se registra la mayor participación femenina (76,3%) para el grupo etario de 15 a 64 años, mientras que en Turquía se observa el mínimo (30,3%).

caso de la permanencia en la actividad laboral por la falta de un sistema de protección que permita la jubilación a la edad correspondiente), así como facilitar una mayor inserción de las mujeres. El mayor potencial para elevar la inserción laboral se concentra en las mujeres con baja escolaridad y en las familias de bajos ingresos, ya que la tasa de participación de grupos de diferentes niveles de educación formal varía mucho más en estas que en los hombres[9].

El hecho de que la población económicamente activa (PEA) esté aumentando a tasas superiores que las de la PET refleja un potencial aún mayor en términos cuantitativos de contribución al crecimiento económico desde la oferta laboral. Sin embargo, para aprovechar este potencial aporte del aumento de la fuerza de trabajo (por razones demográficas, socioculturales y económicas) y traducirlo en más expansión económica, se requieren condiciones económicas y políticas adecuadas. En una comparación de las tasas de crecimiento de la PEA y de la economía regional durante las últimas décadas se puede observar que la economía regional no siempre se expandió a tasas que habrían permitido incorporar de forma productiva el aumento de la fuerza laboral. En ciertos períodos, esto condujo a aumentos del desempleo abierto, subempleo visible y/o a caídas de la productividad laboral media. Además, generó elevadas tasas de emigración. Desde mediados de los años ochenta se estima que entre 750.000 y 1.050.000 personas emigran anualmente de la región, lo que representa, según el quinquenio, entre 1,3 y 2,0 por mil de la población regional, con tasas significativamente más elevadas en varios países (CEPAL, 2009b, pág. 44).

Desde el punto de vista de la distribución de ingresos, la participación laboral diferencial que se constató más arriba (en especial en el caso de las mujeres) también ayuda a explicar los bajos ingresos de los hogares de quintiles más pobres. El reciente aumento de la participación laboral en estos hogares ha contribuido a la reducción de la pobreza (CEPAL, 2009a), aunque no ha sido un factor importante en la baja de la desigualdad, debido a que la tasa de participación y, sobre todo, la tasa de ocupación, crecieron tanto en los hogares de bajos ingresos como en los de ingresos más altos (CEPAL, 2011b)[10].

---

[9] En las zonas urbanas, el grupo etario con 0 a 3 años de estudios tiene la tasa de participación más baja en ambos sexos, mientras que el grupo etario de 13 años y más registra la tasa más alta de participación, aunque la brecha es menor en el caso de los hombres (67% en comparación con 84%) que de las mujeres (36% y 72%, respectivamente), en un promedio de 18 países de la región (cálculo propio sobre la base de datos de CEPAL, 2010).

[10] Si bien lo decisivo para la reducción de la pobreza y, potencialmente, de la desigualdad, es el aumento de la ocupación y los ingresos laborales, y un incremento de la participación sería insuficiente por sí solo, este último factor es una condición previa para avances en este terreno.

La contribución al crecimiento económico que realiza la educación es difícil de cuantificar[11], pero se puede establecer una correlación positiva de los niveles de educación y del producto interno bruto (PIB) per cápita en los países de la región (véase el gráfico II.1). Ciertamente, esto no representa una relación de causalidad, sino más bien refleja la existencia de círculos virtuosos y viciosos, puesto que un mayor nivel educacional tendería a contribuir a un mayor nivel del PIB y las sociedades más ricas tienen más espacios para invertir en educación, lo que a su vez facilitaría un incremento más rápido de los niveles educativos. Las correlaciones opuestas existirían en los niveles educativos más bajos y sociedades más pobres.

Gráfico II.1
América Latina: PIB per cápita y nivel educativo medio de la población económicamente activa urbana, fines de la década de 2000
(En dólares y en años)

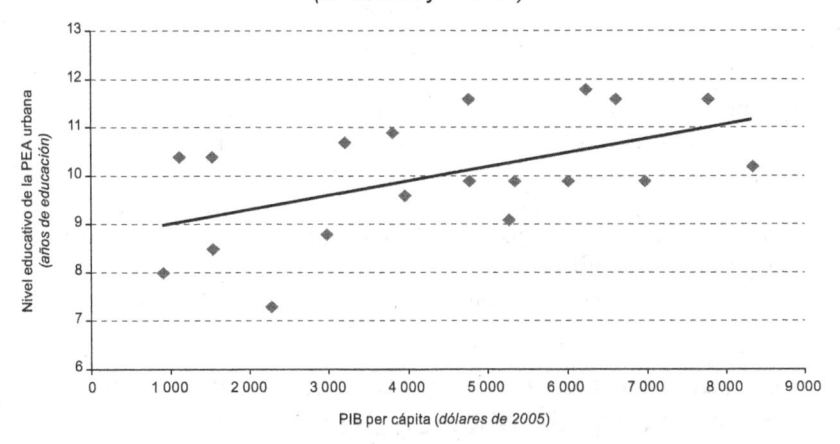

Fuente: Elaboración propia sobre la base de Comisión Económica para América Latina y el Caribe (CEPAL), *Panorama Social de América Latina 2011* (LC/G.2514-P), Santiago de Chile, 2012. Publicación de las Naciones Unidas, N° de venta: S.12.II.G.6.

Los niveles educacionales de la fuerza de trabajo han estado en continuo ascenso durante las décadas recientes en América Latina. Por ejemplo, en los años ochenta, en la PEA urbana la proporción de personas con hasta 5 años de educación formal disminuyó de un 29,4% a un 20,8% (promedio simple de 7 países latinoamericanos) y en la PEA rural de un 62,5% a un 52,2% (promedio simple de 4 países) (CEPAL, 2000). De 1990 a 2010 (alrededor de), en 14 países, el número promedio de años de educación de la población económicamente activa subió de 8,6 a 9,8 en las zonas urbanas y de 4,8 a 6,3 en las áreas rurales[12]. En ambas zonas, el nivel educativo medio de la PEA femenina es levemente más alto que el de la PEA masculina; esto se puede atribuir a que en muchos países las mujeres

---

[11] Para una discusión abreviada, véase por ejemplo Acemoglu (2009, cap.10).
[12] Cálculo propio sobre la base de CEPAL (2011b).

permanecen más tiempo en el sistema educacional y a los problemas de inserción en la PEA que tienen aquellas con pocos años de escolaridad, concentradas por ende en gran medida fuera de la fuerza laboral.

Más allá de la correlación positiva del nivel educativo y la riqueza material de un país, las sociedades tienen la posibilidad, dentro de ciertos límites, de establecer prioridades en el uso de los recursos disponibles. Tanto en la región como fuera de esta se observan ejemplos de una priorización temprana de la educación que incidió favorablemente en el desarrollo socioeconómico posterior[13]. Por otra parte, un nivel más elevado de educación (o mayor incremento de estos niveles) no garantiza mayores tasas de crecimiento económico, dado que además se requieren condiciones macroeconómicas y productivas favorables, capaces de generar la demanda laboral correspondiente[14].

Para ello el contenido y la calidad de la educación deben responder a las necesidades del aparato productivo[15]. No obstante, las debilidades en materia educacional serían un factor fundamental en el rezago del crecimiento económico de la región, puesto que un porcentaje elevado de representantes de empresas latinoamericanas considera que la insuficiente calificación de los trabajadores representa un obstáculo serio o muy serio para el desempeño de la empresa, con un promedio simple del 31,5% en 20 países, según encuestas empresariales (Weller, 2011). Numerosos estudios han destacado las debilidades de los sistemas educativos y de formación profesional, especialmente en cuanto a su calidad y segmentación[16].

B. Estructura del mercado laboral, crecimiento económico y distribución del ingreso

La estructura de los mercados laborales de América Latina y el Caribe y su desempeño durante el ciclo económico defiere de lo que se observa en los países desarrollados. Ambos grupos de países tienen en común que, en el largo plazo, la variación del nivel de empleo se determina, en gran parte, por la evolución demográfica (aumento de la población en edad de

---

[13] Por ejemplo, en Costa Rica se estableció la educación básica general más tempranamente que en sus vecinos centroamericanos, en circunstancias en que no se distinguía por ser un país más rico que estos.

[14] Frecuentemente se ha enfatizado en que una causa importante de la "primavera árabe" fue la frustración de numerosos adultos jóvenes bien educados que no encontraron oportunidades laborales acordes con sus calificaciones.

[15] Sin embargo, esta orientación no puede ser exclusiva dado que un desarrollo humano integral también requiere de la formación de habilidades y la transmisión de conocimientos no directamente relacionados con estas necesidades. Aquí se hace énfasis en la orientación a las necesidades del aparato productivo, por su importancia para la contribución al crecimiento económico, que es el tema principal de esta sección.

[16] Por ejemplo, véanse UNESCO (2008), Vera (2009) y Naciones Unidas (2010, cap. IV).

trabajar), modificada por la trayectoria de la participación laboral[17]. Sin embargo, en el corto plazo, en los países desarrollados esta tendencia es matizada en forma nítida por la evolución del ciclo económico. En estos países, la gran mayoría de quienes pierden el trabajo durante una recesión o que estando desempleados o en inactividad no logran conseguir un empleo no tiene que asumir cualquier trabajo para sobrevivir, sino que recibe el apoyo de los sistemas de protección social, que además juegan un papel de estabilizadores automáticos del crecimiento económico.

En contraste, en los países en desarrollo, cuando la demanda laboral cae o no crece a tasas suficientes, muchos adultos, sobre todo jefes de hogar, no tienen ninguna alternativa al trabajo y deben estar dispuestos a acudir a un empleo que no corresponda a sus capacidades e intereses. En los casos extremos, debido a estas necesidades y por la presión desde la oferta laboral, se autogeneran puestos de trabajo incluso durante una recesión, lo que incidiría en una fuerte caída de la productividad laboral media en tal coyuntura.

Debido a estas diferencias estructurales, la generación de empleo en América Latina y el Caribe está correlacionada de modo mucho menos estrecho con el crecimiento económico que en los países desarrollados, en especial respecto del grupo del Canadá y los Estados Unidos. Si bien en la región también se observa una correlación positiva entre el crecimiento económico y el aumento del número de ocupados, la dispersión de ambas variables es bastante más elevada que en los países desarrollados (véase el gráfico II.2).

Mientras que en los países desarrollados el crecimiento económico se encuentra más estrechamente relacionado con el empleo, en América Latina y el Caribe se observa una mayor correlación de la productividad laboral con el crecimiento económico. Sin embargo, tal como se señaló en el caso del empleo, la correlación positiva del crecimiento económico y la productividad laboral media es generalizada en todas las regiones.

En los países desarrollados es muy poco frecuente que la productividad laboral media experimente una caída en términos absolutos, pues en una situación de crisis las empresas suelen despedir personal para reducir costos, lo que incide en que mantengan o incluso aumenten sus niveles de productividad (véase el gráfico II.3).

En los países de la OCDE, excluidos los países americanos, sólo se registra en el período 2008-2010 una caída de la productividad laboral media, debido fundamentalmente a las políticas aplicadas en defensa del empleo, con frecuencia en un marco de diálogo social, en el contexto de la crisis financiera global (OIT, 2009; FMI, 2010). En contraste, en el Canadá y los Estados Unidos, ni siquiera durante 2009, con una contracción del producto de más del 3%, hubo una caída de la productividad, dado que el ajuste se centró en el empleo.

---

[17] En el caso de América Latina y el Caribe véanse: Weller (2000, pág. 77) para los años noventa; Weller y Kaldewei (2013) para los años 2000.

Durante una crisis en América Latina y el Caribe, en cambio, el nivel del empleo agregado no cae de igual forma, debido a que la protección frente al desempleo es muy débil y muchas personas, en especial si son los principales sostenedores de un hogar, se ven compelidas a ocuparse en cualquier actividad donde obtengan ingresos, por lo que el ajuste del mercado laboral se centra en la productividad media[18]. Por tanto, la evolución de la productividad se encuentra más estrechamente correlacionada con el crecimiento económico en la región que en los países de la OCDE.

Gráfico II.2
Canadá y Estados Unidos, OCDE y América Latina y el Caribe: crecimiento económico y generación de empleo, 1992-2010 [a]
(En porcentajes)

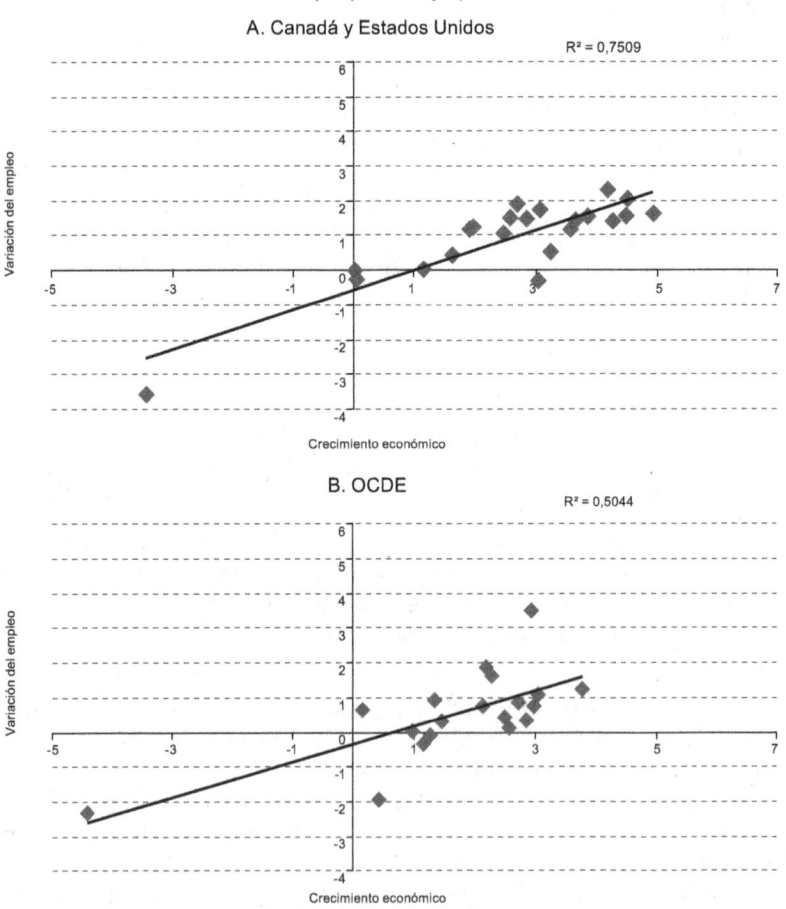

A. Canadá y Estados Unidos

$R^2 = 0,7509$

B. OCDE

$R^2 = 0,5044$

---

[18] De allí surge el fenómeno de los "growthless jobs" (empleos con bajo crecimiento) observado para una serie de los países en el período 1990-2004 (Pagés, Pierre y Scarpetta, 2009).

Gráfico II.2 (conclusión)

C. América Latina y el Caribe

$R^2 = 0,2299$

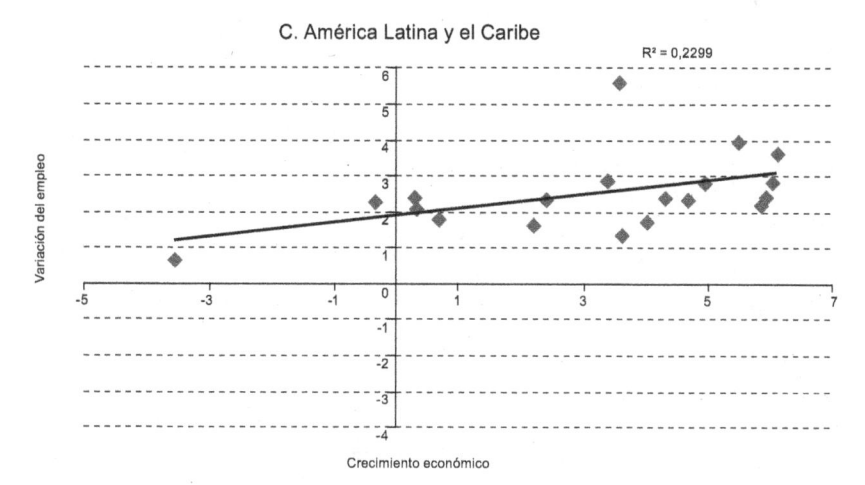

Fuente: Comisión Económica para América Latina y el Caribe (CEPAL)/Organización Internacional del Trabajo (OIT), "Productividad laboral y distribución", *Coyuntura laboral en América Latina y el Caribe*, Boletín N° 6, mayo de 2012, sobre la base de datos de OIT, *Key Indicators of the Labour Market* (KILM) y Banco Mundial.
Nota: Cada punto corresponde a un año en el conjunto de los países del grupo correspondiente.
[a] OCDE excluye el Canadá y los Estados Unidos así como sus otros miembros americanos (Chile y México).

Gráfico II.3
Canadá y Estados Unidos, OCDE y América Latina y el Caribe: crecimiento económico y variación de la productividad laboral media, 1992-2010 [a]
(En porcentajes)

A. Canadá y Estados Unidos

$R^2 = 0,574$

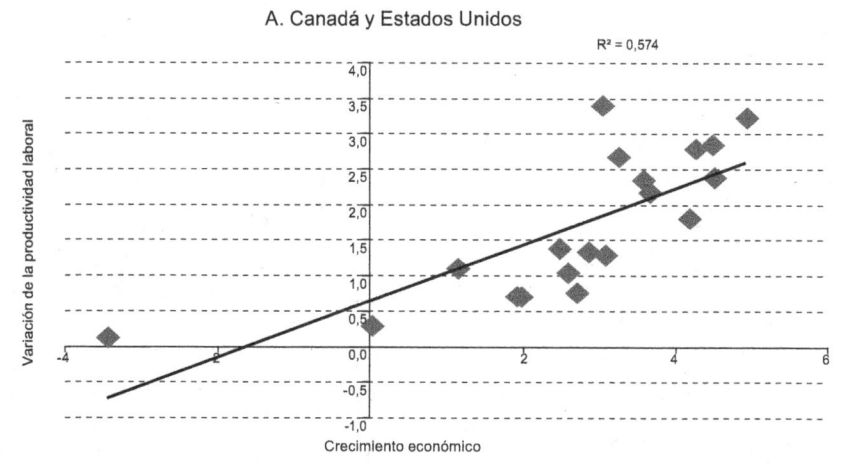

Gráfico II.3 (conclusión)

B. OCDE

$R^2 = 0,4863$

C. América Latina y el Caribe

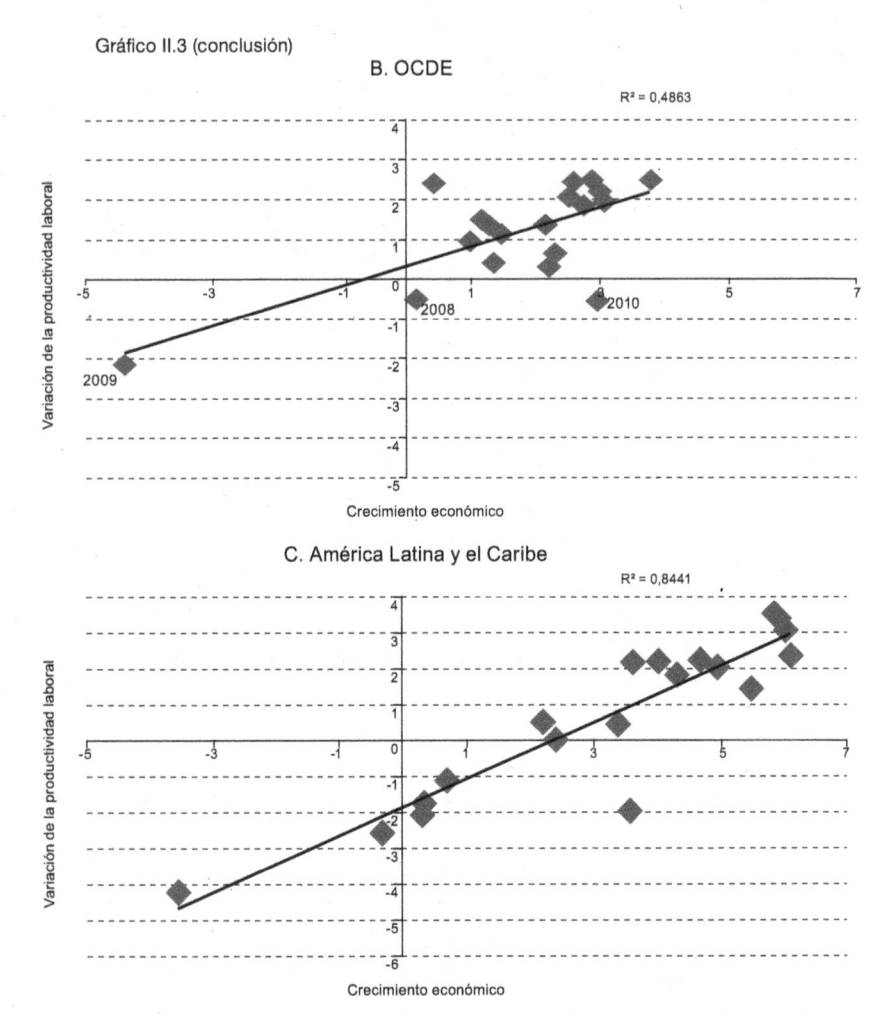

$R^2 = 0,8441$

Fuente: Comisión Económica para América Latina y el Caribe (CEPAL)/Organización Internacional del Trabajo (OIT), "Productividad laboral y distribución", *Coyuntura laboral en América Latina y el Caribe*, Boletín N° 6, mayo de 2012, sobre la base de datos de OIT, *Key Indicators of the Labour Market* (KILM) y Banco Mundial.
Nota: Cada punto corresponde a un año para el conjunto de los países del grupo correspondiente.
[a] OCDE excluye el Canadá y los Estados Unidos así como sus otros miembros americanos (Chile y México).

En suma, los mercados laborales tanto de los países desarrollados como de los de América Latina y el Caribe se ajustan frente a una desaceleración del crecimiento económico y, por consiguiente, de la demanda laboral, pero los primeros lo hacen más por la vía del nivel de empleo, mientras que los segundos lo hacen más a través de la productividad. La llamada "década perdida" de los años ochenta y el bajo y volátil crecimiento económico de la región en los años noventa e inicios de 2000, afectaron marcadamente la evolución de la productividad laboral y, relacionada con la anterior, la calidad del empleo. No obstante, como se analiza a continuación, se observan grandes diferencias en los países de la región en cuanto a los vínculos del crecimiento económico y el empleo, debido al peso diferenciado de las dinámicas de la oferta y la demanda.

Si la expansión del empleo en el agregado regional depende en gran medida del crecimiento demográfico, ¿cuál es la relación del empleo y el crecimiento económico? Para responder es esencial diferenciar el surgimiento de empleos a partir de la dinámica de la demanda y los empleos que responden a la oferta laboral (por lo general se crean en actividades con bajas barreras de entrada y productividad)[19]. Debido a las limitaciones de la disponibilidad de datos, a continuación se analizan con dos categorías de ocupación como proxies para los segmentos laborales determinados por la demanda y la oferta, respectivamente, el empleo asalariado y el trabajo por cuenta propia[20].

La relación del crecimiento económico y el empleo asalariado es muy nítida en el gráfico II.4, donde se puede observar una marcada correlación positiva de ambas variables: el empleo asalariado aumenta en años de elevado crecimiento económico y se expande muy poco en años de estancamiento o crisis económica.

En contraste, la relación del crecimiento económico y el trabajo por cuenta propia es menos clara. En varios años el comportamiento del trabajo por cuenta propia fue contracíclico, lo que refleja una dinámica desde la oferta. Por ejemplo, en 2009 la débil generación de empleo asalariado fue parcialmente compensada por un aumento del empleo por cuenta propia; por otra parte, de 2005 a 2007, en un escenario de una elevada y relativamente prolongada creación de puestos de trabajo asalariado, el trabajo por cuenta propia aumentó poco e incluso disminuyó en términos absolutos. Este desempeño refleja el origen del empleo en los sectores de baja productividad, dinamizado desde la oferta laboral como complemento de la generación de empleo en los sectores de productividad alta o media, que está determinado por la demanda laboral, en una relación en que el empleo en los primeros se expande con frecuencia de manera opuesta al empleo en los segundos.

---

[19] Este segmento del mercado laboral frecuentemente se llama "sector informal". Dado que en este capítulo interesa destacar las características de la inserción productiva, mientras que el "sector informal" en muchos casos se relaciona con aspectos jurídicos, se prefiere, en la tradición de la CEPAL, mantener el concepto de los sectores de baja productividad, salvo donde efectivamente se refiere a una caracterización jurídica.

[20] Si bien no todo el empleo asalariado corresponde al segmento determinado por la demanda y no todo el trabajo por cuenta propia al segmento determinado por la oferta, la gran mayoría del primero responde a la dinámica de la demanda y la gran mayoría del segundo a la dinámica de la oferta.

Sin embargo, también se observan años con un comportamiento procíclico en el trabajo por cuenta propia. Así ocurrió, por ejemplo, en 2000, 2004, 2008 y 2010, cuando en años de un crecimiento económico relativamente elevado no solo hubo una alta demanda laboral sino que, además, muchas personas con necesidades de ingresos laborales percibieron oportunidades favorables para aprovechar a través del trabajo independiente las oportunidades que ofrecía el escenario económico.

Gráfico II.4
América Latina y el Caribe: crecimiento económico y dinámica en la generación del empleo, 2000-2012
(En porcentajes)

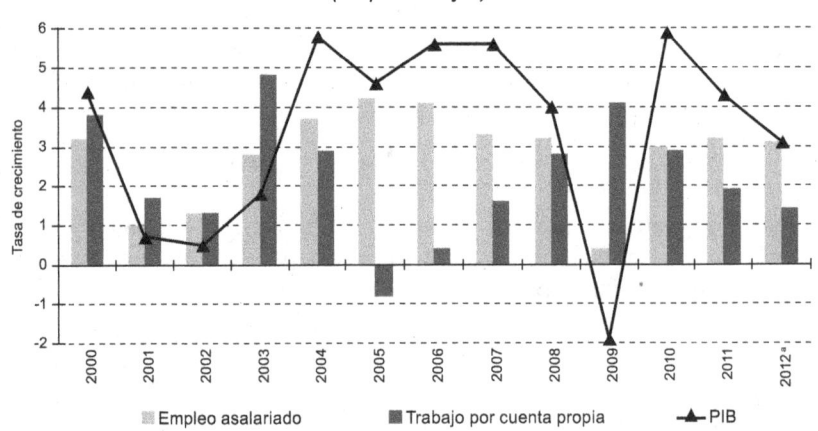

Fuente: Elaboración propia sobre la base de información oficial de los países y de la Comisión Económica para América Latina y el Caribe (CEPAL).
[a] Datos preliminares.

Estas dinámicas variadas subrayan la heterogeneidad interna del trabajo por cuenta propia: en esta categoría de ocupación no se desempeñan exclusivamente personas excluidas del empleo asalariado, sino que también existe un subsegmento dinámico que refleja la búsqueda de oportunidades y con potencial de crecer[21].

Similares resultados se encuentran también a nivel de los países. Como se puede observar en el cuadro II.1, en la mediana de 14 países de la región el empleo asalariado registra un coeficiente de correlación

---

[21] Los resultados de diversos estudios empíricos también constatan la simultaneidad de ambas dinámicas. En estos se puede observar que una parte de los trabajadores asalariados no registrados (informales) se esfuerza para conseguir un empleo formal (esto implicaría que estaría en la informalidad por necesidad, dado que no ha obtenido un empleo formal), mientras que otra parte no intenta trasladarse a la formalidad (lo que implicaría que predominarían las ventajas de la informalidad). Al respecto véanse Puentes y Contreras (2009) y Soares (2004).

0,58 respecto al crecimiento económico, mientras para el trabajo por cuenta propia este indicador es de -0,27. Con bastantes diferencias según los países —en parte estas reflejan problemas de medición—, el empleo asalariado evoluciona de manera claramente procíclica. En contraste, las dinámicas procíclicas y contracíclicas del trabajo por cuenta propia generan coeficientes de correlación bastante bajos; el signo negativo que se observa en la gran mayoría de los países indicaría que prevalece la dinámica contracíclica.

Cuadro II.1
América Latina (14 países): coeficientes de la correlación del empleo y el crecimiento económico: empleo total, empleo asalariado y trabajo por cuenta propia, 1995-2012

País	Empleo total	Empleo asalariado	Trabajo por cuenta propia
Argentina (17)	0,71	0,77	-0,07
Brasil (18)	0,63	0,62	0,21
Chile (17)	0,54	0,65	-0,27
Colombia (18)	0,15	0,53	-0,34
Costa Rica (18)	0,37	0,45	-0,27
Ecuador (17)	-0,19	-0,13	-0,01
El Salvador (16)	0,04	0,44	-0,30
Honduras (14)	-0,31	0,20	-0,03
México (17)	0,79	0,87	-0,58
Panamá (18)	0,34	0,70	-0,42
Perú (13)	0,08	0,33	-0,08
República Dominicana (18)	0,61	0,20	0,50
Uruguay (11)	0,67	0,77	-0,30
Venezuela (República Bolivariana de) (18)	0,47	0,78	-0,35
América Latina (mediana)	0,42	0,58	-0,27

Fuente: Elaboración propia sobre la base de información oficial de los países y de la Comisión Económica para América Latina y el Caribe (CEPAL).
Nota: Entre paréntesis se indica el número de años con información disponible para cada país.

Puesto que la evolución del empleo asalariado está estrechamente correlacionada con el crecimiento económico, puede inferirse que este crecimiento será más determinante para la generación de empleo en su conjunto en aquellos países con un mayor grado de asalarización.

Dado el papel relevante de la evolución del crecimiento demográfico para la trayectoria del empleo agregado, para excluir este factor y analizar con mayor nitidez el papel diferenciado del crecimiento económico, a continuación se utiliza la tasa de ocupación como indicador clave de la evolución del empleo[22], así como con la variación del PIB per cápita. Se

---

[22] La tasa de ocupación representa la proporción de los ocupados en la población en edad de trabajar.

puede apreciar que la correlación del crecimiento del PIB per cápita y la variación de la tasa de ocupación es más elevada en los países con una mayor proporción de asalariados en los ocupados (véase el gráfico II.5).

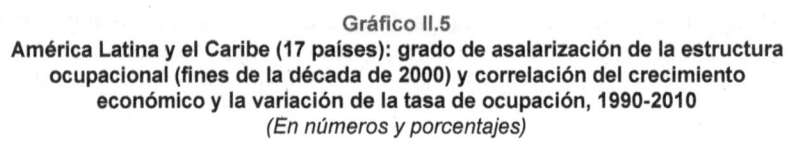

Gráfico II.5
América Latina y el Caribe (17 países): grado de asalarización de la estructura ocupacional (fines de la década de 2000) y correlación del crecimiento económico y la variación de la tasa de ocupación, 1990-2010
(En números y porcentajes)

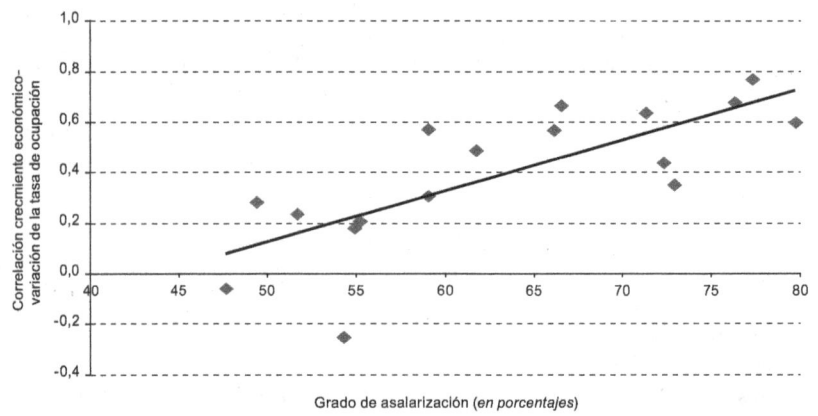

Fuente: Elaboración propia sobre la base de información oficial de los países y de la Comisión Económica para América Latina y el Caribe (CEPAL).

Un segundo aspecto a considerar es que el grado de asalarización está positivamente correlacionado con el desarrollo relativo del país, que se representa por el PIB per cápita (Weller y Kaldewei, 2013). Como se ha examinado, la evolución del empleo asalariado se encuentra estrechamente correlacionada con el crecimiento económico, por lo que no debiera sorprender que la correlación del crecimiento económico y la variación de la tasa de ocupación sea más elevada en países con un mayor PIB per cápita (véase el gráfico II.6).

Salvo el caso de Costa Rica, en todos los países con un producto per cápita por encima de 5.000 dólares (de 2005) el coeficiente de regresión del crecimiento económico es estadísticamente significativo, mientras que, con la excepción de Jamaica, en los países con un PIB per cápita por debajo de este umbral, este coeficiente no lo es (Weller, 2012)[23]. De esta manera, tanto la magnitud de los coeficientes de correlación como su nivel de significancia subrayan la importancia del vínculo del PIB per cápita y el grado de asalarización para la correlación del crecimiento económico y los cambios en la tasa de ocupación.

---

[23] En el caso de Jamaica esto podría cambiar si se pudiese trabajar con información sobre el empleo urbano, como ocurre en la mayoría de los casos. Véase la nota explicativa del gráfico II.6.

Gráfico II.6
América Latina y el Caribe (17 países seleccionados): coeficiente de correlación del crecimiento del PIB per cápita y los cambios en la tasa de ocupación urbana, 1990-2010
(En números)

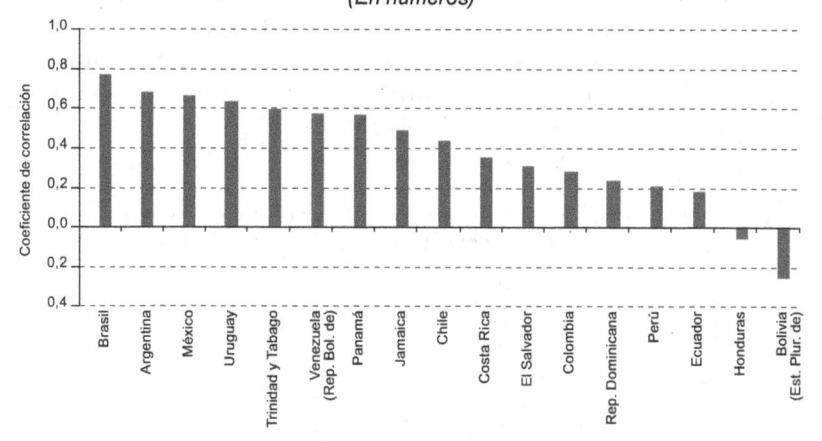

Fuente: J. Weller, "Crecimiento, empleo y distribución de ingresos en América Latina", serie *Macroeconomía del Desarrollo*, N° 122 (LC/L.3516), Santiago de Chile, Comisión Económica para América Latina y el Caribe (CEPAL), 2012.

Nota: En los casos de Chile, Jamaica, la República Dominicana, Trinidad y Tabago y Venezuela (República Bolivariana de) la tasa de ocupación tiene cobertura nacional y es publicada por las instituciones de estadística nacionales. Es de suponer que una delimitación de la tasa de ocupación aumentaría el coeficiente de correlación en estos casos. Chile y Venezuela (República Bolivariana de) registran una proporción de población urbana cercana al 90%, por lo que en estos casos la modificación sería mínima. En contraste, en varios países la información solo cubre una parte del mercado laboral urbano, generalmente el más asalariado. Destaca el caso del Brasil, donde la información abarca las seis principales áreas metropolitanas. En estos casos, una cobertura urbana completa tendería a producir correlaciones algo menores.

En consecuencia, se puede concluir lo siguiente:

i) El nivel absoluto del empleo se determina en gran medida por la evolución demográfica (presión desde la oferta laboral).

ii) Los países con mayor PIB per cápita registran un mayor grado de asalarización.

iii) La evolución del empleo asalariado depende de la demanda laboral y, por tanto, del crecimiento económico.

iv) En los países con mayor PIB per cápita, la evolución de la tasa de ocupación está más estrechamente correlacionada con el crecimiento económico que en los países más pobres.

v) Por consiguiente, dado que la mayor parte del producto se genera en los sectores (público y privado) de media y alta productividad, donde existe más proporción de relaciones laborales asalariadas, en los países más ricos y con un mayor grado de asalarización una misma tasa de crecimiento económico se traduce (inclusive con elasticidad idéntica entre el empleo asalariado y el producto) en más empleos asalariados (respecto del empleo total del país) que en los países más pobres y con una tasa de asalarización inferior.

Lógicamente, la presión desde la oferta laboral incide relativamente más en la estructural ocupacional y evolución de los países más pobres. Aquellos países con un ingreso per cápita más bajo suelen tener una mayor proporción de su fuerza de trabajo urbana desempeñándose en sectores de baja productividad (véase el gráfico II.7)[24].

Gráfico II.7
América Latina: empleo urbano en sectores de baja productividad, según nivel del PIB per cápita, fines de la década de 2000

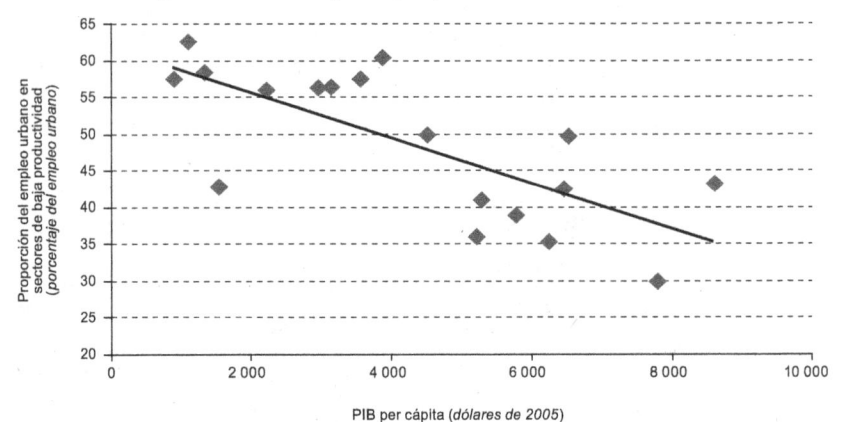

Proporción del empleo urbano en sectores de baja productividad (*porcentaje del empleo urbano*)

PIB per cápita (*dólares de 2005*)

Fuente: Comisión Económica para América Latina y el Caribe (CEPAL), *Panorama Social de América Latina 2010* (LC/G.2481-P), Santiago de Chile, 2011, y otros datos de la CEPAL.

Tomando en cuenta esta relación negativa entre el PIB per cápita y la proporción del empleo en sectores de baja productividad, no sorprende que durante los años ochenta el empleo en estos sectores se expandiera vigorosamente. El impacto inmediato de la crisis de la deuda externa que golpeó a prácticamente todos los países de la región fue un marcado aumento del desempleo abierto que alcanzó un máximo en 1984. Como se prolongó la situación de estancamiento económico y de baja demanda laboral del sector de productividad elevada, muchas personas se vieron obligadas a insertarse en actividades de baja productividad, que aumentaron marcadamente como proporción del empleo urbano[25]. Al mismo tiempo descendió el desempleo

---

[24] Con fines de medición, los sectores de baja productividad se definen como la suma de trabajadores por cuenta propia (no profesionales ni técnicos), empleadores y asalariados de microempresas, el servicio doméstico y los trabajadores familiares no remunerados.

[25] Sobre la base de una definición más restringida que la aplicada posteriormente, el Programa Regional del Empleo para América Latina y el Caribe (PREALC), de la OIT, estimó un aumento del empleo informal en el empleo urbano de un 39% de la PEA en 1980

abierto (a pesar de un crecimiento económico bajo) y hacia 1987 se había regresado al nivel previo a la crisis. También durante los años noventa y hasta inicios de la década de dos mil se registró un deterioro de la estructura de ocupación, lo que se revirtió parcialmente a partir de mediados de esa década. La participación de los sectores de baja productividad en el empleo urbano subió de un 47,2% alrededor de 1990 a un 50,5% en 2002-2003 y descendió posteriormente, hasta llegar a 47,5% en 2007-2009[26].

La segmentación del mercado laboral también se refleja en las brechas de ingresos de los sectores formal e informal, lo que a su vez genera consecuencias distributivas negativas. Por ejemplo, según Keifman y Maurizio (2012) los ocupados informales perciben entre un 20% y un 40% menos de ingresos que los ocupados en el sector formal, incluso considerando las diferencias en las características personales[27].

La relativa debilidad de generación de empleo productivo durante los años ochenta y noventa también se expresó en una ampliación de la brecha de ingresos de los segmentos productivos. Se ha estimado que en la región en su conjunto, entre 1980 y 1989 los ingresos laborales medios reales bajaron un 7% en las empresas medianas y grandes, un 30% en las empresas pequeñas y en el sector público y un 42% para los trabajadores por cuenta propia (PREALC, 1991, pág. 32). Desde comienzos de la década de 1990 y hasta alrededor de 2002, en el promedio de los países de la región los salarios medios de las microempresas cayeron respecto a los salarios medios de la pequeña, mediana y gran empresa desde un 73% a un 63%. Fue incluso mayor el deterioro de los ingresos de los trabajadores por cuenta propia (no trabajadores ni técnicos), que cayeron en relación a los salarios medios de la pequeña, mediana y gran empresa de un 113% a un 86%[28]. En contraste, durante los años siguientes (hasta fines de la década de 2000), un período en el que se dinamizó la generación de empleo

---

a un 51% en 1989 (PREALC, 1991). Si bien el razonamiento conceptual sobre el empleo informal empleado en ese contexto por la OIT se asemejaba a lo que aquí se denomina empleo en sectores de baja productividad, estas tasas regionales difirieron en términos de metodología de medición y cobertura con las publicadas por la OIT y la CEPAL a partir de 1990 y, por tanto, no son comparables con estas.

[26] Promedio simple de 14 países de la región; cálculo propio sobre la base de CEPAL (2010, cuadro A-8).

[27] Cabe señalar, sin embargo, que el análisis de Keifman y Maurizio (2012) diferencia los ingresos de trabajadores formales e informales sobre la base de una definición legal. Por otra parte, la segmentación no es absoluta para las personas, pues existen desplazamientos entre ambos sectores (Bosch y Maloney, 2005).

[28] Se ha planteado que en el contexto de una contracción del aparato productivo en los sectores de mayor productividad, los sectores de baja productividad pueden desempeñar un papel de mitigación al estabilizar parcialmente la demanda (Ocampo, Rada y Taylor, 2009). Sin embargo, esta caída de los ingresos medios limita este papel de mitigación. Además, una prolongada permanencia en actividades de baja productividad dificulta la posterior inserción productiva en los sectores más productivos, afectando negativamente tanto los ingresos presentes y futuros de las personas afectadas como las perspectivas de crecimiento.

asalariado en empresas formales, estas brechas dejaron de aumentar y quedaron en un 64% en el caso de las microempresas y en un 90% en el de los trabajadores por cuenta propia[29].

Empero, tales brechas no son iguales en todos los países, porque los ingresos relativos de los trabajadores por cuenta propia (no profesionales ni técnicos) tienden a ser mayores en los países de ingreso per cápita más elevado, donde se suele emplear una mayor proporción de trabajadores en los sectores de media y alta productividad (Weller y Kaldewei, 2013). Al respecto debe recordarse que por cuenta propia suelen trabajar tanto aquellas personas que valoran en este tipo de trabajo una oportunidad (debido a su mayor libertad individual, flexibilidad e ingresos, entre otros factores), como otras que preferirían laborar como asalariados en sectores de media y alta productividad pero que en ausencia de ese tipo de oportunidades, se ven obligadas a desempeñarse en estos trabajos. Los mayores ingresos relativos de los trabajadores por cuenta propia en los países con una mayor proporción del empleo total en sectores de productividad media y alta, se explicarían por una menor proporción de los trabajadores por cuenta propia de aquellos que lo son involuntariamente, y una mayor proporción de aquellos que se desempeñan voluntariamente en esta categoría ocupacional. Por otra parte, en los países con menor ingreso per cápita y una baja demanda laboral, gran parte de la oferta laboral debe volcarse hacia las actividades de reducida productividad, lo que ejerce una presión sobre los ingresos medios que se pueden percibir en estas.

C. Productividad laboral

En las tres décadas del período 1980-2010, la productividad laboral media de América Latina y el Caribe tuvo un desempeño diferenciado. Durante los años ochenta la combinación de un bajo crecimiento económico y un aumento de la ocupación originado principalmente en el crecimiento demográfico y, por tanto, con un impulso desde la oferta, incidió en una caída de la productividad laboral media[30]. Incluso con una creación modesta de empleo, en los años noventa se registró un aumento muy pequeño de la productividad laboral media, de un 0,4% anual, con el cual continuó ampliándose la brecha respecto de los países más desarrollados. Este desempeño contrastó nítidamente con los avances registrados en otras regiones, salvo el caso de África subsahariana, que tuvo un resultado negativo (Weller y Kaldewei, 2013).

---

[29] Cálculo propio sobre la base de CEPAL (2010).
[30] En este contexto destacó la caída de la productividad laboral media en el sector terciario, donde se concentró la expansión de las actividades de baja productividad, en reacción a la debilidad de la demanda laboral de las empresas de mayor nivel de productividad y del sector público (Weller, 2000, págs. 97-99); véase también CEPAL (2007).

Durante el período 2000-2012, la productividad laboral regresó a un ritmo de crecimiento más vigoroso. A continuación se analiza su evolución con más detenimiento para 15 países de América Latina y el Caribe en los que se contó con series consistentes a nivel nacional para este período. El examen se concentra en el período posterior a 2002, con la finalidad de destacar la evolución en años de un crecimiento económico relativamente elevado. Cabe señalar que por la disponibilidad de datos comparables se utiliza la variable del producto por ocupado, aunque un análisis más fino requeriría de un ajuste para tomar en cuenta la variación de las horas medias trabajadas.

El aumento de la productividad laboral fue más generalizado y fuerte en América del Sur, donde en los seis países con información se acumuló un aumento superior al 15% del producto por ocupado, y en el promedio simple la subregión alcanzó en total un crecimiento de un 22%. Por otra parte, en los cinco países con información del norte de la región (México y Centroamérica), se observó un crecimiento de la productividad laboral más tenue, que solo en los casos de Costa Rica y Panamá superó el umbral del 15% (Honduras lo hizo en 2007, pero su productividad cayó en los años siguientes y hasta 2011 no volvió a alcanzar este nivel). La subregión logró un aumento promedio de productividad laboral del 17%. En los cuatro países del Caribe con información se observa un comportamiento heterogéneo. Trinidad y Tabago registró un fuerte crecimiento de su productividad media hasta 2007, pero se estancó en los años siguientes. La República Dominicana y Barbados tuvieron un desempeño intermedio, mientras que el nivel de productividad laboral en Jamaica estuvo en 2012 por debajo del alcanzado en 2002 (véase el gráfico II.8).

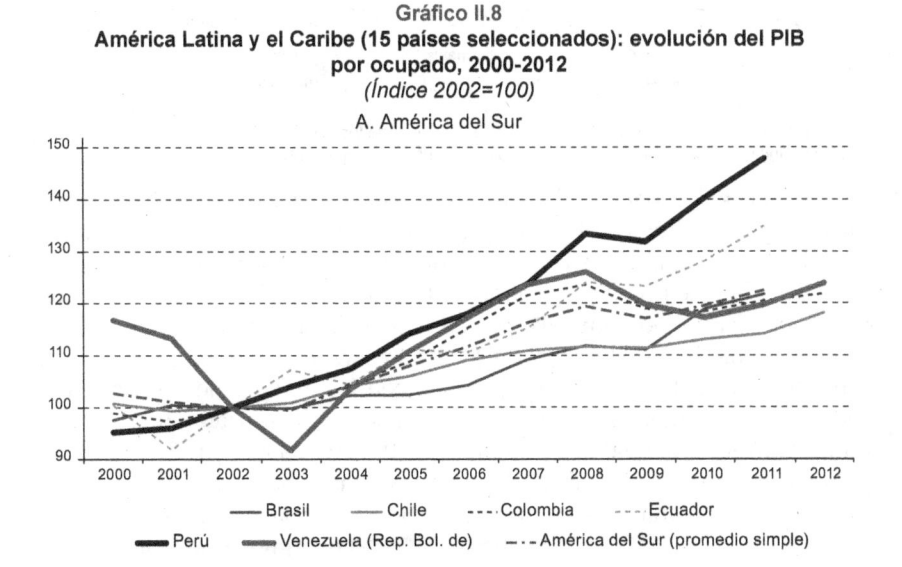

Gráfico II.8
América Latina y el Caribe (15 países seleccionados): evolución del PIB por ocupado, 2000-2012
(Índice 2002=100)

A. América del Sur

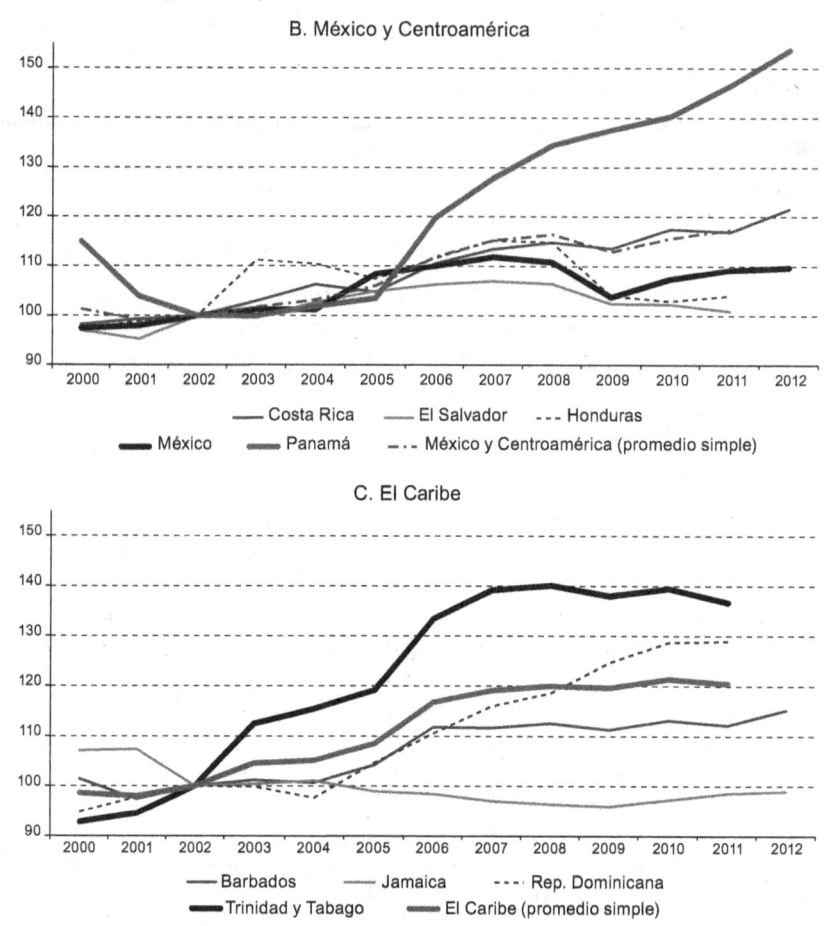

Gráfico II.8 (conclusión)

B. México y Centroamérica

— Costa Rica   — El Salvador   --- Honduras
— México   — Panamá   -..— México y Centroamérica (promedio simple)

C. El Caribe

— Barbados   — Jamaica   ---· Rep. Dominicana
— Trinidad y Tabago   ▬ El Caribe (promedio simple)

Fuente: Elaboración propia sobre la base de datos oficiales de los países.
Nota: Se incluyen los países donde se dispuso de series a nivel nacional.

Como era esperable, la crisis financiera global de 2008-2009 incidió negativamente en el nivel de la productividad, por lo que en 13 de los 15 países de la región analizados se contrajo el producto por ocupado. En 2010 y 2011 el crecimiento económico y la productividad laboral repuntaron en la región, situándose en 2011 el producto por ocupado regional alrededor de un 15% por encima del nivel de 2002. La mayoría de los países mejoraron su productividad laboral en este período, con las excepciones de Colombia, Honduras y Venezuela (República Bolivariana de), que sufrieron una segunda contracción consecutiva del producto en 2010 y recién en 2011 lograron repuntar. En Trinidad y Tabago la productividad laboral cayó de nuevo en 2011 después de una leve recuperación en 2010, y la productividad de El Salvador siguió a la baja en cada año posterior al máximo alcanzado en 2007.

Al comparar 2002 y 2011-2012, sobresalen cuatro países con el mayor crecimiento del PIB por ocupado en la región: Ecuador, Panamá, Perú y Trinidad y Tabago[31]. Con un aumento menor al 10% del producto por ocupado se ubican en el otro extremo El Salvador, Honduras, México y Jamaica[32].

D. Cambios de la productividad laboral en y entre sectores, 1990-2012

Como se planteó en la introducción de este capítulo, el crecimiento de la productividad laboral agregada es el resultado de un doble proceso de (re) asignación de recursos, entre los sectores y de transformación de estos. Se ha constatado que la simultaneidad de ambos procesos caracterizó el repunte de las economías de Asia durante las últimas décadas (McMillan y Rodrik, 2011). En contraste, tanto en América Latina y el Caribe como en África estudios recientes encontraron un desempeño menos favorable. Según CEPAL (2007, pág. 36), la caída de la productividad laboral media de los años ochenta se debió a marcados aportes negativos de los cambios intrasectoriales, mientras que el aporte del cambio estructural (intersectorial) fue levemente positivo. Por otra parte, de acuerdo con McMillan y Rodrik (2011), de 1990 a 2005 el aporte del cambio estructural a la variación de la productividad laboral agregada de la región fue negativo: en el promedio simple de 9 países, estos autores encontraron para el período 1990-2005 una contribución positiva de 2,24 puntos porcentuales de los cambios intrasectoriales y un aporte negativo de 0,88 puntos porcentuales del cambio estructural al crecimiento de la productividad laboral anual del 1,35%[33].

---

[31] Mientras que en los casos de Panamá y el Perú la principal causa "contable" de este avance ha sido el elevado crecimiento económico de 2002 a 2011, con tasas de expansión anuales de un 6,0% y un 5,3% del PIB per cápita, respectivamente, en Trinidad y Tabago (4,2%) y especialmente en el Ecuador (2,6%) contribuyó el bajo crecimiento del nivel de empleo, que en ambos países incluye varios años de caída absoluta.

[32] Más allá de estos cambios recientes, se han mantenido grandes diferencias intrarregionales de los niveles de productividad en los países de la región. A inicios de la década de 2010 varios países del Caribe (las Bahamas, Barbados y Trinidad y Tabago) superaron una productividad laboral media de 30.000 dólares (de 2005), mientras que en Bolivia (Estado Plurinacional de), Honduras, Nicaragua y el Paraguay no sobrepasan los 5.000 dólares (Weller y Kaldewei, 2013).

[33] Con otra metodología, Ocampo, Rada y Taylor (2009) encuentran en el período 1990-2003 y 2004 un aporte negativo del cambio estructural en los países andinos, y uno positivo en América Central y el Caribe. Para un grupo de países semiindustrializados (sobre todo, de América Latina, pero también Turquía y Sudáfrica) se registra un aporte positivo superior al de China. En su análisis de la evolución de la productividad en seis países de la región en un plazo más extenso (1950-2005), Ros (2011) constata que, a diferencia del período previo, entre 1980 y 2005 predominó un aporte negativo de la reasignación de la fuerza de trabajo a la variación de la productividad.

A continuación se presentan los resultados de un ejercicio de descomposición de la evolución de la productividad laboral en el período 1990-2011/2012, aplicando la metodología de McMillan y Rodrik (2011):

$$\Delta Y_t = \sum_{i=n} \rho_{i,t-k} \Delta y_{i,t} + \sum_{i=n} y_{i,t} \Delta \rho_{i,t}$$

Donde Y_t e $y_{i,t}$ representan el nivel de la productividad al nivel de la economía en su conjunto y del sector i, respectivamente, mientras $\rho_{i,t}$ es la participación del sector i en el empleo. Δ representa el cambio de la productividad o de la proporción del empleo, según sea el caso. El primer término a la derecha es la suma de las variaciones de la productividad de los diferentes sectores, ponderadas por su participación en el empleo al inicio del período de análisis. Este término representa los cambios de la productividad dentro de los sectores. El segundo término representa la contribución del cambio estructural a la variación total de la productividad, calculado como la suma de los cambios sectoriales en la participación en el empleo total, ponderado por las productividades correspondientes[34].

Este ejercicio se efectuó en dos subperíodos, desde 1990 a 2002 y de 2002 a 2011-2012, con el objetivo de diferenciar un primer subperíodo de un crecimiento económico modesto en el promedio y altamente volátil, de un segundo subperíodo, con un mayor dinamismo y salvo la excepción de 2009, tasas de crecimiento relativamente estables[35]. En los resultados del primer subperíodo incide fuertemente la seguidilla de crisis que golpearon a la región a partir de 1998 y que se expresaron en la contracción del PIB per cápita regional durante tres años (1999, 2001 y 2002) y que en algunos países habría borrado ciertos avances previos. Por las diferencias en los períodos cubiertos (y por el mayor número de países incorporados en este ejercicio), los resultados difieren de los citados de McMillan y Rodrik (2011), a pesar de aplicar similar metodología.

El resultado de este cálculo identifica el aporte de los procesos intrasectoriales y del cambio estructural a la variación de la productividad laboral agregada, en dólares constantes de 1995 para el primer subperíodo y de 2005 para el segundo. Con la finalidad de hacer compatibles los resultados de los países individuales, y tomando en cuenta que la duración de ambos períodos de análisis no es idéntica, se han calculado para todos los países las tasas de crecimiento anual de la productividad laboral y se han transformado las contribuciones de los cambios en y entre sectores, determinadas con la ecuación anterior, en contribuciones a estas tasas anuales de crecimiento de la productividad.

---

[34] Si un sector determinado pierde participación en la estructura de empleo en beneficio de otro sector de mayor productividad media, la productividad agregada aumenta, y viceversa.
[35] La separación en dos subperíodos permite también trabajar con ponderaciones más acordes para cada uno, al utilizar la estructura productiva a precios de 1995 y 2005, respectivamente.

1. Período 1990-2002

Los resultados a nivel de los países en el período 1990-2002 se presentan en el cuadro II.2[36].

Cuadro II.2
América Latina y el Caribe (23 países): variación de la productividad laboral media y contribución de los cambios intersectoriales e intrasectoriales, 1990-2002

País	Período	Variación productividad p.a.	Contribución intersectorial	Contribución intrasectorial
Chile	1990-2002	3,4	-0,2	3,6
República Dominicana	1991-2002	2,9	0,1	2,8
Uruguay (urbano)[a]	1990-2002	1,8	0,9	0,9
Bolivia (Estado Plurinacional de)	1996-2002	1,5	0,1	1,4
El Salvador	1992-2002	1,4	1,3	0,1
Argentina (urbano)[a]	1990-2002	1,0	0,8	0,2
Colombia	1991-2000	1,0	-0,3	1,3
Trinidad y Tabago	1990-2002	1,0	0,4	0,6
Costa Rica	1990-2002	0,7	0,3	0,4
México	1991-2002	0,3	0,9	-0,5
Panamá	1991-2002	0,2	0,9	-0,8
Bahamas	1989-2003	0,0	0,4	-0,4
Jamaica	1992-2002	0,0	0,2	-0,2
Guatemala	1989-2002	-0,3	-0,7	0,5
Brasil	1990-2002	-0,4	0,0	-0,4
Honduras	1990-2002	-0,4	0,5	-0,9
Santa Lucía	1994-2002	-0,6	-0,3	-0,3
Ecuador	1990-2001	-0,7	-0,1	-0,6
Nicaragua	1990-2003	-1,0	0,5	-1,5
Barbados	1990-2002	-1,1	-0,7	-0,4
Perú	1994-2002	-1,7	-0,4	-1,2
Paraguay	1997-2002	-2,6	-0,6	-2,0
Venezuela (República Bolivariana de)	1990-2002	-2,9	-1,6	-1,3
América Latina y el Caribe [b]		0,2	0,1	0,1
Subregión norte de América Latina [b]		0,5	0,5	0,0
Subregión sur de América Latina [b]		0,1	-0,1	0,2
El Caribe [b]		-0,1	0,0	-0,1

Fuente: Elaboración propia sobre la base de datos oficiales de los países.
Nota: La suma de las contribuciones intersectoriales e intrasectoriales no necesariamente es similar a la variación de la productividad por efecto del redondeo de las cifras. El total no se refiere al PIB, sino a la suma del valor agregado de las ramas de actividad. El cálculo se realizó a precios en dólares constantes de 1995.
[a] Los datos de la Argentina y el Uruguay son solo indicativos, pues por la falta de información del empleo a nivel nacional se agregaron datos del crecimiento del producto no agropecuario combinados con los de empleo a nivel urbano.
[b] Promedio simple.

---

[36] Debido a problemas de disponibilidad de datos comparables para estos dos años, no fue posible en todos los casos cubrir el período completo. En la segunda columna del cuadro II.2 se indica el período cubierto en cada país.

Este ejercicio confirma el dato citado para la región en su conjunto: desde inicios de los años noventa y hasta 2002 se registraron cambios mínimos en la productividad laboral, dado que en el promedio simple la productividad laboral de los países aumentó anualmente en un 0,2%.

Igualmente hubo enormes diferencias; la productividad laboral media aumentó en 11 de 23 países con disponibilidad de datos, destacando entre estos Chile y la República Dominicana. En diez países se registraron caídas de este indicador, en algunos casos con elevadas tasas anuales, como resultado de la combinación de un débil crecimiento económico y, en ciertos países, un significativo aumento del número de ocupados.

En la región en conjunto, la medición refleja la debilidad del aporte del cambio estructural y de los cambios intrasectoriales al crecimiento de la productividad, aunque se aprecian interesantes diferencias en las subregiones. Específicamente, la subregión norte de América Latina (Centroamérica, México y la República Dominicana) sí percibió ganancias de productividad por el cambio estructural. Dos procesos pueden haber contribuido en los años noventa a este resultado. En primer lugar, la expansión de la maquila que en varios países de esta subregión y en contraste con las tendencias prevalecientes en otras subregiones incidió en un aumento de la proporción del empleo manufacturero en la estructura ocupacional. Como se trata de un sector que generalmente registra una productividad media por sobre el promedio de las economías, incide favorablemente en la productividad agregada. En segundo lugar, la fuerte emigración extrarregional en este período habría limitado el aumento de la oferta de trabajo y, por tanto, del empleo en sectores de baja productividad. Sudamérica fue la única subregión donde hubo ganancias modestas de productividad producidas por los cambios internos de las ramas, lo que puede reflejar procesos de transformación puestos en vigor durante este período en varios países, con frecuencia en el contexto de la privatización de empresas públicas.

También se observan claras diferencias en cuanto a la evolución de la productividad laboral a nivel de las ramas de actividad (véase el cuadro II.3).

En el período 1990-2002, las actividades primarias (minería y sector agropecuario) registraron fuertes aumentos de productividad, mientras que en la industria manufacturera fueron inferiores, aunque todavía positivos. Prácticamente todos los restantes sectores (productores de bienes y servicios principalmente no transables) tuvieron importantes caídas en su productividad media, con la excepción de los servicios básicos (electricidad, gas y agua, y transporte, almacenamiento y comunicaciones), que en muchos países fueron objeto de procesos de privatización en esos años.

Cuadro II.3
América Latina y el Caribe: crecimiento anual de la productividad laboral por rama de actividad y aportes a los cambios de productividad generados en procesos internos de las ramas, 1990-2002 y 2002-2011/2012

(Promedios simples)

Sectores	1990-2002 Crecimiento anual de la productividad	1990-2002 Aporte de las ramas a los cambios intrasectoriales totales	2002-2011/2012 Crecimiento anual de la productividad	2002-2011/2012 Aporte de las ramas a los cambios intrasectoriales totales
Agricultura, ganadería y pesca	1,6	0,17	1,0	0,15
Minería	4,4	0,28	-1,6	-0,06
Industria manufacturera	0,5	0,15	2,3	0,34
Construcción	-1,4	-0,07	-0,1	0,01
Comercio, restaurantes y hoteles	-1,5	-0,29	1,8	0,29
Servicios básicos	1,4	0,16	2,3	0,27
Servicios financieros, bienes raíces y servicios a empresas	-2,0	-0,19	-0,8	-0,05
Servicios comunales, sociales y personales	-0,6	-0,09	0,9	0,17
Total ramas de actividad	0,1	0,06	1,8	1,12

Fuente: Elaboración propia sobre la base de datos oficiales de los países.

Si bien en el agregado los cambios intrasectoriales no contribuyeron demasiado a mejoras de productividad, sí lo hicieron en ciertas ramas de actividad, especialmente aquellas que son predominantemente productoras de bienes transables (sector agropecuario, minería e industria manufacturera) y en los servicios básicos. Como se mencionó, en el escenario de una débil demanda laboral, sobre todo desde fines de los años noventa y hasta los primeros años de la siguiente década, las presiones de la oferta laboral habrían elevado los niveles de empleo en las actividades de baja productividad que tienen bajas barreras de entrada. Esto habría ocurrido, sobre todo, en el sector terciario, lo que se tradujo en considerables aumentos del empleo de baja productividad, con el impacto negativo correspondiente que se refleja en los cambios intrasectoriales[37].

Al analizar el crecimiento económico de las ramas de actividad como resultado del cambio en la productividad laboral y del aumento del

---

[37] En la medida que esta inserción laboral se dirigía principalmente hacia actividades de baja productividad media, también habría afectado negativamente a la evolución de los cambios intersectoriales.

empleo, se puede observar que este último creció de forma significativa solo en el sector terciario y en la construcción. Salvo los servicios básicos, todas las ramas registraron una caída de su productividad media. La situación opuesta se observó en el sector agropecuario y la minería, donde hubo ingentes aumentos de productividad, pero sin incremento del empleo (véase el gráfico II.9).

Gráfico II.9
América Latina y el Caribe: contribución del aumento del empleo y la productividad laboral al crecimiento del producto, según rama de actividad, 1990-2002 y 2002-2011/2012
(En puntos porcentuales)

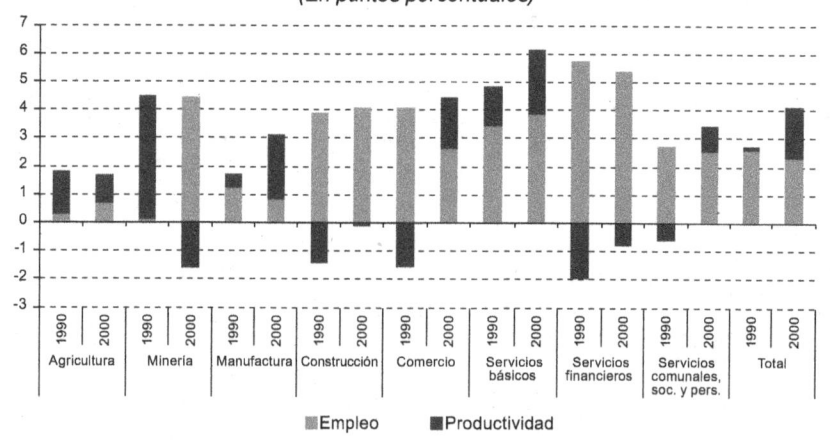

Fuente: Elaboración propia sobre la base de datos oficiales de los países.
Nota: Los datos de las barras "1990s" corresponden al período 1990-2002, y las barras "2000s" al período 2002-2011/2012.

En síntesis, de 1990 a inicios de los años 2000 no se registró un aporte positivo del cambio estructural a la productividad agregada. Si bien uno de los objetivos declarados de las reformas propicias a los mercados, puestas en vigor especialmente durante los años noventa —en varios países con anterioridad— fue facilitar la movilidad de los factores de acuerdo con las ventajas comparativas de los países de la región, lo que estimularía un ajuste estructural que conllevaría incrementos de la productividad, los datos reflejan que, específicamente en el caso de la fuerza de trabajo, no hubo una reasignación desde las actividades de baja a las de alta productividad. Más bien, los nuevos puestos de trabajo que surgieron en estos años se concentraron en sectores de baja productividad, mientras que los sectores más productivos no fueron fuertes generadores de empleo[38].

---

[38] La participación de las empresas privadas pequeñas, medianas y grandes en el empleo no agrícola bajó de un 41,7% a un 39,7% de 1990 a 2002; al mismo tiempo, el empleo público se contrajo de un 15,5% a un 13,9% (OIT, 2003).

En este resultado pueden haber contribuido las reformas estructurales en América Latina y el Caribe. Específicamente, las políticas de apertura y desregulación de los mercados, así como las privatizaciones, en conjunto con un cambio tecnológico impulsado por estos procesos, parecen haber favorecido transformaciones en los sectores que incidieron en este crecimiento de la productividad. En el contexto de estas mutaciones, algunas empresas que dejaron de ser competitivas debieron cerrar, mientras que otras, como por ejemplo empresas públicas privatizadas, redujeron su planilla en pos de la reducción de costos y una mejor competitividad. Muchas empresas asumieron estrategias defensivas en este período, lo que implicaba que las inversiones se orientaran más en función de aumentos de la productividad que de expansión de la producción (Katz, 2000). Sin embargo, como se ha planteado, las ganancias de productividad intrasectoriales que estas transformaciones habrían generado se perdieron en la mayoría de los países debido a las crisis de fines de los años noventa e inicios de la década de dos mil.

2. Período 2002-2011/2012

El aumento de la productividad agregada fue de un 1,8% anual en el período 2002-2011/2012, en el promedio simple de los países, un resultado claramente más elevado que en el subperíodo anterior. Los cambios de índole estructural e intrasectorial aumentaron su aporte a la variación de la productividad agregada.

En el promedio simple, el cambio estructural aportó un tercio del aumento de la productividad en el período, mientras que la mayor parte correspondió al cambio intrasectorial. Sin embargo, nuevamente se observan enormes diferencias según los países respecto a la variación reciente de la productividad laboral agregada.

La productividad laboral creció bastante más en América del Sur que en el norte de la región (México, Centroamérica y la República Dominicana) y en el Caribe, como promedio simple de los países. En América del Sur ambos componentes contribuyeron de forma positiva a este crecimiento. En el norte de la región, los cambios intrasectoriales tuvieron un aporte similar, pero el cambio estructural fue solo levemente positivo, lo que contrasta con la contribución relativamente fuerte del cambio intersectorial en el período anterior. El fenómeno podría atribuirse a que los dos factores mencionados como posible causa de dicho aporte de 1990 a 2000 (empleo en la maquila y migración), comenzaron a perder dinamismo en el período siguiente. En el Caribe, el cambio estructural aportó algo más al aumento de la productividad que en el norte de América Latina, pero aún así esta contribución, como también la de los cambios intrasectoriales, fue modesta.

Cuadro II.4
América Latina y el Caribe (23 países): variación de la productividad laboral media y contribución de los cambios intersectoriales e intrasectoriales, 2002-2011/2012
(En porcentajes)

País	Período	Variación productividad p.a.	Contribución intersectorial	Contribución intrasectorial
Panamá	2002-2012	4,8	0,3	4,5
Uruguay	2006-2011	4,2	0,7	3,4
Perú	2002-2011	4,0	1,7	2,3
Argentina (urbano)[a]	2002-2012	3,9	0,2	3,7
Ecuador	2002-2012	3,5	0,8	2,6
Trinidad y Tabago	2002-2012	3,2	0,4	2,8
Costa Rica	2002-2012	2,3	0,1	2,2
Brasil	2002-2011	1,9	0,7	1,2
Barbados	2002-2012	1,8	0,3	1,5
Guatemala	2002-2011	1,8	2,0	-0,2
República Dominicana	2002-2012	1,8	-0,1	1,9
Colombia	2002-2012	1,7	0,8	0,9
Honduras	2002-2012	1,7	0,2	1,6
Venezuela (República Bolivariana de)	2002-2012	1,5	1,7	-0,2
Chile	2002-2012	1,4	0,5	0,9
México	2002-2012	0,8	1,1	-0,3
Paraguay	2002-2011	0,5	0,2	0,3
El Salvador	2002-2012	0,3	0,1	0,3
Bahamas	2003-2011	0,2	0,3	-0,1
Bolivia (Estado Plurinacional de)	2002-2009	0,2	1,4	-1,2
Jamaica	2002-2012	-0,2	0,3	-0,5
Santa Lucía	2002-2007	-0,2	1,1	-1,2
Nicaragua	2003-2010	-0,7	-0,1	-0,6
América Latina y el Caribe[b]		1,8	0,6	1,1
Subregión norte de América Latina[b]		1,6	0,4	1,2
Subregión sur de América Latina[b]		2,3	0,9	1,4
El Caribe[b]		1,0	0,5	0,5

Fuente: Elaboración propia sobre la base de datos oficiales de los países.
Nota: Las tasas de las contribuciones intersectoriales e intrasectoriales no necesariamente suman la variación de la productividad por el redondeo de las cifras. El cálculo se efectuó a precios en dólares constantes de 2005.
[a] Los datos de la Argentina son solo indicativos, pues a falta de datos del empleo a nivel nacional se combinó la información del crecimiento del producto no agropecuario con la del empleo urbano.
[b] Promedio simple.

Al comparar los aportes de las diferentes ramas de actividad al incremento de la productividad laboral se observan cambios significativos respecto al período previo (véase el cuadro II.3). Con la excepción de la minería y, en menor grado, la agricultura, todas las ramas de actividades mejoraron su desempeño. El sector agropecuario, la industria manufacturera y los servicios básicos mantuvieron tasas positivas de aumento de la productividad, y el comercio revirtió la caída de este indicador registrada en el período previo. Su relativamente elevada contribución a las ganancias de productividad por cambios intrasectoriales indica que el origen de esta mejora no se explica exclusivamente por una disminución en la generación de empleos que surgen a partir de presiones de la oferta laboral, sino que además, las transformaciones internas del sector parecieran haber desempeñado un papel relevante al respecto, así como la expansión de cadenas de supermercados, hipermercados y de centros comerciales que se observó en muchos países de la región en este período.

La minería registró una fuerte baja de su productividad media. En este caso el aporte de los cambios intrasectoriales, si bien positivo, fue muy reducido y bastante inferior que en el período previo, y en una serie de países mineros o productores de hidrocarburos (Chile, México, Perú y Venezuela (República Bolivariana de)) este aporte fue negativo, a lo que podría haber contribuido la incorporación de yacimientos menos productivos en el contexto de elevados precios internacionales.

Otros rubros que experimentaron una caída de la productividad en el promedio simple fueron la construcción y los servicios financieros, bienes raíces y servicios a empresas, donde habría persistido una recomposición interna hacia actividades de menor productividad (alimentación, aseo y seguridad). Sin embargo, en ambos rubros la baja fue inferior que la del período anterior.

Una serie de ramas de actividad lograron crecer en este segundo subperíodo, sobre la base del aumento tanto del empleo como de la productividad laboral, destacándose el comercio, los servicios básicos y los servicios comunales, sociales y personales, pero también la industria manufacturera (véase el gráfico II.9).

En resumen, la productividad laboral puede crecer por modificaciones intersectoriales (cambio estructural) e intrasectoriales. La persistencia de grandes brechas de productividad intersectoriales demuestra que en América Latina y el Caribe todavía existe un enorme potencial para ganancias de productividad a través del cambio estructural. Salvo algunas excepciones, a nivel regional en el primer período de análisis, en que hubo un estancamiento de la productividad laboral agregada, ninguno de los dos procesos hizo un aporte relevante al respecto. Ciertos avances en algunos sectores generalmente fueron contrarrestados por el surgimiento de empleos de baja productividad originados por la presión proveniente de la oferta laboral. La situación se alteró en el segundo subperíodo, con aportes positivos de ambos procesos en el agregado regional, aunque de nuevo con enormes diferencias según los países y sectores. A pesar de estos avances, la región no ha logrado todavía cerrar de manera significativa las brechas de productividad respecto a otras regiones.

E. Costos laborales y distribución de ingresos

Como se argumentó en la introducción, un crecimiento económico sostenible depende no solo de factores económicos, sino que también requiere ser socialmente sostenible[39]. En materia laboral esto se traduce en la inclusión a través de la generación de empleos de calidad y una distribución percibida como adecuada de las ganancias de productividad. Respecto a este segundo aspecto, a nivel global la tendencia predominante de las últimas tres décadas no ha favorecido una mayor cohesión social. Específicamente, se registró una caída de la participación de la masa salarial en el valor agregado (OIT, 2011a). Para América Latina no hay información comparable hasta inicios de los años noventa, pero sí existen indicios de que hubo una reducción de esta participación durante los años ochenta, como consecuencia de la destrucción de empleos asalariados y la caída de los ingresos laborales medios (PREALC, 1991, págs. 36 y siguientes). En los años noventa hubo un moderado empeoramiento distributivo adicional, que se aceleró a inicios de los años dos mil (OIT, 2011a).

Durante gran parte de la década pasada la evolución de la productividad laboral mejoró en el contexto de un mejor desempeño macroeconómico, según se ha planteado. ¿Cómo han evolucionado la distribución y la competitividad en un contexto diferente? A partir de mediados de la década de 2000 se interrumpió la tendencia de un empeoramiento de la distribución funcional del ingreso en el conjunto de la región, aunque con bastante variación entre los países (véase el gráfico II.10).

De 2002 hasta fines de esa década, en 12 de 21 países de América Latina y el Caribe la proporción salarial en el PIB mejoró, mientras que en 9 empeoró (CEPAL/OIT, 2012). Varios países del Cono Sur (Argentina, Brasil, Chile, Uruguay) y centroamericanos (Costa Rica, Honduras, Nicaragua), así como la República Bolivariana de Venezuela destacan por sus avances en esta materia a partir de mediados de la década de 2000, mientras que en el Caribe y en los otros países andinos no se registra ese cambio de tendencia.

Buena parte del incremento reciente de la masa salarial como proporción del valor agregado se debe a la dinámica de la generación del empleo asalariado, analizado previamente. Si se excluye este componente y se compara la evolución de los salarios reales del sector formal con el desempeño de la productividad laboral, revisado en la sección anterior, el resultado es diferente.

---

[39] Además es indispensable su sostenibilidad ambiental, aspecto que no es posible abarcar en este capítulo.

Si bien la pauta predominante de la evolución de los salarios reales medios fue moderadamente positiva[40], a partir de 2002 en la gran mayoría de los países para los cuales se dispone de información, estos crecieron menos que la productividad laboral. Chile y el Ecuador fueron las excepciones al respecto, mientras en México la relación de ambas variables permaneció estable (véase el gráfico II.11).

Gráfico II.10
América Latina y el Caribe (21 países seleccionados): participación de remuneraciones en el PIB, por subregión, 2000-2010
(Índice 2002=100)

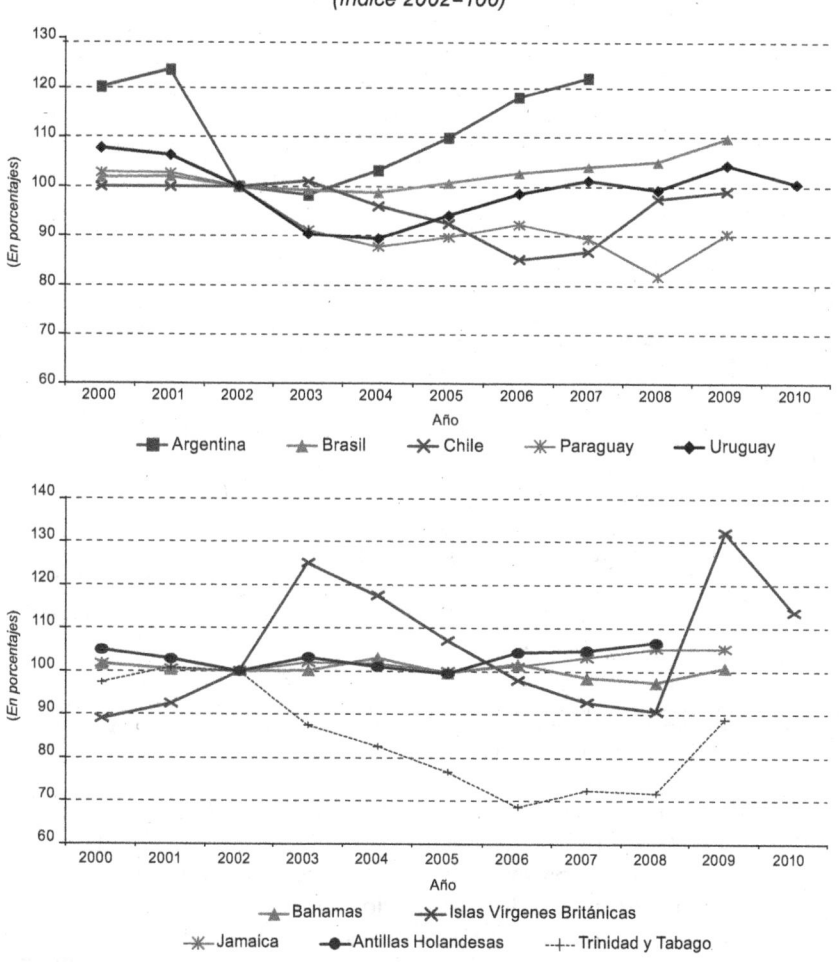

---

[40] En la mediana de 16 países, los salarios formales reales medios aumentaron anualmente en un 0,9% de 2002 a 2011, con tasas bajas al inicio del período e incrementos mayores después (cálculo propio sobre la base de datos oficiales de los países).

Gráfico II.10 (conclusión)

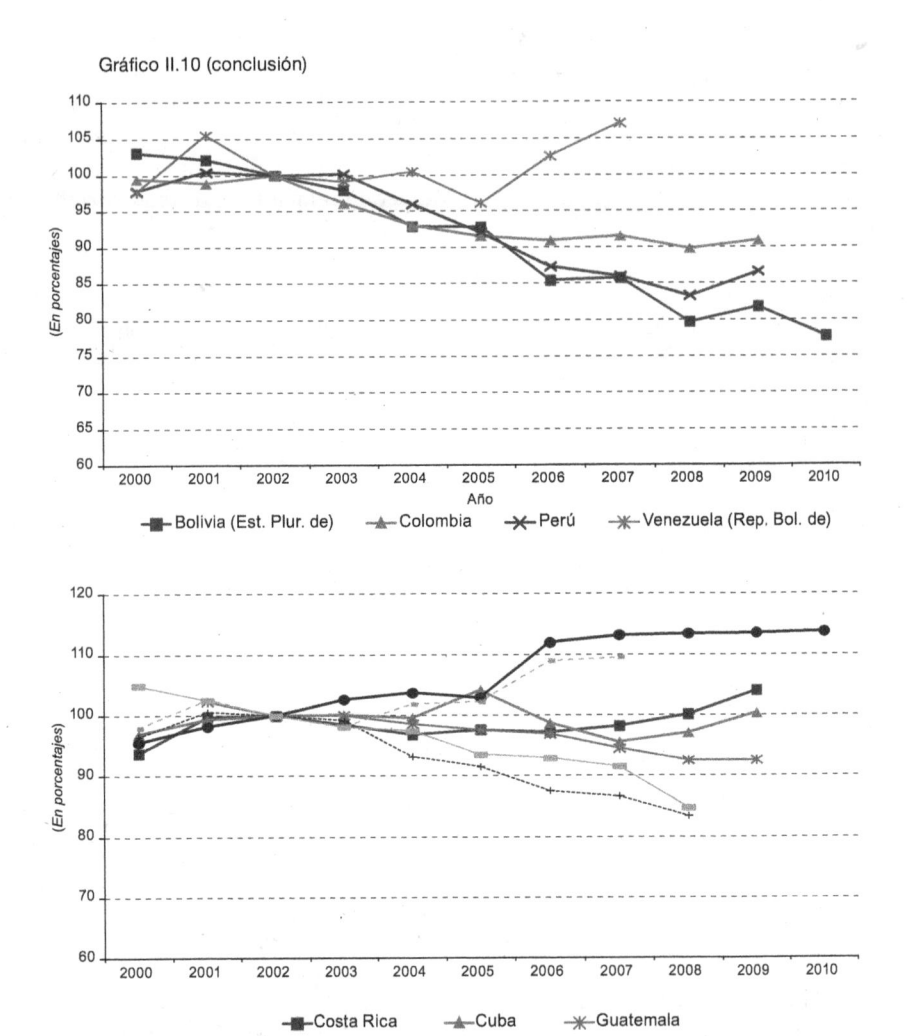

Fuente: Comisión Económica para América Latina y el Caribe (CEPAL) y Organización Internacional del Trabajo (OIT), "Productividad laboral y distribución", *Coyuntura laboral en América Latina y el Caribe*, Boletín N° 6, mayo de 2012.

En algunos países, especialmente el Brasil, Costa Rica, Colombia y El Salvador (los últimos dos hasta 2010) se registraron mejoras a partir de 2008-2009. En otros países se mantuvo la tendencia de un incremento del salario real por debajo de la evolución de la productividad. Destacan ciertos casos en que los aumentos acentuados de la productividad fueron acompañados por incrementos salariales menores (Panamá y el Perú), y otros donde los salarios reales cayeron en el marco de una inflación elevada (la República Dominicana, sobre todo a inicios del período, y Venezuela (República Bolivariana de)).

Gráfico II.11
América Latina y el Caribe (12 países seleccionados): relación del salario real del sector formal y el PIB por ocupado
(Índice 2002=100)

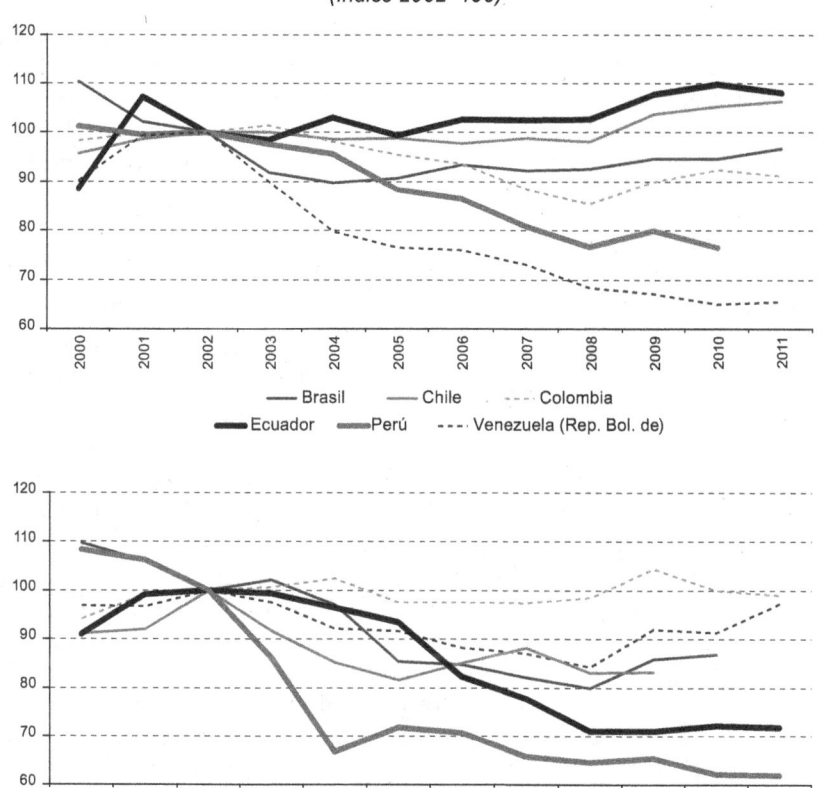

[Gráfico superior: Brasil, Chile, Colombia, Ecuador, Perú, Venezuela (Rep. Bol. de)]

[Gráfico inferior: Costa Rica, El Salvador, Jamaica, México, Panamá, Rep. Dominicana]

Fuente: Comisión Económica para América Latina y el Caribe (CEPAL) y Organización Internacional del Trabajo (OIT), "Productividad laboral y distribución", *Coyuntura laboral en América Latina y el Caribe*, Boletín N° 6, mayo de 2012.

En síntesis, los datos disponibles sugieren que las ganancias de productividad generadas a partir de 2002 habitualmente no han sido distribuidas de forma igualitaria y que si bien los trabajadores en general se beneficiaron de las tasas de crecimiento económico relativamente elevadas por medio de la generación de empleo, no recibieron aumentos de los salarios reales de una magnitud similar a la evolución de la productividad laboral.

Se puede constatar que los a menudo moderados incrementos salariales del período reciente no afectaron negativamente la competitividad de las economías de la región. Sin embargo, en términos de competitividad internacional, en muchos países la reducción de los costos laborales en moneda nacional fue contrarrestada por la apreciación cambiaria que elevó los costos laborales medidos en otras monedas (CEPAL, 2011a).

A nivel de los hogares, las décadas de los años ochenta y noventa, por un lado, y los años dos mil, por otro, se diferencian por el empeoramiento de la distribución del ingreso en el primer período y el mejoramiento en el segundo, sobre todo en la segunda parte de ese decenio. Resaltan ciertos aspectos laborales relacionados con esta evolución reciente de la distribución del ingreso en la región[41]:

i) El factor que explica la mayor parte de las mejoras distributivas en la región fue la reducción en las brechas de ingresos laborales de los más y menos calificados (se habían ampliado en los años noventa).

ii) Las brechas de ingresos por sexo se redujeron, en gran medida por un efecto de composición (mejoras en la inserción laboral de las mujeres).

iii) Si bien la generación de empleo *per se* no incidió en la reducción de la desigualdad, sí lo hizo la composición de los nuevos empleos que se concentraron en sectores de productividad intermedia y alta. Esto incidió en una moderada reducción de las brechas, pues en los períodos 2000-2002 y 2009-2010 los ingresos de los asalariados (no profesionales o técnicos) en empresas con 5 y más trabajadores y de los trabajadores por cuenta propia (no profesionales o técnicos) aumentaron (en promedio) en 0,4 y 0,6 líneas de pobreza, respectivamente. En contraste, de 1990 a 2000-2002 los ingresos medios del primer grupo siguieron constantes en términos de líneas de pobreza, mientras los del segundo grupo cayeron en 0,6 líneas de pobreza[42].

iv) La inserción según estrato productivo no influye solo en las brechas de ingresos, sino también en otros indicadores de calidad laboral, como por ejemplo la afiliación a un sistema de pensiones. También en este aspecto ha habido algunos avances recientes[43].

En la literatura especializada se citan varios factores que contribuirían a explicar estas mejoras, que contrastan con el empeoramiento registrado en los años noventa[44]:

---

[41] Véanse al respecto, por ejemplo: CEPAL (2011b), Lustig, López-Calva y Ortiz-Suárez (2013) y Azevedo y otros (2013).
[42] Cálculo propio sobre la base de CEPAL (2011b).
[43] Véanse, por ejemplo, Weller y Roethlisberger (2011) y los datos publicados en OIT (2011b). Otros componentes que inciden en la elevada desigualdad en los mercados laborales (sin que se dispusiera de información sobre cambios recientes) son las discriminaciones de origen étnico y sociolaboral.
[44] Al respecto véanse: López Calva y Lustig (2010); Cornia (2011); Cruces, García Domench y Gasparini (2012); Keifman y Maurizio (2012).

i) Un impacto igualador desde el ángulo de la oferta (expansión de la educación más centrada en hogares de bajos ingresos).

ii) Un menor sesgo de la demanda que favorecía a los más calificados, introducido como consecuencia del cambio tecnológico estimulado por las reformas de los años ochenta y noventa.

iii) Mayor acceso de los trabajadores de menor calificación a empleos en los sectores de productividad media y alta y al empleo formal.

iv) La reversión de algunas tendencias de debilitamiento de las instituciones laborales: salario mínimo, sindicalismo y negociación colectiva, así como fortalecimiento de la inspección del trabajo.

Finalmente, la menor volatilidad del crecimiento también puede haber tenido un efecto distributivo positivo, debido a que las crisis económicas suelen tener un fuerte impacto laboral. Así, Navarro (2009) encontró en un estudio de panel del período 1985-2008, que en América Latina el empleo y, sobre todo, el empleo asalariado, tienen una elasticidad bastante más alta frente al crecimiento económico durante una recesión que en períodos de auge. Por tanto, en períodos que se caracterizan como una secuencia de fases de recesión, como ocurrió desde mediados de los años noventa hasta 2002, los breves períodos de crecimiento no alcanzaron a compensar la pérdida de empleo asalariado durante las crisis, lo que también se reflejó en la evolución de la tasa de desempleo regional, caracterizada como un "serrucho ascendente"[45].

Los períodos de desempleo habitualmente inciden en pérdidas de la calidad de empleo, particularmente de ingresos laborales, incluso si los afectados encuentran con rapidez un nuevo trabajo (Herrera e Hidalgo, 2003; Corseuil et al., 2009; Amarante, Arin y Dean, 2012). Esto refleja sobre todo la pérdida de capital humano específico, lo que también afecta el crecimiento de más largo plazo. Además, la evidencia empírica sugiere que las pérdidas de empleo no afectan por igual a todos los trabajadores. Las personas de menor nivel de calificación suelen ser objeto de una mayor inestabilidad de su empleo (Cowan y Micco, 2005) y de sus ingresos (Beccaria y Groisman, 2006) que las más calificadas.

La mayor estabilidad macroeconómica real representó desde 2003 un contexto más favorable para las mejoras distributivas. No obstante los avances recientes, América Latina y el Caribe continúa siendo la región más desigual del mundo (Ortiz y Cummins, 2011). En algunos casos la reducción de las brechas, por ejemplo de los ingresos según nivel de calificación, ocurrió en el escenario de una caída o un estancamiento

---

[45] Ball, De Roux y Hofstetter (2011) detectaron una marcada histéresis (efecto de largo plazo de una contracción de la demanda agregada) en la evolución del desempleo en América Latina y el Caribe. Sin embargo, no pudieron identificar su causa.

de los ingresos ("igualar hacia abajo"). Además, detrás de estos avances puede haber empeoramientos relativos para ciertos grupos de la población[46]. Paralelamente, persisten profundas desigualdades fuera del mercado laboral que obstaculizan futuras mejorías, como por ejemplo la segmentación del sistema educativo en muchos países de la región.

F. Conclusiones

En este capítulo se ha establecido desde diferentes perspectivas el papel clave que el trabajo y el empleo productivo y de calidad desempeñan para lograr un crecimiento que sea económica y socialmente sostenible. En tanto factor de producción, una fuerza laboral calificada constituye una condición indispensable para un crecimiento económico basado cada vez más en el conocimiento y la innovación. Sobre todo en las fases avanzadas del cambio demográfico, tendría que ser cada vez más necesario fortalecer cualitativamente la fuerza laboral, en vez de su cantidad, para el aporte del trabajo a un crecimiento elevado del producto.

Niveles cada vez más elevados de calificación, la acumulación de capital físico y el cambio tecnológico tienden a incidir en los aumentos de la productividad laboral mediante cambios en y entre los sectores productivos, y en un crecimiento elevado y económicamente sostenible.

A su vez, un crecimiento económico de esas características facilita la generación de empleos productivos y de buena calidad. Este es un pilar para que el crecimiento económico sea también socialmente sostenible, al hacer partícipe a una proporción creciente de la población de los frutos de este crecimiento y el aumento de la productividad. De esta forma, al mismo tiempo se puede fortalecer el poder de compra de los hogares y, con esto, la demanda interna y agregada[47]. Para ello se requiere, además, de una institucionalidad laboral capaz de establecer círculos virtuosos del crecimiento del producto y la productividad, por un lado, y la distribución de sus frutos, por otro.

Sin embargo, el punto de partida para establecer estos círculos virtuosos en América Latina no es el óptimo: durante un prolongado período superior a dos décadas (a partir de inicios de los años ochenta), la productividad laboral media tuvo un desempeño decepcionante; la estructura productiva es muy heterogénea, lo que se expresa no solo en brechas enormes de productividad, sino también en una heterogeneidad elevada en la calidad del empleo; la desigualdad de los ingresos es acentuada, en gran parte debido a las brechas en el mercado laboral,

---

[46] Escobal y Ponce (2012) encuentran que la moderada mejora de la distribución individual en el Perú entre 1981 y 2007 coincidía con una polarización territorial y de la población indígena y no indígena.

[47] Siempre que la mayor participación de la masa salarial en el producto avance paralelamente con una creciente productividad, esto no debería afectar la competitividad internacional.

y debilita la sostenibilidad social del crecimiento; y con frecuencia las relaciones laborales no favorecen el establecimiento de los círculos virtuosos mencionados. Como factores externos, aunque relacionados con los del mercado laboral, habría que añadir las debilidades que sufre la región en términos de innovación y educación. Si bien durante el decenio pasado ha habido avances en estos aspectos, los retos que persisten son profundos.

Frente al panorama descrito destacan las siguientes conclusiones del análisis presentado en este capítulo:

i) La evolución demográfica es el principal factor de determinación cuantitativa de la fuerza laboral. Con diferencias en los países, la región está en situación de poder cobrar un "bono demográfico". La calidad de la fuerza laboral es un factor clave para las dinámicas de crecimiento. Si bien la región ha logrado avances en materia de calificación de su fuerza laboral, persisten grandes desafíos, tanto en comparación con otras regiones, como en términos de brechas para diferentes grupos de la población.

ii) Para aprovechar el "bono demográfico" y una fuerza laboral mejor educada es necesario crear las condiciones que favorezcan una demanda laboral dinámica. Sin embargo, los avances de la región al respecto han sido históricamente insuficientes, como queda de manifiesto en la heterogeneidad estructural, que se refleja en un mercado laboral segmentado. Este contribuye a que durante el ciclo económico, el empleo y la productividad se comporten de manera diferente que en las economías desarrolladas. Comprender mejor el funcionamiento de este mercado es fundamental para el diseño de políticas que promuevan el empleo y el crecimiento.

iii) La productividad laboral es un motor clave para el crecimiento económico y un factor importante para el bienestar de la población. Durante las últimas décadas su evolución ha sido mediocre en la región; sin embargo, recientemente se han registrado incrementos (algunos significativos), como consecuencia tanto de un cambio estructural (intersectorial) como de avances intrasectoriales.

iv) Los salarios desempeñan un papel doble en la relación del empleo y el crecimiento. Por un lado, son un importante componente de los costos laborales y, en consecuencia, de la competitividad de las empresas. Por otro lado, también influyen en el bienestar de los hogares, la distribución de los ingresos y la demanda agregada. Mientras que durante los años noventa la evolución de la distribución de ingresos fue desfavorable para los trabajadores y, sobre todo, para aquellos de bajos ingresos, en la década pasada se registraron ciertas mejoras.

Es esencial lograr aumentos de la productividad que permitan materializar incrementos salariales y políticas redistributivas sin elevar los costos laborales más allá de los límites impuestos por la competitividad. Además, desde el punto de vista de la igualdad, una elevada volatilidad, como la que caracterizó a la región durante gran parte de las décadas recientes, suele afectar negativamente a los menos calificados y tiene un impacto distributivo negativo. Sin embargo, las experiencias recientes sugieren que la región ha desarrollado algunos instrumentos para contrarrestar o mitigar estos impactos.

v) Por tanto, en las diferentes áreas que definen las relaciones del trabajo y el empleo, así como las del crecimiento sostenible y la igualdad, se abren numerosos espacios para que las políticas públicas fomenten círculos virtuosos que favorezcan el desarrollo inclusivo de los países de América Latina y el Caribe[48].

Es indudable que la institucionalidad laboral, conformada por las instituciones del mercado de trabajo, la negociación colectiva y la regulación legal, juega un papel importante para las relaciones del trabajo y el empleo con el crecimiento económico, tanto respecto al aporte de la fuerza laboral al crecimiento, como de la generación de empleos a través de la expansión de la producción. Durante las últimas décadas, diferentes visiones sobre la institucionalidad laboral fueron hegemónicas en América Latina y el Caribe. En los años ochenta prevaleció una perspectiva desreguladora que esperaba incentivar la eficiencia del mercado laboral y la generación de empleo a través de la reducción del costo de contratación y del despido, así como de la flexibilización de las condiciones laborales. Durante los años dos mil, por el contrario, en muchos países se fortalecieron las políticas orientadas hacia una mayor protección de los trabajadores y una más alta participación de estos en las ganancias de productividad (Fraile, 2009; Weller, 2009).

La evidencia empírica sobre el impacto de las diferentes regulaciones es mixta y no apoya ninguna de las posiciones extremas sobre su diseño óptimo (desregulación o protección máxima). El impacto de las instituciones en el empleo, el crecimiento económico y la productividad varía en su magnitud, y frecuentemente incluso en su dirección, entre países, grupos de trabajadores y en el tiempo, y parece depender en gran medida de la interacción con otros factores[49]. Lo anterior indica que hay una alta probabilidad de la existencia

---

[48] En el capítulo III de Weller y Kaldewei (2013) se presenta una breve revisión de los retos de las políticas del mercado de trabajo y los avances recientes, incluyendo su utilización como instrumento de la política económica contracíclica.

[49] Esta variedad de resultados llevó a los autores de una revisión de los estudios a nivel global al respecto a afirmar: *"We thus conclude that we do not really know which institutions and which interactions have a substantial influence on labor market outcomes."* (Por tanto, concluimos que no sabemos realmente qué instituciones y cuáles interacciones tienen una influencia sustancial en los resultados del mercado laboral). (Eichhorst, Feil y Braun, 2008, pág. 27)

de más de una configuración óptima para el diseño de la institucionalidad laboral. Esto abre la posibilidad de explorar alternativas institucionales que sean compatibles con las características de cada país.

Bibliografía

Acemoglu, Daron (2009), *Introduction to Modern Economic Growth*, Princeton, Princeton University Press.

Amarante, Verónica, Rodrigo Arim y Andrés Dean (2012), "The effects of being out of the labor market on subsequent wages: evidence for Uruguay", serie *Documentos de Trabajo*, N° DT 10/12, Montevideo, Instituto de Economía, Universidad de la República.

Azevedo, João Pedro y otros (2013), "Fifteen years of inequality in latin america. how have labor market helped?", *World Bank Policy Research Paper*, N° 6384, Washington, D.C., Banco Mundial.

Ball, Laurence M., Nicolás De Roux y Marc Hofstetter (2011), "Unemployment in Latin America and the Caribbean", *NBER Working Paper*, N° 17274, Cambridge, MA.

Beccaria, Luis y Fernando Groisman (2006), "Inestabilidad, movilidad y distribución del ingreso en Argentina", *Revista de la CEPAL*, N° 89 (LC/G.2312-P/E), Santiago de Chile, Comisión Económica para América Latina y el Caribe (CEPAL), agosto.

Bosch, Mariano y William Maloney (2005), "Labor market dynamics in developing countries: comparative analysis using continuous time Markov processes", *World Bank Policy Research Working Paper*, N° 3583, Washington, D.C., Banco Mundial.

CEPAL (Comisión Económica para América Latina y el Caribe) (2011a), *Estudio Económico de América Latina y el Caribe 2010-2011* (LC/G.2506-P), Santiago de Chile.

___(2011b), *Panorama Social de América Latina 2011* (LC/G.2514-P), Santiago de Chile.

___(2010), *Panorama Social de América Latina 2010* (LC/G.2481-P), Santiago de Chile.

___(2009a), *Panorama Social de América Latina 2009* (LC/G.2423-P), Santiago de Chile.

___(2009b), "Proyección de población", *Observatorio Demográfico*, N° 7 (LC/G.2414-P), Santiago de Chile.

___(2007), "Progreso técnico y cambio estructural en América Latina", Documentos de Proyecto, N° 136 (LC/W.136), Santiago de Chile.

___(2006), "Población económicamente activa", *Observatorio Demográfico*, N° 2 (LC/G.2337-P/E), Santiago de Chile.

___(2000), *Panorama Social de América Latina 1999-2000* (LC/G.2068-P/E), Santiago de Chile.

CEPAL/OIT (Comisión Económica para América Latina y el Caribe/Organización Internacional del Trabajo) (2012), "Productividad laboral y distribución", *Coyuntura laboral en América Latina y el Caribe*, Boletín N° 6, Santiago de Chile.

Cornia, Giovanni Andrea (2011), "Regímenes políticos, shocks externos y desigualdad de ingresos: América Latina durante los últimas tres décadas", *Distribución del ingreso. Enfoques y políticas públicas desde el sur*, Marta Novick y Soledad Villafañe (coords.), Buenos Aires, Programa de las Naciones Unidas para el Desarrollo (PNUD)/Ministerio de Trabajo, Empleo y Seguridad Social.

Corseuil, Carlos Henrique L. y otros (2009), "Consequências da perda de um emprego formal no Brasil", *Mercado de Trabalho*, N° 40, Instituto de Investigación Económica Aplicada (IPEA).

Cowan, Kevin y Alejandro Micco (2005), "El seguro de desempleo en Chile: reformas pendientes", *Foco*, N° 53, Santiago de Chile, Expansiva.

Cruces, Guillermo, Carolina García Domench y Leonardo Gasparini (2012), "Inequality in education: Evidence for Latin America", *Documento de Trabajo*, N° 135, Buenos Aires, Centro de Estudios Distributivos Laborales y Sociales (CEDLAS).

Eichhorst, Werner, Michael Feil y Christoph Braun (2008), "What have we learned? Assessing labor market institutions and indicators", *IZA Discussion Paper Series*, N° 3470.

Escobal, Javier y Carmen Ponce (2012), "Polarización y segregación en la distribución del ingreso en el Perú: Trayectorias desiguales", *Documento de Investigación*, N° 62, Lima, GRADE.

FMI (Fondo Monetario Internacional) (2010), "The human costs of recession", documento presentado en la conferencia "The Challenges of Growth, Employment and Social Cohesion", organizada por el FMI, la Organización Internacional del Trabajo (OIT) y la Oficina del Primer Ministro de Noruega.

Fraile, Lydia (2009), "La experiencia neoliberal de América Latina. Políticas sociales y laborales desde el decenio de 1980", *Revista Internacional del Trabajo*, vol. 128, N° 3.

Herrera, Javier y Nancy Hidalgo (2003), "Vulnerabilidad del empleo en Lima. Un enfoque a partir de encuestas de hogares", serie *Financiamiento del Desarrollo*, N° 130 (LC/L.1880-P/E), Santiago de Chile, Comisión Económica para América Latina y el Caribe (CEPAL).

Katz, Jorge (2000), *Reformas estructurales, productividad y conducta tecnológica en América Latina*, México, D.F., Comisión Económica para América Latina y el Caribe (CEPAL)/Fondo de Cultura Económica.

Keifman, Saúl N. y Roxana Maurizio (2012), "Changes in labor market conditions and policies. Their impact on wage inequality during the last decade", *Working Paper*, N° 2012/14, Instituto Mundial de Investigaciones de Economía del Desarrollo (WIDER)/Universidad de las Naciones Unidas (UNU).

López-Calva, Luis F. y Nora Lustig (eds.) (2010), *Declining Inequality in Latin America. A Decade of Progress?*, Nueva York Brookings.

Lustig, Nora, Luis F. López-Calva y Eduardo Ortiz-Juárez (2013), "Deconstructing the decline in inequality in Latin America", *Tulane Economics Working Paper Series*, Tulane University.

McMillan, Margaret S. y Dani Rodrik (2011), "Globalization, structural change and productivity growth", *NBER Working Paper*, No. 17143, Cambridge.

Naciones Unidas (2010), *El progreso de América Latina y el Caribe hacia los Objetivos de desarrollo del Milenio. Desafíos para lograrlos con igualdad* (LC/G.2460), Santiago de Chile, Comisión Económica para América Latina y el Caribe (CEPAL).

Navarro, Lucas (2009), "Dinámica del empleo y crisis en América Latina: resultados de estimaciones de panel", serie *Macroeconomía del Desarrollo*, N° 94 (LC/L.3106-P), Santiago de Chile, Comisión Económica para América Latina y el Caribe (CEPAL).

Ocampo, José Antonio, Codrina Rada y Lance Taylor (2009), *Growth and Policy in Developing Countries: A Structuralist Approach*, Nueva York, Columbia University Press.

OCDE (Organización de Cooperación y Desarrollo Económicos) (2012), *Perspectives on Global Development 2012: Social Cohesion in a Shifting World*, París.

OIT (Organización Internacional del Trabajo) (2011a), *Informe sobre el Trabajo en el Mundo 2011. Los mercados al servicio del empleo*, Ginebra.

___(2011b), *Panorama Laboral 2011. América Latina y el Caribe*, Lima.

___(2009), *Informe sobre el Trabajo en el Mundo 2009. Crisis mundial del empleo y perspectivas*, Ginebra.
___(2003), *Panorama Laboral 2003. América Latina y el Caribe*, Lima.
Ortiz, Isabel y Matthew Cummins (2011), "Global inequality: beyond the bottom billion. A rapid review of income distribution in 141 countries", *Social and Economic Policy Working Paper*, Nueva York, Fondo de las Naciones Unidas para la Infancia (UNICEF).
Pagés-Serra, Carmen, Gaëlle Pierre y Stefano Scarpetta (2009), *Job Creation in Latin America and the Caribbean. Recent Trends and Policy Challenges*, Washington D.C., Palgrave Macmillan.
PREALC (Programa Regional del Empleo para América Latina y el Caribe) (1991), *Empleo y equidad: El desafío de los 90*, Santiago de Chile.
Puentes, Esteban y Dante Contreras (2009), "Informal jobs and contribution to social security: evidence from a double selection model", serie *Documentos de Trabajo*, N° 307, Santiago de Chile, Universidad de Chile, diciembre.
Rodrik, Dani (2013), "The past, present, and future of economic growth", *Working Paper*, N° 1, Global Citizen Foundation, junio.
Ros, Jaime (2011), "La productividad y el desarrollo en América Latina, dos interpretaciones", *Economía UNAM*, vol.8, N° 23.
Soares, F. (2004), "Do informal workers queue for formal jobs in Brazil?", *Working Paper*, N° 1021, Brasilia, Instituto de Investigación Económica Aplicada (IPEA).
UNESCO (Organización de las Naciones Unidas para la Educación, la Ciencia y la Cultura) (2008), *Situación Educativa de América Latina y el Caribe: garantizando la educación de calidad para todos*, Santiago de Chile.
Vera, Alejandro (2009), "Los jóvenes y la formación para el trabajo en América Latina", *Documentos de Trabajo*, N° 25, Buenos Aires, CIPPEC.
Weller, Jürgen (2012), "Crecimiento, empleo y distribución de ingresos en América Latina", serie *Macroeconomía del Desarrollo*, N°122 (LC/L.3516), Santiago de Chile, Comisión Económica para América Latina y el Caribe (CEPAL).
___(2011), "Instituciones laborales y formación profesional: dos aspectos claves para la productividad y la calidad del empleo", *Fortalecer la productividad y la calidad del empleo. El papel de las disposiciones laborales de los tratados de libre comercio y los sistemas nacionales de capacitación y formación profesional*, Documentos de Proyecto, N° 419 (LC/W.419), J. Weller (comp.), Santiago de Chile, Comisión Económica para América Latina y el Caribe (CEPAL).
___(2009), "Avances y retos para el perfeccionamiento de la institucionalidad laboral en América Latina", *El nuevo escenario laboral latinoamericano. Regulación, protección y políticas activas en los mercados de trabajo*, Jürgen Weller (ed.), Buenos Aires, Siglo Veintiuno Editores/Comisión Económica para América Latina y el Caribe (CEPAL).
___(2000), *Reformas económicas, crecimiento y empleo: los mercados de trabajo en América Latina*, Santiago de Chile, Comisión Económica para América Latina y el Caribe (CEPAL)/Fondo de Cultura Económica.
Weller, Jürgen y Cornelia Kaldewei (2013), "Empleo, crecimiento sostenible e igualdad", serie *Macroeconomía del Desarrollo*, N°145 (LC/L.3743), Santiago de Chile, Comisión Económica para América Latina y el Caribe (CEPAL).
Weller, Jürgen y Claudia Roethlisberger (2011), "La calidad del empleo en América Latina", serie *Macroeconomía del Desarrollo*, N° 110 (LC/L.3320-P), Santiago de Chile, Comisión Económica para América Latina y el Caribe (CEPAL).

Capítulo III

Inversión y crecimiento en América Latina 1980-2012: rasgos estilizados de la relación

Luis Felipe Jiménez
Sandra Manuelito[1]

Introducción

La literatura especializada plantea que el crecimiento económico y la inversión están correlacionados en el largo plazo, y que el primero está en función de la acumulación de capital. Para lograr mayores tasas de crecimiento es necesario aumentar los coeficientes de inversión, aunque también inciden otros factores, tales como el progreso técnico; la movilización de recursos hacia las actividades de mayor productividad y vínculos más intensos y diversificados con el aparato productivo (esto es, a través del cambio estructural); modificaciones culturales, demográficas e institucionales que influyan en una mayor o menor participación en la actividad laboral; un avance en la calidad del capital humano, y la incorporación de factores productivos ociosos, subutilizados o que todavía no habían sido descubiertos. La inversión es uno de los principales medios a través de los cuales se concretan estos procesos. Otros factores, que no son estrictamente de naturaleza económica, también repercuten sobre el crecimiento, como el marco institucional, que diversos análisis recientes destacan como esencial.

---

[1] Los autores agradecen los comentarios de Manuel Marfán, Juan Alberto Fuentes, Luis Felipe Céspedes, Osvaldo Kacef y Luis Eduardo Escobar a versiones preliminares del texto, así como la colaboración de Michael Seitz en el tratamiento de la información estadística.

En este capítulo se analiza la relación histórica y empírica de la inversión y el crecimiento en los países de América Latina de 1980 a 2010 a la luz de series estadísticas que con anterioridad no estaban disponibles y, sobre la base de los resultados obtenidos, se sugieren lineamientos para la conducción de la política económica en los países de la región.

Este capítulo se ha organizado en seis secciones, incluida esta introducción, y un anexo. En la sección A se realiza una breve revisión bibliográfica del tema. En la sección B se presentan los principales hechos estilizados de la inversión en América Latina de 1980 a 2010, y se exploran los factores que explican su evolución. En la sección C se lleva a cabo un análisis estadístico y econométrico de la relación de la inversión y el crecimiento. Los resultados obtenidos sustentan el análisis de las consecuencias de política que se formula en la sección D. Los principales resultados del estudio se sintetizan en la sección E.

A. Relación del crecimiento económico y la inversión

Desde una perspectiva de largo plazo, la teoría económica plantea que en el logro de un determinado nivel de actividad desempeñan un papel fundamental la acumulación de factores, el progreso técnico y, en ciertos enfoques, como el propuesto por la Comisión Económica para América Latina y el Caribe (CEPAL), las características de la estructura productiva. Los estudios empíricos señalan que la acumulación de capital productivo (inversión) constituye una condición necesaria para el crecimiento, si bien no es suficiente. El examen de esta relación ha sido muy amplio; un buen resumen al respecto es el trabajo de Sala i Martin (1997). Utilizando métodos robustos de estimación, en ese estudio se identifican al menos 22 variables que están significativamente correlacionadas con el crecimiento económico. Entre estas figura con una alta incidencia la inversión en maquinaria y equipo, en contraste con la baja repercusión de otras inversiones distintas (por ejemplo, la construcción). También destacan por su elevada influencia las distorsiones del tipo de cambio real y el diferencial del tipo de cambio oficial y del mercado negro (ambas variables con coeficientes negativos) (Sala i Martin, 1997).

Estudios recientes abordan otros dos aspectos clave: el efecto en el crecimiento económico de la inversión pública y de la inversión extranjera directa (IED). En ambos casos se reporta una incidencia positiva (Toulaboe, Terry y Johansen, 2009; Cullison, 1993; Bukhari, Ali y Saddaqat, 2007).

Desde una perspectiva de corto y mediano plazo, el nivel de actividad económica y su dinamismo son considerados como resultados de los niveles de demanda agregada, los precios relativos clave y las restricciones provenientes de la oferta. Esta dicotomía en los análisis teóricos según su horizonte temporal contrasta con los resultados de los análisis empíricos del crecimiento económico, la experiencia de los países y la práctica de la política económica, para las cuales las políticas adoptadas en el corto plazo inciden de forma gravitante sobre el resultado en el largo plazo.

La inversión constituye un factor esencial del crecimiento en el largo plazo principalmente por sus efectos sobre la oferta y la definición de la estructura económica, lo que confiere particular relieve a la acumulación de capital. Además de posibilitar la expansión de la capacidad productiva, existen otros factores favorecidos por el aumento de la inversión. Por un lado, la inversión es un vehículo privilegiado para la incorporación del progreso técnico, que después se expresará en aumentos de la productividad del capital y del trabajo, los cuales redundarán en mayor crecimiento. Por otro lado, es un vehículo para el cambio estructural, dado que a través suyo se materializa la reasignación de recursos hacia sectores más dinámicos de la economía y la densificación de los encadenamientos productivos, dos factores que posibilitan las ganancias de eficiencia, productividad y competitividad sistémica de la estructura económica (esto es, aumentos de la productividad total de los factores).

Un caso especial y que cobra especial importancia es la inversión pública en infraestructura, que cumple un papel complementario de la inversión privada, mediante la generación de externalidades necesarias para la obtención de rentabilidades en los proyectos privados. La ausencia de una adecuada infraestructura limita el incremento de la inversión privada y la sesga hacia sectores de enclave. Todo esto contribuye a un bajo crecimiento de las economías[2].

En el corto y mediano plazo, el énfasis en la importancia de la inversión descansa más en aspectos vinculados con la demanda. La inversión constituye un factor dinamizador de la demanda agregada (efecto multiplicador) y contribuye de forma decisiva a determinar su nivel, en especial aquella con alto efecto en el empleo. Paralelamente, las expectativas de crecimiento presente y futuro potencian el dinamismo de la inversión (efecto acelerador). Dada la naturaleza de largo plazo de las decisiones de inversión, las expectativas de rentabilidad y crecimiento son factores muy relevantes. Por esta razón, un buen desempeño en el presente, en un escenario de crecimiento sostenible, entendiéndose este último como un desempeño económico no sujeto a desequilibrios fuertes y prolongados, contribuye a generar expectativas positivas que favorecen las decisiones presentes sobre inversiones futuras, permitiendo elevar la trayectoria del crecimiento.

---

[2] Véase CAF (2013) y ediciones anteriores.

No obstante, diversos estudios empíricos plantean que en el corto a mediano plazo las causalidades pueden ser mutuas (Blomström, Lipsey y Zehjan, 1993; Peltonen, Sousa y Vansteenkiste, 2011; Cheung, Dooley y Sushko, 2012). De este modo, el aumento de la inversión contribuye al crecimiento de la actividad económica a través del impacto positivo en la demanda, y estimula el incremento de la inversión por el camino de la reducción de la capacidad ociosa y mejorías en las expectativas de rentabilidad futura. Algunos de estos aspectos son abordados en las secciones siguientes.

B. Principales hechos estilizados de la inversión 1980-2012

1. Evolución de la inversión 1980-2012

En comparación con otros países emergentes, algunos de los cuales han logrado un elevado dinamismo del PIB, la inversión en los países de América Latina es baja. Tomando 1980 como punto de partida, la formación bruta de capital fijo medida como porcentaje del PIB cayó en forma sostenida durante el primer lustro de los años ochenta y se mantuvo en una cifra inferior al 20% hasta 2007, para llegar a su cota más baja en 2003 (16,7%). De 2007 a 2012 la inversión siguió al alza y alcanzó un 22,9% en este último año. No obstante, este valor es todavía inferior a los registros de 1980 y 1981 (véase el gráfico III.1).

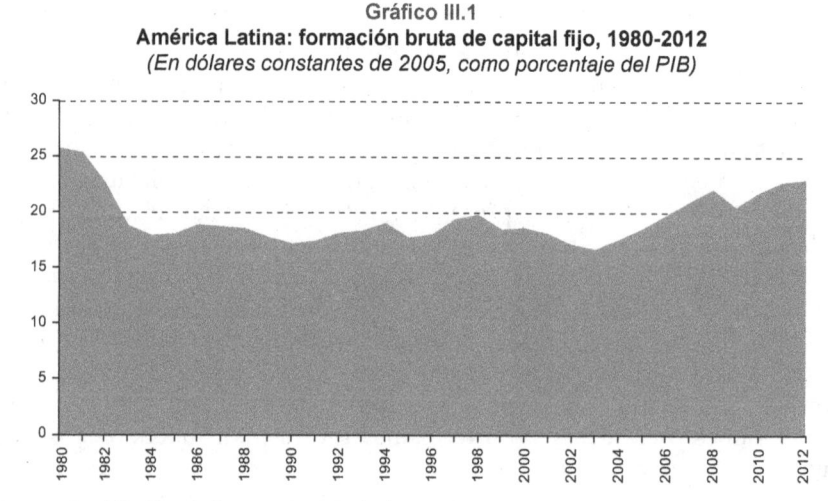

Gráfico III.1
América Latina: formación bruta de capital fijo, 1980-2012
(En dólares constantes de 2005, como porcentaje del PIB)

Fuente: Comisión Económica para América Latina y el Caribe (CEPAL), sobre la base de datos oficiales de los países, y CEPAL, "América Latina y el Caribe: series históricas de estadísticas económicas 1950-2008", *Cuadernos Estadísticos*, N° 37 (LC/G.2415-P), Santiago de Chile, 2009.

Tales resultados contrastan con los de otras economías emergentes, como por ejemplo las asiáticas, que han registrado altas tasas de crecimiento en las décadas recientes. En el gráfico III.2 se presenta la evolución comparada de la tasa de inversión en estas economías y las de la región. De las economías asiáticas destacan China y la India con altas tasas de inversión, en torno al 45% y 35%, respectivamente, seguidas por la República de Corea y Tailandia, con niveles cercanos a un 25%. Salvo en los últimos años, la tasa de inversión de América Latina se sitúa sistemáticamente por debajo de los niveles anotados en estos países.

Gráfico III.2
América Latina y países seleccionados de Asia: formación bruta de capital fijo, 1980-2010
(En moneda nacional a precios constantes y dólares constantes de 2005, como porcentaje del PIB)

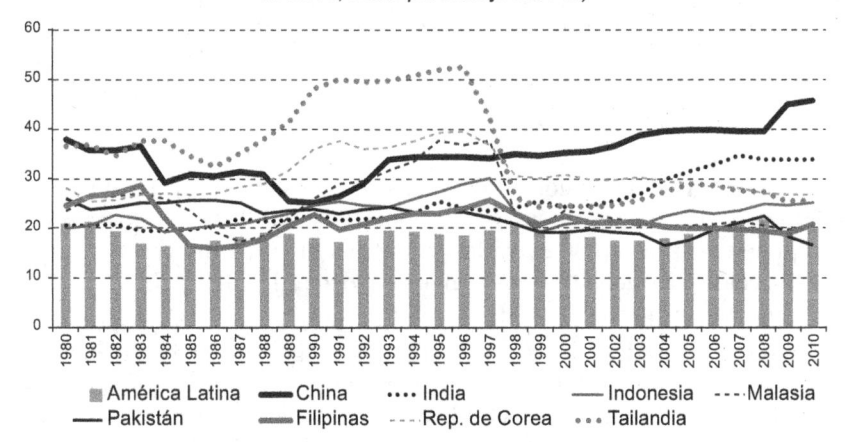

Fuente: Elaboración propia sobre la base de Comisión Económica para América Latina y el Caribe (CEPAL), "América Latina y el Caribe: series históricas de estadísticas económicas 1950-2008", *Cuadernos Estadísticos*, N° 37 (LC/G.2415-P), Santiago de Chile, 2009; CEPAL, *Balance Preliminar de las Economías de América Latina y el Caribe 2012* (LC/G.2555-P), Santiago de Chile, diciembre de 2012; y Naciones Unidas, base de datos UNDATA.

Los bajos niveles de inversión en América Latina son también bajos si se comparan con los de otras regiones emergentes (véase el gráfico III.3). Asia en desarrollo y la región del Oriente Medio y África del norte son las que presentan las mayores tasas de inversión. En el primer caso, este indicador tiene una tendencia sostenida al alza desde 2000, empujada vigorosamente por el crecimiento de la inversión en China y la India, situándose a partir de 2009 por sobre el 40% del PIB. En el segundo caso, aunque la tasa de inversión alcanza niveles menores (de un 25% a un 30% en los últimos años a partir de 2006), esto obedece a la estructura económica de los países, muy especializada en la producción y exportación de petróleo, una actividad altamente intensiva en capital.

Gráfico III.3
Regiones emergentes: tasa de inversión[a], 1980-2012
(En dólares corrientes, como porcentaje del PIB)

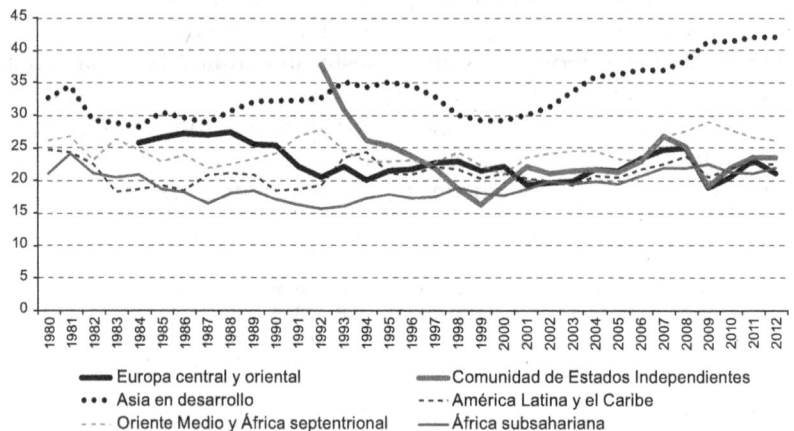

— Europa central y oriental — Comunidad de Estados Independientes
••• Asia en desarrollo - - - América Latina y el Caribe
- - - Oriente Medio y África septentrional — África subsahariana

Fuente: Elaboración propia sobre la base de cifras del Fondo Monetario Internacional (FMI), *World Economic Outlook Database*.
[a] Se refiere a la formación bruta de capital.

La tasa de inversión[3] de 19 países de América Latina en los que se dispone de información del período 1980-2010, desagregada en sus componentes público y privado, así como en maquinaria y equipo y construcción, se puede observar en los cuadros III.1, III.2 y III.3.

Se presenta la tasa de inversión promedio según subperíodos específicos, definidos de acuerdo con los rasgos de la evolución de la actividad económica regional. El primer subperíodo abarca desde 1980 a 1989 y corresponde a los años de la crisis de la deuda externa en América Latina. El segundo subperíodo comprende de 1990 a 1998, años en los que se registró un crecimiento económico generalizado y sostenido, salvo en los casos de la Argentina y México, ambos afectados por crisis en 1995. El tercer subperíodo corresponde a 1999-2002, durante el que se observó un bajo crecimiento en muchas de las economías de la región, debido a las consecuencias de la crisis asiática, a los choques financieros en algunos países latinoamericanos y a la desaceleración económica en los Estados Unidos durante 2000-2001. Finalmente, el cuarto subperíodo incluye de 2003 a 2010, los años recientes de crecimiento de las economías latinoamericanas. Si bien estos se vieron interrumpidos en 2009 como consecuencia de los efectos de la crisis financiera global, la región registró en promedio en 2010 tasas de crecimiento similares a las observadas de 2003 a 2008.

Del análisis de los resultados de los cuadros III.1 y III.2 se desprenden tres hechos estilizados. En primer término, en 8 de los 19 países considerados

---

[3] Corresponde a la formación bruta de capital fijo como porcentaje del PIB, en moneda nacional a precios constantes.

(Argentina, Bolivia (Estado Plurinacional de), Brasil, Cuba, El Salvador, Guatemala, Paraguay y Uruguay) la formación bruta de capital fijo como porcentaje del PIB se mantuvo en forma prolongada en niveles inferiores al 20%. En segundo lugar, en comparación con la década de 1980, en el subperíodo 1990-1998 la inversión pública medida como porcentaje del PIB disminuyó en 15 de los 19 países, lo que en algunos casos se extendió hasta el subperíodo 1999-2002. A partir del 2003 se aprecia una recuperación de este indicador en 8 de los 19 países[4], pero en 13 de estos persiste por debajo de los registros de los años ochenta. Un tercer aspecto destacado es que, en contraste con el desempeño de la inversión pública, durante los años noventa la inversión privada aumentó en 14 de los 19 países. El desempeño de la inversión privada es heterogéneo desde 2003: en 8 países cae en relación con los registros de 1999-2002, mientras que en 7 países alcanza los mayores niveles del período examinado. Variadas razones permiten explicar este comportamiento, relacionadas con cambios institucionales, modificaciones en la política económica aplicada y la evolución de las expectativas de los agentes económicos privados.

Cuadro III.1
América Latina: formación bruta de capital fijo, 1980-2010
(En moneda nacional a precios constantes, como porcentaje del PIB)

País	1980-1989	1990-1998	1999-2002	2003-2010
Argentina	19,3	18,4	16,0	20,3
Bolivia (Estado Plurinacional de)	12,1	16,0	16,6	14,8
Brasil	18,5	18,1	15,9	17,3
Chile	17,6	26,4	23,0	24,7
Colombia	16,6	20,0	13,7	21,5
Costa Rica	19,7	20,9	20,9	21,8
Cuba	25,5	14,8	11,8	11,5
Ecuador	18,4	24,9	22,7	27,0
El Salvador	12,5	17,8	19,2	18,1
Guatemala	9,7	10,4	15,6	17,3
Honduras	16,7	21,8	24,9	24,8
México	18,9	17,9	20,0	21,1
Nicaragua	18,4	18,6	25,3	21,7
Panamá	18,2	20,9	18,5	20,9
Paraguay	21,9	22,9	16,6	17,9
Perú	20,5	20,6	19,0	22,5
República Dominicana	18,8	19,0	23,1	19,1
Uruguay	12,7	14,5	13,0	16,8
Venezuela (República Bolivariana de)	20,9	17,7	24,4	27,3
América Latina [a]	17,7	19,0	19,0	20,4

Fuente: Comisión Económica para América Latina y el Caribe (CEPAL), *Anuario Estadístico de América Latina y el Caribe*, varios años.
[a] Corresponde al promedio simple de los países considerados.

---

[4] La inversión pública se refiere a aquella realizada por el gobierno general, es decir, excluye aquella efectuada por empresas públicas, las que quedan incluidas en la inversión privada.

Cuadro III.2
América Latina: formación bruta de capital fijo público y privado, 1980-2010
(En moneda nacional a precios constantes, como porcentaje del PIB)

País	\multicolumn{4}{c}{Inversión pública}	\multicolumn{4}{c}{Inversión privada}
	1980-1989	1990-1998	1999-2002	2003-2010	1980-1989	1990-1998	1999-2002	2003-2010
Argentina	1,7	1,5	1,2	2,4	17,6	16,9	14,8	17,9
Bolivia (Estado Plurinacional de)	8,0	7,4	5,3	7,4	4,1	8,6	11,4	7,4
Brasil	2,2	2,7	1,7	1,8	16,4	15,4	14,2	15,5
Chile	2,4	2,2	2,5	2,4	15,2	24,2	20,5	22,4
Colombia	7,6	4,7	3,2	3,7	9,0	15,2	10,5	17,8
Costa Rica	6,1	4,6	2,9	1,9	13,6	16,3	18,0	19,9
Cuba	...	7,1	6,8	9,1	...	4,7	5,0	2,4
Ecuador	5,7	4,2	5,1	7,3	12,6	20,7	17,6	19,7
El Salvador	2,0	3,4	3,0	2,3	10,4	14,4	16,3	15,9
Guatemala	3,5	3,0	3,4	2,6	6,1	7,4	12,2	14,7
Honduras	7,7	7,7	5,1	3,9	9,0	14,1	19,8	20,8
México	7,1	3,7	3,3	4,8	11,8	14,2	16,7	16,4
Nicaragua	10,8	7,2	6,1	4,0	7,6	11,4	19,2	17,7
Panamá	5,6	3,7	5,0	5,8	12,6	17,3	13,5	15,1
Paraguay	5,2	3,8	2,7	3,0	16,7	19,2	13,9	13,1
Perú	5,4	4,3	3,7	3,9	15,1	16,3	15,3	18,6
República Dominicana	4,1	3,3	2,3	1,5	14,7	15,6	20,7	17,7
Uruguay	4,6	3,6	3,3	4,0	8,1	10,9	9,8	12,7
Venezuela (República Bolivariana de)	11,4	9,6	9,0	15,7	9,5	8,1	15,4	12,0
América Latina [a]	5,6	4,6	4,0	4,6	11,7	14,3	15,0	15,7

Fuente: Elaboración propia sobre la base de cifras oficiales de los países y S. Manuelito y F. Jiménez, "La inversión y el ahorro en América Latina: nuevos rasgos estilizados, requerimientos para el crecimiento y elementos de una estrategia para fortalecer su financiamiento", serie *Macroeconomía del Desarrollo*, N° 129 (LC/L.3603), Santiago de Chile, CEPAL, 2013.
Nota: ... datos no disponibles.
[a] Corresponde al promedio simple de los países considerados.

Al analizar la tasa de inversión en construcción en el período 1980-2010 se observa un comportamiento heterogéneo en los países, aunque en varios casos tiende a presentar similitudes con la evolución de la inversión pública. Sin embargo, en términos promedio el coeficiente de inversión en construcción se ha mantenido relativamente estable alrededor del 10% del PIB de 1980 a 2010. A su vez, la inversión en maquinaria y equipo registra un desempeño relativamente similar al de la inversión privada. En los subperíodos 1990-1998 (15 de 19 países) y 2003-2010 (14 de 19 países) presenta un aumento en relación al subperíodo anterior. En 2003-2010, el promedio regional tiene un nivel bastante superior que el de los años ochenta (9,6% del PIB en comparación con 7,3% del PIB, respectivamente). La inversión en maquinaria y equipo ha sido el componente más dinámico de la inversión total. Este resultado se relaciona con la evolución de la disponibilidad de recursos que han permitido financiar la inversión y con los cambios en los precios internacionales de los bienes de capital. Este último elemento es fundamental dado el elevado componente importado de la inversión en maquinaria y equipo en los países de la región.

Cuadro III.3
América Latina: formación bruta de capital fijo en construcción y maquinaria y equipo, 1980-2010
(En moneda nacional a precios constantes, como porcentaje del PIB)

País	Inversión en construcción				Inversión en maquinaria y equipo			
	1980-1989	1990-1998	1999-2002	2003-2010	1980-1989	1990-1998	1999-2002	2003-2010
Argentina	12,5	11,1	10,0	12,2	6,7	7,4	6,0	8,1
Bolivia (Estado Plurinacional de)	6,2	8,1	8,6	8,0	5,9	7,9	8,1	6,8
Brasil	12,6	12,7	10,6	10,2	5,9	5,5	5,3	7,1
Chile	9,9	13,2	14,0	13,4	7,7	13,2	9,1	11,3
Colombia	8,7	11,5	8,2	12,3	7,9	8,4	5,4	8,3
Costa Rica	9,3	8,7	8,8	10,1	10,4	12,2	12,1	11,8
Cuba	...	10,9	9,6	8,4	...	3,9	2,3	3,1
Ecuador	9,8	12,3	13,4	15,5	8,6	12,7	9,2	11,6
El Salvador	6,3	8,5	8,5	7,3	6,2	9,3	10,7	10,9
Guatemala	4,7	4,5	6,5	7,3	5,0	5,9	9,1	10,0
Honduras	10,6	11,5	10,1	7,4	6,1	10,4	14,8	17,3
México	11,5	9,5	9,1	13,1	7,4	8,4	10,8	7,9
Nicaragua	5,8	8,3	11,3	8,9	12,6	10,3	14,0	12,8
Panamá	12,0	10,3	8,9	10,8	6,1	10,6	9,6	10,1
Paraguay	13,5	11,3	9,5	9,1	8,4	11,6	7,2	8,8
Perú	12,7	12,0	11,0	12,2	7,8	8,5	7,9	10,4
República Dominicana	14,2	14,0	17,1	14,9	4,6	4,9	6,0	4,3
Uruguay	8,4	7,8	7,5	8,9	4,3	6,7	5,5	7,5
Venezuela (República Bolivariana de)	11,5	10,8	13,0	12,3	9,5	6,7	10,3	13,8
América Latina [a]	10,0	10,4	10,3	10,6	7,3	8,7	8,6	9,6

Fuente: Elaboración propia sobre la base de cifras oficiales de los países y S. Manuelito y F. Jiménez, "La inversión y el ahorro en América Latina: nuevos rasgos estilizados, requerimientos para el crecimiento y elementos de una estrategia para fortalecer su financiamiento", serie *Macroeconomía del Desarrollo*, N° 129 (LC/L.3603), Santiago de Chile, CEPAL, 2013.
Nota: ... datos no disponibles.
[a] Corresponde al promedio simple de los países considerados.

2. Factores gravitantes en los dos subperíodos de aumento relativo de la inversión

La mayor disponibilidad de financiamiento en divisas y la consiguiente menor incidencia de las restricciones externas al crecimiento es uno de los factores que explica la expansión moderada de la inversión en los subperíodos 1990-1998 y 2003-2010. Esta última, a su vez, influye en el alza de la inversión en maquinaria y equipo. Varios elementos contribuyeron a este fenómeno.

En primer lugar, de 1990 a 1998 hubo una creciente apertura externa de la mayoría de las economías de América Latina (algunas habían iniciado esta estrategia con anterioridad, en el segundo lustro de los años ochenta). Esto se tradujo en la apertura de ciertos sectores a la inversión extranjera directa (IED) y en los procesos de privatización de los servicios de utilidad pública y la banca, lo que generó un aumento de los flujos de IED hacia la región. La apertura se extendió también al ámbito del comercio exterior y se incrementaron los procesos de integración comercial. Ejemplos al respecto son el Tratado de Libre Comercio de América del Norte (TLCAN), el Mercado Común del Sur (MERCOSUR) y la instalación de industrias maquiladoras en los países de Centroamérica. Tales procesos provocaron un incremento de la inversión así como de las exportaciones de bienes, principalmente a través de una expansión en los volúmenes de bienes exportados[5].

Junto con el aumento de las exportaciones se registró una disminución en los precios internacionales de las manufacturas en el subperíodo 1990-1998 y un alza de los precios internacionales de algunas materias primas antes que detonara la crisis asiática en 1997[6], lo que se tradujo en un aumento del poder de compra de las exportaciones regionales[7]. Estos incrementos tuvieron lugar en México y los países de Centroamérica, el

---

[5] Como la actividad de la maquila implicó también un aumento importante de las importaciones de bienes, el aumento de las exportaciones de bienes ejerció un impacto limitado en la mejoría de los saldos de la balanza comercial de los países latinoamericanos.
[6] En particular, los precios internacionales de la carne, café, soja y del trigo. El comportamiento de los metales y minerales fue más volátil, aunque de 1993 a 1995 los precios internacionales del aluminio, cobre y níquel acumularon incrementos superiores al 50%. Posteriormente, con el inicio de la crisis asiática los precios de las materias primas registraron disminuciones generalizadas y su bajo nivel se mantuvo hasta 2003.
[7] El poder de compra de las exportaciones se puede definir como el valor de las exportaciones de bienes medido en términos de su capacidad de compra de importaciones de bienes. En otras palabras, corresponde al volumen de exportaciones multiplicado por la relación de los términos de intercambio. La siguiente expresión lo sintetiza:

$$PCE = Qx * \left(\frac{Px}{Pm}\right)$$

En que:
Qx = Índice de volumen de las exportaciones de bienes.
Px = Índice de precios de las exportaciones de bienes.
Pm = Índice de precios de las importaciones de bienes.

primero beneficiado por la puesta en marcha del TLCAN, y los segundos por las inversiones relacionadas con las industrias maquiladoras[8]. A pesar del mayor ingreso de divisas, el financiamiento de la inversión regional mantuvo las características que se observaban hasta entonces. Como se describe más adelante, en 1990-1998 se acentuó la dependencia respecto del ahorro externo en detrimento del ahorro nacional, en un contexto en que aumentó el acceso de las economías de la región al financiamiento externo (véase el cuadro III.7).

El segundo factor que facilitó el aumento en la inversión, y específicamente de la inversión en maquinaria y equipo, fue la afluencia de divisas a las economías de la región, como producto de las mayores exportaciones y del incipiente desarrollo del mercado financiero en varios países, lo que contribuyó a apreciaciones cambiarias que abarataron los costos en moneda nacional de los bienes importados. Esto es relevante dada la incidencia de bienes importados en la inversión regional. En cuatro países (Argentina, Brasil, Ecuador y México), la apreciación real fue todavía más acentuada por los programas antiinflacionarios que emplearon el tipo de cambio como "ancla" nominal.

Lo anterior se combinó con tendencias a la disminución de los precios internacionales de los bienes de capital[9] que se manifestaron desde los años ochenta, y con mayor intensidad en los años noventa. Los precios internacionales de los bienes de capital disminuyeron un 23% de 1980 a 1990 y anotaron una caída adicional de un 42% de 1990 a 2000, tomando como referencia el índice de valor unitario de las importaciones de bienes de capital de los Estados Unidos, elaborado por la Oficina de Análisis Económicos (BEA) (véase el gráfico III.4)[10].

El ciclo de expansión de la inversión fue interrumpido en 1997-1998 por el inicio de la crisis asiática. En varios países, el aumento de la demanda interna había redundado en desequilibrios en la balanza en cuenta corriente de 1990 a 1998, que no fueron sostenibles cuando sobrevino la restricción de financiamiento externo. Como consecuencia de lo anterior, en varios países se aplicaron ajustes en la demanda interna, que explican la disminución observada en las tasas de inversión de 1999 a 2002, más intensas en la inversión en maquinaria y equipo.

---

[8] No obstante, en ambos casos debe tenerse presente que el componente importado de las exportaciones de bienes era bastante elevado, con lo que el aumento en el ingreso nacional proveniente de las mayores exportaciones de bienes fue muy acotado.
[9] Excepto los automóviles.
[10] Este índice se considera aquí solo como una referencia de los precios internacionales relevantes para la región de los bienes de capital, por cuanto la estructura de las importaciones de los Estados Unidos de esos bienes no necesariamente coincide con las de los países latinoamericanos.

Gráfico III.4
Índice de precios de importación de bienes de capital, excepto automóviles, 1980-2011
(Índice 2005=100)

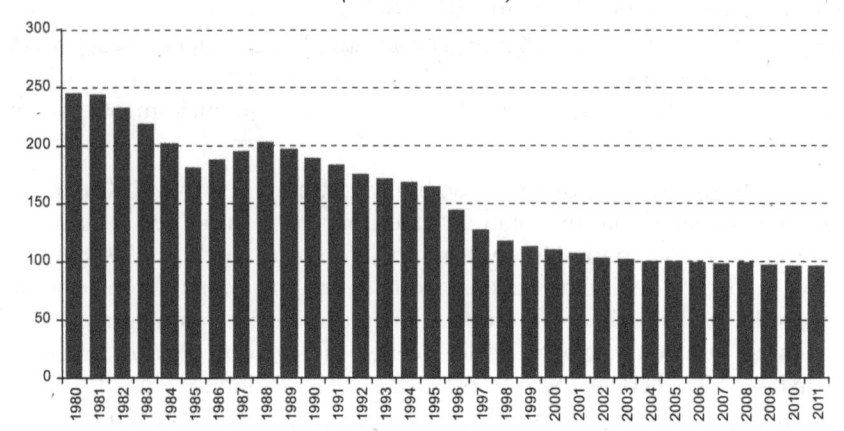

Fuente: Elaboración propia sobre la base de datos de Departamento de Comercio de los Estados Unidos, Oficina de Análisis Económicos (BEA).

Durante el segundo subperíodo de aumento de los coeficientes de inversión (2003-2010), se registró un cambio importante en relación a las tendencias del subperíodo inmediatamente anterior. A partir de la segunda mitad de 2003 en varios países hubo un aumento significativo del ingreso nacional bruto disponible, que incidió en el incremento del ahorro nacional público y privado. En la mayoría de los países este aumento se explica fundamentalmente por mejorías acentuadas de los términos de intercambio, debido al súbito incremento de los precios internacionales de las materias primas (véase el cuadro III.4).

La desagregación de los cambios en el ahorro nacional privado y público presenta cierto problema de comparabilidad, dado que en algunos países se calcula el ahorro neto (esto es, neto del consumo de capital) en tanto en otros se estima como ahorro bruto. La comparación de ambas definiciones no es exacta, pero en el tiempo su desempeño arroja luces en cuanto a los aspectos macroeconómicos del financiamiento de la inversión (véanse los cuadros III.5 y III.6).

Si bien la disponibilidad de datos no es similar en el tiempo, en ambos subperíodos en los que aumentó el coeficiente de inversión del ahorro público, lo hizo tanto en relación al período previo como respecto a lo observado de 1980 a 1989. El incremento del ahorro público fue más elevado durante el segundo subperíodo (2003-2010), en especial en el caso de los países en que los recursos provenientes de la explotación y exportación de recursos naturales tienen una alta incidencia en sus ingresos fiscales (Argentina, Bolivia (Estado Plurinacional de), Chile, Ecuador, Perú y Venezuela (República Bolivariana de)), con la excepción de México[11]. Diversas razones explican este comportamiento del ahorro público. Un factor común a estos países es el aumento del ingreso nacional derivado de la mejoría sostenida en los términos de intercambio. Además, durante este período se adoptaron progresivamente políticas fiscales orientadas a reforzar la sostenibilidad de las finanzas públicas durante el ciclo completo de precios de las materias primas, coincidentemente con un incremento significativo de esos precios[12]. En otros casos, el aumento del ahorro público se relacionó con la necesidad de enfrentar las consecuencias del acceso restringido al financiamiento externo (Argentina).

Cuadro III.4
América Latina: ahorro nacional, 1980-2010
(En dólares corrientes como porcentaje del PIB)

País	1980-1989	1990-1998	1999-2002	2003-2010
Argentina	17,9	15,8	15,4	24,1
Bolivia (Estado Plurinacional de)	15,4	9,8	10,3	21,8
Brasil	20,1	17,2	13,6	17,7
Chile	11,8	22,3	20,7	22,9
Colombia	18,5	20,6	15,4	19,8
Costa Rica	16,1	14,5	13,3	16,8
Cuba	...	...	...	10,9
Ecuador	...	17,3	22,2	22,1
El Salvador	...	14,9	14,3	11,6
Guatemala	9,5	11,0	12,9	15,0
Honduras	4,5	18,3	17,2	20,0
México	21,7	19,1	19,4	24,0
Nicaragua	3,6	2,0	10,3	13,1
Panamá	24,7	24,7	18,4	20,0
Paraguay	19,8	21,5	18,5	18,5
Perú	21,3	15,5	17,3	21,4
República Dominicana	15,7	16,5	18,9	15,0
Uruguay	11,7	13,8	11,9	16,3
Venezuela (República Bolivariana de)	22,7	23,1	30,6	34,3
América Latina [a]	15,9	16,5	16,7	19,2

Fuente: Elaboración propia sobre la base de cifras oficiales de los países y S. Manuelito y F. Jiménez, "La inversión y el ahorro en América Latina: nuevos rasgos estilizados, requerimientos para el crecimiento y elementos de una estrategia para fortalecer su financiamiento", serie *Macroeconomía del Desarrollo*, N° 129 (LC/L.3603), Santiago de Chile, CEPAL, 2013.
Nota: ... datos no disponibles.
[a] Corresponde al promedio simple de los países considerados.

---

[11] Véase el cuadro I.2 de la segunda parte del *Estudio Económico* (CEPAL, 2011) en que se ilustra, para varios países, la incidencia creciente de los ingresos vinculados a bienes primarios en los ingresos fiscales.
[12] Véase el recuadro I.1 de la segunda parte del *Estudio Económico* (CEPAL, 2011) en que se describe la progresiva adopción de reglas fiscales en la región a partir de 2000. Además, en el recuadro III.1 se presentan las principales características de los fondos orientados a moderar el impacto de las fluctuaciones en los ingresos públicos vinculados a bienes primarios.

Cuadro III.5
América Latina: ahorro público, 1980-2010
(En dólares corrientes como porcentaje del PIB)

País	1980-1989	1990-1998	1999-2002	2003-2010
I. Países que reportan ahorro público bruto				
Argentina	...	-0,2	-1,5	2,4
Bolivia (Estado Plurinacional de)	-3,5	2,6	-1,7	5,8
Brasil	...	1,7	1,3	0,5
Colombia	2,5	3,6	-1,6	-0,3
Cuba	...	...	...	2,2
El Salvador	...	1,3	0,2	0,0
Guatemala	...	1,8	2,4	2,7
Nicaragua	...	2,3	0,3	1,1
República Dominicana	...	3,7	3,4	2,1
Uruguay	-0,2	3,3	-2,3	-0,5
Promedio [a]	-0,4	2,2	0,1	1,6
II. Países que reportan ahorro público neto				
Chile	...	4,4	0,8	5,5
Costa Rica	3,2	2,4	2,6	3,7
Ecuador	0,0	4,9	3,5	7,9
Honduras	...	1,0	2,6	0,0
México	...	4,1	1,6	2,0
Panamá	-2,8	3,0	0,7	1,0
Paraguay	1,2	2,6	1,4	4,4
Perú	-1,7	0,6	-0,3	2,5
Venezuela (República Bolivariana de)	...	9,2	1,4	4,9
Promedio [a]	0,0	3,6	1,6	3,5

Fuente: Elaboración propia sobre la base de cifras oficiales de los países y S. Manuelito y F. Jiménez, "La inversión y el ahorro en América Latina: nuevos rasgos estilizados, requerimientos para el crecimiento y elementos de una estrategia para fortalecer su financiamiento", serie *Macroeconomía del Desarrollo* N° 129 (LC/L.3603), Santiago de Chile, CEPAL, 2013.
Nota: ... datos no disponibles.
[a] Corresponde al promedio simple de los países considerados.

El ahorro privado medido como porcentaje del PIB también registra alzas importantes, mayores durante el segundo episodio de aumento en la inversión. Esta evolución se relaciona con el incremento en el ingreso nacional de 2003 a 2010 y se observa en dos tercios de los países (véanse los cuadros III.5 y III.6). Nótese que, a pesar de que la gran mayoría de los países tiene una tendencia creciente en el ahorro privado, en El Salvador y la República Dominicana se registra una disminución de este indicador, a la vez que en Chile y el Paraguay se verifica una caída del ahorro privado neto (véase el cuadro III.6).

Cuadro III.6
América Latina: ahorro privado, 1980-2010
(En dólares corrientes como porcentaje del PIB)

País	1980-1989	1990-1998	1999-2002	2003-2010
I. Países que reportan ahorro privado bruto				
Argentina	...	16,8	16,9	21,6
Bolivia (Estado Plurinacional de)	18,9	7,2	12,0	16,0
Brasil	...	11,6	12,3	17,2
Colombia	16,1	17,0	17,0	20,3
Cuba	...	...	...	...
El Salvador	...	13,6	14,1	11,7
Guatemala	...	9,2	10,6	11,9
Nicaragua	...	0,8	10,0	12,0
República Dominicana	...	12,7	15,6	12,9
Uruguay	11,9	10,5	14,1	15,4
Promedio [a]	15,6	11,1	13,6	15,5
II. Países que reportan ahorro privado neto				
Chile	...	7,3	6,7	5,8
Costa Rica	9,6	6,8	4,9	7,9
Ecuador	-3,1	11,6	16,8	14,0
Honduras	...	17,3	14,7	15,5
México	...	5,2	8,1	12,9
Panamá	20,6	14,7	9,6	10,0
Paraguay	8,2	14,1	13,1	11,4
Perú	17,2	8,4	10,4	12,1
Venezuela (República Bolivariana de)	...	7,2	23,1	24,0
Promedio [a]	10,5	10,3	11,9	12,6

Fuente: Elaboración propia sobre la base de cifras oficiales de los países y S. Manuelito y F. Jiménez, "La inversión y el ahorro en América Latina: nuevos rasgos estilizados, requerimientos para el crecimiento y elementos de una estrategia para fortalecer su financiamiento", serie *Macroeconomía del Desarrollo* N° 129 (LC/L.3603), Santiago de Chile, CEPAL, 2013.
Nota: ... datos no disponibles.
[a] Corresponde al promedio simple de los países considerados.

La evolución del ahorro privado y del ahorro público contribuye a explicar el aumento del ahorro nacional que se aprecia en el subperíodo 1990-1997 y, en especial, de 2003 a 2008, años en los que se registraron alzas del coeficiente de inversión. En varios países el aumento del ahorro nacional fue superior al de la inversión, lo que redundó en una caída ingente en el ahorro externo en más de la mitad de los países considerados (véase el cuadro III.7). Asimismo, se observa que en el subperíodo 2003-2008 en relación con el subperíodo anterior (1999-2002), medido como porcentaje del PIB, el aumento del ahorro público fue mayor que el aumento del ahorro privado[13] en 8 de los 19 países analizados. Estas mayores alzas del ahorro público no se reflejaron en incrementos similares de la inversión pública.

Cuadro III.7
América Latina: ahorro externo, 1980-2010
(En dólares corrientes como porcentaje del PIB)

País	1980-1989	1990-1998	1999-2002	2003-2010
Argentina	2,1	2,7	0,1	-2,7
Bolivia (Estado Plurinacional de)	-1,4	6,9	6,6	-7,0
Brasil	2,1	1,8	3,6	0,3
Chile	7,1	3,2	0,9	-1,6
Colombia	1,3	1,1	0,2	1,8
Costa Rica	9,5	5,5	5,9	6,1
Cuba	..	..	..	1,0
Ecuador	..	4,4	-0,8	2,1
El Salvador	..	2,2	2,3	3,9
Guatemala	3,8	3,4	5,9	4,8
Honduras	6,8	5,6	5,7	6,7
México	0,5	3,8	2,8	0,7
Nicaragua	17,0	23,2	20,6	16,0
Panamá	-6,7	-0,1	2,5	1,2
Paraguay	5,0	2,8	0,9	0,0
Perú	3,6	5,9	2,3	0,1
República Dominicana	5,6	1,8	3,2	3,0
Uruguay	2,1	1,3	1,7	2,4
Venezuela (República Bolivariana de)	-2,0	-3,3	-5,8	-9,9
América Latina [a]	3,5	4,0	3,3	1,5

Fuente: Elaboración propia sobre la base de cifras oficiales de los países y S. Manuelito y F. Jiménez, "La inversión en América Latina: nuevos rasgos estilizados, requerimientos para el crecimiento y elementos de una estrategia para fortalecer su financiamiento", *Macroeconomía del Desarrollo*, N° 129 (LC/L.3603), Santiago de Chile, CEPAL, 2013.
Nota: ... datos no disponibles.
[a] Corresponde al promedio simple de los países considerados.

De lo anterior se puede concluir que, además de los factores exógenos (mayores precios de las exportaciones de materias primas, aumento de las remesas de emigrantes, disminución de los pagos de intereses de la deuda externa) que aportaron al alza del ingreso nacional bruto disponible en el último subperíodo, también influyeron la menor utilización de ahorro externo y las políticas en materia de sostenibilidad de las finanzas públicas y de manejo de las reservas internacionales. En efecto, la contrapartida de un menor uso del ahorro externo estuvo en la reducción del endeudamiento externo como proporción del PIB, en la significativa acumulación de reservas internacionales netas, y en los ahorros públicos acumulados en fondos soberanos[14]. Desde esta perspectiva, el rasgo más

---

[13] O la disminución del ahorro público fue menor que la disminución del ahorro privado.
[14] Recuérdese además que durante este período algunos países (por ejemplo, el Brasil y la Argentina) pagaron sus obligaciones con el Fondo Monetario Internacional (FMI) en forma anticipada. También Chile adoptó una política de prepago de sus créditos a instituciones multilaterales de 2004 a 2006 y, al igual que otros países, hizo una recompra de una parte de sus bonos externos.

distintivo entre las coyunturas de 1990-1998 y 2003-2010 fue la mayor participación del ahorro nacional en el financiamiento de la inversión regional durante el segundo período, lo que representó un cambio hacia una mayor sostenibilidad del crecimiento y una menor vulnerabilidad frente a las vicisitudes de los mercados financieros externos. Cuando sobrevino la crisis financiera global de 2008-2009, el menor recurso al ahorro externo producto del mayor ahorro nacional en los años previos, posibilitó en varios países la acción de políticas contracíclicas y que la región en general enfrentara esta contingencia en una mejor condición, con menos pérdidas de crecimiento que en experiencias previas.

En un escenario de variaciones acotadas en los precios internacionales de las manufacturas, los cambios descritos en el ahorro nacional se expresaron en una nueva alza del poder de compra de las exportaciones (véase el gráfico III.5). Este fenómeno fue más acentuado en las economías de América del Sur, dada su mayor especialización en la producción y exportación de materias primas.

Gráfico III.5
América Latina: variación del poder de compra de las exportaciones de bienes, 1981-2010
(En tasas de variación promedio anual del período, en porcentajes)

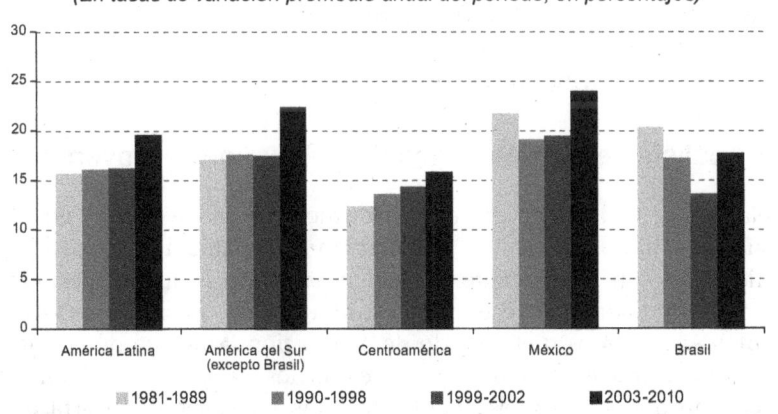

Fuente: Elaboración propia sobre la base de Comisión Económica para América Latina y el Caribe (CEPAL), base de datos CEPALSTAT.
Nota: El promedio para América Latina corresponde al promedio ponderado regional. Cada país recibe una ponderación igual a su participación relativa en las exportaciones regionales. El promedio para cada una de las subregiones corresponde a un promedio simple.

A lo anterior se sumó en el subperíodo 2003-2010 la reanudación de la tendencia a las apreciaciones de las monedas nacionales en cinco países (Brasil, Chile, Colombia, México y Perú). La evolución de los precios internacionales de los bienes de capital no desempeñó en esos años un papel tan preponderante como en el subperíodo 1990-1998. Aunque estos precios mantuvieron su tendencia a la disminución, desde 2002 las variaciones fueron bastante inferiores. De 2002 a 2011 la tasa de variación de este índice fue de un -6,4% (véase el gráfico III.4). Sin embargo, es destacable que en 2005 los precios de los bienes de capital se situaban en un nivel equivalente al 40% de aquellos registrados en 1980. Así, una coyuntura en que se verifican mejoras en los términos de intercambio, disminución de los precios de los bienes de capital y apreciaciones cambiarias, contribuyó a un aumento del ahorro nacional medido en dólares. Esto, junto con el dinamismo del crecimiento de esos años, como se analiza en la sección siguiente generó condiciones para el mayor incremento de la inversión en maquinaria y equipo.

C. Análisis empírico de la relación del crecimiento e inversión en América Latina

Hasta aquí el objetivo ha sido establecer los principales hechos estilizados de la inversión e ilustrar los factores que contribuyen a explicar su comportamiento pasado. En esta sección se realiza una exploración econométrica en que se establecen relaciones de causalidad, las cuales fundamentan el análisis de los lineamientos de política al tenor de los resultados cuantitativos, que se efectúa en la sección E. El enfoque adoptado para explorar la relación de la inversión (y sus componentes de construcción y maquinaria y equipo) con el crecimiento busca identificar regularidades a partir de la experiencia regional más que formular un modelo empírico exhaustivo.

1. Análisis de correlaciones del crecimiento e inversión

La relación de causalidad entre el crecimiento y la inversión constituye todavía un tema de debate en la literatura especializada. Los resultados obtenidos no son concluyentes y dependen demasiado del período de tiempo considerado, de la economía estudiada y de consideraciones como el número de rezagos o el método de estimación. Más allá de la relación teórica entre ambas variables, estos ejercicios se ven dificultados por el hecho de que, *ex-post*, el vínculo de estas variables se inserta en las relaciones de identidades de las cuentas nacionales, por lo que surgen problemas de simultaneidad de las variables y se torna más compleja la demostración de la existencia de causalidades en un sentido u otro.

No obstante, y para hacer una primera exploración de los datos de inversión y de su relación con el crecimiento del producto interno bruto, se calcularon las correlaciones de la tasa de crecimiento del PIB y la tasa de inversión (formación bruta de capital fijo como porcentaje del PIB, así como las correlaciones de la tasa de crecimiento del PIB y las tasas de inversión pública y privada de 18 países de América Latina para el período 1980-2010. La inclusión de los países en este ejercicio estuvo condicionada por la disponibilidad de datos[15]. Para cada país se calcularon las correlaciones de la tasa de variación del PIB del período *t* en relación con la tasa de inversión del período anterior *(t-1)*, la del período contemporáneo *(t)* y del período siguiente *(t+1)*, respectivamente. También se calcularon las correlaciones de la tasa de variación del PIB y las tasas de inversión para el total de América Latina, tomando en consideración el conjunto de observaciones disponibles, esto es, incorporando todos los años y los países (véase el cuadro III.8). Se efectuó el mismo ejercicio calculando las correlaciones de la tasa de variación del PIB y la tasa de inversión pública y la tasa de inversión privada, respectivamente (véase el cuadro III.9).

Cuadro III.8
América Latina: correlaciones (Pearson) de la tasa de crecimiento del PIB$_{(t)}$ y el coeficiente de inversión, 1980-2010 [a]

País	Formación bruta de capital fijo (FBCF)		
	FBCF(t-1)	FBCF(t)	FBCF(t+1)
Argentina	-22,3	33,0 #	59,3 ***
Bolivia (Estado Plurinacional de)	25,8	47,4 **	55,5 **
Brasil	-41,6 *	27,4	23,6
Chile	14,6	44,5 *	47,0 **
Colombia	8,5	38,2 *	50,7 **
Costa Rica	-23,3	35,8 *	53,5 **
Ecuador	23,1	25,8	36,8 *
El Salvador	34,3 #	53,2 **	66,5 ***
Guatemala	16,0	30,4 #	38,9 *
Honduras	-7,8	20,7	38,4 *
México	-22,8	39,0 *	45,3 *
Nicaragua	24,7	46,0 **	57,4 ***
Panamá	-18,8	31,7 #	67,4 ***
Paraguay	0,0	39,8 *	59,5 ***
Perú	-8,1	29,3	41,5 *
República Dominicana	-18,1	29,2	41,4 *
Uruguay	-14,9	18,4	51,9 **
Venezuela (República Bolivariana de)	-30,3 .	7,8	30,7 .
América Latina [b]	-1,1	26,4 ***	39,3 ***

Fuente: Comisión Económica para América Latina y el Caribe (CEPAL), *Anuario estadístico de América Latina y el Caribe*, varios años; y S. Manuelito y F. Jiménez, "La inversión y el ahorro en América Latina: nuevos rasgos estilizados, requerimientos para el crecimiento y elementos de una estrategia para fortalecer su financiamiento", serie *Macroeconomía del Desarrollo*, N° 129 (LC/L.3603), Santiago de Chile, CEPAL, 2013.
[a] Los valores de las correlaciones van de 0 a 100, siendo 0 el valor mínimo y 100 el valor máximo.
[b] Los valores a partir de los cuales el valor-p es significativo se indican a continuación:
  # la correlación es significativa con un grado de confianza < 10%, n=31: valor-p=0,3009; n=558: valor-p=0,0697;
  * la correlación es significativa con un grado de confianza < 5%, n=31: valor-p=0,3550; n=558: valor-p=0,0830;
  ** la correlación es significativa con un grado de confianza < 1%, n=31: valor-p=0,4556; n=558: valor-p=0,1090;
  *** la correlación es significativa con un grado de confianza < 0,1%, n=31: valor-p=0,5620; n=558: valor-p=0,1389.

[15] No se incorporaron Cuba, Haití ni los países del Caribe de habla inglesa u holandesa dado que para estos países no se cuenta con la información comparable requerida. En varios países latinoamericanos los datos no cubren todo el período 1980-2010, pero fueron igualmente incluidos tomando en consideración la información disponible.

Cuadro III.9
América Latina: correlaciones de la tasa de crecimiento del PIB$_{(t)}$ y los coeficientes de inversión pública y privada, 1980-2010 [a]

País	Formación bruta de capital fijo pública			Formación bruta de capital fijo privada		
	PUB(t-1)	PUB(t)	PUB(t+1)	PRIV(t-1)	PRIV(t)	PRIV(t+1)
Argentina	13,5	43,7 *	58,9 ***	-28,3	29,4	56,7 ***
Bolivia (Estado Plurinacional de)	8,5	-3,7	0,2	17,8	40,5 *	45,5 *
Brasil	-6,4	0,7	7,9	-43,7 *	29,9	23,5
Chile	12,1	-0,2	-17,8	13,8	44,8 *	48,6 **
Colombia	-5,3	-3,6	4,0	10,0	32,2 #	38,2 *
Costa Rica	-37,1 *	-23,9	-12,5	6,9	40,5 *	46,9 **
Ecuador	16,2	16,2	18,6	16,3	19,3	30,0
El Salvador	47,9 **	54,6 **	61,3 ***	27,6	47,6 **	61,2 ***
Guatemala	-62,8 ***	-28,6	7,7	30,9 #	37,1 *	36,5 *
Honduras	-20,3	-17,9	-20,6	2,0	24,3	39,8 *
México	-23,7	10,0	26,4	-4,3	36,2 *	28,1
Nicaragua	-50,7 **	-34,9 #	-32,7 #	43,4 *	49,0 **	55,3 **
Panamá	6,5	31,9 #	45,9 **	-25,3	23,3	59,5 ***
Paraguay	10,1	10,6	26,4	-4,2	39,4 *	54,6 **
Perú	-17,7	-8,8	0,1	-2,3	38,4 *	49,3 **
República Dominicana	-46,2 **	-10,3	9,5	5,9	33,9 #	36,1 *
Uruguay	-35,2 #	-23,4	17,3	-4,0	29,4	52,6 **
Venezuela (República Bolivariana de)	-21,4	1,4	24,5	-26,8	10,8	23,9
América Latina [b]	-14,1 ***	-6,1	-0,4	7,5	29,4 ***	38,6 ***

Fuente: Comisión Económica para América Latina y el Caribe (CEPAL), *Anuario estadístico de América Latina y el Caribe*, varios años; y S. Manuelito y F. Jiménez, "La inversión y el ahorro en América Latina: nuevos rasgos estilizados, requerimientos para el crecimiento y elementos de una estrategia para fortalecer su financiamiento", serie Macroeconomía del Desarrollo, N° 129 (LC/L.3603), Santiago de Chile, CEPAL, 2013.
[a] Los valores de las correlaciones varían de 0 a 100, siendo 0 el valor mínimo y 100 el valor máximo.
[b] Los valores a partir de los cuales el valor-p es significativo se indican a continuación:
   # la correlación es significativa con un grado de confianza < 10%, n=31: valor-p=0,3009; n=558: valor-p=0,0697;
   * la correlación es significativa con un grado de confianza < 5%, n=31: valor-p=0,3550; n=558: valor-p=0,0830;
   ** la correlación es significativa con un grado de confianza < 1%, n=31: valor-p=0,4556; n=558: valor-p=0,1090;
   *** la correlación es significativa con un grado de confianza < 0,1%, n=31: valor-p=0,5620; n=558: valor-p=0,1389.

Para la gran mayoría de los países y la región en su conjunto los resultados obtenidos indican que la tasa de variación del PIB en el período presente se correlaciona positivamente y de forma significativa con el coeficiente de inversión del período siguiente. En el caso del Brasil, a pesar de no ser estadísticamente significativa, la correlación de ambas variables es igualmente positiva (véase el cuadro III.8). La evidencia empírica sugiere que un aumento de la actividad presente estaría impactando positivamente en el coeficiente de inversión del período siguiente. Los resultados obtenidos son compatibles con la hipótesis según la cual la inversión del período estudiado respondió a expectativas de crecimiento futuro basadas en el desempeño presente y a cambios en el uso de la capacidad instalada y en la demanda agregada. Este resultado es importante porque al estar la tasa de variación del PIB del período presente correlacionada positivamente, y de forma significativa con el coeficiente de inversión del período siguiente, las caídas en el nivel de actividad habrían tenido un impacto negativo en la inversión posterior. Más adelante se explora la existencia de relaciones de causalidad. Esto, a su vez, de acuerdo con los enfoques teóricos analizados, podría traducirse en un menor crecimiento futuro.

Las correlaciones de la tasa de variación del PIB en el período t y el coeficiente de inversión pública y privada en los períodos *(t-1)*, t y *(t+1)* se presentan en el cuadro III.9. De su análisis se desprenden dos resultados interesantes. En primer lugar, en general el número de casos en que las correlaciones son estadísticamente significativas es muy inferior a lo reportado en el cuadro III.8 para la inversión total. La correlación de la tasa de crecimiento del PIB del período t y el coeficiente de inversión pública del período *(t-1)* es significativa solo para algunos países y su signo es mixto. Este resultado se puede deber a que en el caso de aquellos países donde el signo es negativo, el aumento de la inversión pública haya ocurrido en un contexto de baja sostenibilidad de las finanzas públicas, con lo que el aumento del gasto habría conducido a desequilibrios fiscales cuya corrección posterior impactó negativamente sobre la tasa de variación del PIB. Otra posibilidad estriba en que, por su naturaleza y tamaño, la inversión pública en infraestructura se concentra en ciertos años hasta que las obras se completan para después reducirse, impactando negativamente, vía demanda, sobre el crecimiento. En los pocos casos donde la correlación de la tasa de variación del PIB y la tasa de inversión pública en el período t y en el período *(t+1)* es significativa, el signo es positivo.

En segundo término, son bastante similares los resultados referidos a la inversión privada e inversión total. La tasa de crecimiento del PIB en t se correlaciona positivamente y en forma significativa con el coeficiente de inversión privada en *(t+1)* en un número elevado de casos y en la región en su conjunto, con lo que el aumento de la inversión privada respondería principalmente a elementos vinculados con la demanda agregada, evolución de expectativas y uso de capacidad instalada.

Los resultados de las correlaciones de la tasa de crecimiento del PIB en el período t y los coeficientes de inversión en construcción y en maquinaria y equipo en los períodos *(t-1)*, t y *(t+1)* se presentan en el cuadro III.10. Al nivel de los países, la evolución del coeficiente de inversión en construcción presenta un patrón algo heterogéneo. Sin embargo, es muy sugerente que la correlación del crecimiento del PIB y la inversión en construcción tienda a ser positiva y estadísticamente significativa en varios países de menor ingreso de la región, en los que las carencias de infraestructura son por lo general mayores. Para la región en su conjunto, las correlaciones de la tasa de variación del PIB en el período *t* y el coeficiente de inversión en construcción en los períodos *t* y *(t+1)*, son positivas y significativas. Paralelamente, las correlaciones de la tasa de variación del PIB en *t* y el coeficiente de inversión en maquinaria y equipo registran un patrón bastante similar al observado en los resultados obtenidos con el coeficiente de inversión privada. En un número importante de casos, para América Latina en su conjunto, la tasa de variación del PIB en el período *t* se correlaciona positiva y significativamente con el coeficiente de inversión en maquinaria y equipo en los períodos *t* y en forma más generalizada en el período *(t+1)*.

Cuadro III.10
América Latina: correlaciones de la tasa de crecimiento del PIB$_{(t)}$ y los coeficientes de inversión en construcción y maquinaria y equipo, 1980-2010 [a]

País	Formación bruta de capital fijo en construcción			Formación bruta de capital fijo en maquinaria y equipo		
	CONST(t-1)	CONST(t)	CONST(t+1)	MAQ(t-1)	MAQ(t)	MAQ(t+1)
Argentina	-30,4 #	21,0	1,0 *	-11,2	40,1 *	64,4 ***
Bolivia (Estado Plurinacional de)	37,5 *	55,3 **	0,3 **	11,0	29,9	44,2 *
Brasil	-33,2 #	5,7	58,4	-22,3	36,9 *	24,5
Chile	-6,7	10,3	8,6 #	24,4	54,8 **	44,7 *
Colombia	21,4	40,3 *	2,8 *	-16,1	25,0	50,1 **
Costa Rica	-46,2 **	-13,1	37,5	-0,5	51,2 **	56,5 ***
Ecuador	36,7 *	19,6	15,3	3,2	25,9	38,7 *
El Salvador	46,6 **	51,7 **	0,0 ***	22,5	45,2 *	58,6 ***
Guatemala	37,3 *	58,6 ***	0,0 ***	64,0 ***	74,7 ***	62,6 ***
Honduras	-24,1	-21,1	62,0	2,7	26,6	37,4 *
México	-19,9	8,7	44,1	-14,0	49,7 **	53,8 **
Nicaragua	45,1 *	50,9 **	1,6 *	-9,5	18,0	44,4 *
Panamá	-29,7	19,3	0,1 ***	3,8	32,9 #	49,1 **
Paraguay	-12,0	11,3	1,3 *	13,0	48,5 **	43,3 *
Perú	-37,1 *	-8,3	39,8	8,2	42,8 *	46,7 **
República Dominicana	-25,9	14,0	3,3 *	1,2	34,9 #	24,8
Uruguay	-33,1 #	-10,6	5,0 #	2,0	37,3 *	54,9 **
Venezuela (República Bolivariana de)	-53,9 **	-13,2	25,3	-20,0	18,1	36,5 *
América Latina [b]	-2,2	16,4 ***	31,3 ***	0,7	24,4 ***	30,0 ***

Fuente: Comisión Económica para América Latina y el Caribe (CEPAL), *Anuario estadístico de América Latina y el Caribe*, varios años; y S. Manuelito y F. Jiménez, "La inversión y el ahorro en América Latina: nuevos rasgos estilizados, requerimientos para el crecimiento y elementos de una estrategia para fortalecer su financiamiento", serie *Macroeconomía del Desarrollo*, N° 129 (LC/L.3603), Santiago de Chile, CEPAL, 2013.
[a] Los valores de las correlaciones van de 0 a 100, siendo 0 el valor mínimo y 100 el valor máximo.
[b] Los valores a partir de los cuales el valor-p es significativo se indican a continuación:
  # a correlación es significativa con un grado de confianza < 10%, n=31: valor-p=0,3009; n=558: valor-p=0,0697;
  * la correlación es significativa con un grado de confianza < 5%, n=31: valor-p=0,3550; n=558: valor-p=0,0830;
  ** la correlación es significativa con un grado de confianza < 1%, n=31: valor-p=0,4556; n=558: valor-p=0,1090;
  *** la correlación es significativa con un grado de confianza < 0,1%, n=31: valor-p=0,5620; n=558: valor-p=0,1389.

2. Análisis de causalidad del crecimiento e inversión

Tomando en consideración los resultados obtenidos en el apartado anterior, y teniendo presentes las limitaciones enunciadas previamente, se exploró la existencia de relaciones de causalidad (en el sentido de Granger, 1969) entre la tasa de variación del PIB y el coeficiente de inversión. A continuación se presentan los resultados incluyendo solo un rezago en las variables. Se realizaron ejercicios con un número mayor de rezagos, pero fue al aplicar rezagos de orden 1 que se obtuvieron resultados significativos para mayor cantidad de países[16].

En el gráfico III.6 se ilustran los resultados obtenidos, que toman en cuenta el coeficiente de inversión y la tasa de variación del PIB. Para efectos de presentación, el valor reportado en el eje vertical de los gráficos III.6, III.7, III.8, III.9 y III.10 corresponde a *(1- p value)*. Cuanto más alta resulta esta cifra, mayor es la probabilidad de rechazo de la hipótesis nula. Se testearon dos hipótesis nulas:

i) Hipótesis nula (1): la tasa de inversión no causa (en el sentido de Granger) la tasa de variación del PIB. El rechazo de la hipótesis nula (1) se puede interpretar como que los cambios en el coeficiente de inversión preceden a cambios en la tasa de crecimiento del PIB.

ii) Hipótesis nula (2): la tasa de variación del PIB no causa (en el sentido de Granger) el coeficiente de inversión. El rechazo de la hipótesis nula (2) se puede interpretar como que los cambios en la tasa de crecimiento del PIB preceden cambios en el coeficiente de inversión.

Los resultados obtenidos de las pruebas realizadas sugieren que, en general, no es posible rechazar la hipótesis nula (1) pero sí es posible rechazar la hipótesis nula (2). Esto confirmaría lo obtenido en el examen de las correlaciones e implicaría que los cambios en la tasa de crecimiento del PIB preceden e impactan positivamente sobre los cambios en el coeficiente de inversión.

Excepciones a este resultado general son los casos de la Argentina, el Brasil, Costa Rica, México y Panamá. En la Argentina, Costa Rica y Panamá es posible rechazar ambas hipótesis con lo que la causalidad entre estas variables (en el sentido de Granger) es bidireccional. En el Brasil, los resultados obtenidos permiten rechazar la hipótesis nula (1) pero no la (2), lo que indicaría que, a diferencia de lo que ocurre en la mayoría de los otros casos, en este país los cambios en el coeficiente de inversión preceden a cambios en la tasa de variación del PIB. En el caso de México no se pueden rechazar ambas hipótesis, por lo que no existiría causalidad

---

[16] Al aplicar un mayor número de rezagos igualmente se mantenía la interpretación de los resultados obtenidos al usar rezagos de orden 1, aunque con un menor nivel de significancia.

de ambas variables. No obstante, el valor de *(1- p value)* es mayor en el caso de la hipótesis nula (1), con lo que para México es mayor la probabilidad de que el coeficiente de inversión preceda a la tasa de variación del PIB que la situación inversa. Igualmente, en los casos de Chile, el Ecuador y Guatemala tampoco es posible rechazar ambas hipótesis nulas, aunque para estos tres países el valor de *(1- p value)* es mayor en el caso de la hipótesis (2), por lo que hay una mayor probabilidad de que un cambio en la tasa de variación del PIB preceda a cambios en el coeficiente de inversión.

Gráfico III.6
América Latina: resultados de causalidad (Granger[a]) entre la tasa de crecimiento del PIB y el coeficiente de inversión, 1980-2010

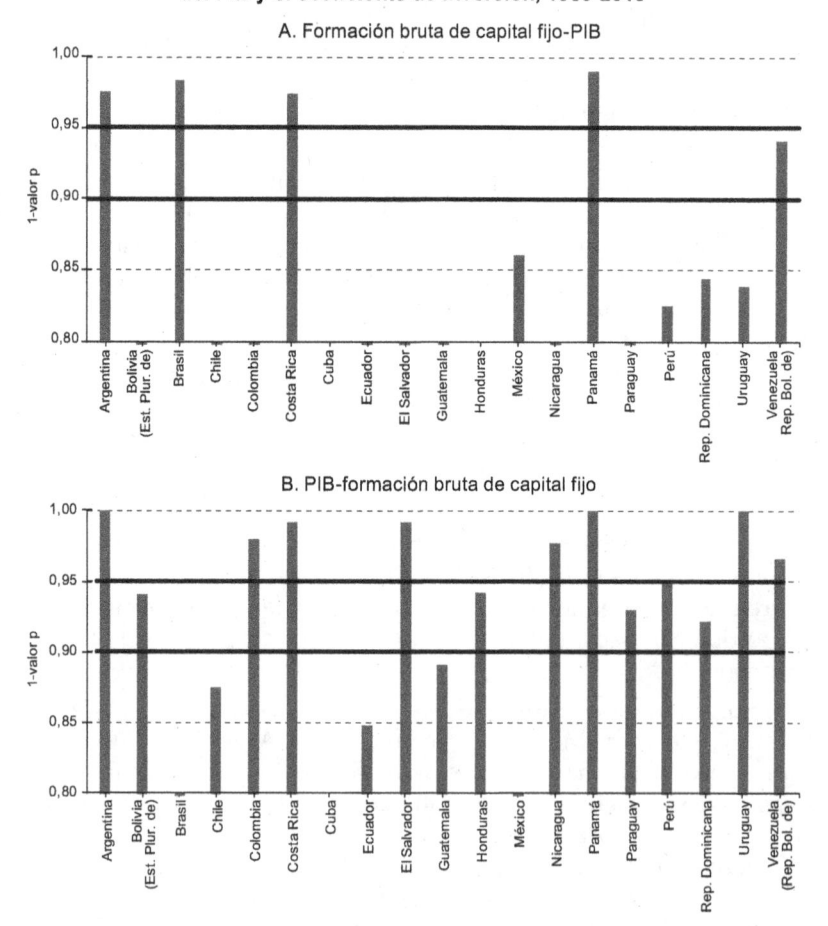

A. Formación bruta de capital fijo-PIB

B. PIB-formación bruta de capital fijo

Fuente: Comisión Económica para América Latina y el Caribe (CEPAL), sobre la base de cifras oficiales de los países, en *Anuario estadístico de América Latina y el Caribe*, varios años; y S. Manuelito y F. Jiménez, "La inversión y el ahorro en América Latina: nuevos rasgos estilizados, requerimientos para el crecimiento y elementos de una estrategia para fortalecer su financiamiento", serie *Macroeconomía del Desarrollo*, N° 129 (LC/L.3603), Santiago de Chile, CEPAL, 2013.
[a] Causalidad de Granger, orden 1.

Gráfico III.7
América Latina: resultados de causalidad (Granger[a]) entre la tasa de crecimiento del PIB y el coeficiente de inversión pública, 1980-2010

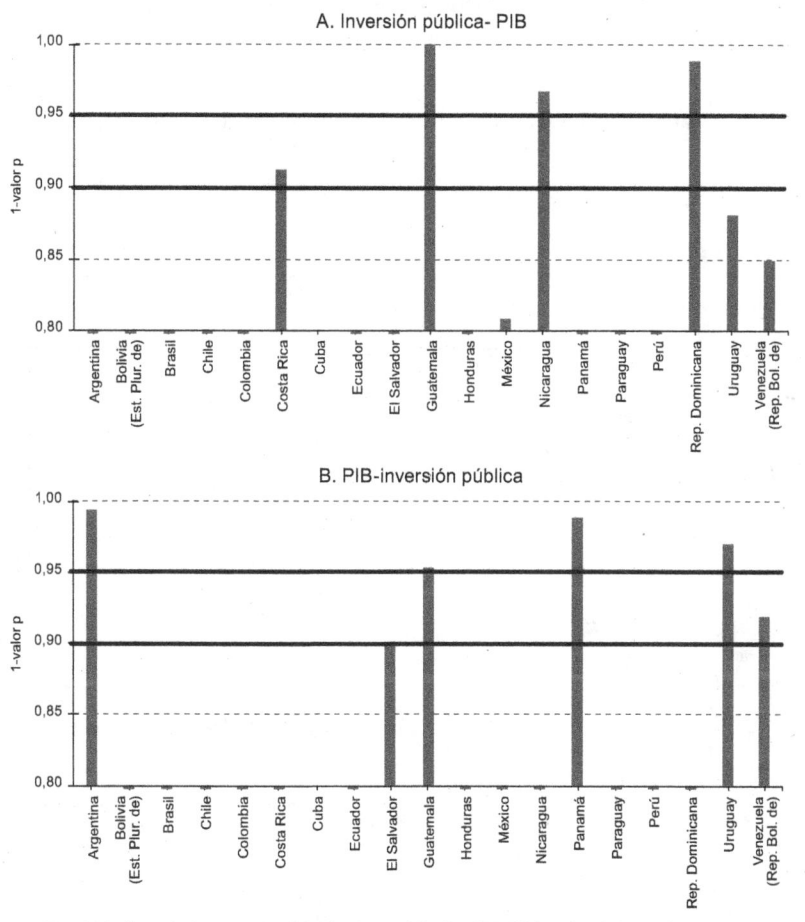

A. Inversión pública- PIB

B. PIB-inversión pública

Fuente: Comisión Económica para América Latina y el Caribe (CEPAL), sobre la base de cifras oficiales de los países, en *Anuario estadístico de América Latina y el Caribe*, varios años; y S. Manuelito y F. Jiménez, "La inversión y el ahorro en América Latina: nuevos rasgos estilizados, requerimientos para el crecimiento y elementos de una estrategia para fortalecer su financiamiento", serie *Macroeconomía del Desarrollo*, N° 129 (LC/L.3603), Santiago de Chile, CEPAL, 2013.
[a] Causalidad de Granger, orden 1.

Se observa mayor heterogeneidad en los resultados de los test de causalidad de Granger entre la tasa de variación del PIB y el coeficiente de inversión pública (véase el gráfico III.7) y el coeficiente de inversión privada (véase el gráfico III.8). En el ejercicio con la tasa de variación del PIB y el coeficiente de inversión pública, en la mayoría de los países no es posible rechazar ambas hipótesis nulas. En contraste, en el caso del ejercicio efectuado con la tasa de variación del PIB y el coeficiente de inversión privada, en un número significativo de países se puede rechazar la hipótesis nula (2), con lo que la interpretación de los resultados permite obtener conclusiones similares a las elaboradas en relación al coeficiente de inversión total, esto es, que los cambios en la tasa de crecimiento del PIB *preceden* a los cambios en el coeficiente de inversión privada.

Gráfico III.8
América Latina: resultados de causalidad (Granger[a]) entre la tasa de crecimiento del PIB y el coeficiente de inversión privada, 1980-2010

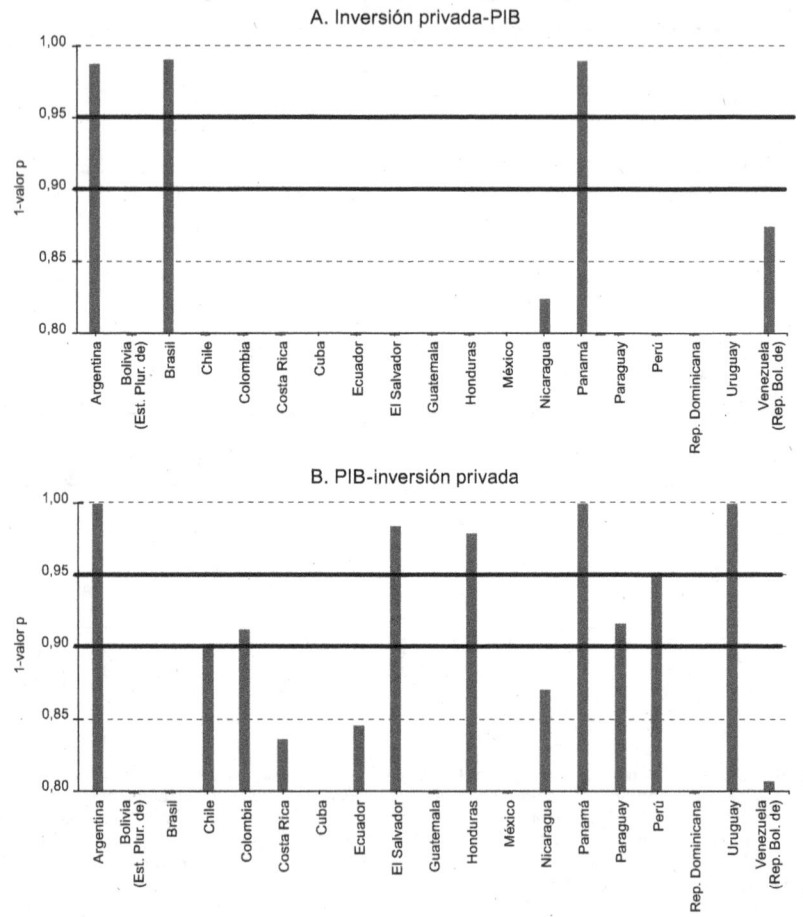

A. Inversión privada-PIB

B. PIB-inversión privada

Fuente: Comisión Económica para América Latina y el Caribe (CEPAL), sobre la base de cifras oficiales de los países, en *Anuario estadístico de América Latina y el Caribe*, varios años; y S. Manuelito y F. Jiménez, "La inversión y el ahorro en América Latina: nuevos rasgos estilizados, requerimientos para el crecimiento y elementos de una estrategia para fortalecer su financiamiento", serie *Macroeconomía para el Desarrollo*, N° 129 (LC/L.3603), Santiago de Chile, CEPAL, 2013.
[a] Causalidad de Granger, orden 1.

Finalmente, se efectuó un ejercicio similar testeando la existencia de causalidad entre la tasa de variación del PIB y el coeficiente de inversión en construcción (véase el gráfico III.9) y entre la tasa de variación del PIB y el coeficiente de inversión en maquinaria y equipo (véase el gráfico III.10). Los resultados obtenidos igualmente revisten interés. En varios países se observa que la causalidad de la tasa de variación del PIB y el coeficiente de inversión en construcción es bidireccional. Además, si bien la tasa de variación del PIB precede en un mayor número de países al coeficiente de inversión en construcción, hay un número considerable de países donde se verifica la relación de causalidad contraria.

Gráfico III.9
América Latina: resultados de causalidad (Granger[a]) entre la tasa de crecimiento del PIB y el coeficiente de inversión en construcción, 1980-2010

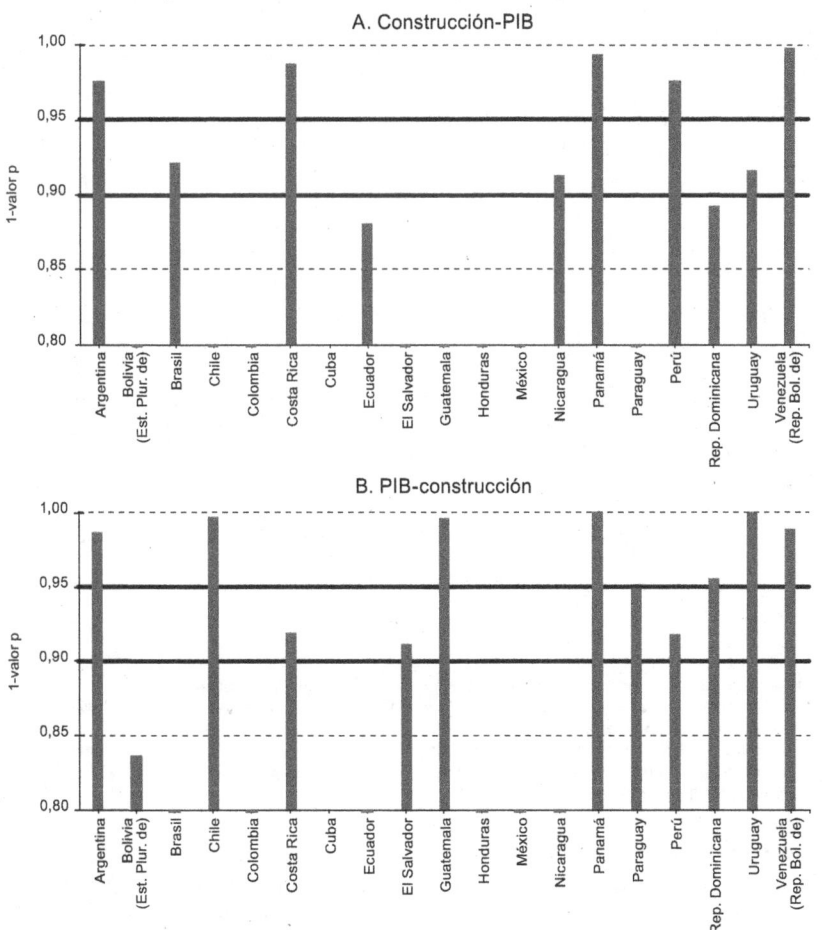

A. Construcción-PIB

B. PIB-construcción

Fuente: Comisión Económica para América Latina y el Caribe (CEPAL), sobre la base de cifras oficiales de los países, en *Anuario estadístico de América Latina y el Caribe*, varios años; y S. Manuelito y F. Jiménez, "La inversión y el ahorro en América Latina: nuevos rasgos estilizados, requerimientos para el crecimiento y elementos de una estrategia para fortalecer su financiamiento", serie *Macroeconomía del Desarrollo*, N° 129 (LC/L.3603), Santiago de Chile, CEPAL, 2013.
[a] Causalidad de Granger, orden 1.

Gráfico III.10
América Latina: resultados de causalidad (Granger[a]) entre la tasa de crecimiento del PIB y el coeficiente de inversión en maquinaria y equipo, 1980-2010

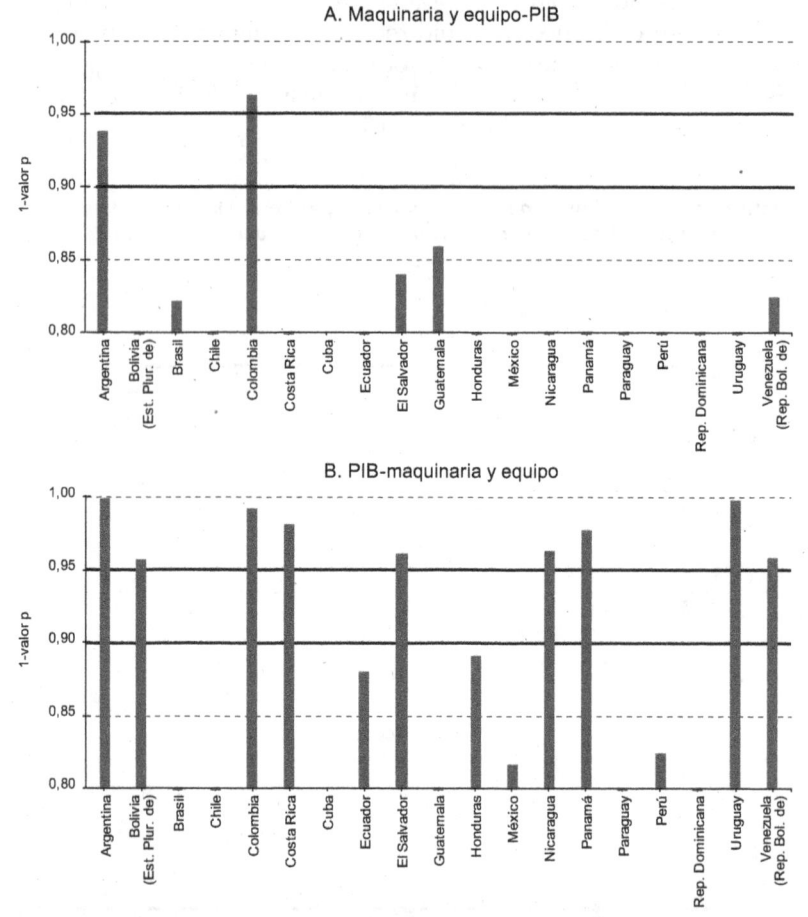

A. Maquinaria y equipo-PIB

B. PIB-maquinaria y equipo

Fuente: Comisión Económica para América Latina y el Caribe (CEPAL), sobre la base de cifras oficiales de los países, en *Anuario estadístico de América Latina y el Caribe*, varios años; y S. Manuelito y F. Jiménez, "La inversión y el ahorro en América Latina: nuevos rasgos estilizados, requerimientos para el crecimiento y elementos de una estrategia para fortalecer su financiamiento", serie *Macroeconomía del Desarrollo*, N° 129 (LC/L.3603), Santiago de Chile, CEPAL, 2013.
[a] Causalidad de Granger, orden 1.

La relación de causalidad entre la tasa de variación del PIB y el coeficiente de inversión en maquinaria y equipo es diferente de los casos anteriores. Se aprecia que en los países donde los resultados son significativos se puede rechazar la hipótesis nula (2), lo que indicaría que la tasa de variación del PIB *precede* a las variaciones del coeficiente de inversión en maquinaria y equipo. Excepciones a lo anterior son la Argentina y Colombia, donde los resultados de la prueba de causalidad indican que esta es bidireccional.

Estos resultados sugieren que en el período analizado (1980-1910) los aumentos en la tasa de inversión han estado vinculados mayoritariamente con presiones provenientes de la demanda agregada (expectativas de crecimiento o aumento efectivo de esta). La evolución de la demanda agregada regional, así como de aquellos factores que la han impulsado, ofrece ciertas pistas para explicar este desempeño. En lo relacionado con la demanda externa, los incrementos han ocurrido principalmente a través del alza de la demanda por productos básicos y productos energéticos[17].

El incremento en la demanda interna se ha sustentado en buena medida en el dinamismo sostenido del consumo de los hogares, en respuesta a los mejores indicadores de los mercados laborales (disminución del desempleo, aumento del empleo e incremento de salarios reales) y a la expansión del crédito bancario a las familias. Otro elemento relevante que explica el elevado dinamismo del consumo de los hogares ha sido la disminución de la pobreza. Se trata de un elemento significativo, dado que la propensión a consumir de aquellos segmentos de la población de menores ingresos que logran más acceso al consumo de bienes y servicios es muy elevada (generalmente, igual o cercana a 1), por lo que el aumento del ingreso de estas familias se traduce casi en su totalidad en mayor consumo[18]. De 2002 a 2011 la tasa de pobreza en América Latina disminuyó desde un 43,9% a un 29,4% de la población. Si bien la pobreza en la región continúa siendo elevada y su reducción es uno de los desafíos más importantes, este cambio logrado en diez años representa una disminución muy significativa (CEPAL, 2012a). El aumento en la base de consumo resultante de este conjunto de factores ha sido clave en sostener el dinamismo de la inversión en el sector del comercio que se ha verificado en varias de las economías de América Latina.

D. Implicancias para la política económica

Por su naturaleza, la inversión es uno de los fenómenos más complejos de la teoría macroeconómica. Para explicar su comportamiento se han formulado diversas teorías que, sin embargo, no logran consenso. Sobre las decisiones de inversión influyen consideraciones de corto, mediano y largo plazo, lo que hace necesario tomar en cuenta aspectos intertemporales, de riesgo e

---

[17] Si bien en la gran mayoría de los países no existen estadísticas de la formación bruta de capital fijo por sector de actividad de destino de esta inversión, la información parcial y de otras fuentes sugiere que en los países productores y exportadores de materias primas el grueso se ha destinado a proyectos vinculados con la minería y el sector energético.

[18] La relación del aumento del consumo y el nivel del coeficiente de inversión se refleja en la elevada correlación de ambas variables. En el Anexo se presentan los resultados obtenidos al estimar los coeficientes de correlación de la tasa de variación del consumo total y el coeficiente de inversión total para los 19 países considerados en este estudio.

incertidumbre, así como factores culturales, políticos, institucionales y geográficos que, en conjunto, contribuyen a configurar la factibilidad técnica y financiera de un proyecto y su atractivo para el inversionista.

Además, los avances tecnológicos en materia de comunicaciones, transporte y logística han potenciado la globalización de la producción, de modo que las cadenas productivas se han fragmentado y se ha acentuado la influencia de la competitividad de los países y otras consideraciones geoestratégicas como variables que inciden en la localización geográfica de la inversión. Casi cualquier explicación del comportamiento de la inversión tendería a ser incompleta y una discusión sobre lineamientos de política para aumentar la inversión probablemente arriesgaría dejar aspectos sin mencionar. A partir de este reconocimiento, del análisis en las secciones anteriores y de documentos previos de la CEPAL, se examinan componentes del diseño de una política macroeconómica que apoye la inversión.

1. Tres aspectos clave de corto plazo

Del análisis empírico efectuado en las secciones anteriores se puede concluir que el crecimiento del PIB se correlaciona positivamente con el coeficiente de inversión. Además, el análisis sugiere que, en general, no es posible rechazar la hipótesis de que la causalidad va desde el crecimiento del PIB hacia la inversión.

Estas consideraciones fundamentan tres orientaciones para la política macroeconómica en lo relativo a la relación entre la inversión y el crecimiento. Si bien estas se describen por separado, en la práctica se encuentran muy interrelacionadas y se inscriben en la orientación principal: el logro de mayores ritmos de crecimiento.

En primer lugar, dado que la existencia de capacidad ociosa desincentiva la inversión, es preciso alcanzar y mantener niveles de actividad correspondientes a un alto y sostenible grado de utilización de la capacidad productiva. Una política macroeconómica orientada a este objetivo (por ejemplo, la noción de estabilidad real que plantea la CEPAL) se caracteriza por resultar en una tasa de interés real que no desestimule la inversión productiva, un nivel inflacionario en rangos socialmente tolerables, un tipo de cambio real sin desviaciones sostenidas respecto de su tendencia de largo plazo, finanzas públicas y externas sostenibles y niveles de desempleo bajos, según las características productivas y de los mercados laborales de cada país. En esas condiciones, la demanda agregada puede expandirse y seguir en ritmos altos, sin comprometer los equilibrios internos y externos. Como esto precisa de una multiplicidad de objetivos, se deduce que ello no será producto de un solo tipo de instrumento, sino que resultará de la adopción de un conjunto de políticas en los ámbitos fiscal, monetario, cambiario, financiero (interno y externo) y de mercado de trabajo, que apunten en esta dirección en forma coherente y sostenida en el tiempo. Desde luego, según la realidad de cada país, existe más de una manera de conformar un marco de políticas macroeconómicas conducentes a estos resultados.

En segundo término, debido a los efectos negativos sobre la inversión que se derivan de las caídas del nivel de actividad económica, es necesario desarrollar en cada país capacidades contracíclicas con el fin de contrarrestar o aminorar las disminuciones del nivel de actividad originadas en choques externos e internos. Las economías latinoamericanas y caribeñas tienen una dilatada experiencia en materia de crisis internas y externas, de origen económico, social, político y como consecuencia de desastres naturales, que han originado fluctuaciones pronunciadas y bajas del nivel de actividad, con el consiguiente efecto negativo sobre la inversión y el crecimiento. Si se alcanza un grado elevado de uso de la capacidad productiva, el reto es mantenerlo, para lo que es muy útil la aplicación de políticas contracíclicas transitorias que permitan moderar las fluctuaciones derivadas de esos choques[19].

Uno de los principales requisitos de estas políticas es la creación de holguras o márgenes de acción en materia fiscal, monetaria, cambiaria y financiera (interna y externa), que permitan la acción contracíclica sin que se alteren las tendencias de las variables fundamentales determinantes del crecimiento de largo plazo, ni afectar la coherencia y credibilidad de las políticas de corto y mediano plazo. La creación de holguras puede alcanzarse mediante diferentes instrumentos, tales como la acumulación de ahorros, de reservas internacionales y la generación de mecanismos de acceso a liquidez y/o financiamiento de emergencia. En todo caso, el insumo principal para su efectividad en el tiempo será el capital de reputación de las autoridades responsables de la política macroeconómica, pues si se agotan las holguras internas, un historial de políticas consistentes con los equilibrios macroeconómicos facilitará el acceso a los recursos financieros necesarios (de origen público, privado o multilateral) para poner en marcha acciones contracíclicas, a la vez que mantendrá "ancladas" las expectativas de evolución futura de la política aunque para abordar la coyuntura inmediata se adopten medidas extraordinarias, las que podrán ser interpretadas correctamente como transitorias.

En tercer lugar, más allá de las fluctuaciones originadas por choques transitorios, la política macroeconómica, mediante la promoción de balances internos y externos sostenibles en el tiempo, debe contribuir a prevenir crisis que desemboquen en períodos recesivos, bajo crecimiento y capacidad productiva ociosa. La región ha experimentado crisis frecuentes

---

[19] Sobre las políticas macroeconómicas para enfrentar choques externos, véase CEPAL (2011), segunda parte.

desde los años ochenta, cuyo origen fue la insostenibilidad de largo plazo de sus finanzas (públicas y privadas, internas y externas), junto con un deterioro de la competitividad de los sectores productores de bienes exportables y sustitutivos de importaciones. Si bien no todos los episodios de crisis fueron similares, resaltan rasgos comunes como la expansión significativa del gasto y del crédito con el apoyo de flujos de capitales de corto plazo y la apreciación cambiaria real originada en políticas antiinflacionarias que emplearon el tipo de cambio como ancla nominal[20].

La autoridad no reaccionó a tiempo y/o en forma coordinada en otros casos frente al significativo deterioro en las condiciones externas que tornaba insostenible la dinámica del gasto interno. En ambos casos esto se expresó en un bajo ahorro nacional (público y privado), con lo que debió recurrirse al ahorro del exterior para financiar la inversión, mientras se ampliaba la vulnerabilidad debido a los desbalances internos y continuos y crecientes desequilibrios externos[21]. En ese escenario, bastó entonces con un pequeño choque externo, como alzas en la tasa de interés internacional, la moratoria de la deuda externa de un país lejano, o una baja en los precios de las exportaciones, para que la vulnerabilidad mencionada se tradujera en dificultades de pagos externos ante las salidas abruptas de capitales. Las crisis ocurridas redundaron en fuertes pérdidas de crecimiento e inversión.

A la luz de lo anterior, la prevención de crisis, evitando la acumulación de desequilibrios que incrementan la vulnerabilidad, constituye un tercer aspecto clave en orden a sostener el crecimiento en el largo plazo. En el contexto actual de globalización financiera este propósito enfrenta nuevos desafíos. Además de las políticas fiscales, monetarias y cambiarias orientadas a la solvencia de las finanzas públicas, y la estabilidad de precios y el balance externo, la regulación financiera y una política macroprudencial han cobrado mayor relevancia, especialmente después de la crisis financiera global de 2008-2009. Como han enseñado las lecciones de esa y otras crisis previas, los agentes económicos privados, en especial en los mercados financieros, suelen ser propensos a comportamientos "de manada", con episodios de euforia seguidos por otros de pánico, una percepción procíclica de los riesgos individuales y subestimación, cuando no ignorancia, de los riesgos sistémicos. Corresponde en consecuencia adoptar una visión más amplia de la regulación financiera y la política macroprudencial, que limite la excesiva toma de riesgos por parte de los agentes privados, estableciendo reglas permanentes (por ejemplo, regulaciones sobre la liquidez bancaria, el grado de apalancamiento de los bancos, provisiones por riesgos y otros), así como la adopción de medidas extraordinarias y transitorias en la

---

[20] La Argentina (1995 y 2001), el Brasil (1999) y México (1995) son ejemplos de este cuadro.
[21] Chile (1997-1998) y el Ecuador (1998) ilustran este segundo caso.

forma de controles directos para limitar un comportamiento privado que redunde en la acentuación de riesgos sistémicos. En un menú de acciones pueden mencionarse, por ejemplo, controles a los flujos de capitales y límites al crédito, entre otras).

Si bien varios asuntos de política son comunes en los tres lineamientos analizados, debe destacarse el papel que desempeña en todos estos el evitar una desviación excesiva del tipo de cambio real de su tendencia de largo plazo. Esto es clave como señal para la inversión, porque se evitan desequilibrios que pueden originar una crisis, y porque el tamaño de los mercados domésticos (volumen de población y nivel de ingreso per cápita) en ciertos casos es todavía muy reducido como para constituirse en un destino que estimule la inversión privada con la intensidad suficiente para elevar el crecimiento. Esto destaca la importancia del desarrollo exportador como fuente de crecimiento, un factor en el cual el tipo de cambio real es una variable clave.

También una prevención de crisis requiere mantener acotado el recurso del ahorro externo y, en especial, procurar que su contrapartida financiera consista mayoritariamente de los componentes más estables de los flujos financieros externos, como la IED y ciertos tipos de inversión de cartera. Como se señaló, en el pasado los países de la región apelaron en menor medida que los de otras regiones al ahorro nacional para cubrir el financiamiento de la inversión, y los componentes del ahorro externo tenían hasta mediados de los años noventa una alta presencia de flujos de deuda y otros de corto plazo, siendo durante un buen tiempo una fuente de vulnerabilidad. La experiencia del subperíodo 2003-2010 basa en el aumento del ahorro nacional y la mayor incidencia de la IED en el financiamiento externo una parte muy significativa de los orígenes de la capacidad de resiliencia que tuvo la región durante la reciente crisis financiera global de 2008-2009[22].

2. Aspectos de largo plazo para el fortalecimiento de la inversión

Un escenario macroeconómico como el señalado en la sección anterior contribuye a sentar las bases para que haya un estímulo permanente a la inversión y el crecimiento. Su materialización, no obstante, dependerá también de otros factores, entre los que se destacan la disponibilidad de financiamiento y la existencia de un entorno institucional que posibilite mitigar la incertidumbre que, por su naturaleza de largo plazo, afecta a la inversión real. Varios factores de largo plazo facilitan la creación de un entorno propicio para las políticas orientadas al fortalecimiento de la

---

[22] Véase CEPAL (2013), capítulo I de la segunda parte.

inversión, tales como un aumento de la inversión pública y/o de aquella asociada a las iniciativas del sector público (en especial las vinculadas con la provisión de infraestructura), políticas para la inversión extranjera directa, y el aumento de la disponibilidad y el acceso al financiamiento para la inversión privada. En diversos documentos previos se han formulado propuestas para el fortalecimiento de medidas de apoyo a la inversión, por lo que aquí solo se señalan sus lineamientos principales[23].

Las propuestas se basan en dos ejes centrales: la inversión en infraestructura, en especial pública, y una estrategia de desarrollo financiero para el fortalecimiento del financiamiento privado de la inversión. El énfasis en cada uno de estos ejes dependerá del papel que la sociedad otorga al Estado y el sector privado en la actividad económica, del tamaño de las economías, de su estrategia de inserción en los mercados mundiales y del grado de desarrollo institucional alcanzado.

Destacan tres aspectos de suma relevancia en el caso de la inversión pública: un horizonte de continuidad de la inversión pública para evitar que esta disminuya por la necesidad de ajuste presupuestario según la evolución del ciclo económico; la formación de alianzas de los sectores público y privado para la provisión de bienes públicos, y el establecimiento de marcos regulatorios que promuevan la inversión privada en infraestructura.

Las propuestas acentúan la profundización del sistema bancario en el caso de la inversión privada, alargando los plazos de sus fondos y créditos y superando las restricciones de acceso que enfrentan las pequeñas empresas. Para empresas de mayor tamaño así como para emprendimientos innovadores, el mercado de capitales, a través de sus componentes accionarios y de deuda son parte esencial del apoyo a la inversión en este segmento. En el caso particular del financiamiento de la innovación, como enseña mayoritariamente la experiencia mundial, acudir a recursos del mercado de capitales requerirá del apoyo público[24].

Varias experiencias en la región reflejan avances significativos en estos lineamientos, en algunos casos liderados por instituciones públicas que adoptaron programas de provisión de recursos y servicios financieros a las micro, pequeñas y medianas empresas. No obstante, como los efectos negativos de la volatilidad económica han resultado ser duraderos, a pesar del progreso realizado, en la mayoría de los países persiste un bajo grado de intermediación bancaria. Esto sugiere que, además de la continuidad de estos esfuerzos, será necesario acentuar la acción catalizadora de los

---

[23] Para un examen más exhaustivo de las políticas de fortalecimiento de la inversión, véanse CEPAL (2013), capítulo III; Jiménez y Manuelito (2011); Manuelito y Jiménez (2013).

[24] Acerca de experiencias en países desarrollados así como de la región en el financiamiento de la innovación empleando el mercado de capitales, véase Jiménez (2006 y 2008).

bancos públicos, en particular de los bancos de fomento, y de las agencias de desarrollo en el establecimiento y expansión del segmento de crédito de largo plazo[25].

El papel de los bancos públicos de fomento es muy relevante en el caso de países cuyo tamaño económico relativo hace poco probable el surgimiento espontáneo y el crecimiento significativo de segmentos del sistema financiero orientados a proveer recursos de largo plazo y de capital. Para el establecimiento exitoso de los mercados accionarios y de deuda son esenciales aspectos tales como la liquidez potencial, las oportunidades de diversificación de riesgos y su competitividad, en términos de los costos de transacción respecto de otras fuentes de recursos[26]. Todos estos aspectos dependen de la escala de operaciones y, por ende, del tamaño de la economía. Por esta razón es factible que en varios países de la región, de menor tamaño económico relativo y/o insuficiente avance del sistema financiero, el desarrollo de estos mercados no constituya una alternativa viable en un plazo mediano, por lo que sería necesario el respaldo de bancos de fomento como mecanismo para la provisión de recursos crediticios de largo plazo y de capital[27].

Hasta aquí se han abordado principalmente aspectos de orden macroeconómico. No obstante, el aporte de la inversión para el crecimiento depende también críticamente de factores de orden institucional y de estructuras de mercado que contribuyan a determinar la eficiencia y productividad del conjunto de la economía. Con frecuencia los análisis de factores institucionales se centran en temas relativos a la "ley y el orden" o a la vigencia del estado de derecho, expresado en ocasiones de forma estrecha, como por ejemplo el trato dado a los derechos de propiedad. Como es evidente, los asuntos relevantes son mucho más amplios y variados; la investigación empírica se encuentra todavía en sus fases iniciales, aunque hay análisis que apuntan a ciertas regularidades interesantes[28].

Dentro de los aspectos institucionales, distintos a las orientaciones macroeconómicas y de apoyo a la inversión discutidos más arriba, la CEPAL ha destacado el papel desempeñado por la adopción de estrategias nacionales en orden a elevar los ritmos de crecimiento. Estudios acerca de la experiencia en diez países hoy desarrollados que lograron reducir la brecha de ingresos per cápita respecto de aquellos más desarrollados,

---

[25] Para un examen del nivel de desarrollo de los sistemas financieros de la región, véase Jiménez y Manuelito (2010).
[26] En este caso, los costos de transacción se refieren a aquellos necesarios para la emisión de títulos, su intercambio en las bolsas, registro, liquidación y custodia.
[27] Al respecto destaca en la región la experiencia en Brasil del Banco Nacional de Desarrollo Económico y Social (BNDES), que provee tanto recursos crediticios como de capital, a diferencia de otros bancos de desarrollo.
[28] Por ejemplo, véanse Acemoglu y otros (2003 y 2005) y North (1994 y 2005).

señalan como factor fundamental de su desempeño la adopción de estrategias de mediano o largo plazo de transformación productiva[29]. Para la inversión, en particular en aquellos rubros en los cuales la maduración de los proyectos es muy dilatada, dichas estrategias proveen el marco necesario para las decisiones de inversión, contribuyendo así a reducir la incertidumbre.

E. Síntesis y conclusiones

Sobre la base de estimaciones previamente no disponibles acerca de la inversión y sus componentes en América Latina, en este capítulo se pasa revista a los principales hechos estilizados de esta en el período 1980-2010, se exploran factores causales en la relación del crecimiento económico y la formación bruta de capital fijo y se analizan algunas recomendaciones de política económica.

En el análisis de los datos se destaca el bajo nivel de inversión en América Latina en comparación con lo observado en otras regiones y, en particular, con países que han reducido en forma significativa la brecha, en términos de su PIB per cápita, que los separa respecto de países desarrollados. Se constatan tres hechos estilizados sobre la inversión en América Latina:

i) el coeficiente de inversión se mantuvo en forma prolongada en niveles inferiores al 20% en 8 de los 19 países analizados;

ii) comparada con los años ochenta, la inversión pública, como porcentaje del PIB disminuyó en 15 de los 19 países en el período 1990-1998. Si bien se aprecia una recuperación a partir de 2003 en algunos de ellos, en 12 de los 19 países el coeficiente de inversión pública no ha recuperado el nivel de los años ochenta;

iii) durante los años noventa la inversión privada tuvo el mayor dinamismo del período 1980-2010 y el coeficiente de inversión aumentó en 14 de los 19 países. A partir de 2003 su desempeño fue dispar. El coeficiente de inversión privada cayó en el subperíodo 2003-2010 en 8 países respecto de los registros de 1999-2002, mientras que en 7 países alcanzó los mayores niveles del período 1980-2010. Esto último, en conjunto con cierta recuperación de la inversión pública en el subperíodo 2003-2010 llevó a que se alcanzaran en estos años los mayores niveles de inversión total.

---

[29] Al respecto véase el capítulo VI de CEPAL (2008); también, Devlin y Moguillansky (2010). Los países incluidos en los estudios fueron Australia, España, Finlandia, Irlanda, Malasia, Nueva Zelandia, República de Corea, República Checa, Singapur y Suecia.

Entre los principales factores que incidieron en el aumento de los coeficientes de inversión en el subperíodo 1990-1998 se señaló la menor influencia de la llamada restricción externa. Este fenómeno es atribuible a la mayor disponibilidad de divisas debido al proceso de apertura económica y el aumento del poder de compra de las exportaciones generado por la mejoría en los precios de las exportaciones, así como a la fuerte reducción de los precios internacionales de los bienes de capital. Con todo, el ahorro nacional continuó siendo insuficiente para cubrir la inversión, por lo que el ahorro externo se mantuvo como una fuente importante de financiamiento. Pero en contraste con la década previa, el ahorro externo cambió significativamente en estos años, adquiriendo la IED un peso creciente[30].

En el subperíodo 2003-2010, el coeficiente de inversión volvió a repuntar. Uno de los elementos que contribuyó a este dinamismo de la inversión fue, al igual que en el subperíodo 1990-1998, la menor incidencia de la restricción externa como factor limitante del financiamiento. Inclusive, algunos países y la región en conjunto tuvieron un ahorro externo negativo durante varios años consecutivos. Esto se debió al efecto combinado del aumento del ingreso nacional disponible por la mejoría en los términos de intercambio y a la modificación del marco de políticas macroeconómicas, lo que redundó en un significativo aumento del ahorro nacional. La contrapartida de esto fue la reducción del endeudamiento externo, la acumulación de reservas internacionales y de ahorro en fondos soberanos. El comportamiento del ahorro nacional de 2003 a 2010 marca la principal diferencia respecto del subperíodo 1990-1998. En ambos subperíodos se registró un incremento del coeficiente de inversión, pero el aumento del ahorro nacional durante el segundo subperíodo, junto con la persistencia de la mayor participación en el ahorro externo de flujos financieros externos menos volátiles, que había comenzado en los años ochenta, determinaron una menor vulnerabilidad externa y mayores espacios para ejercer políticas contracíclicas cuando sobrevino la reciente crisis financiera global.

Después se examinó la relación del crecimiento y la inversión desde un punto de vista econométrico. Los resultados de los ejercicios efectuados son coincidentes y complementarios: la tasa de variación del PIB se correlaciona positivamente con el nivel del coeficiente de inversión presente y futuro y, de acuerdo con el análisis de causalidad (en el sentido de Granger), cambios en la tasa de variación del PIB preceden a cambios en el coeficiente de inversión. Resultados análogos se obtienen al analizar la relación de la tasa de variación del PIB con los coeficientes de inversión privada y de inversión en maquinaria y equipo.

---

[30] Al respecto, véase CEPAL (2013), capítulo I, segunda parte.

De la discusión precedente se desprenden dos grandes orientaciones que podrían formar parte de una estrategia para elevar el crecimiento en la región:

i) En el plano de las políticas macroeconómicas, es necesario mantener elevado el nivel de empleo y el grado de utilización de la capacidad productiva, al tiempo que se propicia una tasa de interés real que no desestimule la inversión productiva, un tipo de cambio real que favorezca el desarrollo de los sectores productores de bienes transables y niveles inflacionarios socialmente aceptables. A la vez, se deben fortalecer las capacidades contracíclicas para contrarrestar los efectos no deseados de choques positivos y negativos, externos e internos, sobre el coeficiente de inversión y evitar la acumulación de desequilibrios, previniendo así crisis que ocasionan reducciones de los niveles de actividad y crecimiento futuro.

ii) Por otra parte, en el plano del financiamiento del crecimiento, se requiere reducir la vulnerabilidad externa desarrollando los sistemas financieros públicos y privados a fin de elevar el ahorro nacional y la disponibilidad de recursos financieros internos, tornando el financiamiento de la inversión menos dependiente del ahorro externo, y en particular de los componentes más volátiles del financiamiento externo, tal como sugiere la experiencia de los países que han logrado reducir significativamente su brecha en términos del PIB per cápita respecto de los países desarrollados.

Bibliografía

Acemoglu, Daron, Simon Johnson y Robinson James (2005), "Institutions as the fundamental cause of long-run growth", en Aghion y Durlauf (eds.), *Handbook of Economic Growth*, Elsevier, North-Holland, Amsterdam.

Acemoglu, Daron y otros (2003), "Institutional causes, macroeconomic symptoms: volatility, crises and growth", *Journal of Monetary Economics*, N° 50, Elsevier

Barro, Robert y Xavier Sala-i-Martin (2004), *Economic Growth*, MIT Press.

Blomström, Magnus, Robert Lipsey y Mario Zehjan (1993), "Is fixed investment the key to economic growth?", *NBER Working Paper*, N° 4436.

Bukhari, Adnan, Liaqat Ali y Mahpara Saddaqat (2007), "Public investment and economic growth in the three little dragons", *International Journal of Business and Information*, vol. 2, N° 1.

CAF (Banco de Desarrollo de América Latina) (2013), *La infraestructura en el desarrollo integral de América Latina*, Bogotá.

CEPAL (Comisión Económica para América Latina y el Caribe) (2013), *Estudio Económico de América Latina y el Caribe, 2013*, Santiago de Chile.

___(2012a), *Panorama Social de América Latina, 2012* (LC/G.2557-P), Santiago de Chile.
___(2012b), *Anuario Estadístico de América Latina y el Caribe, 2012* (LC/G.2554-P), Santiago de Chile.
___(2012c), *Balance Preliminar de las Economías de América Latina y el Caribe, 2012* (LC/G.2555-P), Santiago de Chile.
___(2011), *Estudio Económico de América Latina y el Caribe 2010-2011. Modalidades de inserción externa y desafíos de política macroeconómica en una economía mundial turbulenta* (LC/G.2506-P), Santiago de Chile.
___(2009), *América Latina y el Caribe: Series históricas de estadísticas económicas 1950-2008*, Cuadernos Estadísticos de la CEPAL, N° 37 (LC/G.2415-P/E), Santiago de Chile.
___(2008), *La transformación productiva 20 años después: viejos problemas, nuevas oportunidades* (LC/G.2368(SES.32/4)), Santiago de Chile.
Cheung, Yin-Wong, Michael Dooley y Vladyslav Sushko (2012), "Investment and growth in rich and poor countries", *NBER Working Paper*, N° 17788.
Cullison, W.E. (1993), "Public investment and economic growth", *Federal Reserve Bank of Richmond Economic Quarterly*, vol. 79, N° 4.
Devlin, Robert y Graciela Moguillansky (2010), *Alianzas público-privadas para una nueva visión estratégica del desarrollo*, Libros de la CEPAL, N° 108 (LC/G.2426-P), Santiago de Chile, Comisión Económica para América Latina y el Caribe (CEPAL).
Granger, C.W.J. (1969), "Investigating causal relations by econometric models and cross-spectral methods", *Econometrica*, vol. 37, N° 3.
Jiménez, Luis Felipe (2008), "Capital de riesgo e innovación en América Latina", *Revista de la CEPAL*, N° 96 (LC/G.2396-P/E), Santiago de Chile, Comisión Económica para América Latina y el Caribe (CEPAL).
___(2006), "Capital de riesgo para la innovación: lecciones de países desarrollados", *serie Desarrollo Productivo*, N° 173 (LCL2617-P), Santiago de Chile, Comisión Económica para América Latina y el Caribe (CEPAL).
Jiménez, Luis Felipe y Sandra Manuelito (2010), "América Latina: sistemas financieros y financiamiento de la inversión. Diagnósticos y propuestas", *Revista CEPAL* N° 109 (LC/G.2556-P/E), Santiago de Chile, Comisión Económica para América Latina y el Caribe (CEPAL).
Manuelito, Sandra y Luis Felipe Jiménez (2013), "La inversión y el ahorro en América Latina: nuevos rasgos estilizados, requerimientos para el crecimiento y elementos para una estrategia para fortalecer su financiamiento", *serie Macroeconomía del Desarrollo*, N° 129 (LC/L.3603), Santiago de Chile, Comisión Económica para América Latina y el Caribe (CEPAL).
North, Douglas (2005), *Understanding the Process of Economic Change*, Princeton, Princeton University Press.
___(1994), "Economic performance through time", *American Economic Review*, vol. 84, N° 3.
Peltonen, Thomas, Ricardo Sousa e Isabel Vansteenkiste (2012), "Investment in emerging market economies", *Empirical Economics*, N° 43.
Sala i Martin, Xavier (1997), "I just ran two millions regressions", *American Economic Review*, vol. 878, N° 2.
Toulaboe, Dosse, Rory Terry y Thomas Johansen (2009), "Foreign direct investment and economic growth in developing countries", *Southwestern Economic Review*, vol. 36, N° 1.

Anexo

Cuadro A.III.1
América Latina: análisis de correlaciones del coeficiente de inversión total y el nivel de precios internacionales de materias primas seleccionadas, 1980-2010

País	Producto básico	Coeficiente	Valor p	Nivel de significancia [a]
Argentina	Soja	0,000	0,181	
	Petróleo crudo	0,000	0,567	
	Metales	0,000	0,954	
Bolivia (Estado Plurinacional de)	Gas (Estados Unidos)	-0,002	0,603	
	Soja	0,000	0,475	
Brasil	Soja	-0,000	0,711	
	Carne	0,000	0,142	
	Petróleo crudo	-0,000	0,263	
	Azúcar	0,000	0,000	***
	Café	0,000	0,020	*
Chile	Cobre	0,000	0,001	***
	Harina de pescado	-0,001	0,012	*
Colombia	Petróleo crudo	0,000	0,405	
	Café	0,000	0,065	#
	Carbón (Australia)	-0,000	0,957	
	Níquel	0,000	0,305	
Costa Rica	Café	-0,000	0,557	
	Azúcar	0,000	0,003	**
	Carne	-0,001	0,101	
República Dominicana	Café	-0,000	0,345	
	Azúcar	0,000	0,212	
	Metales	-0,000	0,938	
Ecuador	Petróleo crudo	0,000	0,175	
	Camarón	-0,000	0,393	
Guatemala	Petróleo crudo	0,001	0,000	***
	Café	-0,000	0,000	***
	Azúcar	0,000	0,835	
Honduras	Café	-0,000	0,106	
	Azúcar	0,000	0,387	
	Bananas	0,000	0,198	
México	Petróleo crudo	0,000	0,010	*
	Alimentos	-0,000	0,703	
Nicaragua	Azúcar	-0,000	0,323	
	Café	0,000	0,666	
	Carne	-0,001	0,037	*
Panamá	Café	0,000	0,054	#
Perú	Metales	-0,000	0,506	
	Harina de pescado	0,001	0,004	**
Paraguay	Soja	0,000	0,707	
	Carne	0,000	0,509	
El Salvador	Azúcar	0,000	0,328	
	Café	-0,000	0,004	**
Uruguay	Carne	-0,000	0,375	
	Soja	0,001	0,000	***
	Lana	-0,000	0,248	
Venezuela (República Bolivariana de)	Petróleo crudo	0,001	0,000	***

Fuente: Elaboración propia sobre la base de Manuelito y Jiménez, "La inversión y el ahorro en América Latina: nuevos rasgos estilizados, requerimientos para el crecimiento y elementos para una estrategia para fortalecer su financiamiento", serie *Macroeconomía del Desarrollo*, N° 129 (LC/L.3603), Santiago de Chile, Comisión Económica para América Latina y el Caribe (CEPAL), 2013, y Banco Mundial, *Commodity Price Data, Pink Sheet*.

[a] Los valores a partir de los cuales el valor-p es significativo se indican a continuación:
  \# la correlación es significativa con un grado de confianza < 10%, n=31: valor-p=0,3009; n=558: valor-p=0,0697;
  * la correlación es significativa con un grado de confianza < 5%, n=31: valor-p=0,3550; n=558: valor-p=0,0830;
  ** la correlación es significativa con un grado de confianza < 1%, n=31: valor-p=0,4556; n=558: valor-p=0,1090;
  *** la correlación es significativa con un grado de confianza < 0,1%, n=31: valor-p=0,5620; n=558: valor-p=0,1389.

Cuadro A.III.2
América Latina: análisis de correlaciones del coeficiente de inversión total y la tasa de variación del consumo global en los subperíodos (t-1), (t) y (t+1), 1980-2010

Países	Consumo (t-1) Coeficiente	Consumo (t-1) Valor p	Consumo (t-1) Significancia [a]	Consumo (t) Coeficiente	Consumo (t) Valor p	Consumo (t) Significancia [a]	Consumo (t+1) Coeficiente	Consumo (t+1) Valor p	Consumo (t+1) Significancia [a]
Argentina	0,6144	0,0003	***	0,3874	0,0313	*	-0,2615	0,1628	
Bolivia (Estado Plurinacional de)	0,6099	0,0003	***	0,6004	0,0004	***	0,2939	0,1149	
Brasil	0,1547	0,4144		0,2125	0,2512		-0,2736	0,1434	
Chile	0,6206	0,0003	***	0,6110	0,0003	***	0,3298	0,0751	
Colombia	0,6642	0,0001	***	0,5346	0,0019	**	0,2154	0,2530	
Costa Rica	0,6596	0,0001	***	0,3391	0,0620	.	-0,4101	0,0244	*
Ecuador	0,2253	0,2314		0,4755	0,0069	**	0,2094	0,2667	
El Salvador	0,2487	0,1851		0,3081	0,0918	.	0,1674	0,3767	
Guatemala	0,4356	0,0161	*	0,3321	0,0680	.	0,1690	0,3719	
Honduras	0,3472	0,0601	.	0,3146	0,0848	.	0,0875	0,6457	
México	0,3995	0,0287	*	0,3844	0,0327	*	-0,2436	0,1946	
Nicaragua	0,4105	0,0242	*	0,0690	0,7123		0,2938	0,1150	
Panamá	0,1102	0,5621		-0,0291	0,8767		-0,1452	0,4440	
Paraguay	0,4841	0,0067		0,4324	0,0151	*	0,0590	0,7568	
Perú	0,4468	0,0133	*	0,3263	0,0732	.	-0,0679	0,7213	
República Dominicana	0,3622	0,0492	*	0,2500	0,1750		-0,2145	0,2550	
Uruguay	0,4612	0,0103	*	0,2212	0,2317		-0,1249	0,5107	
Venezuela (República Bolivariana de)	0,5292	0,0026	**	0,3428	0,0591		-0,0707	0,7105	

Fuente: Elaboración propia sobre la base de S. Manuelito y L.F. Jiménez, "La inversión y el ahorro en América Latina: nuevos rasgos estilizados, requerimientos para el crecimiento y elementos para una estrategia para fortalecer su financiamiento", serie *Macroeconomía del Desarrollo*, N° 129 (LC/L.3603), Santiago de Chile, CEPAL, 2013, y CEPAL, *Anuario Estadístico de América Latina y el Caribe*.

[a] Los valores a partir de los cuales el valor-p es significativo se indican a continuación:
. la correlación es significativa con un grado de confianza < 10%, n=31: valor-p=0,3009; n=558: valor-p=0,0697;
* la correlación es significativa con un grado de confianza < 5%, n=31: valor-p=0,3550; n=558: valor-p=0,0830;
** la correlación es significativa con un grado de confianza < 1%, n=31: valor-p=0,4556; n=558: valor-p=0,1090;
*** la correlación es significativa con un grado de confianza < 0,1%, n=31: valor-p=0,5620; n=558: valor-p=0,1389.

Capítulo IV

Crecimiento económico, inclusión y brechas sociales en América Latina y el Caribe[1]

Mariela Buonomo Zabaleta
Pablo Yanes Rizo

Introducción

El crecimiento económico facilita el tránsito hacia sociedades más igualitarias, justas e inclusivas, pero por sí solo no garantiza que los países se encaminen hacia el logro de estos objetivos. El horizonte programático que la Comisión Económica para América Latina y el Caribe (CEPAL) propone para la región, de crecimiento con inclusión e igualdad social, debiera ser el resultado de una combinación de tasas altas y sostenidas de aumento del producto interno bruto (PIB) con procesos de transformación hacia una estructura económica de alta productividad, políticas laborales activas consistentes con metas de redistribución, expansión del goce universal de los derechos sociales y fortalecimiento de la ciudadanía civil y política (CEPAL, 2012).

Para este avance importa, en consecuencia, la tasa de crecimiento de la economía, pero también y de manera sobresaliente las características y la calidad de ese crecimiento, así como el marco de derechos en que se concreta, sus impactos distributivos y el tipo de vínculos y relaciones sociales que lo

---

[1] Los autores agradecen la colaboración de Julio Rosado en materia de información sobre el Caribe para la redacción de este capítulo.

moldean y definen. El logro del crecimiento con igualdad requiere tanto de la estructura productiva como de la distributiva. Por esta razón, la CEPAL ha planteado su convicción de que así como es necesario crecer para igualar, también es indispensable igualar para crecer (CEPAL, 2012).

En esta concepción de cambio estructural para la igualdad es que se inserta la reflexión sobre el crecimiento y la inclusión social entendida como el goce efectivo de los derechos económicos, sociales, civiles y políticos, que se expresa en el cierre de las brechas de desigualdad y en la participación equitativa de la sociedad en los frutos del crecimiento y el desarrollo.

El renovado auge del concepto de inclusión social está relacionado con la reflexión sobre las transformaciones de los patrones de acumulación a escala mundial en las últimas décadas y sus consecuencias sociales. En un sentido amplio del concepto esto se ha traducido en lo que en términos de Robert Castel puede denominarse como la crisis de la sociedad salarial y del conjunto de vínculos de pertenencia, seguridad, expectativas, solidaridad colectiva, reciprocidad y ayuda mutua que la definían y le daban sentido (Castel, 1997).

La reflexión sobre las relaciones de la desigualdad con las fracturas sociales, aunque no necesariamente se exprese en estos términos, está presente en el estudio de Joseph Stiglitz (2012) sobre el precio de la desigualdad y también en el análisis de Wilkinson y Pickett (2010) respecto de la desigualdad y un conjunto de hechos sociales disruptivos. En los países desarrollados se observa una alta correlación de la intensificación de la desigualdad con una diversidad de fenómenos tales como el empobrecimiento de la vida comunitaria y del tejido social, la salud mental y las adicciones, la salud y las expectativas de vida, la obesidad, el desempeño escolar, el embarazo adolescente, los homicidios, la violencia y los suicidios, y las tasas de encarcelamiento (Wilkinson y Pickett, 2010).

Para Stiglitz, la profundización de la desigualdad incide en el debilitamiento de la igualdad de oportunidades y la movilidad social, en la erosión de los valores democráticos y del Estado de derecho, así como en lo que puede denominarse como el dilema simbólico de una sociedad en que todos sus integrantes navegan a bordo del mismo barco, o otra en que cada persona está librada a su propia suerte y limitada por sus medios (Stiglitz, 2012).

Al examinar el aumento de la desigualdad en el contexto de las importantes transformaciones que ha experimentado América Latina y el Caribe se observan numerosas diferencias y matices en los regímenes de acumulación (o modelos de desarrollo) y los regímenes de bienestar (o modelos de política social) adoptados por los países de la región. Si bien recientemente algunos países han buscado caminos alternativos o matices de los modelos instaurados en los años ochenta, a la sombra del consenso de Washington, muchos de sus rasgos se han preservado, en especial en lo referido a la modificación de las densidades del Estado, el mercado, las familias y los actores no estatales en la ecuación del bienestar, Esto se ha manifestado con diversos grados de privatización, mercantilización, familiarización y filantropización en el terreno de la política social.

Es crucial estudiar el vínculo entre la desigualdad y la violencia, considerada esta última fundamentalmente a través de la tasa de homicidios en América Latina, y en particular en México, el triángulo norte de Centroamérica, algunos países del Caribe y en América del Sur, Brasil, Colombia y Venezuela (República Bolivariana de). La violencia y en especial la tasa de homicidio constituyen uno de los indicadores más relevantes del nivel de deterioro del tejido social, de la capacidad de las instituciones para proveer seguridad e impartir justicia y del grado en que una sociedad es capaz de resolver pacíficamente los conflictos y abonar por una cultura de la legalidad.

Sistemáticamente se sostiene que América Latina y el Caribe es la región más desigual del mundo, pero hasta ahora son escasos los trabajos que relacionan analíticamente esto con el hecho de que también es, al menos respecto de los países arriba señalados, la región más violenta del mundo. ¿Existe un vínculo y de qué tipo entre la alta desigualdad y la elevada violencia de la región? ¿Un crecimiento económico que se caracteriza por su baja capacidad distributiva y de inclusión social es un elemento que condiciona, propicia, detona y estimula la violencia? ¿Qué combinaciones económicas, sociales, culturales e institucionales se combinan para que el crecimiento económico con desigualdad sea acompañado por una vida social con violencia? ¿Qué costos económicos tiene la violencia? ¿Es la violencia en la región uno de los obstáculos para el crecimiento o solo un factor más que debe ser considerado en el análisis? ¿Qué consecuencias de corto, mediano y largo plazo tienen para las políticas de inclusión social los altos niveles de homicidios que se registran en muchos países de la región? ¿Qué componentes de seguridad pública y derechos humanos debe ser incorporados en el diseño de las políticas económicas? ¿Qué factores económicos deberían incluir las políticas de seguridad pública y de derechos humanos en América Latina y el Caribe?

Las respuestas a muchas de estas interrogantes requieren de análisis y debates cuya pertinencia es difícil de cuestionar. En este capítulo se procura desarrollar una primera aproximación hacia los vínculos del crecimiento, la inclusión social y la desigualdad. Se incorpora el tema de la violencia como un aspecto importante de explorar debido a sus relaciones con el modelo de crecimiento y el papel de la desigualdad y su impacto sobre el tejido social. En particular, se examina la evolución de indicadores en tres planos constitutivos de la inclusión social: la pobreza y la distribución del ingreso, la educación y la salud[2].

El capítulo se ha estructurado en cinco secciones, incluida esta introducción. En la sección B se describe la evolución de la pobreza y la distribución del ingreso desde 1980 hasta 2011 en América Latina y, cuando ha sido posible obtener datos, también del Caribe, y se vincula esta trayectoria con el crecimiento de las economías de la región. En la sección C se analizan los avances y las asignaturas pendientes en materia de educación en la región. En la sección D se describe el progreso en algunos de los indicadores de salud. Finalmente, en la sección E se exponen los principales indicadores de violencia e inseguridad y se presenta de forma sucinta el impacto de la violencia sobre el crecimiento económico en la región.

A. Pobreza y distribución de ingresos

1. Evolución de la pobreza 1980-2011

Una de las tendencias más marcadas que se ha observado durante las últimas décadas en América Latina y el Caribe ha sido la caída de la incidencia de la pobreza, aunque de forma desigual según los países y fuertemente concentrada en algunos de los de mayor tamaño y población, como Brasil. El proceso ha ocurrido con altibajos y en forma muy dependiente de la trayectoria del ciclo económico, lo que reafirma la importancia de este en la evolución de la pobreza así como el alcance variable de las políticas adoptadas durante estos ciclos.

Tanto de la perspectiva del crecimiento económico como respecto de la evolución de la pobreza, los años ochenta fueron una "década perdida" en la región. Al cabo de ese período, conforme a la información disponible, la tasa de pobreza en América Latina había aumentado desde el 40,5% al 48,3%, para abarcar a casi uno de cada dos latinoamericanos, mientras que la incidencia de la indigencia creció desde un 18,6% a un 22,5% (véase el cuadro IV.1). En términos absolutos esto significó que el número de pobres alcanzó a 200 millones de personas en 1990 y el de indigentes a 93 millones. Estos últimos eran un 50% más que en 1980. En las zonas rurales, donde la pobreza tiene mayor peso e intensidad, afectó a casi dos de cada tres personas al finalizar la década. Sin embargo, la pobreza urbana aumentó en mayor medida, al pasar desde un 29,8% en 1980 a un 41,4% en 1990. Además, el volumen de personas afectadas es más alto en las zonas

---

[2] El empleo es otra área fundamental, especialmente en el caso de América Latina y el Caribe, pero este se aborda en otro capítulo de este libro.

urbanas, y el número de pobres prácticamente se duplicó en ese período. La indigencia se incrementó más que la pobreza en ese decenio: un 44% en las zonas urbanas y un 23,5% en las zonas rurales (CEPAL, 2011).

Cuadro IV.1
América Latina (18 países): evolución de la pobreza y la indigencia, 1980-2011
(En porcentajes)

País	\multicolumn{5}{c}{Población bajo la línea de pobreza}	\multicolumn{5}{c}{Población bajo la línea de indigencia}
	1980	1990	2002	2008	2011	1980	1990	2002	2008	2011
Argentina [a]	9	21,2	45,4	11,3	5,7	2	5,2	20,9	3,8	1,9
Bolivia (Estado Plurinacional de) [b]	...	52,6	62,4	54,0	42,4	...	23,0	37,1	31,2	22,4
Brasil [c]	39	48,0	37,8	25,8	20,9	17	23,4	12,6	7,3	6,1
Chile [d]	...	38,6	18,7	11,5	11,0	...	13,0	4,7	3,6	3,1
Colombia [e]	39	56,1	49,7	42,2	34,2	16	26,1	17,8	16,5	10,6
Costa Rica [f]	22	26,3	20,3	16,4	18,8	6	10,1	8,2	5,5	7,3
Ecuador [g]	...	62,1	49,0	42,7	35,4	...	26,2	19,4	18,0	13,9
El Salvador	...	54,2	48,9	47,9	46,6	...	64,4	22,1	17,3	16,7
Guatemala [h]	65	69,4	60,2	54,8	...	33	42,0	30,9	29,1	...
Honduras [i]	...	80,8	77,3	68,9	67,4	...	60,9	54,4	45,6	42,8
México [j]	32	47,7	39,4	34,8	36,3	10	18,7	12,6	11,2	13,3
Nicaragua [k]	...	73,6	69,4	58,3	...	...	48,4	42,5	29,5	...
Panamá [l]	36	31,0	36,9	27,7	25,3	19	10,8	18,6	13,5	12,4
Paraguay [m]	46	43,2	59,7	56,9	49,6	16	13,1	31,3	30,1	28,0
Perú [n]	46	...	54,7	36,2	27,7	21	...	24,4	12,6	6,3
República Dominicana	...	...	47,1	44,3	42,2	...	...	20,7	22,6	20,3
Uruguay [o]	11	17,9	15,4	13,7	6,5	3	3,4	2,5	3,4	1,1
Venezuela (República Bolivariana de) [p]	22	39,8	48,6	27,6	29,5	7	14,4	22,2	9,9	11,7
América Latina	40,5	48,3	43,9	33,5	29,4	18,6	22,5	19,3	12,9	11,5

Fuente: Comisión Económica para América Latina y el Caribe (CEPAL), Anuario Estadístico de América Latina y el Caribe 1999 (LC/G.2066-P/B), Santiago de Chile, 1999; Anuario Estadístico de América Latina y el Caribe 2009 (LC/G.2399-P), Santiago de Chile, 2009; y Anuario Estadístico de América Latina y el Caribe 2012 (LC/G.2554-P), Santiago de Chile, 2012.
[a] 1980 y 1990 corresponden al Gran Buenos Aires, el resto a áreas urbanas. El dato de 2008 es de 2009.
[b] 1990 corresponde a áreas urbanas. El dato de 1990 es de 1989, el de 2008 de 2007, y el de 2011 de 2009.
[c] El dato de 1980 es de 1979.
[d] El dato de 2002 es de 2003, y el de 2008 de 2009.
[e] El dato de 1990 es de 1991.
[f] El dato de 1980 es de 1981.
[g] 1990 y 2002 corresponde a áreas urbanas. El dato de 1990 es de 1995.
[h] El dato de 1990 es de 1989, y el de 2008 de 2006.
[i] El dato de 2008 es de 2007, y el de 2011 de 2010.
[j] El dato de 1980 es de 1977, y el de 1990 de 1989.
[k] El dato de 1990 es de 1993, el de 2002 de 2001, y el de 2008 de 2009.
[l] 1990 corresponde a áreas urbanas. El dato de 1980 es de 1979, y el de 1990 de 1991.
[m] 1980 y 1990 corresponden a área metropolitana. El dato de 1980 es de 1986, y el de 2002 de 2001.
[n] El dato de 1980 es de 1979, y el de 2002 de 2001.
[o] 1990 y 2002 corresponden a áreas urbanas. El dato de 1980 es de 1981.
[p] El dato de 1980 es de 1981.

En un contexto de deterioro del bienestar, la política de restricciones fiscales contribuyó a agravar la situación social. El gasto público social se contrajo como parte de una política de austeridad que enfatizó en la reducción del déficit fiscal. La tendencia a descentralizar algunos servicios sociales, como la educación y la salud, aumentó los problemas del financiamiento.

En cambio, el período de 1990-2002 se caracterizó por una reversión de la tendencia en la incidencia de la pobreza y la indigencia, aunque estos indicadores no alcanzaron a retroceder a sus valores prevalecientes en 1980. La tasa de pobreza en América Latina se redujo algo más de cuatro puntos porcentuales en ese período, para abarcar al 44% de la población, mientras que la indigencia bajó en poco más de tres puntos porcentuales, hasta el 19,3%. Dado que el mayor crecimiento de la población continuó registrándose en los hogares más pobres, respecto de 1990 el número de pobres creció en 21 millones de personas en 2002, mientras que el número de indigentes lo hizo en 4 millones. Durante este período prosiguió la tendencia a la urbanización de la pobreza y la indigencia.

En el período 1990-2002 no se registró un desempeño homogéneo en cuanto a la reducción de la pobreza, puesto que tuvo una disminución más acentuada hasta 1997, y a partir de ese año el retroceso fue más lento. Tal evolución es consistente con el mayor crecimiento que registró buena parte de las economías de la región de 1990 a 1997 respecto del que tuvieron de 1998 a 2002. A nivel agregado, el retroceso no afectó la tendencia general, aunque en términos de volumen significó, conforme a las mediciones de pobreza efectuadas con la metodología de la CEPAL, que en 1999 había 7 millones de personas pobres adicionales en relación a 1997, de los cuales 4 millones eran indigentes. La crisis económica que afectó a algunos países de la región de 2000 a 2002 se reflejó en un incremento de la pobreza en esos años. En Argentina, por ejemplo, la tasa de pobreza casi se duplicó de 1999 a 2002, al aumentar desde un 23,7% a un 45,4%, mientras la indigencia se triplicó, llegando al 21% (CEPAL, 2010a).

El resultado fue que una parte del progreso en la superación de la pobreza que se venía logrando en la región en los años noventa fue neutralizado, por lo que en 22 años las condiciones no mejoraron sustancialmente, ya que en 2002 tanto la incidencia de la pobreza como de la indigencia y sus volúmenes eran superiores a los valores registrados en 1980.

La situación cambió considerablemente desde 2002 hasta el estallido de la crisis global en 2008. En el período 2002-2008, la mayoría de los países de la región experimentó una reducción en sus niveles de pobreza e indigencia. Esto se reflejó a nivel agregado en América Latina en una caída en la tasa de pobreza de casi un 25% y en la tasa de indigencia de un 33%, alcanzando en 2008 a un 33,5% y un 12,9%, respectivamente. En todo caso, ambos resultados fueron inferiores a las prevalecientes en 1980. El logro en términos de indigencia fue mayor, ya que su incidencia disminuyó a un ritmo de un 6,6% al año, comparado con la caída del 4,7% anual de la tasa de pobreza. Además, por primera vez desde 1990 retrocedió el número de pobres, a 180 millones de personas, aunque el volumen era todavía superior al de 1980 debido el crecimiento poblacional.

La reducción de la pobreza y la indigencia en ese período se concentró principalmente en las áreas urbanas, revirtiendo el aumento que estos indicadores habían registrado en años pasados. De 2002 a 2008 la tasa de pobreza cayó un 28% en las áreas urbanas y un 16% en las áreas rurales, mientras que la indigencia se redujo, respectivamente, en un 39% y un 22%. La pobreza y la indigencia son más generalizadas en las áreas rurales, donde afectan a sobre el 52% y el 29% de la población, respectivamente, aunque por la concentración de habitantes en las ciudades, dos tercios de las personas pobres reside en las zonas urbanas (CEPAL, 2010c).

Cinco países lograron reducir la tasa de pobreza en forma acelerada, con un ritmo superior al 5% anual, conforme a las encuestas de hogares levantadas por los propios países: Argentina, Brasil, Chile, Perú y Venezuela (República Bolivariana de). En el otro extremo, la disminución anual de este indicador fue inferior al 2% en El Salvador, Paraguay, República Dominicana y Uruguay (CEPAL, 2010c).

¿En qué medida la tendencia descendente de la pobreza estuvo relacionada con el ciclo económico expansivo que experimentó la región durante este período? Si se calcula la elasticidad de la pobreza en función del PIB per cápita en el período 2002-2007, se observa que en la mayor parte de los países analizados el crecimiento económico estuvo, efectivamente, asociado a una reducción de la pobreza (véase el cuadro IV.2). En 10 de los 17 países analizados el aumento porcentual de los ingresos hizo caer la pobreza más que proporcionalmente (Argentina, Bolivia (Estado Plurinacional de), Brasil, Chile, Ecuador, El Salvador, Guatemala, México, Nicaragua y Venezuela (República Bolivariana de)), y en 6 países el impacto fue menos que proporcional (Colombia, Costa Rica, Honduras, Panamá, Paraguay y la República Dominicana). La indigencia reaccionó con mayor vigor. En Brasil, Colombia y Nicaragua, por ejemplo, la elasticidad de la indigencia más que duplicó la de la pobreza, y en otros países, como Costa Rica, El Salvador y Paraguay, la rebasó tres o más veces (CEPAL, 2009).

Cuadro IV.2
América Latina (17 países): elasticidad en función del ingreso de la pobreza y la indigencia, alrededor de 2002-2007

País	Año inicial	Año final	Tasa de pobreza	Tasa de indigencia	PIB per cápita	Pobreza	Indigencia
Argentina	2002	2006	-18	-23	7,8	-2,2	-3,0
Bolivia (Estado Plurinacional de)	2002	2007	-3	-3	1,9	-1,5	-1,8
Brasil	2001	2007	-4	-7	2,1	-1,7	-3,3
Chile	2000	2006	-6	-9	3,1	-2,0	-2,8
Colombia	2002	2005	-3	-7	3,5	-0,9	-1,9
Costa Rica	2002	2007	-2	-8	4,6	-0,4	-1,8
Ecuador	2002	2007	-5	-9	3,3	-1,4	-2,6
El Salvador	2001	2004	-1	-5	0,3	-3,0	-15,6
Guatemala	2002	2006	-2	-2	1,0	-2,3	-1,5
Honduras	2002	2007	-2	-3	3,8	-0,6	-0,9
México	2002	2006	-5	-9	2,4	-2,1	-3,6
Nicaragua	2001	2005	-3	-7	1,9	-1,5	-3,7
Panamá	2002	2007	-5	-8	5,9	-0,8	-1,4
Paraguay	2001	2007	0	-1	1,7	-0,1	-0,5
República Dominicana	2002	2007	-1	0	5,2	-0,2	0,1
Uruguay	2002	2007	3	4	6,9	0,4	0,6
Venezuela (República Bolivariana de)	2002	2007	-10	-17	5,7	-1,8	-3,0
Promedio simple						-1,2	-2,0

Fuente: Comisión Económica para América Latina y el Caribe (CEPAL), *Panorama Social de América Latina, 2008* (LC/G.2402-P/E), Santiago de Chile, 2009.

La expansión económica se tradujo en un incremento de los ingresos medios de los hogares en el período 2002-2008 (efecto crecimiento), que a su vez contribuyó a la disminución de la pobreza y la indigencia. Este es el factor más importante detrás de los avances registrados en Argentina, Colombia, Ecuador (área urbana), Guatemala, Honduras, México, Nicaragua y Venezuela (República Bolivariana de), países que además tuvieron la mayor disminución de las tasas de pobreza e indigencia en el período analizado. En estos países también desempeñaron un papel las mejoras distributivas (efecto distribución), que explican sobre la mitad de la reducción de las tasas de pobreza e indigencia de Bolivia, Brasil, Chile, Costa Rica, El Salvador y Panamá (además de Paraguay en el caso de la indigencia) (CEPAL, 2013). Lo anterior sugiere que para mejorar rápidamente las condiciones de vida de los hogares de la región es fundamental aumentar el ingreso nacional, pero el proceso resulta más eficaz si, a la vez, se atiende a cómo se distribuyen los frutos el crecimiento, tema que se analiza en las secciones siguientes.

A pesar de la crisis económica y financiera que recayó de diferentes maneras sobre los países de la región, persistió en el período siguiente la tendencia a la caída de la pobreza, aunque no fue generalizada y tuvo excepciones determinantes, como México. Las políticas expansivas o con efecto contracíclico adoptadas en este período por varios países contribuyeron a suavizar un impacto que de otra forma habría tenido consecuencias más negativas sobre el bienestar de la población (CEPAL, 2010c).

La tasa de pobreza afecta a 28,8% de la población de América Latina y el Caribe, y la indigencia a 11,4%. En términos absolutos, esto ha significado 13 millones menos de pobres y 5 millones menos de indigentes que en 2008, después de un breve repunte en 2009. La incidencia de la pobreza estaba en 2012 más de 11 puntos porcentuales por debajo de la de 1980 y casi 20 puntos porcentuales por debajo de la de 1990 (CEPAL, 2013).

La incidencia de la pobreza es siempre superior en las áreas rurales que en las urbanas, mientras que el mayor volumen de pobres se concentra en las zonas urbanas. En efecto, mientras los indigentes se reparten por igual entre áreas urbanas y rurales, en volumen aunque no en términos relativos, casi tres de cada cuatro pobres no indigentes viven en áreas urbanas. Asimismo, la pertenencia étnica marca fuertemente las brechas sociales. En 2011, y no obstante las serias limitaciones censales para captar la pertenencia étnica, el 15% de los pobres no indigentes tenían alguna adscripción étnica, al igual que el 29% de los indigentes.

En el Caribe de habla inglesa la estimación comparable de los niveles de pobreza presenta dificultades debido a la escasa información uniforme existente en esta subregión sobre la magnitud y evolución del fenómeno. La heterogeneidad de fuentes y metodologías de medición complica el análisis comparativo de los datos. Los niveles mayores de pobreza se observan en Belice y Granada, con tasas en torno al 40%, mientras que en Santa Lucía, Dominica y San Kitts y Nevis están en torno al 30%. Por otra parte, en Antigua y Barbuda, Islas Vírgenes Británicas, Trinidad y Tabago, y sobre todo en Anguila e Islas Caimán, las tasas totales de pobreza se sitúan bajo el promedio de América Latina (Rosado, 2013).

2. Persistencia de la desigualdad de ingresos

A pesar de los avances señalados, al menos 167 millones de latinoamericanos viven en la pobreza y 66 millones carecen de ingresos suficientes para adquirir una canasta básica de alimentos. Además, América Latina es la región más desigual del mundo.

Durante los años ochenta se redujo el ingreso per cápita en América Latina y se ampliaron las brechas de los grupos de ingreso situados en los extremos. En la mayoría de los países donde se cuenta con datos, el 5% más rico mantuvo o aumentó sus ingresos, mientras que el 75% de ingresos más bajos redujo los propios. En el área del Gran Buenos Aires (Argentina), por ejemplo, la relación del decil más rico y el 40% más pobre era de 9,9 en 1980; en 1986 había aumentado a 12,6; y en 1990 alcanzó a 13,5 (véase el cuadro IV.3). En las áreas urbanas del Brasil se pasó de un cociente del 23,3 en 1979, a 25,3 en 1987 y 31,2 en 1990. Por otro lado, en Costa Rica y Uruguay se pudo contener la caída en el ingreso de los grupos más bajos, por lo que la distribución total del ingreso no se resintió demasiado. Así, el cociente del 10% más rico y el 40% más pobre creció solo 0,3 puntos porcentuales en las áreas urbanas de Costa Rica y 0,7 puntos porcentuales en las del Uruguay (CEPAL, 1991 y 2004).

Cuadro IV.3
América Latina (18 países): relación del ingreso medio per cápita de hogares del decil 10 respecto de los deciles 1 a 4, 1980-2011

País	1980	1990	2002	2008	2011
Argentina [a]	9,9	13,5	19	15	13,5
Bolivia (Estado Plurinacional de) [b]	...	17,1	30,3	14,9	...
Brasil	23,3	31,2	31,1	23,8	19,2
Chile [c]	...	18,2	18,8	16,3	15,1
Colombia [d]	23,8	16,7	22	20,9	18,7
Costa Rica	8,5	10,1	13,7	12,4	15,2
Ecuador [e]	...	11,4	15,6	14	11,3
El Salvador [f]	...	...	16,2	12	10,3
Guatemala [g]	...	23,6	18,6	...	...
Honduras [h]	...	27,3	23,6	18,7	20,6
México [i]	...	17,2	15,1	16,1	12,8
Nicaragua [j]	...	26,5	23,8	12,9	...
Panamá [k]	...	16,8	20,1	15,2	16,3
Paraguay [l]	...	10,2	19,9	16,6	17,4
Perú [m]	...	...	16,8	12,8	11,2
República Dominicana	...	...	17,8	21,2	23
Uruguay [n]	9,3	11	9,5	9,0	7,6
Venezuela (República Bolivariana de)	8,9	12,1	14,5	8,4	7,7

Fuente: Comisión Económica para América Latina y el Caribe (CEPAL), base de datos CEPALSTAT.
[a] 1990 corresponde al Gran Buenos Aires, el resto a áreas urbanas. El dato de 2008 es de 2009.
[b] 1990 corresponde a áreas urbanas. El dato de 1990 es de 1989 y el de 2008, de 2009.
[c] El dato de 2002 es de 2003 y el de 2008, de 2009.
[d] El dato de 1990 es de 1991.
[e] 1990 y 2002 corresponden a áreas urbanas.
[f] El dato de 2002 es de 2001, el de 2008, de 2009 y el de 2011, de 2010.
[g] El dato de 1990 es de 1989.
[h] El dato de 2008 es de 2009 y el de 2011, de 2010.
[i] El dato de 1990 es de 1989 y el de 2001, de 2010.
[j] El dato de 1990 es de 1993, el de 2002, de 2001 y el de 2008, de 2009.
[k] 1990 corresponde a áreas urbanas. El dato de 1990 es de 1991.
[l] 1990 corresponde a áreas urbanas. El dato de 2002 es de 2003.
[m] El dato de 2002 es de 2003.
[n] 1990 y 2002 corresponden a áreas urbanas.

Esta mayor concentración del ingreso se explicaría por varios factores, en particular el cambio en la estructura del empleo, el aumento del desempleo, la caída de las remuneraciones y, en general, las condiciones de precarización del trabajo. A la vez, la reducción del gasto social afectó de manera más pronunciada a los sectores de ingresos medios y bajos (CEPAL, 1991).

A este período de alta desigualdad siguió otro, de 1990 a 2002, que se caracterizó por una rigidez en la distribución del ingreso de la región, aunque la situación fue heterogénea a nivel de los países y según los años. En un conjunto que comprende a Argentina, Bolivia (Estado Plurinacional de), Costa Rica, El Salvador y Paraguay, las brechas de ingresos se acentuaron, especialmente debido a una mayor captación de ingresos por parte del decil más rico. En Honduras, Panamá y Uruguay hubo una mejoría inicial en la distribución de ingresos, que se revirtió hacia el final del período. Un proceso inverso se registró en México, Perú y Venezuela (República Bolivariana de).

Por otra parte, si se mide por el índice de Gini, en el quinquenio 1997-2002 se intensificó el deterioro distributivo en la región, de forma tal que al cabo del período 1990-2002 solo tres países habían reducido su concentración del ingreso (Guatemala, Honduras y Uruguay) mientras que el resto la mantuvo o aumentó (CEPAL, 2009 y 2011).

La persistencia en la concentración de ingresos durante estos años tiene su origen en un incremento en la desigualdad de los ingresos laborales, que son la principal fuente de ingresos de los hogares (tres cuartas partes de dichos ingresos). A su vez, esto se relaciona con el aumento de la prima salarial de los trabajadores calificados como respuesta a la mayor demanda (CEPAL, 2009).

La tendencia cambió a partir de 2002 y devino un período en que el proceso de desarrollo en América Latina estuvo acompañado de una mejoría en la distribución de los ingresos. Esto se manifiesta tanto en la comparación de ingresos captados por los extremos en la distribución de ingresos como a través de indicadores sintéticos de desigualdad. Se pueden distinguir tres situaciones al respecto. En un primer grupo de países se aprecia una importante reducción de la brecha entre grupos extremos en la distribución de ingresos, ya sea por un aumento de la participación en los ingresos del 40% más pobre como por la pérdida de participación de los hogares del decil más rico. Esto ocurre en Argentina, Bolivia (Estado Plurinacional de), Brasil, Chile, El Salvador, Honduras, Nicaragua, Panamá, Paraguay, Perú y Venezuela (República Bolivariana de). Por ejemplo, en Bolivia (Estado Plurinacional de), el cociente de los extremos de la distribución cayó a la mitad de 2002 a 2009, debido a una redistribución de ingresos porque el decil más rico pasó de captar el 40,8% del ingreso total al 30,6%, mientras que el 40% más pobre aumentó su participación en el ingreso (CEPAL, 2013). En un segundo grupo de países se registra un relativo estancamiento de su estructura distributiva. Son los casos de Colombia, Costa Rica, Ecuador, México y Uruguay. Finalmente, en un tercer grupo de países, Guatemala y República Dominicana aumentaron las brechas entre los grupos extremos de la distribución (CEPAL, 2009).

Aunque la evolución reciente no ha modificado la persistente desigualdad de la región, podría llegar a constituir un punto de inflexión, en especial si se considera el proceso de algunos países en forma separada. En promedio, el índice de Gini en América Latina se contrajo un 5% de 2002 a 2008 (CEPAL, 2010c). Con la excepción de Guatemala y República Dominicana, en todos los países con datos se registra un descenso en este indicador durante el período. En algunos casos la caída es bastante pronunciada: 17,6% en Venezuela (República Bolivariana de) (un ritmo de 3% anual), 17% en Bolivia (Estado Plurinacional de) y Nicaragua, casi 12% en Argentina y 9% en Perú y El Salvador (véase el cuadro IV.4).

Cuadro IV.4
América Latina (18 países): concentración del ingreso según el índice de Gini, 1990-2011

País	1990	2002	2008	2011
Argentina [a]	0,501	0,578	0,510	0,492
Bolivia (Estado Plurinacional de) [b]	0,537	0,614	0,508	...
Brasil	0,627	0,634	0,594	0,559
Chile [c]	0,554	0,552	0,524	0,516
Colombia [d]	0,531	0,567	0,562	0,545
Costa Rica	0,438	0,488	0,473	0,503
Ecuador [e]	0,461	0,513	0,504	0,460
El Salvador [f]	...	0,525	0,478	0,454
Guatemala [g]	0,582	0,542	...	...
Honduras [h]	0,615	0,588	0,548	0,567
México [i]	0,536	0,514	0,515	0,481
Nicaragua [j]	0,582	0,579	0,478	
Panamá [k]	0,530	0,567	0,524	0,531
Paraguay [l]	0,447	0,558	0,529	0,546
Perú [m]	...	0,525	0,476	0,452
República Dominicana	...	0,537	0,550	0,558
Uruguay [n]	0,492	0,455	0,445	0,402
Venezuela (República Bolivariana de)	0,471	0,500	0,412	0,397

Fuente: Comisión Económica para América Latina y el Caribe (CEPAL), base de datos CEPALSTAT.
[a] Corresponde a áreas urbanas. El dato de 2008 es de 2009.
[b] 1990 corresponde a áreas urbanas. El dato de 1990 es de 1989 y el de 2008, de 2009.
[c] El dato de 2002 es de 2003 y el de 2008, de 2009.
[d] El dato de 1990 es de 1991.
[e] 1990 y 2002 corresponden a áreas urbanas.
[f] El dato de 2002 es de 2001, el de 2008, de 2009 y el de 2011, de 2010.
[g] El dato de 1990 es de 1989.
[h] El dato de 2008 es de 2009 y el de 2011, de 2010.
[i] El dato de 1990 es de 1989 y el de 2001, de 2010.
[j] El dato de 1990 es de 1993 el de 2002, de 2001 y el de 2008, de 2009.
[k] 1990 corresponde a áreas urbanas. El dato de 1990 es de 1991.
[l] 1990 corresponde a áreas urbanas. El dato de 2002 es de 2001.
[m] El dato de 2002 es de 2001.
[n] 1990 y 2002 corresponden a áreas urbanas.

La dinámica de la distribución de ingresos en el período 2002-2011 estuvo marcada fundamentalmente por las transformaciones en el mercado de trabajo y los ingresos laborales, y en menor medida por las variables demográficas y las transferencias hacia los hogares. En particular, tuvo fuerte incidencia el aumento en el empleo de buena calidad y el incremento en las remuneraciones medias, que beneficiaron proporcionalmente en mayor medida a los integrantes de hogares de menores ingresos. Una descomposición de los ingresos realizada por la CEPAL concluye que en Colombia, Costa Rica, El Salvador, Nicaragua y Venezuela (República Bolivariana de), la variación de los ingresos laborales explica el 90% o más del cambio del ingreso total por adulto. Por otra parte, en Chile, Ecuador, Paraguay, República Dominicana y Uruguay, el 50% de la disminución de la desigualdad de los ingresos por adulto es atribuible al cambio distributivo de los ingresos no laborales (como los beneficios de la seguridad social, las transferencias no contributivas, subsidios y programas de reducción de la pobreza, remesas, entre otros) y en Argentina y Brasil su contribución fue del 40% (CEPAL, 2011).

En relación a los ingresos laborales, la convergencia ocurrió fundamentalmente en la remuneración por ocupado y no en la tasa de ocupación (la brecha por quintiles en este indicador se mantuvo o incluso aumentó). Los estudios realizados enfatizan en dos factores que pudieron haber incidido en la tendencia de las remuneraciones por ocupado: el aumento de la oferta relativa de trabajadores cualificados y/o o el incremento de la demanda relativa de trabajadores no cualificados, asociada a la expansión del sector de bienes no transables (Gasparini y otros, 2011; Lustig y otros, 2011). El primer factor, como se examina más adelante, está relacionado con un proceso de expansión educativa que venía ocurriendo en la región, y que beneficia a los hogares más pobres. La desigualdad educativa medida por el índice de Gini de los años de estudio se redujo desde comienzos del presente milenio, pero el proceso se venía desarrollando desde antes (CEPAL, 2011). Debe destacarse también que algunos países adoptaron durante el período considerado políticas salariales que contribuyeron a una mayor convergencia de las remuneraciones.

La crisis económica y financiera global de 2008-2009 no afectó de manera sustantiva la tendencia a la mejoría en la distribución de ingresos en América Latina, a diferencia de lo que aconteció en décadas anteriores. No solo la desigualdad no se incrementó de manera significativa en la mayor parte de los países con datos, sino que en algunos incluso se redujo. Este fue el caso de México, Uruguay y Venezuela (República Bolivariana de), donde el índice de Gini bajó a un ritmo superior al 2% anual entre 2008 y 2010 (CEPAL, 2011).

No obstante estos avances, la región continúa siendo altamente desigual. El 10% más rico de la población capta el 32% de los ingresos totales, mientras que el 40% más pobre solo percibe el 15% (CEPAL, 2013). En el caso de los países del Caribe de habla inglesa, si se considera el índice de desarrollo humano ajustado por la desigualdad en 2012, se observa que, si bien se registra un retroceso general de 0,1 unidad en relación al nivel no ajustado del índice, esta reducción es menor que la registrada en el promedio de países de América Latina, lo que refleja un nivel de desigualdad menor que en esta última subregión (Rosado, 2013).

La CEPAL ha vinculado esta rigidez con los elevados niveles de heterogeneidad estructural que caracterizan a la región. Por ejemplo, en los países de heterogeneidad estructural moderada el índice de Gini es el más bajo mientras que aumenta en los países con alta heterogeneidad estructural. En cuanto a la variación temporal, se demuestra que la dispersión de la productividad en la región de 1990 a 2008 registra una evolución similar a la del índice de Gini (CEPAL, 2011).

Mientras la heterogeneidad continúe caracterizando las estructuras productivas de la región no se podrán superar las brechas en la distribución de la productividad y, por tanto, en la distribución del ingreso. La heterogeneidad estructural está relacionada con una fuerte segmentación en el mercado laboral, donde se observan sectores de alta productividad, con ingresos más elevados, y sectores de escasa productividad, con ingresos más bajos, condiciones laborales más precarias y menor nivel educativo relativo (CEPAL, 2012). También inciden las bajas tasas de sindicalización, la débil capacidad de negociación colectiva, el limitado acceso a la justicia laboral y la inequitativa distribución de las ganancias de productividad no solo según empresas y sectores, sino dentro de estos.

Debido a estos factores, a pesar de las mejorías registradas en términos de la distribución de ingresos en la última década, la rigidez de la heterogeneidad estructural y la desigualdad de ingresos, así como su condición estable en el tiempo, sugieren que solo un modelo de crecimiento basado en la transformación de las estructuras productivas, la expansión de los derechos sociales y una efectiva regulación de los mercados laborales, en materia de remuneraciones, prestaciones y protección, puede contribuir a reducir el carácter desigual de la región.

El papel del mercado de trabajo y de las estructuras productivas sobre la evolución de la igualdad en América Latina y el Caribe es, entonces, fundamental, pero igualmente lo es la distribución de la educación y el valor de esta en el mercado laboral. A este tema se dedica la siguiente sección.

B. Educación, desigualdad y crecimiento

Desde los años ochenta y especialmente a partir de 1990 en los países de América Latina y el Caribe se realizaron ingentes avances en materia de escolaridad de su población. Estas no fueron décadas "perdidas" desde la perspectiva de la cobertura educacional. Inclusive, los frutos de la inversión educativa realizada en los últimos 30 años se han reflejado en el mercado laboral desde comienzos del siglo XXI, a través de la mayor oferta de trabajo con calificaciones medias y altas. El resultado es que la actual generación de jóvenes es la más educada en la historia de la región, aunque, paradójicamente, enfrenta tasas de desempleo superiores a la media y tiene acceso a trabajos no necesariamente bien remunerados y protegidos.

La asistencia al sistema educacional se incrementó en todos los niveles y las brechas de acceso se redujeron, puesto que los grupos socioeconómicos de ingresos más bajos, así como aquellos provenientes de zonas rurales y las mujeres, aumentaron su participación educativa. Como resultado, en todos los países de la región que disponen de series estadísticas extensas se observa una tendencia ascendente en los años de educación de la población económicamente activa (PEA). Mientras la población adulta de América Latina y el Caribe nacida en 1945 tiene 6 años de escolaridad promedio, la nacida en 1965 logra 8,7 años del mismo indicador y la nacida en 1985 alcanza los 10 años de escolaridad promedio (Alfonso y otros, 2012). A nivel de países, el Brasil registró un aumento de 2,7 años de escolaridad de 1990 a 2011 y la República Bolivariana de Venezuela, de 2,3 años. Chile, que partió desde un piso alto, llegó en 2011 a 11,3 años de educación promedio de la PEA. En Panamá, Uruguay y Venezuela (República Bolivariana de) se superan los 10 años promedio. Con las excepciones de Bolivia (Estado Plurinacional de) y Perú, en los restantes países las mujeres activas tienen más años de educación promedio que los hombres activos (véase el cuadro IV.5).

Cuadro IV.5
América Latina (16 países): años de educación de la población económicamente activa, por sexo, 2011
(En años)

	Ambos sexos	Hombres	Mujeres
Bolivia (Estado Plurinacional de)[a]	8,7	9,2	8,0
Brasil	8,5	7,9	9,2
Chile	11,3	11,1	11,7
Colombia	8,8	8,3	9,5
Costa Rica	9,1	8,6	10,0
Ecuador	8,9	8,7	9,3
El Salvador	7,5	7,2	7,9
Honduras	6,4	5,9	7,2
México	9,1	8,9	9,5
Nicaragua[a]	6,7	6,2	7,6
Panamá	10,4	9,7	11,7
Paraguay	9,2	8,9	9,5
Perú	9,6	10,0	9,1
República Dominicana	8,9	8,2	10,0
Uruguay	10,1	9,5	10,8
Venezuela (República Bolivariana de)	10,1	9,3	11,3

Fuente: Comisión Económica para América Latina y el Caribe (CEPAL), base de datos CEPALSTAT.
[a] Los datos de Bolivia (Estado Plurinacional de) y Nicaragua son de 2009.

También se ha registrado en los países del Caribe de habla inglesa en los últimos años una mejoría sustancial en los indicadores de acceso a la educación: las tasas netas de matriculación en los niveles primario y secundario se han incrementado, así como el número de años de estudio, mientras que las tasas de analfabetismo se han reducido de forma considerable (PNUD, 2012).

En la región se ha conseguido prácticamente la universalización del acceso a la educación primaria, y los grupos más desfavorecidos son quienes protagonizan el mayor impulso de incorporación a la escuela. En 1990 solo uno de cada dos niños de hogares de bajos ingresos y de zonas rurales había completado la educación primaria; veinte años después el 78% finaliza este nivel (Alfonso y otros, 2012). No obstante, América Latina y el Caribe tiene la tercera tasa regional más alta de deserción en el último grado de enseñanza primaria (17%). En particular, Guatemala, Honduras, Nicaragua y Saint Kitts y Nevis presentan tasas de abandono que varían de un 24% a un 52% (UNESCO, 2012).

Además, todavía queda un trecho por recorrer para lograr pleno acceso a ciertos niveles de educación determinantes para el desarrollo cognitivo y la inserción laboral, como la educación preescolar y la educación secundaria completa, así como en cuanto a la calidad de la educación. Los niveles de desigualdad en acceso y logros persisten en la región como una asignatura pendiente.

Desde la década de 1980 se ha observado un fuerte impulso a la educación preescolar en América Latina y el Caribe. En casi todos los países de la región, el esfuerzo de incorporar niños a este nivel educativo fue creciente hasta 2010. Cuba, por ejemplo, está cerca de lograr la universalidad en la cobertura de los niños de tres a cinco años, así como Anguila, Barbados y Granada, la de los niños de tres y cuatro años. En Chile, la cobertura en los niños de tres a cinco años supera el 80%, y en Perú y Uruguay están cubiertos alrededor del 78% de los niños de estas edades (UNESCO, 2012).

Otra forma de describir el fenómeno es a través de las tasas brutas de matriculación, es decir, independientemente de la edad de los niños incorporados al nivel preescolar. De 1980 a 1990, en Brasil y Cuba se logró aumentar esta tasa en 34 puntos porcentuales. En los años noventa el esfuerzo fue también importante en varios otros países: en Ecuador y El Salvador la matriculación creció sobre 30 puntos porcentuales, mientras que en Colombia, Honduras, Guatemala, Perú y Uruguay se incrementó en más de 20 puntos porcentuales (UNESCO, 2012).

Sin perjuicio de estos avances, en varios países de la región la cobertura de la educación preescolar no llega a la mitad de los niños del grupo de edad teórico, en particular, en Belice, Bolivia (Estado Plurinacional de), Colombia,

Paraguay, República Dominicana y Santa Lucía (UNESCO, 2012), y en muchos casos existen serios problemas de calidad y pertinencia de los servicios recibidos y en el acceso efectivo. Además, las tasas de cobertura de este grupo etario se encuentran fuertemente segmentadas. La cobertura preescolar en niños de tres a cinco años es proporcional al ingreso de los hogares, siendo menor el acceso de los niños provenientes de hogares pobres y vulnerables a la pobreza (con ingresos de hasta 1,8 líneas de pobreza) (CEPAL, 2010b).

La expansión educativa también se observa en la enseñanza secundaria de la región. En América Latina, la tasa neta de matriculación en el total de la educación secundaria se incrementó de un 66% en 1990 a un 75% en 2010 (véase el gráfico IV.1). En el Perú, por ejemplo, de 1990 a 2000 la matrícula neta aumentó 12 puntos porcentuales y otros tantos de 2000 a 2011, hasta llegar a cubrir el 78% de los jóvenes de la edad teórica. En México, la matrícula neta creció 11 puntos porcentuales de 1990 a 2000 y casi 16 puntos adicionales de 2000 a 2011, abarcando al 74% del grupo poblacional correspondiente. Cuba partió de niveles altos de cobertura, pero el avance prosiguió hasta cubrir al 87% de la población correspondiente a la educación secundaria. En el Ecuador, que partió de una tasa inferior al 50% en 2000, al finalizar esa década había logrado incorporar a las tres cuartas partes de los jóvenes de la edad correspondiente. Una situación similar se observó en la República Bolivariana de Venezuela. No obstante, en algunos países, como Guatemala y Nicaragua, todavía no se alcanza a cubrir el 50% de los jóvenes en edad de participar en la enseñanza secundaria.

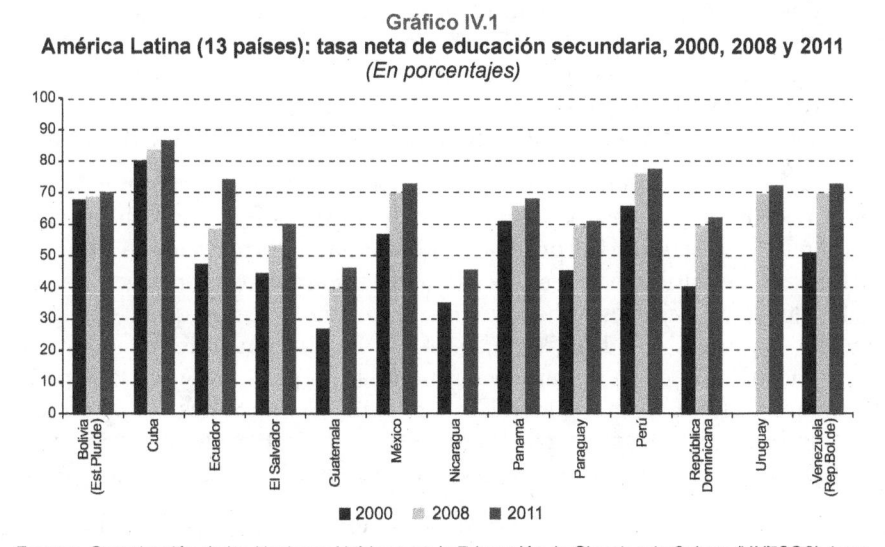

Gráfico IV.1
América Latina (13 países): tasa neta de educación secundaria, 2000, 2008 y 2011
(En porcentajes)

Fuente: Organización de las Naciones Unidas para la Educación, la Ciencia y la Cultura (UNESCO), base de datos del Instituto de Estadística de la UNESCO.

Los mayores avances en materia de expansión de la educación secundaria hacia los grupos socioeconómicos de bajos ingresos en América Latina se produjeron en la primera década del siglo XXI. La brecha entre el quintil más rico y el más pobre se redujo en 8 puntos porcentuales en los años dos mil, mientras que en la década anterior se había ampliado en 2,6 puntos porcentuales (Cruces y otros, 2012).

Los países del Caribe de habla inglesa han alcanzado una cobertura de educación secundaria superior a la del promedio en América Latina. Salvo Belice y Suriname, en todos los países con datos disponibles las tasas netas de matriculación rebasan el 80% en este nivel educativo. Incluso, la esperanza de vida escolar (se refiere a los años que una persona puede esperar estar en un nivel educativo determinado) en años de nivel primario a terciario supera la educación secundaria en casi todos los casos. En Barbados, por ejemplo, sobrepasa los 16 años (Rosado, 2013).

Se observa en varios países de la región un problema de deserción temprana de la educación secundaria, que está relacionado con la condición socioeconómica de los jóvenes. Mientras que el 91% de los jóvenes de 20 a 24 años del quintil de hogares más ricos culmina la baja secundaria[3], solo el 44% de aquellos del quintil de hogares más pobres lo logra. Respecto a la alta secundaria, la brecha entre ambos extremos es de 58 puntos porcentuales (CEPAL, 2010b).

Los hombres jóvenes abandonan la educación a edades inferiores que las mujeres jóvenes, debido fundamentalmente a la presión que tienen para una inserción laboral temprana por la necesidad de generar ingresos. Así, mientras el porcentaje de mujeres jóvenes de 20 a 24 años que finaliza la enseñanza secundaria es del 58,7%, en los hombres jóvenes es del 53,1%. La pertenencia étnica también marca diferencias. Poco más de un 60% de los jóvenes de 20 a 29 años pertenecientes a pueblos indígenas culmina la baja secundaria y un 44% la alta secundaria (CEPAL/UNFPA, 2012).

Otra dimensión que el conjunto de la región tiene pendiente es la calidad educativa. Aunque con limitaciones, que han sido largamente debatidas, las pruebas estandarizadas proporcionan algunas informaciones útiles para conocer el aprovechamiento académico de los estudiantes. El bajo desempeño de los países de la región que participan en las pruebas del Programa para la Evaluación Internacional de Alumnos (PISA), de la Organización para la Cooperación y el Desarrollo Económicos (OCDE), que miden las competencias de jóvenes de 15 años en matemáticas, lectura y ciencias naturales, es indicativo de los problemas que enfrentarán para una participación efectiva en la sociedad. El 50% de

---

[3] Por lo general, el nivel de educación de secundaria baja corresponde a los tres años posteriores a la educación primaria de seis años, y el de secundaria alta corresponde al siguiente nivel educativo, con una duración más variada.

los estudiantes de Argentina, Brasil, Panamá y Perú no alcanza el nivel mínimo requerido en lectura, es decir, el indispensable para realizar las tareas cotidianas. Además, se ha calculado que los países participantes de la región alcanzan peores resultados de los que corresponderían a su nivel de ingresos per cápita (Alfonso y otros, 2012).

Las brechas de aprendizaje son amplias, puesto que mientras el 77% de los estudiantes del cuartil de ingresos más rico alcanza los niveles mínimos de competencia lectora, solo algo más de un tercio de los estudiantes más pobres llega a este nivel. El nivel socioeconómico de los estudiantes explica una proporción mayor de la variación en los aprendizajes en América Latina que en cualquiera otra región (Bos y otros, 2012). El problema está relacionado con procesos de estratificación de la educación que, de no revertirse, se podrían traducir en que la educación, en lugar de abatir la desigualdad termine por reproducirla y profundizarla.

Tomando los resultados de todos los países que participan en las pruebas del Programa PISA se aprecia que aquellos con menor desigualdad de ingresos registran promedios muy superiores en los aprendizajes (CEPAL, 2010b), aunque dentro de los países puede encontrarse una importante correlación entre el desempeño y la condición económica de los hogares.

No obstante que un estudio en profundidad de las relaciones entre la educación y el crecimiento económico excede el alcance de este capítulo, una observación cruda de la asociación entre años de educación de la población activa y el PIB per cápita en América Latina y el Caribe sugiere que la relación de ambos factores es positiva y bidireccional. En consecuencia, puede concluirse que tanto el número de años de educación que se logran como la calidad de los aprendizajes son fundamentales para promover el crecimiento, aunque resultan suficientes, según concluyen diversos estudios empíricos recientes[4].

Por otra parte, la desigualdad en el acceso y los logros educativos también incide sobre el crecimiento económico, puesto que limita la capacidad de las personas para una inserción productiva en el mercado laboral así como para la movilidad social. La importancia de reducir las disparidades en materia de años de educación en América Latina y el Caribe se debe a que estos constituyen el factor de predicción más importante de las diferencias en los niveles de ingreso de los hogares, debido a la forma de los retornos a la educación, que crecen a partir de la educación secundaria completa. Además, se ha observado que los retornos a la educación de los jóvenes de hogares pobres son más bajos que los de

---

[4] Véanse, por ejemplo, Hanushek y Kimko (2000), Hanushek y Woessmann (2010) y Hanushek y Woessmann (2012).

jóvenes de hogares más ricos. Esto es atribuible a un conjunto de factores, como un menor acceso a las facilidades educativas (especialmente en zonas rurales), la calidad inferior de educación a que acceden los más pobres, la discriminación en el mercado laboral, una menor disponibilidad de activos complementarios de la educación en la generación de ingresos (por ejemplo, el acceso a la tierra y al crédito), entre otros (López y Perry, 2008).

Diversos estudios argumentan que una parte de la reducción de la desigualdad en América Latina en la década de 2000 se explica por la caída en los retornos de la educación secundaria (Lustig y otros, 2011), es decir, porque ha disminuido la diferencia de ingresos entre quienes cuentan con este nivel educativo y quienes solo tienen educación primaria. Este fenómeno se relacionaría en parte con la expansión de la educación secundaria en la población activa. Como se planteó, la calificación de la oferta laboral se ha desplazado hacia un nivel intermedio por la mayor permanencia de los jóvenes en el sistema educativo, aunque diste de ser un fenómeno generalizado en todas las capas de ingresos y países. También han influido los cambios en la demanda de trabajo que favorecen a quienes tienen educación superior (Alfonso y otros, 2012). En efecto, los retornos salariales relativos de la educación secundaria en el período de 1990 a fines de los años 2000 disminuyeron en los jóvenes y adultos (alrededor del 25%), especialmente en Chile y Honduras. En cuanto a la educación superior, la brecha de retornos respecto a la educación secundaria creció un 19% entre los trabajadores adultos y cayó un 8% entre los jóvenes (Bassi y otros, 2012).

C. Salud, desigualdad y crecimiento

En América Latina y el Caribe se observan progresos en materia de indicadores de salud al comparar 1980 y 2010. Durante este período se registró una significativa caída en las tasas de mortalidad infantil, del orden del 62% en América Latina y del 47% en el Caribe (véase el gráfico IV.2), en una tendencia que abarcó a todos los países de la región, y que en algunos casos alcanzó niveles llamativos. Por ejemplo, Haití pasó de una tasa de mortalidad infantil de 122,1 en 1980-1985 a 48,8 en 2005-2010, mientras que en el Estado Plurinacional de Bolivia este indicador retrocedió desde una tasa de 109,2 a 45,6 en 2005-2010 en similar período. Sin embargo, ambos países persisten con los más altos niveles de mortalidad infantil en la región. En Cuba, El Salvador, Granada, Nicaragua y Perú se ha logrado una caída más drástica de este indicador, aunque en el primero de estos países el registro era bajo en 1980 y prosiguió su mejoría durante el período, alcanzando una tasa de 5,1 en 2005-2010. Chile es otro caso donde, partiendo de un nivel que no era muy alto, en 1980 continuó el descenso pronunciado de su tasa de mortalidad infantil para llegar a 7,2 defunciones anuales por cada mil nacidos vivos en el período 2005-2010.

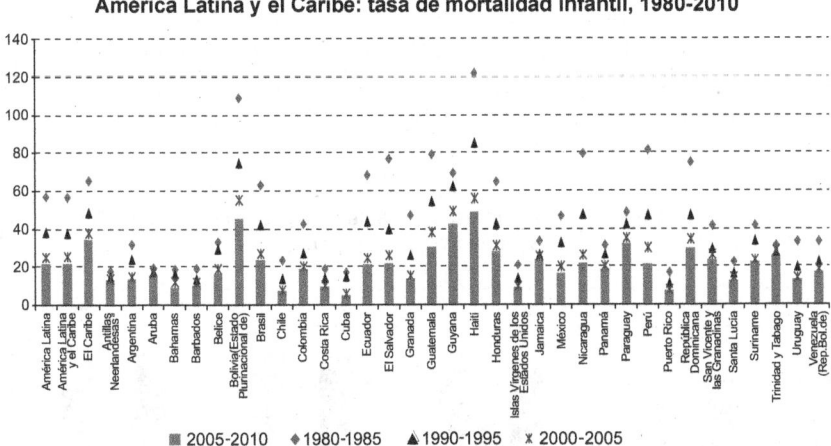

Gráfico IV.2
América Latina y el Caribe: tasa de mortalidad infantil, 1980-2010

■ 2005-2010   ♦ 1980-1985   ▲ 1990-1995   × 2000-2005

Fuente: Comisión Económica para América Latina y el Caribe (CEPAL), base de datos CEPALSTAT.
[a] Se disolvió el 10 de octubre de 2010 e incluía los territorios de Curaçao, San Martín, Bonaire, San Eustaquio y Saba.

En El Salvador, Perú y Nicaragua, en particular, se logró una reducción anual promedio de las defunciones de niños menores de un año cercana al 20%. En el primero de estos países, el mayor avance se logró al comienzo del período y después se redujo el ritmo. En los casos de Nicaragua y Perú, hubo dos períodos en que tuvieron caídas superiores al promedio en este indicador.

A pesar del progreso general, se observan en este indicador importantes brechas según área geográfica y pertenencia étnica. Alrededor de 2000, la mortalidad de niñas y niños indígenas antes del primer año de vida era un 60% más alta que la de aquellos no indígenas, mientras que la mortalidad antes de los cinco años de vida era un 70% más alta en los niños indígenas[5]. En Ecuador, Panamá, Paraguay y Venezuela (República Bolivariana de) se registran las desigualdades más elevadas. Por ejemplo, la probabilidad de que un niño indígena muera antes de cumplir el año de vida en Panamá triplica a la de un niño no indígena, y es incluso mayor antes de los cinco años de vida. A la vez, es más alta la mortalidad infantil de los niños afrodescendientes en Brasil, Colombia y Nicaragua que la de otros niños (CEPAL/UNFPA/OPS, 2010).

---

[5] Los datos se refieren a información censal alrededor del año 2000. Es posible que en algunos países se hayan producido cambios desde entonces.

Otro de los avances demográficos en la región ha sido el aumento de los años de vida promedio. En 2005-2010 la esperanza de vida al nacer en América Latina era de 70,1 años para los hombres y 76,6 años para las mujeres; y en el Caribe alcanza a 69,3 años entre los hombres y 74 años entre las mujeres (véase el gráfico IV.3).

Gráfico IV.3
América Latina y el Caribe: esperanza de vida por sexo, 1980-2010
(Años promedio por cada período)

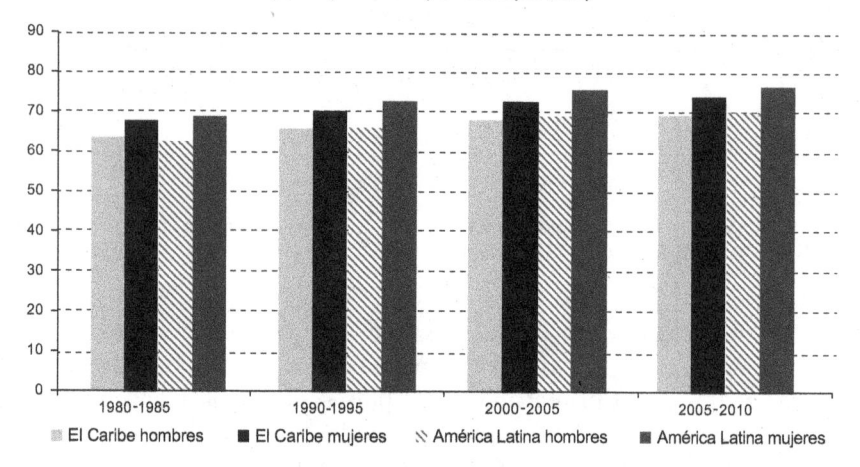

Fuente: Comisión Económica para América Latina y el Caribe (CEPAL), base de datos CEPALSTAT.

En ambas subregiones las mujeres fueron quienes aumentaron en mayor medida su esperanza de vida promedio en términos absolutos de 1980 a 2010: un total de 9 años en América Latina y 7,5 en el Caribe. Tanto en términos absolutos como relativos, la subregión de América Latina en su conjunto registró mayores avances que la del Caribe. En particular, estos fueron más notorios en Bolivia (Estado Plurinacional de), El Salvador, Guatemala y Nicaragua, donde lograron aumentos relativos por encima del 20% en la esperanza de vida de 1980 a 2010. En El Salvador, la esperanza de vida de los hombres aumentó sobre un 30%. A pesar de los avances registrados, estos países aún se encuentran en la parte baja de la distribución del indicador. Después de Haití, cuya esperanza de vida hacia 2010 era de 60 años, Bolivia (Estado Plurinacional de) alcanzaba a 65,4 años y Guatemala estaba ligeramente por encima de 70 años. Por otro lado, los países con mejores registros de esperanza de vida hacia 2010 eran las Islas Vírgenes (casi 79 años) y Chile, Costa Rica, Cuba y Puerto Rico, con más de 78 años de vida en ambos sexos (véase el cuadro IV.6).

Cuadro IV.6
América Latina y el Caribe: esperanza de vida de ambos sexos, 1980-2010
(En años)

País	1980-1985	1990-1995	2000-2005	2005-2010
América Latina y el Caribe	65,16	68,88	72,11	73,41
Antillas Neerlandesas [a]	73,69	74,50	74,95	76,14
Argentina	70,20	72,20	74,40	75,20
Aruba	72,87	73,56	74,02	74,75
Bahamas	68,32	69,38	72,58	74,79
Barbados	72,84	74,98	75,74	76,25
Belice	70,90	72,81	73,81	75,34
Bolivia (Estado Plurinacional de)	53,90	60,10	63,90	65,40
Brasil	63,50	67,50	71,10	72,10
Chile	70,80	74,50	77,90	78,40
Colombia	66,90	68,70	71,70	72,90
Costa Rica	73,70	76,20	78,20	78,60
Cuba	74,30	74,80	77,20	78,70
Ecuador	64,50	70,10	74,20	74,90
El Salvador	57,00	68,10	70,30	71,30
Granada	65,50	70,74	74,33	75,35
Guatemala	58,30	63,50	69,00	70,10
Guyana	60,04	61,45	65,71	68,70
Haití	51,60	55,30	58,10	60,10
Honduras	61,60	67,70	71,00	72,00
Islas Vírgenes de los Estados Unidos	72,17	75,48	78,11	78,94
Jamaica	71,01	70,44	70,85	72,24
México	67,70	71,80	74,90	75,70
Nicaragua	59,50	66,10	70,90	71,80
Panamá	70,70	72,80	74,70	75,50
Paraguay	67,10	68,50	70,80	71,60
Perú	61,60	66,80	71,60	73,10
Puerto Rico	74,02	74,22	77,81	78,70
República Dominicana	64,00	69,20	71,30	71,90
San Vicente y las Granadinas	66,79	69,78	70,65	71,64
Santa Lucía	70,25	71,34	72,25	73,92
Suriname	66,53	67,60	68,08	69,65
Trinidad y Tabago	67,69	69,06	68,29	69,40
Uruguay	71,00	73,00	75,30	76,20
Venezuela (República Bolivariana de)	68,70	71,50	72,80	73,70

Fuente: Comisión Económica para América Latina y el Caribe (CEPAL), base de datos CEPALSTAT.
[a] Antillas Neerlandesas se disolvió el 10 de octubre de 2010 e incluía los territorios de Curaçao, San Martín, Bonaire, San Eustaquio y Saba.

A través de una serie de tiempo de 1990 a 2010 en 30 países de América Latina y el Caribe, se analizaron algunas relaciones generales de la esperanza de vida y el crecimiento económico. Los análisis de regresión simples de los indicadores de salud utilizados y el crecimiento económico no arrojaron resultados evidentes, ya que el nivel de explicación es muy bajo. Sin embargo, sí se obtienen las relaciones esperadas, positiva entre la esperanza de vida y el crecimiento, y negativa entre la tasa de mortalidad infantil y el crecimiento.

También es posible que la desigualdad al nivel de un país modifique la relación del crecimiento económico y la salud pública. Como se señaló anteriormente, existen importantes diferencias en los indicadores de salud según los grupos poblacionales y de ingresos, pero un aspecto bastante menos analizado es en qué medida la pobreza, así como la desigualdad de ingresos, inciden sobre la salud pública a nivel agregado. Biggs y otros (2010) exploran la mediación de la pobreza y la desigualdad en el efecto del crecimiento económico sobre la salud pública en 22 países de América Latina, con una serie desde 1960 a 2007. El estudio encuentra que durante períodos de creciente pobreza y desigualdad la salud pública mejora, aunque marginalmente, mientras que cuando la pobreza y la desigualdad retroceden hay un efecto positivo del crecimiento sobre la tasa de mortalidad infantil y la esperanza de vida al nacer.

D. El elefante en la habitación: violencia y desigualdad

1. Violencia en América Latina y el Caribe

La delincuencia constituye en el presente uno de los problemas que la población considera más importantes en la región de acuerdo a las encuestas realizadas por Latinobarómetro. En promedio, se trata del tema principal para un 28% de los encuestados en América Latina, y es el caso del 61% de los encuestados en Venezuela (República Bolivariana de), 45% en Costa Rica y 40% en El Salvador. Además, el grado de preocupación por este fenómeno ha sido creciente desde mediados de los años dos mil mientras que descendía la inquietud por el desempleo. No obstante los avances económicos de la región, el 37% de los encuestados considera que los principales desafíos son un conjunto de problemas económicos, la pobreza y el desempleo (Corporación Latinobarómetro, 2011).

Uno de los indicadores más utilizados para medir la violencia es la tasa de homicidios por cada 100.000 habitantes[6]. De acuerdo a las cifras de la Oficina de las Naciones Unidas contra la Droga y el Delito (UNODC), en el año 2012 se reportaron 437.000 homicidios en el mundo. La región más violenta es la que la UNODC clasifica como las Américas, comprendida por Centroamérica y América del Sur y del Norte, así como por el Caribe, que en conjunto registra una tasa de 16,3 homicidios por cada 100.000 habitantes (véase el gráfico IV.4). Esta situación también se refleja en la participación en el total global de homicidios, de manera tal que las Américas concentran el 36% de los homicidios, seguidas de África y Asia (31% y 28%, respectivamente). Considerando subregiones, el Sur de África y Centroamérica presentan las ocurrencias más altas de homicidios en el mundo, superando los 25 homicidios por cada 100.000 habitantes (UNODC, 2014).

Gráfico IV.4
Tasa de homicidios por cada 100.000 habitantes, según continentes, 2012

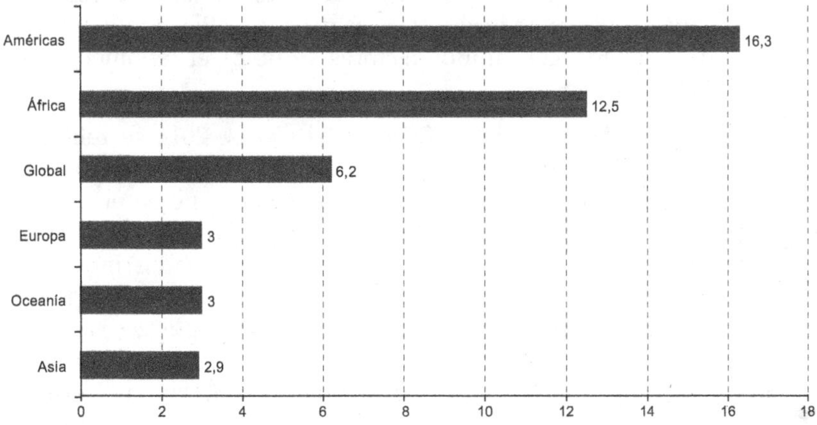

Américas	16,3
África	12,5
Global	6,2
Europa	3
Oceanía	3
Asia	2,9

Fuente: Oficina de las Naciones Unidas contra la Droga y el Delito (UNODC), *Global Study on Homicide, 2013*, Viena, abril de 2014.
Nota: Américas incluye países del Caribe, Centroamérica, América del Sur y América del Norte.

Centroamérica y América del Sur, así como el Caribe, son las únicas subregiones en las cuales la tasa de homicidios ha crecido en los últimos 15 años. En el primer caso, el incremento se produjo fundamentalmente desde 2007, ya que en la década precedente las tasas

---

[6] El concepto de violencia incluye varias de sus formas, como la violencia física, psicológica y cultural. Los datos de esta sección se refieren a la violencia física y, en particular, a la tasa de homicidios, dado que es el indicador más preciso de la violencia física reportada, lo que no significa que otras formas de violencia carezcan de importancia. Los datos provienen de UNODC (2011).

de homicidio habían registrado una caída sostenida. En particular destaca Colombia, donde se pasó de una tasa de homicidios en 1995 de 72 a una de 33 cada 100.000 habitantes en 2010. En cuanto a América del Sur, la tendencia ha sido variable, aunque se ha retornado a los niveles de homicidio prevalecientes en 1995 (UNODC, 2011).

Las realidades difieren considerablemente dentro del territorio latinoamericano y caribeño. Honduras registra el mayor nivel de homicidios intencionales en la región y el mundo, con una tasa de 90,4 homicidios cada 100.000 habitantes, seguido de la República Bolivariana de Venezuela, con una tasa de 53,7, Belice con una tasa de 44,7, El Salvador con una tasa de 41,2 y Guatemala y Jamaica en torno a 39 homicidios cada 100.000 habitantes. En el otro extremo, Chile registra una tasa de 3,1 homicidios cada 100.000 habitantes (UNODC, 2014).

En la mayoría de los países centroamericanos se observa un aumento en las tasas de homicidio en los últimos años. En Honduras y México, en especial, las tasas han crecido dos veces y media entre 2005 y 2011. Las altas tasas de homicidio intencional se explican fundamentalmente por las actividades ilícitas vinculadas al tráfico de drogas y el legado de violencia política, y relacionado con ambos factores se ubica el fenómeno de las pandillas (PNUD, 2009).

El *Informe sobre Desarrollo Humano* del Caribe 2012 se refiere a la situación de violencia en que se hallan algunos países de habla inglesa de esta subregión. Los impactos negativos de este fenómeno en el desarrollo de las sociedades abarcan desde los niveles de confianza en el desarrollo futuro, la reducción de la competitividad en determinadas industrias y servicios (como el turismo), la pérdida de población calificada (por el efecto migratorio) y el deterioro del tejido social, hasta costos políticos derivados del posible incentivo de aplicar controles autoritarios que incrementen los poderes de acción de las autoridades gubernamentales, en detrimento de los derechos de los ciudadanos, con la finalidad de reducir los niveles de violencia y criminalidad (PNUD, 2012).

Más allá de los homicidios, existen otros tipos de delitos que también ejercen un gran impacto sobre la sensación de inseguridad. Esta percepción es compartida en la actualidad en América Latina por más de la mitad de los encuestados, y en opinión del 83% la delincuencia ha aumentado (Corporación Latinobarómetro, 2011).

2. Relaciones entre desigualdad y violencia

Una diversidad de factores puede explicar la violencia en la región de acuerdo con distintos enfoques. Desde una perspectiva sociológica se argumenta que las raíces de la violencia se encuentran en los procesos de rápida urbanización en varios países de la región, la violencia política, la expectativa del consumo como medio de inserción y reconocimiento social, la inadecuación de los servicios sociales, los persistentes niveles de pobreza y desigualdad, la consolidación de organizaciones criminales transnacionales, la propagación del uso y tráfico de drogas, la desintegración familiar y de las redes sociales, la violencia y disfuncionalidad familiar, la disponibilidad de armas, y en el caso de los jóvenes desfavorecidos, una reacción frente a la percepción de una sociedad injusta que les brinda pocas oportunidades y los excluye, al mismo tiempo que los presiona para que se transformen en consumidores de bienes materiales y simbólicos cada vez más caros. Además, ciertos elementos contribuyen a legitimar la violencia, tales como la falta de capacidad del Estado para proteger a sus ciudadanos, la ineficiencia del sistema judicial y los déficits en el sistema de justicia penal, con los consiguientes problemas de impunidad, corrupción y recurso a la justicia por mano propia (Imbusch y otros, 2011).

Desde un punto de vista económico, estudios más recientes han resaltado la desigualdad como un factor determinante de la criminalidad. Se ha estimado, por ejemplo, que un 1% de incremento en el índice de Gini está asociado a un aumento similar en la tasa de homicidios (Newman, 1999). Bourguignon (1999) estudia los efectos potenciales de la desigualdad en la violencia privada y colectiva, así como los costos económicos engendrados por la criminalidad. Su conclusión es que existe un efecto significativo de la distribución del ingreso sobre el crimen. Esta relación sería aún más fuerte en un contexto dinámico, de modo que las perspectivas de permanecer en un nivel de ingresos relativos bajos sería el principal factor que empuja a algunas personas hacia la actividad criminal. En otras palabras, la falta de movilidad social se relaciona positivamente con el crimen.

La desigualdad de ingresos no es el único factor que incide directamente sobre la violencia. Se pueden encontrar otros elementos asociados, tales como la falta de oportunidades de empleos de calidad, especialmente para los jóvenes, las brechas de acceso a una educación de calidad, la desigual incorporación en mecanismos de protección social o la distancia cada vez mayor entre las expectativas generadas por el mercado, la publicidad y el aumento de la escolaridad, y las pobres condiciones que ofrecen los mercados laborales para muchos.

Asimismo, la corrupción en las altas esferas estatales junto con la proliferación de los llamados delitos de "cuello blanco", particularmente en el ámbito de las finanzas, generan una especie de legitimación perversa, en donde se considera que lo que se asume como común en las élites debe ser generalizado en el conjunto de la sociedad, y que todo es válido y socialmente aceptable en el marco de la exacerbación del individualismo y la acumulación privada como valores sociales. Debido a estas razones, el delito en las élites y en las clases subalternas ahonda el daño inferido al tejido social y, al mismo tiempo, es parcialmente producto de ese deterioro.

En otras palabras, las brechas sociales descritas en las secciones anteriores, como en educación y salud, así como en términos de empleo o participación política, y la corrupción en las élites, combinadas, inciden sobre los riesgos de criminalidad y violencia.

Por otra parte, la violencia y la sensación de inseguridad deterioran la calidad de vida y refuerzan la desarticulación del tejido social y, en consecuencia, ejercen un impacto negativo sobre la convivencia social.

3. El impacto económico de la violencia

Uno de los factores que obstaculiza el desarrollo en América Latina y el Caribe es la violencia. Por un lado, afecta los activos de las personas y conduce a la depreciación del capital físico, humano y social, y por otro, al desviar recursos que podrían ser asignados a usos diferentes, se traduce en costos directos e indirectos que inciden sobre la economía y la sociedad.

A nivel regional, Londoño y otros (2000) estiman que, en total, los costos directos e indirectos de la violencia sobre bienes y personas representan para América Latina un 14,2% del PIB anual y que, por ejemplo, la pérdida de capital humano asociada con este fenómeno alcanza casi un 2% del PIB, la de recursos de capital un 4,8% y las transferencias a las víctimas alrededor de un 2%. En los países considerados, las pérdidas totales significarían en torno a un cuarto del PIB en Colombia y El Salvador, mientras que en Brasil, México y Venezuela (República Bolivariana de) llegarían sobre el 10%. En el Caribe, se ha estimado que en 2003 el costo de la criminalidad como porcentaje del PIB se situaría en Jamaica en un 3,7% y en Trinidad y Tabago en un 1,6% (Banco Mundial/UNODC, 2007).

En un estudio más reciente sobre Centroamérica se puede observar que hacia mediados de la década de 2000 los costos más altos por este fenómeno, medidos como porcentaje del PIB, estaban en El Salvador, donde eran casi un 11%, cercanos al 10% en Honduras y Nicaragua, y más bajos en Guatemala (7,7%), aunque es el país con los costos mayores en términos absolutos, y en Costa Rica (3,6%) (Acevedo, 2008).

En el Cono Sur, se ha estimado que como proporción del PIB, el costo del crimen en Argentina (utilizando encuestas de victimización) alcanza al 14,2% (Ronconi, 2009), en Uruguay representa el 3% (Aboal y otros, 2013) y en Chile llega al 2% (Olavarría, 2005).

En el caso particular de la violencia contra las mujeres, la Organización Mundial de la Salud (OMS) ha calculado que la pérdida de capacidad productiva anual asciende a 1.730 millones de dólares en Chile y 32,7 millones de dólares en Nicaragua. Estos montos, sumados a los costos médicos equivaldrían al 2% del PIB de Chile y al 1,6% del PIB de Nicaragua (OMS, 2004).

Finalmente, también existen costos intangibles, que algunos de los estudios mencionados incluyen, como el estigma de vivir en barrios de alta criminalidad (especialmente al momento de encontrar empleo), el evitar realizar ciertas actividades por temor a ser víctimas de la criminalidad, el daño emocional y el deterioro del ambiente para la inversión (Londoño y otros, 2000; Banco Mundial/UNODC, 2007). Asimismo, es un factor explicativo de la proliferación de barrios cerrados para las clases medias y altas en América Latina, así como de la profundización de las brechas territoriales y la segmentación social y territorial de las ciudades en la región.

4. Conclusiones

En conclusión, a pesar de que América Latina y el Caribe ha reportado mejoras diferenciales en varios de sus indicadores sociales, está aún lejos de encontrarse en una ruta sostenida y progresiva de crecimiento con inclusión social. Se registran avances reales fundamentalmente con respecto al punto de partida, pero todavía son limitados en función de los niveles de bienestar a los que la región podría aspirar dada su dotación de recursos, la magnitud de sus economías, su población y su ubicación geográfica.

En efecto, se observa una brecha de bienestar, entendida como la distancia entre la potencial inclusión social que podría lograrse con los recursos disponibles y el bienestar real de la mayoría de las poblaciones latinoamericanas y caribeñas. A pesar de los avances, en la región el crecimiento con inclusión social, esto es, con igualdad, es más una aspiración que un proceso en marcha.

En América Latina y el Caribe hay una economía política de la desigualdad que se expresa en la heterogeneidad estructural de la economía, la baja carga fiscal en la mayoría de los países y la baja capacidad redistributiva del gasto público en la totalidad de ellos, la limitada capacidad de incidencia en las grandes definiciones de política económica de los sectores populares y subalternos y la existencia de poderosos grupos con capacidad real de incidencia o de veto y en una tendencia general al deterioro de la distribución funcional del ingreso, a pesar de las oscilaciones en la distribución medida por hogares. A lo anterior se agrega el complejo tema de la relación entre desigualdad y violencia y cómo esta última se ha convertido en muchos países en una variable relevante que bloquea o menoscaba el crecimiento económico y afecta profundamente la cotidianeidad de personas y comunidades y la calidad de la vida cívica y política.

En la región ha habido mejoras en indicadores sociales y en crecimiento económico, pero en un marco que no ha sufrido modificaciones sustanciales, de alta desigualdad, mucha pobreza e indicadores sociales insatisfactorios. Para revertir esta dinámica no basta con más crecimiento económico y un enfoque incremental de la política social. Para lograr crecimiento con igualdad se requieren modificaciones estructurales en la matriz productiva, esto es, no solo importa la tasa, sino también el contenido y la calidad del crecimiento económico, que incluya la elevación sostenida de la productividad y la distribución equitativa de las ganancias; asimismo se requieren modificaciones profundas en la política social, a fin de pensar más en cerrar brechas de desigualdad que solo en abatir pobreza o pobreza extrema, y tener una lógica de bienestar ("techos máximos posibles") y no solo de protecciones básicas ("pisos mínimos"), que sea consistente con el enfoque de derechos humanos.

La mejora sustancial del crecimiento económico y los indicadores sociales en América Latina y el Caribe no será producto solo de continuar por el camino seguido hasta ahora. No es solo un problema de tiempo, de acelerar el paso, es también un tema de trayectoria. Para proponerse una ruta sólida hacia el crecimiento con inclusión social, la región deberá recuperar las decisiones y experiencias exitosas de estos últimos años, pero también innovar y llevar a cabo los cambios necesarios en la estructura económica y la política social que lo hagan posible, progresivo y duradero.

Bibliografía

Aboal, D. y otros (2013), "The Cost of Crime in Uruguay", documento presentado en el seminario "The Costs of Crime and Violence in Latin America and the Caribbean: Methodological Innovations and New Dimensions" [en línea] http://events.iadb.org/calendar/eventDetail.aspx?lang=en&id=3959.
Acevedo, Carlos (2008), "Los costos económicos de la violencia en El Salvador", *América Latina Hoy*, N° 50.
Alfonso, Mariana y otros (2012), "Panorama general de la educación en América Latina y el Caribe", *Educación para la transformación*, M. Cabrol y M. Székely (eds.), Washington, D.C., Banco Interamericano de Desarrollo.
Banco Mundial/UNODC (Oficina de las Naciones Unidas contra la Droga y el Delito) (2007), *Crime, Violence, and Development: Trends, Costs, and Policy Options in the Caribbean*, Report N° 37820, Wasghington, D.C., Banco Mundial.
Bassi, Marina y otros (2012), *Disconnected Skills, Education, and Employment in Latin America*, Washington, D.C., Banco Interamericano de Desarrollo.
Biggs, B. y otros (2010), "Is wealthier always healthier? The impact of national income level, inequality, and poverty on public health in Latin America", *Social Science and Medicine*, vol. 71, N° 2.
Bos, María Soledad y otros (2012), ¿Qué tan desiguales son los aprendizajes en América Latina y el Caribe? Cuatro medidas de desigualdad analizando PISA 2009, Washington, D.C., Banco Interamericano de Desarrollo.
Bourguignon, François (1999), "Crime, violence and inequitable development", documento presentado en la Conferencia anual sobre economía del desarrollo, Washington, D.C., Banco Mundial, 28 a 30 de abril.
Castel, Robert (1997), *La metamorfosis de la cuestión social: una crónica del salariado*, Ediciones Paidós Ibérica.
CEPAL (Comisión Económica para América Latina y el Caribe) (2013), *Panorama Social de América Latina 2012* (LC/G.2557-P), Santiago de Chile.
___(2012), *Cambio estructural para la igualdad: Una visión integrada del desarrollo* (LC/G.2524(SES.34/3)), Santiago de Chile.
___(2011), *Panorama Social de América Latina 2011* (LC/G.2514-P), Santiago de Chile.
___(2010a), *Anuario Estadístico de América Latina y el Caribe, 2010* (LC/G.2483-P/B), Santiago de Chile.
___(2010b), *La hora de la igualdad: brechas por cerrar, caminos por abrir* (LC/G.2432), Santiago de Chile.
___(2010c), *Panorama Social de América Latina 2009* (LC/G.2423-P), Santiago de Chile.
___(2010d), *América Latina en clave de cohesión social. Indicadores seleccionados* (LC/L.3189/E), Santiago de Chile.
___(2009), *Panorama Social de América Latina 2008* (LC/G.2402-P/E), Santiago de Chile.
___(2007), *Cohesión social: inclusión y sentido de pertenencia en América Latina y el Caribe* (LC/G.2335), Santiago de Chile.
___(2004), *Panorama Social de América Latina 2002-2003* (LC/G.2209-P/E), Santiago de Chile.
___(1991), *Panorama Social de América Latina 1991* (LC/G.1688), Santiago de Chile.
CEPAL/Comisión Europea (2010), *Cohesión social en América Latina. Una revisión de conceptos, marcos de referencia e indicadores* (LC/G. 2420), Santiago de Chile.

CEPAL/UNFPA (Comisión Económica para América Latina y el Caribe/Fondo de Población de las Naciones Unidas) (2012), *Informe regional de población en América Latina y el Caribe 2011. Invertir en Juventud*, Santiago de Chile.

CEPAL/UNFPA/OPS (Comisión Económica para América Latina y el Caribe/Fondo de Población de las Naciones Unidas/Organización Panamericana de la Salud) (2010), "Mortalidad infantil y en la niñez de pueblos indígenas y afrodescendientes de América Latina: inequidades estructurales, patrones diversos y evidencia de derechos no cumplidos", *Documento de proyecto*, N° 348 (LC/W.348), Santiago de Chile.

Corporación Latinobarómetro (2011), *Latinobarómetro: Informe 2011*, Santiago de Chile.

Cruces, G. y otros (2012), "Inequality in education: Evidence for Latin America", *Documento de Trabajo*, N° 135, Centro de Estudios Distributivos, Laborales y Sociales (CEDLAS).

Gasparini, L. y otros (2011), "Educational upgrading and returns to skills in Latin America. Evidence from a supply-demand framework, 1990-2010", *Documento de Trabajo*, N° 127, Centro de Estudios Distributivos, Laborales y Sociales (CEDLAS).

Hanushek. E. A. y L. Woessmann (2012), "Schooling, educational achievement, and the Latin American growth puzzle", *Journal of Development Economics*, vol. 99, N° 2.

___ (2010), "Education and economic growth", *International Encyclopedia of Education*, vol. 2, P. Peterson y otros (eds.), Oxford, Elsevier.

Hanushek, E. A. y D. Kimko (2000), "Schooling, labor force quality, and the growth of nations", *American Economic Review*, vol. 90, N° 5.

Imbusch, P. y otros (2011), "Violence research in Latin America and the Caribbean: A literature review", *International Journal of Conflict and Violence*, vol. 5, N° 1.

Londoño, Juan Luis y otros (comps.) (2000), *Asalto al desarrollo. Violencia en América Latina*, Washington, D.C., Banco Interamericano de Desarrollo.

López, J. H. y G. Perry (2008), "Inequality in Latin America: Determinants and Consequences", *Policy Research Working Paper*, N° 4504, Banco Mundial.

Lustig, N. y otros (2011), "The decline in inequality in Latin America: How much, since when and why", *Tulane Economics Working Paper*, N° 1118.

Newman, Graeme (ed.) (1999), *Global Report on Crime and Justice*, Viena, Oficina de las Naciones Unidas contra la Droga y el Delito.

Olavarría, Mauricio (2005), *Costos económicos del delito en Chile*, Santiago de Chile, Ministerio del Interior, División de Seguridad Ciudadana.

OMS (Organización Mundial de la Salud) (2004), *The Economic Dimension of Interpersonal Violence*, Ginebra.

PNUD (Programa de las Naciones Unidas para el Desarrollo) (2012), *Caribbean Human Development Report 2012. Human Development and the Shift to Better Citizen Security*, Ciudad de Panamá, Inversiones Gumo, S.A.

___ (2009), *Abrir espacios para la seguridad ciudadana y el desarrollo humano. Informe sobre Desarrollo Humano para América Central IDHAC, 2009-2010*, Bogotá.

Ronconi, Lucas (2009), "Los costos de la delincuencia en Argentina: estimación en base a encuestas de victimización", Laboratorio de Investigaciones sobre Crimen, Instituciones y Políticas, Universidad Torcuato Di Tella.

Rosado, J. (2013), "Crecimiento e indicadores asociados a la cohesión social: un acercamiento a las brechas de desarrollo en el Caribe de habla inglesa", inédito.

Stiglitz, J.E. (2012), *The Price of Inequality. How today´s divided society endangers our future*, Nueva York, W.W. Norton & Company.

UNESCO (Organización de las Naciones Unidas para la Educación, la Ciencia y la Cultura) (2012), *Compendio Mundial de la Educación 2012. Oportunidades perdidas: El impacto de la repetición y de la salida prematura de la escuela*, Montreal, Instituto de Estadística de la UNESCO.

UNODC (Oficina de las Naciones Unidas contra la Droga y el Delito) (2014), *Global Study on Homicide, 2013*, Viena, abril.

___ (2011), *2011 Global Study on Homicide. Trends, Contexts*, Data, Viena.

Villatoro, P. y J.C. Feres (2007), *Un sistema de indicadores para el seguimiento de la cohesión social en América Latina* (LC/G.2362/E), Santiago de Chile.

Wilkinson, R. y K. Pickett (2010), *The Spirit Level. Why equality is better for everyone*, Nueva York, Penguin Books.

Capítulo V

Comercio internacional: ¿qué aporta al crecimiento inclusivo?

Osvaldo Rosales
Nanno Mulder
Roberto Urmeneta
Dayna Zaclicever

Introducción

Las economías de América Latina y el Caribe se internacionalizaron intensivamente desde los años ochenta mediante un acelerado incremento de sus exportaciones e importaciones. Estos flujos aumentaron con mayor celeridad que el producto interno bruto (PIB), lo que se tradujo en una tasa de apertura más elevada (medida por el cociente del comercio internacional y el PIB). El crecimiento del comercio se debió en parte a la disminución de las barreras arancelarias y no arancelarias a las importaciones dentro de la región y en otros mercados del mundo. También contribuyeron a este aumento la mayor estabilidad macroeconómica, el incremento de los flujos de inversión extranjera directa (IED) y otras políticas complementarias. Además, la fuerte expansión económica de Asia, y en particular de China, ha sido un motor de crecimiento para las exportaciones de la región, en especial las de productos primarios de América del Sur. En forma paralela, China se ha convertido en uno de los principales proveedores de importaciones, sobre todo manufactureras, para los países de la región.

El objetivo de este capítulo es analizar si la mayor intensidad del comercio internacional de la región ha incidido positivamente en que su crecimiento sea inclusivo, es decir, capaz de contribuir a la reducción de la heterogeneidad estructural mediante un aumento del empleo, la productividad y el ingreso, mejorando el bienestar de la mayoría y reduciendo la desigualdad (CEPAL, 2013a). Si el comercio internacional facilita el cambio estructural en términos de más oportunidades para trabajadores y empresas de elevar su productividad e ingresos, su aporte al crecimiento inclusivo sería positivo.

Sobre la base de la evidencia empírica revisada, en este capítulo se concluye que el aporte del comercio internacional al crecimiento inclusivo no es automático y depende, entre otros factores, de la modalidad de inserción internacional y de la calidad de las políticas públicas que lo orienten y complementen. Si estos elementos no son consistentes con el crecimiento inclusivo, el mero aumento del comercio internacional podría tener un impacto neutro o hasta negativo sobre la capacidad inclusiva del crecimiento, medida a través de la concentración en las empresas exportadoras, los eslabonamientos productivos con el resto de la economía, la transferencia de conocimientos y las brechas de productividad domésticas e internacionales.

El carácter inclusivo del comercio se puede desarrollar tanto a través de la ampliación y profundización de las cadenas de valor internas y externas, como por intermedio de la mejoría de los efectos sociales asociados a la participación en estas cadenas. Esto requiere de una articulación adecuada de diversas políticas públicas, en especial las de desarrollo productivo y la financiera, fiscal y comercial. Solo mediante estos mecanismos sería posible que el desarrollo del sector externo disminuyera la heterogeneidad estructural y estimulara un crecimiento incluyente.

Este capítulo se ha organizado en ocho secciones, incluida esta introducción. La sección A presenta los canales de transmisión del comercio al crecimiento inclusivo y sintetiza las principales teorías y estudios empíricos respecto a este tema. En la sección B se reseñan los principales cambios experimentados en el comercio internacional en los años noventa y dos mil y su posible impacto en la relación del comercio y el crecimiento inclusivo. En la sección C se estudian los vínculos macroeconómicos entre el comercio, el crecimiento y el empleo. La calidad de la inserción internacional como factor determinante de los efectos del comercio sobre el crecimiento inclusivo se aborda en la sección D. A continuación se examinan en la sección E los vínculos microeconómicos del comercio y la productividad, al trasluz de diversas concepciones teóricas. En la sección F se pasa revista a las oportunidades y retos que las cadenas regionales y globales de valor presentan a los países de la región. El texto concluye en la sección G con recomendaciones de política para la promoción del impacto inclusivo del comercio.

A. Comercio internacional y crecimiento inclusivo: canales de transmisión

La estructura productiva de un país es en gran medida determinante del crecimiento económico y su impacto sobre la inclusión. Las economías de los países de la región se caracterizan por sus grandes asimetrías productivas internas, con una fuerte concentración del empleo y de las empresas en los estratos de baja productividad. Como los sectores de baja productividad presentan dificultades ingentes para la innovación, la adopción de nuevas tecnologías y el impulso a procesos de aprendizaje, la heterogeneidad interna agrava los problemas de competitividad sistémica, tornando más complejo el cierre de las brechas externas de productividad e ingresos con los países desarrollados. En consecuencia, avanzar hacia una mayor convergencia externa requiere tanto de elevar los niveles de productividad media como de lograr una mejor distribución de los incrementos de productividad, reduciendo así las diferencias de ingreso por habitante (que dependen de la productividad) en los países de América Latina y el Caribe.

La contribución potencial del comercio internacional al crecimiento inclusivo se produce a través de su aporte a la disminución de las brechas productivas internas y externas y al aumento de la creación de empleo de calidad. Mediante distintos canales de transmisión, las exportaciones e importaciones influyen en la estructura productiva y, por ende, en el crecimiento y el grado de inclusión que este genera (véase el diagrama V.1). El comercio internacional genera efectos de corto y de mediano a largo plazo, o de primer y segundo orden. En el corto plazo, el principal impacto es el cambio en los precios relativos de los bienes exportados e importados. En el largo plazo, las empresas y hogares se adaptan a estos cambios en los precios relativos. El resultado neto sobre el crecimiento inclusivo puede ser positivo o negativo, dependiendo básicamente del impacto sobre el empleo y los salarios.

Por una parte, las exportaciones permiten a las empresas aumentar su escala de producción y pueden también demandar más calidad de los productos (y por tanto, mayores esfuerzos de innovación) para satisfacer las exigencias de los clientes en los mercados externos. La escala productiva más grande permite elevar la especialización y las inversiones en capital físico y humano a nivel de las empresas, mientras que la variada demanda internacional promueve la diversificación de la oferta productiva y exportadora. En las economías abiertas se pueden lograr avances hacia una estructura productiva inclusiva mediante el aumento de la proporción de empresas exportadoras y sus encadenamientos con el resto de los sectores. En ambos casos, la productividad media debería subir mientras caen las brechas productivas, lo que redundaría en un aumento de la tasa de crecimiento e impactos sociales favorables.

Diagrama V.1
Canales de transmisión del comercio internacional y el crecimiento inclusivo

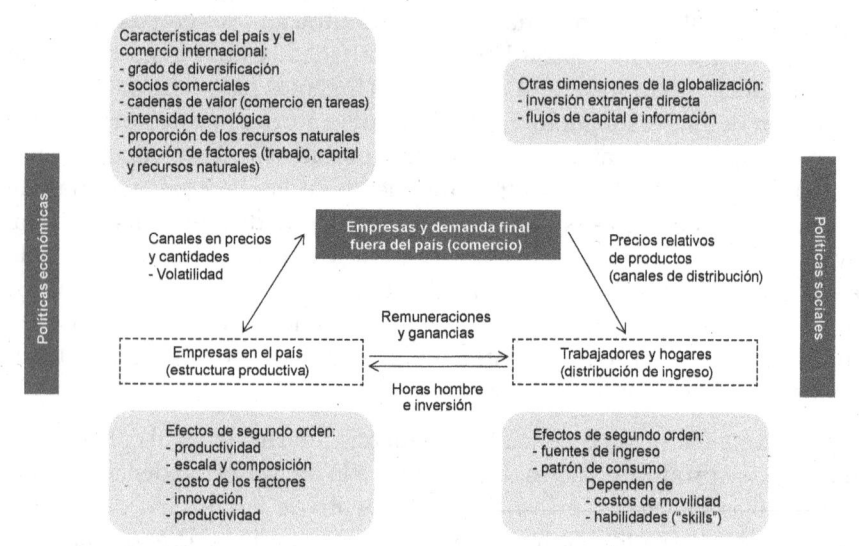

Características del país y el comercio internacional:
- grado de diversificación
- socios comerciales
- cadenas de valor (comercio en tareas)
- intensidad tecnológica
- proporción de los recursos naturales
- dotación de factores (trabajo, capital y recursos naturales)

Otras dimensiones de la globalización:
- inversión extranjera directa
- flujos de capital e información

Políticas económicas

Canales en precios y cantidades
- Volatilidad

Empresas y demanda final fuera del país (comercio)

Precios relativos de productos (canales de distribución)

Políticas sociales

Empresas en el país (estructura productiva)

Remuneraciones y ganancias

Trabajadores y hogares (distribución de ingreso)

Horas hombre e inversión

Efectos de segundo orden:
- productividad
- escala y composición
- costo de los factores
- innovación
- productividad

Efectos de segundo orden:
- fuentes de ingreso
- patrón de consumo
Dependen de
- costos de movilidad
- habilidades ("skills")

Fuente: Comisión Económica para América Latina y el Caribe (CEPAL), sobre la base de D. Lederman, *International Trade and Inclusive Growth: A Primer for Busy Policy Analysts*, World Bank, Poverty Reduction and Economic Management Network, Washington, D.C., Banco Mundial, noviembre de 2011.

En suma, el impacto global de las exportaciones sobre la inclusión depende estrechamente del valor agregado doméstico de estas y de los encadenamientos de los sectores exportadores con el resto de la economía. En la medida que el comercio internacional aporta a la creación de empleos de mayor productividad, contribuye a la reducción de la pobreza y la desigualdad.

Las importaciones, por su parte, ejercen efectos mixtos sobre las empresas y su productividad. Un impacto positivo es que las importaciones permiten a las empresas acceder a bienes intermedios y de capital con la mejor relación de precio, calidad y tecnología disponible a nivel mundial, lo que mejora su productividad. Otro efecto beneficioso es que la competencia de los productos importados estimula la eficiencia y competitividad nacional e internacional de las empresas domésticas. Una posible consecuencia negativa es que las empresas locales, cuando no son competitivas, pueden perder clientes si estos prefieren los productos importados, lo que podría traducirse en despidos. El efecto neto depende del balance de la destrucción y creación de empresas y puestos de trabajo, así como de los cambios en las empresas sobrevivientes.

Las importaciones ocasionan también efectos mixtos sobre los hogares. Del lado positivo, el acceso a bienes con una mejor relación de precio y calidad a través de las importaciones mejora su bienestar. Además, en muchos casos un trabajador puede mejorar su remuneración si trabaja en una empresa que se inserta en el comercio internacional. Sin embargo, si el trabajador o la empresa donde labora no logran adaptarse a la competencia de las importaciones, este pierde su empleo. Si esta persona logra encontrar un nuevo trabajo con mejores condiciones, el resultado final puede ser positivo.

Las políticas públicas son fundamentales para mejorar el funcionamiento de los canales de transmisión entre el comercio internacional y el crecimiento inclusivo. Por ejemplo, la política comercial puede "filtrar" la penetración de los bienes importados y amortiguar eventuales efectos adversos en sectores poco competitivos, facilitando el proceso de cambio estructural con medidas paliativas temporales. Además, los ingresos obtenidos del cobro de aranceles a las importaciones pueden ser utilizados para poner en vigor políticas de desarrollo productivo o redistributivas. La política industrial —entendida en un sentido amplio— puede potenciar los vínculos entre el comercio, la estructura productiva y el empleo, mediante inversiones en infraestructura, transporte y logística, créditos, capacitación y transferencias de tecnología, entre otros factores. A la vez, la política redistributiva permite mejorar la distribución primaria de los ingresos entre salarios y beneficios.

Vale la pena revisar las teorías sobre los vínculos entre el comercio internacional, el crecimiento y la inclusión, que tienen una historia dilatada, con mensajes mixtos (véase el recuadro V.1). Las teorías clásicas de Adam Smith y David Ricardo y la teoría neoclásica del crecimiento exógeno anticipaban un efecto de una sola vez (estático) del comercio sobre la economía, sin un cambio en la tasa de crecimiento de mediano plazo. Las teorías de crecimiento endógeno eran más optimistas de los beneficios dinámicos del comercio. Las nuevas teorías del comercio, que surgieron a partir de los años ochenta, pasaron desde un enfoque macroeconómico al análisis microeconómico, explicando el comportamiento de empresas heterogéneas frente al comercio, con resultados mixtos para el crecimiento. Finalmente, las más recientes teorías del comercio, que explican la especialización de países en tareas dentro de las cadenas de valor, arrojan conclusiones optimistas sobre las relaciones del comercio, la productividad y el crecimiento.

Recuadro V.1
Comercio y crecimiento inclusivo: ¿qué dicen las teorías?

Las teorías clásicas y neoclásicas del comercio internacional (Smith, Ricardo y Heckscher-Ohlin) postulan que la apertura al comercio genera un aumento de la producción a nivel agregado de una sola vez (efecto estático), sin ejercer ningún impacto sobre el crecimiento a largo plazo. Este incremento es el resultado de la especialización de cada país, basada en las diferencias internacionales de dotaciones de recursos naturales, tecnología u otros factores productivos. Estos modelos suponen que la tasa de crecimiento de largo plazo es determinada por el progreso tecnológico, que se entiende como exógeno a todos los países, y permiten explicar el comercio interindustrial de productos homogéneos.

Por el contrario, los "nuevos" modelos de crecimiento endógeno (Grossman, Helpman, Krugman y Lucas) consideran que la apertura comercial tiene un impacto de largo plazo (efecto dinámico) sobre el crecimiento, que puede ser positivo o negativo dependiendo de las circunstancias. Dichos modelos predicen que la apertura al comercio aumenta el crecimiento en los países cuando permite obtener rendimientos crecientes a escala, un mayor aprendizaje mediante la diversificación de las exportaciones, la investigación y desarrollo o la práctica (*learning-by-doing* (aprender haciendo)), y mayores transferencias de conocimientos entre empresas y sectores (*spillovers* (derrames)). Sin embargo, el impacto del comercio sobre el crecimiento puede ser negativo si un país se especializa en la producción de bienes o servicios con bajo potencial de aprendizaje. Estas teorías enfatizan también las preferencias por variedades de los consumidores como motor del comercio intraindustrial.

Posteriormente surgieron las teorías microeconómicas del comercio (Bernard, Melitz y Ottaviano), que analizan el comportamiento de empresas heterogéneas en un sector y país frente a la competencia internacional. La liberalización comercial aumenta la productividad y el crecimiento dentro del sector, porque las empresas menos productivas salen del mercado debido a la competencia de las importaciones y los recursos se desplazan a empresas más productivas. El resultado neto sería un incremento de la productividad sectorial y, en consecuencia, un mayor crecimiento.

En los últimos años, se ha desarrollado una "segunda generación" de teorías microeconómicas del comercio (Baldwin y Grossman). Plantean la creciente importancia del comercio en "tareas" dentro de las cadenas de valor, donde las empresas y los países se especializan en una tarea (eslabón) de la cadena. Estas teorías apuntan a un efecto positivo sobre la productividad y el crecimiento a través de ganancias compartidas entre las empresas de una cadena de valor, derivadas de la disminución de los costos del comercio de tareas.

El impacto del comercio sobre el crecimiento inclusivo depende principalmente de las respuestas de los hogares y las empresas a las modificaciones en los precios relativos como resultado de la apertura al exterior. Estas respuestas son de corto plazo (primer orden) y mediano y largo plazo (segundo orden). Los hogares buscan optimizar sus fuentes de ingreso y su canasta de consumo, mientras que las empresas adaptan su canasta de productos y sus fuentes de insumos. En la medida que el comercio y las políticas públicas ayuden a los trabajadores y empresas a adaptarse y desplazarse hacia sectores cuya demanda es creciente y a incorporar nuevas tecnologías, se generaría un mayor impacto positivo sobre el empleo y la igualdad.

Fuente: Comisión Económica para América Latina y el Caribe (CEPAL) sobre la base de D. Lederman, *International Trade and Inclusive Growth: A Primer for Busy Policy Analysts*, World Bank, Poverty Reduction and Economic Management Network, Washington, D.C., Banco Mundial, noviembre de 2011.

B. Transformaciones recientes en el comercio mundial

En los últimos 20 años el comercio mundial experimentó dos transformaciones de gran magnitud que influyen en sus vínculos con el crecimiento inclusivo. En primer lugar, una fracción creciente del comercio y la producción mundiales se lleva a cabo en las llamadas cadenas de valor, regionales o globales[1]. Los bienes y servicios ya no se producen en un solo país, sino que las actividades de investigación y diseño, fabricación de partes y componentes, ensamblaje, mercadeo y distribución de un producto se realizan en varios países, mediante la interacción organizada de empresas diferentes. Lo anterior implica que en la actualidad muchas empresas no se especializan en producir bienes finales sino que en una tarea o eslabón dentro de una cadena de valor internacional, siendo a la vez importadoras y exportadoras. Formar parte de estas cadenas —en especial, pero no exclusivamente, en sus segmentos más intensivos en conocimiento— puede en ciertas circunstancias generar importantes beneficios a empresas o a una economía, tales como una demanda más estable, transferencia de tecnología y aumento de la productividad (OMC, 2011).

La segunda transformación fundamental en el mapa del comercio mundial se relaciona con el creciente peso de los países en desarrollo. Estos representaron en 2010 un 39% de las exportaciones mundiales de bienes y servicios y un 38% de las importaciones, en ambos casos diez puntos porcentuales más que en 2000. El comercio entre los países en desarrollo (Sur-Sur) ha crecido con particular fuerza en la década de 2000, alcanzando en 2010 sobre el 20% del comercio mundial de mercancías (OMC, 2011). Proyecciones de la CEPAL arrojan que el valor del comercio Sur-Sur podría superar al monto del comercio entre países desarrollados (Norte-Norte) hacia fines de la presente década (véase el gráfico V.1B).

---

[1] El rápido desarrollo de las cadenas globales y regionales de valor en las últimas décadas obedeció en gran medida a la caída de los costos del transporte internacional y a los avances en las tecnologías de la información y la comunicación. Otro factor importante han sido los procesos de integración regional profunda en torno a megamercados, como en los casos de América del Norte, Asia y Europa.

Gráfico V.1
Países desarrollados y en desarrollo: evolución y proyección de las exportaciones, 1985-2020

A. En valor
(Números índices 1985=100)

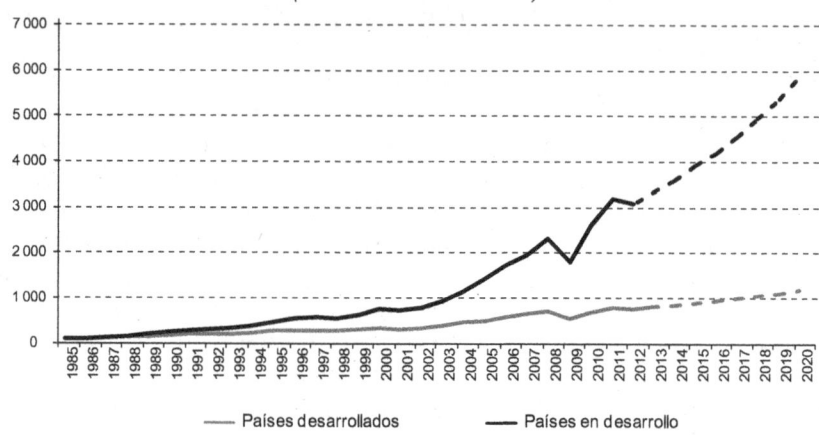

— Países desarrollados   — Países en desarrollo

B. Participación
(Porcentaje del total mundial)

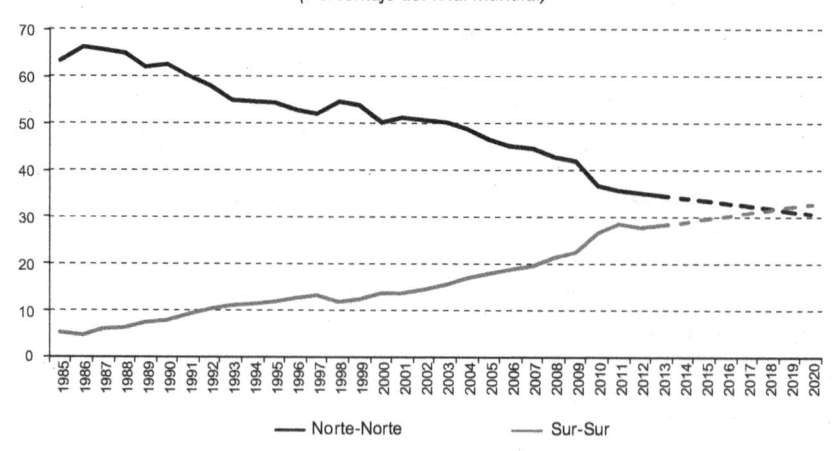

— Norte-Norte   — Sur-Sur

Fuente: Comisión Económica para América Latina y el Caribe (CEPAL), sobre la base de Naciones Unidas, Base de datos estadísticos sobre el comercio de mercaderías (COMTRADE).

El vigoroso aumento de la participación de los países en desarrollo en el comercio mundial es atribuible en buena medida a su reciente mayor dinamismo económico en relación a los países desarrollados, y también al fenómeno de la fragmentación geográfica de la producción en cadenas de valor. En este panorama, se ha registrado una amplia deslocalización hacia el mundo en desarrollo de la producción manufacturera y de una fracción de los procesos de investigación y desarrollo y otros servicios. Asia en desarrollo, con China en el centro, es a gran distancia el principal motor del comercio Sur-Sur, representando en 2010 un 85% del total (OMC, 2011). Los países asiáticos en desarrollo forman parte de la denominada "fábrica Asia", el espacio constituido por China, el Japón, la República de Corea y las diez economías de la Asociación de Naciones del Sudeste Asiático (ASEAN). Estas economías se encuentran estrechamente integradas a través de su participación en distintas cadenas de valor, en especial manufactureras, así como en forma creciente mediante una red de acuerdos comerciales. El comercio de América Latina y el Caribe correspondió al 9,4% del comercio Sur-Sur en 2010 y su comercio intrarregional representó solo el 5% (CEPAL, 2011).

También se observa un cambio notable en relación a los flujos mundiales de inversión extranjera directa. De 2007 a 2012, la participación del conjunto de países en desarrollo como receptores de IED aumentó de un 34% a un 58%, mientras que en Asia creció de un 18% a un 30% y en América Latina y el Caribe del 6% al 18%[2]. Si bien el origen de los flujos de IED persiste concentrado en los países desarrollados, los países en desarrollo y en transición han duplicado su participación durante la década de 2000, alcanzando un 28% del total en 2010. La mayor parte de la IED de países en desarrollo está dirigida hacia otros países en esta situación, siendo Asia y América Latina las principales regiones de procedencia de estos flujos (17% y 8%, respectivamente, en 2010). China es el mayor inversionista extranjero de los países en desarrollo aunque el fenómeno tiene más amplitud, observándose una creciente actividad de empresas del Brasil, la India y Sudáfrica, así como de nuevos inversionistas de países más pequeños como Chile y Malasia. La inversión entre países en desarrollo también tiene un enorme potencial para los países de bajos ingresos.

Las transformaciones expuestas —que, según diversos estudios, se profundizarían en los años siguientes— requieren de nuevas estrategias de inserción internacional en América Latina y el Caribe. Estas deberían orientarse a explotar las oportunidades que ofrecen la inserción en cadenas de valor y el dinamismo económico de los países en desarrollo, incluida la región.

C. Vínculos macroeconómicos entre comercio, crecimiento y empleo

En la amplia literatura empírica existente a nivel macroeconómico sobre los vínculos entre el comercio y el crecimiento se observan resultados mixtos. En general, estos estudios analizan la correlación de una medida

---

[2] Sobre la base de datos preliminares de la base de datos de inversión extranjera directa (IED) de la Conferencia de las Naciones Unidas sobre Comercio y Desarrollo (UNCTAD) [consultada el 19-02-2014].

de inserción internacional o apertura (por ejemplo, el comercio en relación al PIB) y el crecimiento del PIB o del ingreso por habitante. En la década de 1990, varios trabajos empíricos concluyeron que las economías más abiertas al comercio crecían más rápidamente; sin embargo, en el período siguiente —pos consenso de Washington— se generó cierto pesimismo porque diversos estudios refutaron que esta relación fuese positiva. Nuevos trabajos criticaron a los anteriores por la utilización de indicadores de apertura inadecuados (algunos altamente correlacionados con otras variables que afectan el crecimiento), así como por subestimar los factores geográficos y no ser concluyentes en términos de la determinación de causalidad. Más recientemente, nuevos estudios postulan una relación positiva de la apertura comercial y el crecimiento, siempre y cuando la apertura sea acompañada de políticas complementarias para estimular la inversión y el progreso tecnológico, así como de políticas de estabilidad macroeconómica e institucional (CEPAL, 2013a).

1. Apertura de las economías al comercio

La apertura comercial de América Latina y el Caribe se ha elevado desde los años ochenta. El peso del comercio internacional (suma de exportaciones e importaciones) en el PIB pasó del 23% en 1980 al 51% en 2010 (véase el gráfico V.2A)[3]. Por subregiones, resalta Centroamérica con el mayor grado de apertura (un 83% en 1980 frente al 94% en 2010), seguida por los países del Caribe (algo más del 60% en los dos años). También se destaca el incremento vigoroso del peso del comercio en el caso de México (un 16% en 1980 que contrasta con el 63% en 2010). El Brasil y los restantes países de América del Sur registran menor apertura, aunque esta ha aumentado significativamente desde los años noventa. Aunque ampliamente utilizado, este indicador ha recibido críticas por estar inversamente relacionado con el tamaño de la economía, lo que conduce a que los Estados Unidos o el Brasil, por ejemplo, parezcan países cerrados, a pesar de que ambos tienen un importante peso en el comercio mundial.

Un indicador que considera la crítica anterior ofrece una visión muy distinta de la apertura y participación de los países latinoamericanos en el comercio mundial. Esta medida, llamada participación del comercio compuesta (*composite trade share*) de Squalli y Wilson (2011), combina la participación del comercio en el PIB con el

---

[3] La tendencia de la región ha sido similar a la del comercio mundial, cuya participación en el PIB mundial se duplicó con creces en este período, al pasar del 27% al 62%.

peso del país en el comercio mundial[4]. La reducida participación de los países de Centroamérica y el Caribe en el comercio mundial se refleja en bajos niveles del indicador compuesto, que registra además una tendencia decreciente de 1980 a 2010 (véase el gráfico V.2B). Lo contrario ocurre en el caso de México y, en menor medida, el Brasil, que tienen niveles de apertura relativamente altos y fuertemente crecientes cuando se considera este indicador, gracias al mayor peso de estos países en el comercio mundial[5].

Una tercera forma de medir el grado de apertura de una economía es a través de los aranceles aplicados a las importaciones. El arancel promedio de América Latina bajó de forma significativa de 2000 a 2010, aunque se mantiene bastante por sobre el promedio mundial (véase el gráfico V.2C). Esta disminución de aranceles se observa en todas las subregiones, destacándose en particular la fuerte reducción registrada en el caso de México. Si bien esto refleja una clara relación inversa del peso del comercio internacional en una economía y su nivel de aranceles, el comercio puede verse afectado también por barreras no arancelarias que no son consideradas en este último indicador.

La importancia relativa del comercio puede medirse también con el peso del sector exportador en la economía, calculado generalmente como la participación de las exportaciones brutas en el PIB. Este indicador no toma en cuenta que una parte del valor exportado no es generado domésticamente, sino que corresponde a los insumos importados utilizados en la producción de los bienes y servicios que cada país exporta. Una forma más adecuada de medir el aporte del sector exportador es descontando de las exportaciones brutas su contenido importado[6].

---

[4] El indicador propuesto por Squalli y Wilson (2011) se calcula como: $PCC_i = \frac{(X_i+M_i)}{\frac{1}{n}\sum_{j=1}^{n}(X_j+M_j)} \frac{(X_i+M_i)}{PIB_i}$
donde Xi, Mi y PIB son, respectivamente, las exportaciones e importaciones y el PIB del país i, Xj y Mj las exportaciones e importaciones del país j (con $j = 1, 2,..., n$, e $i \in j$) y n es la cantidad de países considerados. De esta forma, PCC mide, para cada país i, la participación del comercio en el PIB ($\frac{X_i+M_i}{PIB_i}$) ajustada por la relación entre el comercio del país i y el promedio mundial de comercio. Si el nivel de comercio del país i es mayor (menor) que el promedio mundial, el término ($\frac{X_i+M_i}{PIB_i}$) se ajustará hacia arriba (abajo).

[5] Los indicadores de América Latina y el Caribe y las subregiones resto de América del Sur, Centroamérica y el Caribe fueron calculados como el promedio ponderado de los indicadores individuales de los países que integran cada grupo, utilizando como ponderadores la participación de cada país en el comercio total del grupo:

$PCC_h = \sum_{i \in h} PCC_i \times \left(\frac{X_i M_i}{\sum_{i \in h}(X_i+M_i)}\right)$

[6] Un ejercicio de este tipo fue realizado en CEPAL (2010) para los países de América Latina. Véase también Ffrench-Davis (2005).

Gráfico V.2
América Latina y el Caribe y el mundo: indicadores de apertura comercial

A. Participación del comercio en el PIB 1980, 1990, 2000 y 2010
(En porcentajes sobre valores en dólares constantes de 2005)

	1980	1990	2000	2010
Mundo	27			62
América Latina y el Caribe	23		43	51
Brasil	11		23	33
Resto de América del Sur	31		47	52
Centroamérica	83	79		94
México	16	21	51	63
El Caribe	61	58	69	63

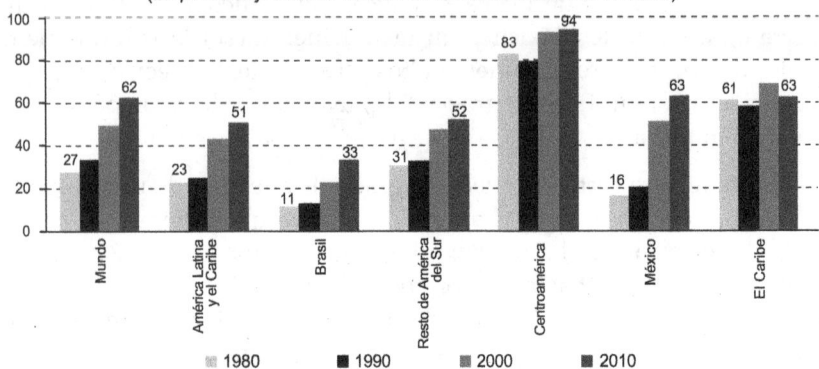

B. Participación del comercio compuesta, 1980, 1990, 2000 y 2010
(En porcentajes sobre valores en dólares constantes de 2005)

	1980	1990	2000	2010
América Latina y el Caribe	25		86	95
Brasil		18	39	66
Resto de América del Sur	25	20	26	
Centroamérica	31	26		15
México	34	45	181	203
El Caribe		11	7	6

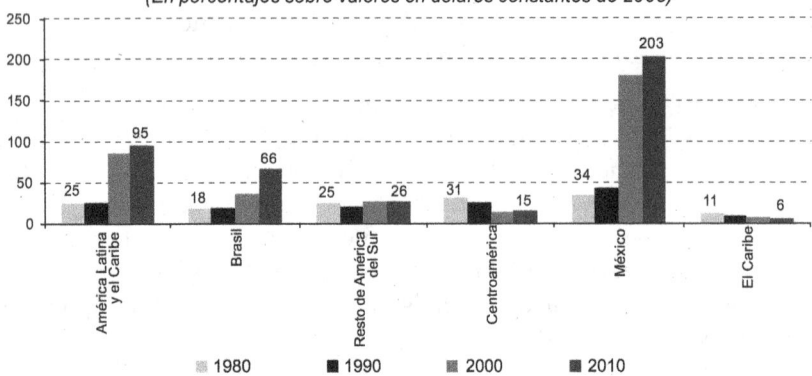

C. Aranceles aplicados, 2000 y 2010
(Promedios ponderados, en porcentajes)

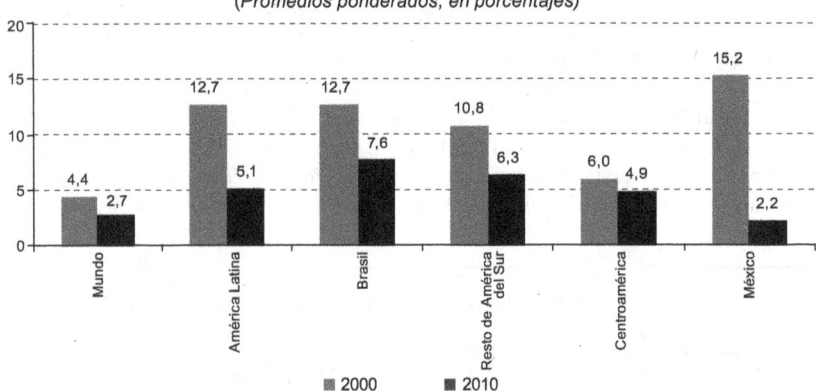

	2000	2010
Mundo	4,4	2,7
América Latina	12,7	5,1
Brasil	12,7	7,6
Resto de América del Sur	10,8	6,3
Centroamérica	6,0	4,9
México	15,2	2,2

Fuente: Comisión Económica para América Latina y el Caribe (CEPAL), sobre la base de información de la Conferencia de las Naciones Unidas sobre Comercio y Desarrollo (UNCTAD) y el Banco Mundial.

Si se aplica esta metodología a la región, se puede observar que el PIB exportado por los países de América Latina pasó de representar el 12% del PIB total de la región en 1990 al 19% en 2010, en contraste con el 13% y el 23%, respectivamente, si se consideran las exportaciones brutas (véase el gráfico V.3)[7]. El peso de la actividad de maquila en los países centroamericanos se refleja en una participación de las exportaciones netas en el PIB bastante inferior que la de las exportaciones brutas (un 24% en 1990 y un 33% en 2010, en comparación con un 39% y un 44%, respectivamente). En el caso de México hubo un incremento del contenido importado de las exportaciones desde mediados de la década de 1990, que se reflejó en una diferencia creciente entre las exportaciones brutas y netas. Aunque menos pronunciado, este fenómeno también se registra en América del Sur, lo que estaría evidenciando la creciente articulación del comercio en torno a cadenas internacionales de valor.

Gráfico V.3
América Latina (17 países): participación de las exportaciones brutas y netas en el PIB, 1990, 2000 y 2010
(En porcentajes sobre valores en dólares constantes de 2005)

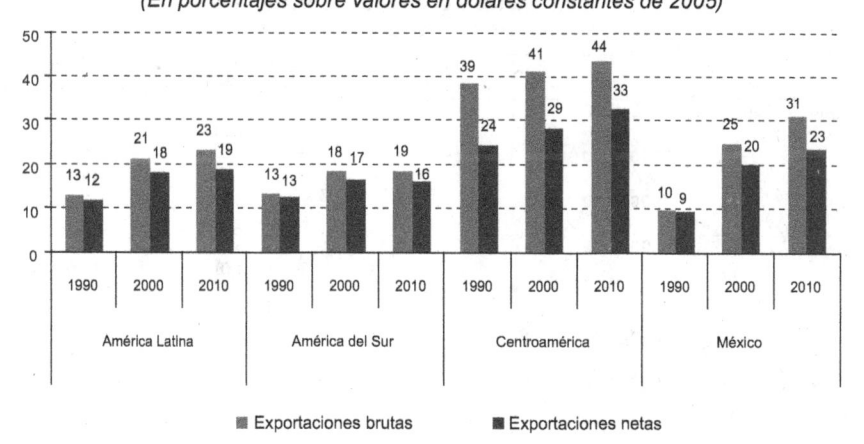

Fuente: Comisión Económica para América Latina y el Caribe (CEPAL), sobre la base de Naciones Unidas, Base de datos estadísticos sobre el comercio de mercaderías (COMTRADE), Conferencia de las Naciones Unidas sobre Comercio y Desarrollo (UNCTAD) e información del Instituto Nacional de Estadística y Geografía (INEGI) de México.

---

[7] Las exportaciones netas (o PIB exportado) son calculadas considerando como contenido importado de las exportaciones brutas la proporción que representa el peso de los bienes intermedios importados en el PIB total.

2. Aporte del comercio al crecimiento del PIB

Las exportaciones netas de América Latina experimentaron en el período 1990-2010 un crecimiento anual promedio significativamente mayor que el del PIB no exportado (un 5,7% en contraste con un 2,8%). Sin embargo, la contribución del sector exportador a la expansión de la economía fue en promedio un quinto del aporte de la producción no exportada, lo que se explica por la menor incidencia de las exportaciones respecto a los destinos domésticos (véase el cuadro V.1). Se observa que el crecimiento anual promedio del PIB total de América Latina fue similar en 1990-1999 y 2000-2010, aunque las exportaciones netas tuvieron un aumento bastante más acelerado en el primer subperíodo, mientras que su contribución al crecimiento de la economía fue algo mayor en 2000-2010. Al nivel de las subregiones se aprecia también en el conjunto del período 1990-2010 un mayor dinamismo de las exportaciones y más incidencia del PIB no exportado, explicando este último componente del 70% al 87% de la variación anual promedio del PIB total.

Cuadro V.1
América Latina (17 países): variación anual promedio del PIB total, las exportaciones netas y el PIB no exportado, 1990-2010
(En porcentajes)

		PIB	Exportaciones brutas	Exportaciones netas[a]	PIB no exportado[b]
América Latina	1990-1999	3,1	8,2	7,6 (13,9)	2,3 (86,1)
	2000-2010	3,3	4,8	4,1 (19,2)	3,2 (80,8)
	1990-2010	3,2	6,4	5,7 (16,8)	2,8 (83,2)
América del Sur	1990-1999	3,0	6,2	5,8 (14,0)	2,5 (86,0)
	2000-2010	3,8	4,5	3,9 (17,7)	3,8 (82,3)
	1990-2010	3,4	5,2	4,8 (16,0)	3,2 (84,0)
Centroamérica	1990-1999	4,6	4,9	6,5 (25,6)	4,0 (74,4)
	2000-2010	3,8	5,0	5,2 (30,1)	3,3 (69,9)
	1990-2010	4,2	5,0	5,8 (28,1)	3,6 (71,9)
México	1990-1999	3,2	13,3	11,7 (12,8)	2,0 (87,2)
	2000-2010	2,3	5,5	4,5 (20,8)	1,7 (79,2)
	1990-2010	2,7	9,0	7,8 (17,2)	1,8 (82,8)

Fuente: Comisión Económica para América Latina y el Caribe (CEPAL), sobre la base de Naciones Unidas, Base de datos estadísticos sobre el comercio de mercaderías (COMTRADE), Conferencia de las Naciones Unidas sobre Comercio y Desarrollo (UNCTAD) e información del Instituto Nacional de Estadística y Geografía (INEGI) de México.
[a] Entre paréntesis figura la contribución al crecimiento total de la economía de las exportaciones netas (PIB exportado), dada por su participación porcentual en el PIB total.
[b] Entre paréntesis figura la contribución al crecimiento total de la economía del PIB no exportado, dada por su participación porcentual en el PIB total.

Una forma más exacta de calcular el PIB exportado es utilizando matrices de insumo-producto, que permiten estimar con mayor precisión el contenido de insumos importados de los bienes y servicios que se exportan. Se realizaron cálculos para cinco países de la región que disponen de matriz de insumo-producto, encontrándose que el peso de las exportaciones brutas y netas en el PIB era, respectivamente, un 15% y un 13% en el Brasil (2005), un 39% y un 30% en Chile (2003), un 17% y un 15% en Colombia (2005), un 25% y un 16% en México (2003) y un 30% y un 22% en el Uruguay (2005).

3. Papel de los términos de intercambio en el ingreso nacional bruto

Para analizar el impacto del comercio internacional sobre el crecimiento y la inclusión sería necesario estimar no solo su aporte a la producción (PIB) sino también su contribución al ingreso nacional bruto. El PIB no necesariamente coincide con el volumen de recursos con que cuentan los habitantes de un país para consumir o destinar al ahorro. No todos los recursos que se generan internamente (iguales al PIB) permanecen en el país, sino que una fracción de estos se transfiere al exterior como pago de los factores de producción de propiedad de los no residentes, tales como los pagos de intereses por las deudas contraídas y las remesas de utilidades de las empresas extranjeras radicadas en el país. Paralelamente, los residentes de un país reciben recursos por concepto de remuneración de los factores de producción de su propiedad radicados en el resto del mundo. Además, los ingresos dependen de las modificaciones en los términos de intercambio, que reflejan "el poder de compra" de las exportaciones en términos de las importaciones. Un incremento en los precios de las exportaciones, *ceteris paribus* (todo lo demás constante), aumenta el poder de compra de las importaciones y por ende el ingreso disponible (Kacef y Manuelito, 2008).

Se evaluó el aporte de los términos de intercambio al ingreso disponible en los países de la región. En materia de cuentas nacionales se trabaja con dos conceptos de ingreso: el ingreso interno bruto (IIB) y el ingreso nacional bruto (INB). La diferencia del PIB y el IIB son las "ganancias o pérdidas asociadas al comercio". A su vez, el INB está compuesto por la suma del IIB, el pago neto de factores y las transferencias corrientes netas. Desde los años ochenta, las variaciones en los términos de intercambio han sido significativas, sobre todo en el período más reciente de 2004 a 2011 (véase el gráfico V.4). Las estimaciones efectuadas muestran que los términos de intercambio explican en este período casi dos tercios del aumento del INB en Chile, un 42% en la República Bolivariana de Venezuela, un 36% en el Ecuador, un 25% en México y el Perú, y un 20% en el Brasil y Colombia.

Gráfico V.4
**Países seleccionados de América Latina y desarrollados:
composición de la variación del ingreso nacional bruto**
(En porcentajes)

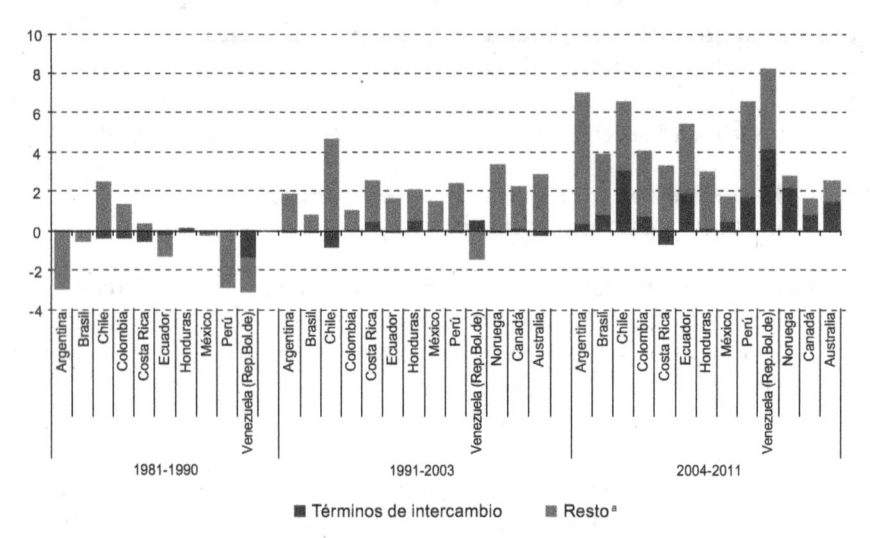

Fuente: Comisión Económica para América Latina y el Caribe (CEPAL) sobre la base de series de cuentas nacionales en moneda nacional de Banco Mundial, World Bank DataBank, y de indicadores del sector externo de la Base de Datos y Publicaciones Estadísticas CEPALSTAT.

[a] El resto corresponde al saldo de pago de factores y al saldo de transferencias corrientes.

4. El aporte de la diversificación exportadora al crecimiento

Debido a diversos factores, el grado de diversificación de las exportaciones incide en el crecimiento. En primer lugar, una canasta exportadora más diversificada reduce la volatilidad de los términos de intercambio y por tanto de los ingresos asociados a las ventas externas (efecto "cartera"). A su vez, esta menor volatilidad disminuye la varianza del crecimiento del PIB y las fluctuaciones del tipo de cambio real, lo que favorece la inversión y finalmente aumenta la media del crecimiento de la economía. En segundo término, la diversificación exportadora promueve la transformación productiva y esta tiende a potenciar la incorporación de tecnología y conocimiento. Una tercera razón es que la diversificación puede contribuir a la creación de ventajas comparativas adicionales mediante la inserción en nuevos campos de actividad, a partir de un proceso de aprendizaje relacionado a la inversión en más capital físico y humano y en el desarrollo institucional (Agosin, 2009; CEPAL, 2008).

América Latina y el Caribe todavía tiene un amplio potencial de profundización de su diversificación exportadora, tanto en términos de productos como de mercados (véase el gráfico V.5). Si bien la región redujo la concentración en productos de su canasta exportadora desde los años ochenta y hasta comienzos de este siglo, en los últimos años el proceso se ha revertido. Lo anterior fue resultado del alza de los precios de productos básicos, con el consiguiente aumento de su importancia en la canasta exportadora. En cuanto a la diversificación por mercados, se observa que los cambios han sido menores y que esta depende sobre todo de las fuerzas gravitacionales (distancia entre socios comerciales y su tamaño económico).

Gráfico V.5
América Latina y el Caribe: índices de concentración de las exportaciones
(*Índice de Herfindahl-Hirschman*)

A. Según productos
América Latina y el Caribe: subregiones y países

América Latina y el Caribe y otras regiones

■ 2010-2011   ▲ 1984-1985   ● 1994-1995

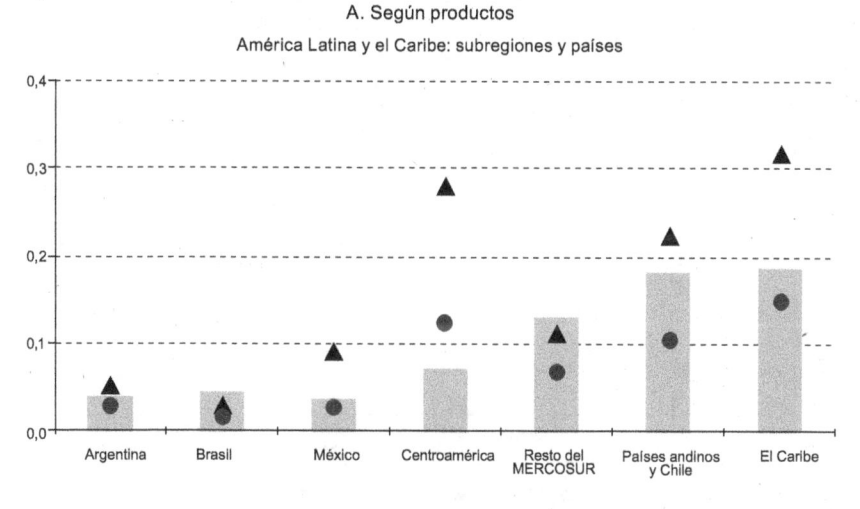

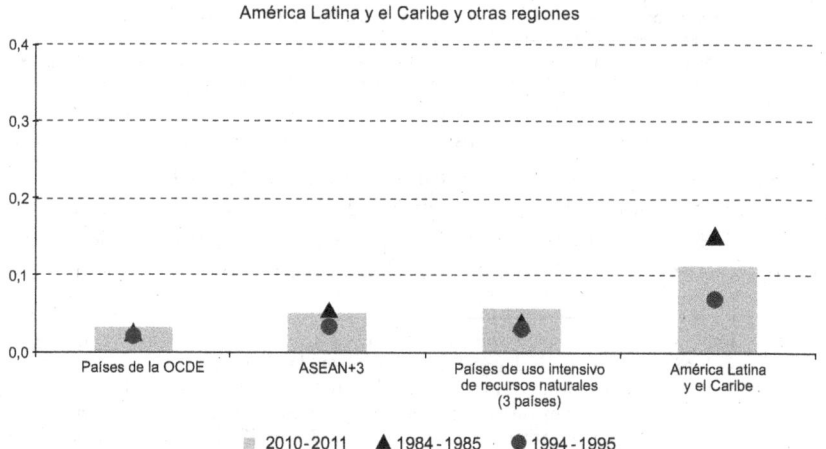

Gráfico V.5 (conclusión)
B. Según destinos
América Latina y el Caribe: subregiones y países

América Latina y el Caribe y otras regiones

■ 2010-2011   ▲ 1984-1985   ● 1994-1995

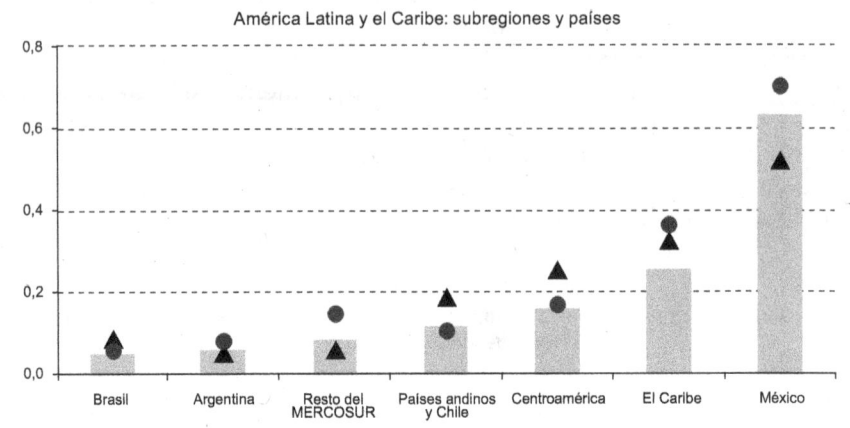

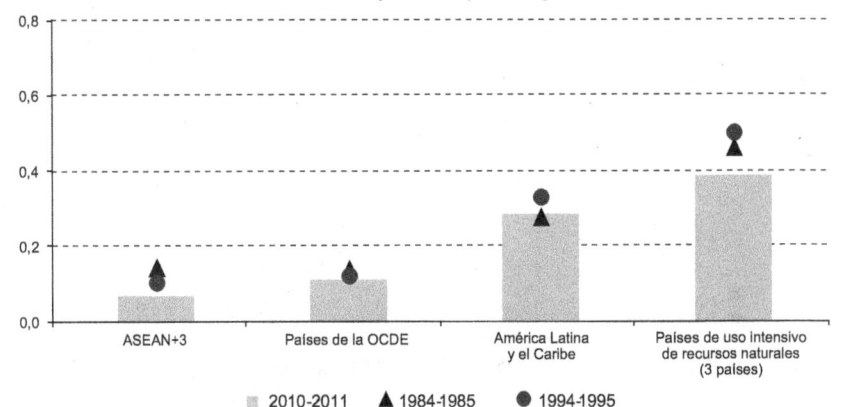

Fuente: Comisión Económica para América Latina y el Caribe (CEPAL) y Sistema Interactivo Gráfico de Datos de Comercio Internacional (SIGCI).
Nota: Los tres países de uso intensivo en recursos naturales son Australia, el Canadá y Nueva Zelandia. El índice de Herfindahl-Hirschman oscila entre 0 (mínima concentración) y 1 (máxima concentración).

Para evaluar la importancia de la diversificación exportadora en el crecimiento económico, se realizó una estimación basada en Hesse (2008) de un modelo de Solow aumentado[8]. Con ese propósito se utilizó un panel de datos quinquenales del período 1970-2010, considerándose como variable dependiente la tasa de crecimiento por quinquenio del

---

[8] La estimación se realiza mediante técnicas dinámicas de datos de panel, lo que evita los problemas asociados a las estimaciones basadas en datos de corte transversal (endogeneidad de las variables explicativas, heterogeneidad inobservable, imposibilidad de captar relaciones dinámicas). Concretamente, se emplea el método generalizado de momentos de sistema, desarrollado por Arellano y Bover (1995) y Blundell y Bond (1998), que resulta especialmente apropiado para la estimación de modelos de crecimiento.

PIB real per cápita. La concentración de las exportaciones se mide a través del índice de Herfindahl-Hirschman[9]. Como variables de control se incluyen en todas las especificaciones consideradas el nivel inicial de PIB per cápita, los años promedio de escolaridad (como medida del capital humano), la tasa de crecimiento de la población[10], la tasa de inversión (participación de la inversión en el PIB), el grado de apertura de la economía y la participación del sector manufacturero en el PIB[11].

Los resultados obtenidos confirman la significancia de la diversificación para el crecimiento económico (véase el cuadro V.2). No obstante, la relación entre ambas variables no es lineal: cuando se incluye en el modelo el índice de concentración solo, este indicador no resulta significativo (columna 1); en cambio, cuando se agrega el índice elevado al cuadrado ambas variables resultan altamente significativas (columna 2). En esta segunda especificación del modelo, el signo negativo del coeficiente estimado para la medida de concentración indica que una canasta exportadora más concentrada en términos de productos afecta negativamente el crecimiento del PIB per cápita (de manera equivalente, una mayor diversificación de las exportaciones tiene un impacto positivo sobre el crecimiento). La no linealidad de la relación entre diversificación y crecimiento implica que a partir de cierto nivel de concentración de las exportaciones el signo del impacto se invierte, es decir, una mayor especialización exportadora tiene un efecto positivo sobre el crecimiento.

Con el fin de analizar el impacto de la composición de las exportaciones, se consideró una tercera especificación del modelo, en la cual se incluyó la participación de las manufacturas de tecnología alta en la canasta exportadora de cada país (columna 3)[12]. Los resultados obtenidos muestran que la inclusión de esta variable no afecta la significación de los indicadores de concentración considerados y tiene un efecto reducido sobre el valor de sus coeficientes. La propia variable resulta positiva y significativa, indicando que no solo la diversificación de las exportaciones importa para

---

[9] El índice de Herfindahl-Hirschman (IHH) mide el grado de concentración de la canasta exportadora de un país i (para un período determinado) como: $IHH_i = \sum_{j=1}^{n}\left(\frac{X_{ij}}{X_i}\right)^2$, donde X_{ij} es el valor de las exportaciones del producto j realizadas por el país i y Xi es el valor de las exportaciones totales del país i $(X_i=\sum_{j=1}^{n}X_{ij})$. El valor del índice oscila entre 0 y 1, siendo los valores más altos indicativos de una mayor concentración de la canasta exportadora. Para el cálculo se trabajó con datos de exportaciones de bienes desagregados al nivel de cuatro dígitos de la revisión 1 de la Clasificación Uniforme para el Comercio Internacional (CUCI).

[10] Siguiendo a Hesse (2008), la tasa de crecimiento de la población se ajusta sumándole 0,05 como aproximación a la tasa de progreso tecnológico y la depreciación.

[11] En el caso del PIB per cápita inicial, se considera el nivel de 1970. Para las restantes variables de control, así como para la medida de concentración de las exportaciones, se considera el promedio de cada quinquenio.

[12] La clasificación de los bienes según contenido tecnológico se realizó sobre la base de Lall (2000). Se considera la participación promedio de cada quinquenio.

el crecimiento sino también su composición. Por otra parte, en esta tercera especificación del modelo —a diferencia de las otras dos— el nivel del PIB per cápita inicial y la tasa de inversión muestran un impacto significativo sobre el crecimiento, con los signos esperados; en cambio, las otras variables de control consideradas no resultan significativas en ningún caso.

Cuadro V.2
Modelo que explica el crecimiento quinquenal del PIB real per cápita, 1970-2010 [a][b][c]
(Método generalizado de momentos de sistema en dos etapas)

Variables explicativas	(1)	(2)	(3)
Log PIB per cápita inicial	-0,0351	-0,0565	-0,0878**
	(0,0427)	(0,0418)	(0,0428)
Log años de escolaridad	-0,575	-0,398	0,275
	(1,907)	(1,422)	(1,119)
Crecimiento de la población	-13,88	-2,367	6,149
	(14,27)	(13,22)	(13,54)
Tasa de inversión	-0,274	1,408	2,495**
	(1,846)	(1,444)	(1,216)
Grado de apertura	0,0945	-0,371	-0,390
	(0,663)	(0,261)	(0,442)
Industria/PIB	0,672	-0,365	-0,891
	(0,934)	(0,759)	(0,964)
Concentración de exportaciones	-0,226	-4,364***	-4,336***
	(0,647)	(1,100)	(1,463)
Concentración de exportaciones^2		8,129***	8,211***
		(1,935)	(2,396)
Proporción de manufacturas de tecnología alta en total de exportaciones			0,372*
			(0,216)
Número de observaciones	490	490	490
Número de países [d]	70	70	70
Número de instrumentos	19	19	21
Test Arellano-Bond para AR(2) en diferencias	0,901	0,655	0,767
Test de Hansen	0,096	0,841	0,672

Fuente: Comisión Económica para América Latina y el Caribe (CEPAL), sobre la base de H. Hesse, "Export diversification and economic growth", *Working Paper*, N° 21, Commission on Growth and Development, 2008; y datos de la Conferencia de las Naciones Unidas sobre Comercio y Desarrollo (UNCTAD), el Banco Mundial y Naciones Unidas, Base de datos estadísticos sobre el comercio de mercaderías (COMTRADE).
[a] Los valores entre paréntesis corresponden al desvío estándar.
[b] *** significativo al 1%, ** significativo al 5%, * significativo al 10%.
[c] Todas las especificaciones incluyen variables binarias temporales y errores estándar robustos a heterocedasticidad y autocorrelación. Los instrumentos utilizados incluyen hasta dos rezagos de la variable dependiente y de las covariables.
[d] Se excluyen los países exportadores de petróleo y los de Europa oriental.

5. El empleo asociado a las exportaciones

La contribución de las exportaciones a la economía se refleja también en el empleo asociado a la producción de los bienes y servicios exportados. Las estimaciones realizadas sobre la base de matrices de insumo-producto sugieren que este empleo representó de un 10% a cerca de un 25% del empleo total en los países y años considerados (véase el cuadro V.3). Con excepción de Colombia, en los demás países se observa un mayor dinamismo del empleo asociado a las exportaciones que del empleo total, lo que se traduce en un peso creciente del primero. Este mayor dinamismo se registró tanto en el empleo utilizado directamente por los sectores exportadores (empleo directo) como en el contenido en los bienes y servicios de origen nacional usados como insumos por estos sectores (empleo indirecto).

Cuadro V.3
América Latina (5 países seleccionados): empleo asociado al sector exportador

País	Año	Porcentaje del empleo total	Empleo indirecto/ directo	Empleo total	Empleo asociado a exportaciones Total	Directo	Indirecto
Brasil	2000	9,9	0,99	2,9	10,8	9,2	12,3
	2005	14,3	1,13				
Chile	1996	18,6	0,70	1,6	5,6	6,2	4,6
	2003	24,3	0,63				
Colombia	1997	13,5	0,34	3,9	3,0	2,0	5,8
	2005	12,6	0,46				
México	2003	13,1	0,43				
Uruguay	1997	12,0	0,99	-0,5	4,4	4,1	4,6
	2005	17,6	1,03				

Fuente: Comisión Económica para América Latina y el Caribe (CEPAL), sobre la base de matrices de insumo-producto de los países.

El nivel de empleo indirecto asociado a las exportaciones es un reflejo de los encadenamientos domésticos del sector exportador. El mayor crecimiento registrado por este tipo de empleo en el Brasil, Colombia y el Uruguay, respecto al empleo directo, estaría indicando una intensificación de estos encadenamientos, aunque existen diferencias en los países. Mientras que en el Brasil y el Uruguay por cada un empleo directo asociado a las exportaciones se genera alrededor de un empleo indirecto, en los restantes países la relación es bastante inferior a uno.

También existe un efecto de pérdida de empleos asociado a las importaciones, que puede estimarse a partir de las matrices de insumo-producto. En CEPAL (2013a) se efectúa una estimación de este tipo, analizando el efecto neto sobre el empleo de la variación en el grado de apertura comercial de los países considerados[13]. En los resultados obtenidos se observa que, en los años analizados, el efecto neto habría sido positivo en los cuatro países examinados (véase el cuadro V.4). En el caso del Brasil, la mayor propensión exportadora en 2005 habría derivado en sobre 3,4 millones de empleos adicionales a los que se habrían generado si la economía hubiese mantenido la propensión a exportar que tenía en 2000. La menor penetración de importaciones habría evitado la pérdida de alrededor de 1,8 millones de empleos, por lo que el efecto neto habría sido un aumento del empleo asociado al comercio en algo más de 5,2 millones de puestos de trabajo. Las estimaciones realizadas para Chile muestran un aumento de 334.000 empleos en 2003, derivado de una mayor propensión a exportar respecto a 1996 y una pérdida de 132.000 empleos provocada por la mayor penetración de las importaciones, con un efecto neto positivo de 201.000 puestos de trabajo. En el caso de Colombia, la menor propensión a exportar en 2005 habría generado una caída del empleo asociado a las exportaciones estimada en 416.000 puestos de trabajo, mientras que la menor penetración de las importaciones habría evitado la pérdida de 627.000 empleos, resultando en un efecto neto positivo de 212.000 puestos de trabajo. Finalmente, para el Uruguay se estima un incremento de 83.000 puestos de trabajo derivado de la mayor propensión a exportar y una pérdida de 30.000 empleos como consecuencia del aumento de la penetración de las importaciones, con un efecto neto positivo de 53.000 puestos de trabajo.

---

[13] La estimación realizada considera la diferencia entre la creación de empleo asociado a las exportaciones (dada por la variación del coeficiente de exportación) y la potencial pérdida de empleo en los sectores que compiten con las importaciones (determinada por la variación del coeficiente de penetración de importaciones). No se considera la eventual creación (pérdida) de empleo en los sectores de servicios relacionados a las importaciones (como comercio y transporte), que podría derivarse del incremento (disminución) de estos flujos.

Cuadro V.4
América Latina (4 países seleccionados): variación del empleo debido a cambios en el grado de apertura
(En miles de personas)

País	Empleo asociado a variación de propensión exportadora	Empleo asociado a variación de propensión importadora	Variación neta del empleo
Brasil (2000-2005)	3 427	1 790	5 217
Chile (1996-2003)	334	-132	201
Colombia (1997-2005)	-416	627	212
Uruguay (1997-2005)	83	-30	53

Fuente: Comisión Económica para América Latina y el Caribe (CEPAL), *Comercio y crecimiento inclusivo: Construyendo sinergias* (LC/G.2562), Santiago de Chile, 2013.

D. La "calidad" de la especialización exportadora e importadora

Después de haber analizado algunos vínculos macroeconómicos entre el comercio y el crecimiento inclusivo, en esta sección se analiza la calidad de la inserción internacional de los países de la región. El tipo de productos y servicios que un país exporta e importa no es neutral en términos de su impacto esperado para el crecimiento inclusivo. En esta sección se utilizan cuatro indicadores para evaluar esta calidad: el grado del comercio intraindustrial, el contenido tecnológico, el contenido de valor agregado y el margen intensivo y extensivo del crecimiento de las exportaciones. Para analizar el carácter inclusivo del comercio, se examina qué tipo de empresas se encuentran asociadas a las exportaciones. Debe señalarse que cada indicador tiene méritos pero también limitaciones, por lo que solo brindan un valor indicativo como medida de calidad.

1. El comercio interindustrial

El primer indicador de calidad considerado es el grado de comercio intraindustrial, medido por el índice de Grubel y Lloyd. Este indicador refleja en qué medida el comercio entre dos países se produce en sectores similares. En contraposición al comercio interindustrial, el comercio intraindustrial explica el crecimiento del comercio con base en economías de escala y diferenciación de productos. Ambos elementos son factores explicativos de los patrones de comercio en la "nueva teoría del comercio internacional" que surgió en los años ochenta, la que además incorpora como factor explicativo la existencia de mercados caracterizados por una competencia imperfecta (Helpman y Krugman, 1989). Una especialización intraindustrial supone una mayor eficiencia productiva, en particular por las ganancias de escala y de aprendizaje, y debería redundar en una mayor productividad y crecimiento.

Es habitual distinguir tres niveles de comercio intraindustrial según el índice de Grubel y Lloyd: alta presencia de comercio intraindustrial (valor del indicador superior a 0,33), potencial de comercio intraindustrial (valor de 0,10 a 0,33) y comercio interindustrial (valor inferior a 0,10) (Durán Lima y Álvarez, 2011). Una debilidad del índice es su sensibilidad al nivel de agregación de los flujos de comercio: mientras más agregada es la clasificación comercial utilizada y mayor el número de países considerados, más probable resulta la existencia de comercio intraindustrial.

En el caso de las subregiones y países de América Latina y el Caribe, las relaciones de tipo intraindustrial se registran sobre todo en el comercio interno de los esquemas subregionales de integración: Comunidad del Caribe (CARICOM), Comunidad Andina de Naciones (CAN), Mercado Común Centroamericano (MCCA) y Mercado Común del Sur (MERCOSUR); en cambio, el comercio entre estas agrupaciones es más bien de tipo interindustrial (véase el cuadro V.5). La República Bolivariana de Venezuela registra los menores niveles de comercio intraindustrial, debido a que sus exportaciones consisten en sobre 90% en petróleo y sus derivados. Entre los socios extrarregionales, el comercio con los Estados Unidos presenta la mayor intensidad intraindustrial, seguido por el intercambio con la Unión Europea[14]. El comercio con Asia en desarrollo es de carácter esencialmente interindustrial. Dado que el comercio con Asia en desarrollo fue precisamente el que más se expandió en la década de 2000, el nivel de comercio intraindustrial total de la región se redujo, y probablemente también el aporte del comercio al crecimiento inclusivo en términos de este indicador.

---

[14] El mayor nivel de comercio intraindustrial con los Estados Unidos se explica principalmente por sus cadenas de valor con México y los países de Centroamérica. No obstante, los beneficios de este comercio son limitados porque están basados sobre todo en la maquila, donde la gran mayoría de los insumos no son producidos en forma doméstica sino que importados.

Cuadro V.5
América Latina y otros países y regiones del mundo: comercio intraindustrial, 2011
(Índice de Grubel y Lloyd)

	México	Centroamérica (con Panamá)	El Caribe	MERCOSUR (sin Venezuela (República Bolivariana de))	Venezuela (República Bolivariana de)	Comunidad Andina de Naciones (CAN)	América Latina y el Caribe total	Estados Unidos	Unión Europea	Asia en desarrollo
México		0,14	0,12	0,35	0,05	0,15	0,34	0,44	0,27	0,10
Centroamérica (con Panamá)	0,18	0,82	0,12	0,24	0,04	0,24	0,63	0,23	0,10	0,04
El Caribe	0,03	0,26	0,34	0,07	0,01	0,06	0,31	0,31	0,18	0,06
MERCOSUR (sin Venezuela (República Bolivariana de))	0,33	0,07	0,02	0,93	0,05	0,17	0,69	0,30	0,27	0,09
Venezuela (República Bolivariana de)	0,04	0,05	0,06	0,05		0,11	0,08	0,03	0,05	0,00
Comunidad Andina (CAN)	0,12	0,33	0,29	0,18	0,11	0,87	0,53	0,15	0,06	0,03
América Latina y el Caribe total	0,32	0,58	0,04	0,60	0,13	0,57	0,89	0,47	0,29	0,09
Estados Unidos	0,48	0,16	0,32	0,26	0,03	0,14	0,47		0,64	0,39
Unión Europea	0,31	0,08	0,07	0,14	0,01	0,04	0,23	0,28	0,62	0,41
Asia en desarrollo	0,36	0,04	0,03	0,13	0,00	0,03	0,18	0,36	0,40	0,58

Fuente: Comisión Económica para América Latina y el Caribe (CEPAL), sobre la base de información de Naciones Unidas, Base de datos estadísticos sobre el comercio de mercaderías (COMTRADE).

2. La intensidad tecnológica

El segundo indicador de calidad incluido es la intensidad tecnológica de las exportaciones, según la clasificación de Sanjaya Lall (2000). Esta separa el universo de productos en cinco categorías: productos primarios, manufacturas basadas en recursos naturales y manufacturas de tecnología baja, media y alta. En comparación con los productos basados en recursos naturales o de baja tecnología, la producción de bienes de contenido tecnológico medio o alto requiere, por lo general, un mayor nivel de conocimientos. Además, la exportación de este último tipo de bienes suele estar asociada a una participación más intensa en cadenas globales de producción, lo que ofrece el beneficio potencial de integración a sus segmentos más dinámicos y del aprovechamiento de economías de escala. Cabe destacar también que los productos de mayor contenido tecnológico son los que han exhibido más dinamismo en las décadas de 1990 y 2000. Todos estos aspectos redundan en que la producción y exportación de bienes de tecnología media y alta deberían vincularse a tasas más elevadas de crecimiento económico (CEPAL, 2008).

No obstante lo anterior, el poder analítico de este indicador ha perdido vigor en las últimas dos décadas debido al desarrollo de las cadenas internacionales de producción. Cada vez menos bienes y servicios se producen enteramente en un solo país, sino que el proceso se realiza dentro de una cadena que involucra varios países y donde cada uno se especializa en una tarea. En consecuencia, un país que se especialice en una tarea de baja intensidad tecnológica como el ensamblado de un producto altamente sofisticado, sería considerado un productor de bienes de alta tecnología según la clasificación de Lall, aunque en realidad no lo es. En este panorama, la intensidad tecnológica depende de la complejidad de la tarea, más que del respectivo producto o servicio final. Incluso tomando en cuenta esta debilidad, el indicador de Lall entrega una primera aproximación al nivel de sofisticación tecnológica asociado a las exportaciones de un país o región.

En comparación con los años noventa, las exportaciones de América Latina y el Caribe mantuvieron su estructura en la primera década de este siglo (véase el gráfico V.6). Los recursos naturales (brutos y procesados) representaron más de la mitad de las exportaciones a nivel general, y casi el 80% de las ventas dirigidas hacia el Asia y el Pacífico y la Unión Europea. La mayor intensidad de productos de mediana y alta tecnología se encuentra en las exportaciones dentro de la región y a los Estados Unidos (en este último caso asociada sobre todo a la actividad de maquila realizada en México y otros países centroamericanos).

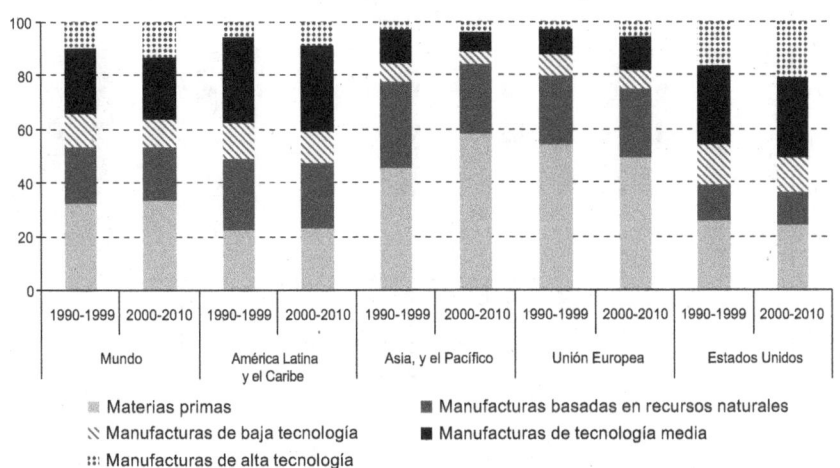

Gráfico V.6
América Latina y el Caribe: intensidad tecnológica de las exportaciones por destino, décadas de 1990 y 2000
(En porcentajes)

- Materias primas
- Manufacturas basadas en recursos naturales
- Manufacturas de baja tecnología
- Manufacturas de tecnología media
- Manufacturas de alta tecnología

Fuente: Comisión Económica para América Latina y el Caribe (CEPAL), sobre la base de Naciones Unidas, Base de datos estadísticos sobre el comercio de mercaderías (COMTRADE).

3. Contenido de valor agregado por tipo de producto exportado

El contenido de valor agregado de las exportaciones permite evaluar el aporte de estas al crecimiento de la economía. Cuanto más alto es el valor generado domésticamente, mayor la contribución al crecimiento de un país. El valor agregado incorporado en las exportaciones puede estimarse a partir de las matrices de insumo-producto. El cálculo realizado para cinco países de la región indica que la proporción de valor agregado es mayor en el sector primario y los servicios (véase el gráfico V.7A)[15]. El sector manufacturero utiliza la mayor proporción de bienes intermedios (nacionales e importados) y, en consecuencia, registra el menor contenido relativo de valor agregado en sus exportaciones.

Como los contenidos de valor agregado por sector son diferentes, la composición por sectores de las exportaciones en valores brutos o en valor agregado es bastante disímil (véase el gráfico V.7B). Se puede observar que la participación del sector industrial es más reducida en términos de valor agregado, mientras que en los otros sectores ocurre lo contrario. Los casos de la minería en Colombia y México llaman la atención por el peso considerablemente mayor en términos netos (es decir, en valor agregado).

---

[15] Se considera el valor agregado generado directamente en cada sector. El contenido de valor agregado total de las exportaciones de cada sector está dado por el valor agregado generado en el propio sector (valor agregado directo) y el valor agregado generado en los sectores domésticos que lo proveen de insumos (valor agregado indirecto, incluido en "Resto").

Gráfico V.7
América Latina (5 países seleccionados): contenido y composición de las exportaciones

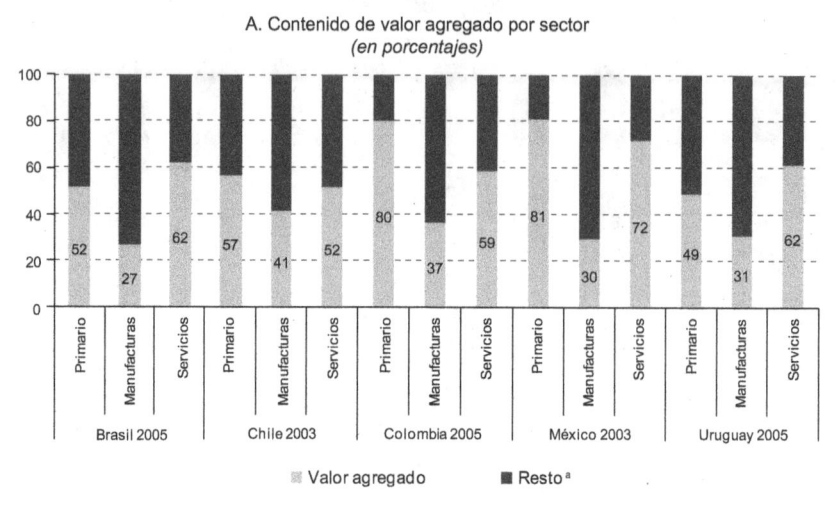

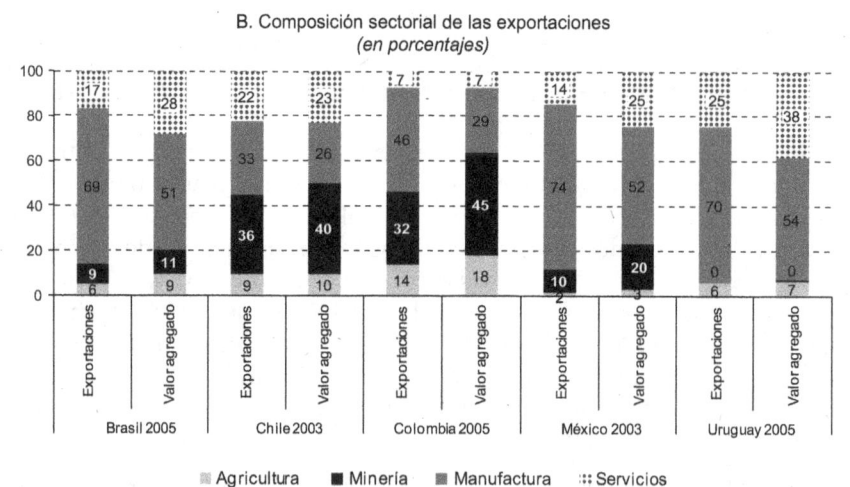

A. Contenido de valor agregado por sector
(en porcentajes)

País	Primario (VA)	Manufacturas (VA)	Servicios (VA)
Brasil 2005	52	27	62
Chile 2003	57	41	52
Colombia 2005	37	80	59
México 2003	81	30	72
Uruguay 2005	49	31	62

■ Valor agregado   ■ Resto [a]

B. Composición sectorial de las exportaciones
(en porcentajes)

País		Agricultura	Minería	Manufactura	Servicios
Brasil 2005	Exportaciones	6	9	69	17
	Valor agregado	9	11	51	28
Chile 2003	Exportaciones	9	36	33	22
	Valor agregado	10	40	26	23
Colombia 2005	Exportaciones	14	32	46	7
	Valor agregado	18	45	29	7
México 2003	Exportaciones	2	10	74	14
	Valor agregado	3	20	52	25
Uruguay 2005	Exportaciones	6	0	70	25
	Valor agregado	7	0	54	38

■ Agricultura   ■ Minería   ■ Manufactura   ∷ Servicios

Fuente: Comisión Económica para América Latina y el Caribe (CEPAL), sobre la base de matrices de insumo-producto de los países.
[a] "Resto" corresponde al valor de los insumos intermedios (nacionales e importados) utilizados en la producción de los bienes y servicios exportados por cada sector.

Es importante considerar que el valor agregado generado por las exportaciones no se traduce automáticamente en un impacto positivo para la inclusión. El impacto distributivo del valor agregado depende de cómo se reparte este ingreso entre los propietarios de los factores de producción: trabajo, capital y recursos naturales (tierras y minas, entre otros). Por ejemplo, una parte importante del ingreso en la minería se transfiere a las empresas en forma de ganancias. Si estas empresas son de capital extranjero, la mayor proporción de estas ganancias es transferida a la casa matriz situada fuera del país, con lo que el ingreso doméstico se reduce. De modo más general, se puede decir que el impacto para la inclusión social depende del porcentaje del ingreso total pagado a los asalariados y los trabajadores por cuenta propia, junto con la distribución de este ingreso en los trabajadores. Asimismo, es importante considerar el papel que la política impositiva y el gasto social pueden tener en la redistribución del ingreso generado en estos sectores.

4. El margen intensivo y extensivo

El cuarto indicador de calidad considerado es el margen intensivo y extensivo del crecimiento de las exportaciones. Este indicador mide qué proporción del aumento de las exportaciones en un período determinado corresponde a productos y/o mercados existentes (margen intensivo) y qué fracción se debe a productos y/o mercados nuevos (margen extensivo). Se presume que el aprendizaje relacionado al descubrimiento de nuevos productos o al establecimiento de nuevas relaciones comerciales es mayor que el vinculado a la exportación de los mismos productos y/o a destinos conocidos. Se estima por tanto que el margen extensivo tiene un impacto mayor sobre el crecimiento.

En el caso de América Latina y el Caribe, sobre el 80% del aumento de las exportaciones en los períodos 1995-2002 y 2003-2010 se explica por el margen intensivo (véase el gráfico V.8A). El margen extensivo fue entonces relativamente pequeño y responsable de alrededor del 15% del crecimiento en los dos períodos. Dentro del margen extensivo, la exportación de los mismos productos a nuevos destinos ha sido el componente más importante, seguido por la venta de productos nuevos a destinos existentes. La proporción del crecimiento correspondiente a la exportación de nuevos productos a nuevos mercados fue apenas de un 1%[16]. Los resultados por destino de las exportaciones muestran que el crecimiento de las ventas hacia la región y la Unión Europea presentan el mayor margen extensivo, en tanto que las destinadas a los Estados Unidos registran el menor margen. No obstante, en todos los casos el margen intensivo explica más del 75% del incremento de las exportaciones de la región en los dos períodos considerados (véase el gráfico V.8B).

---

[16] Estos resultados son similares a los de Dingemans y Ross (2012), que sostienen que para 9 de las 11 principales economías de la región el margen intensivo representó más de tres cuartas del crecimiento de las exportaciones entre 1990 y 2008. Solo en los casos del Uruguay y la República Bolivariana de Venezuela el margen extensivo superó el 40% de dicho crecimiento, y se concentró en las exportaciones de productos existentes a mercados nuevos.

Gráfico V.8
América Latina y el Caribe: margen intensivo y extensivo de las exportaciones[a]
(En porcentaje del aumento total de las exportaciones)

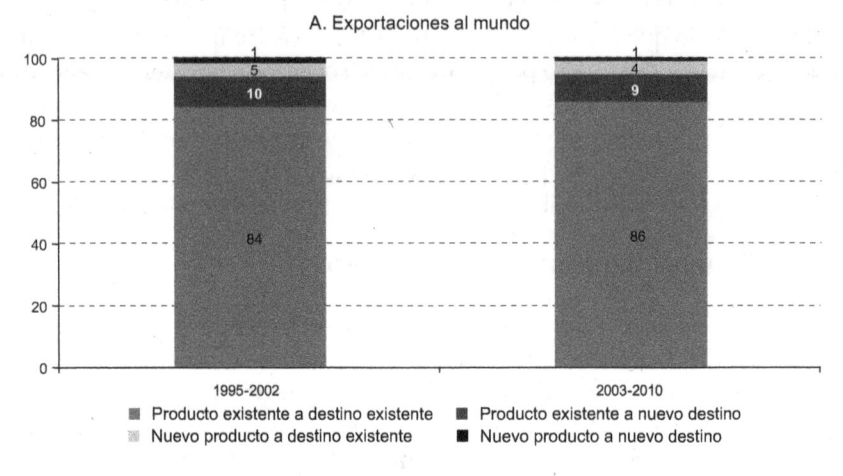

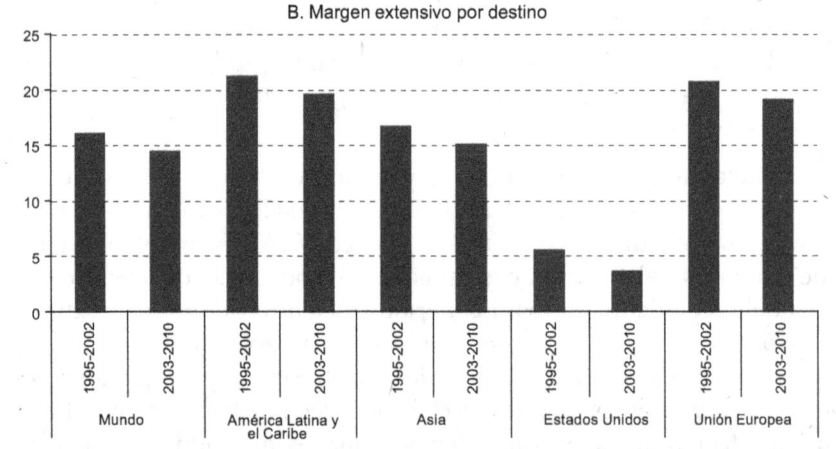

A. Exportaciones al mundo

	1995-2002	2003-2010
Producto existente a destino existente	84	86
Producto existente a nuevo destino	10	9
Nuevo producto a destino existente	5	4
Nuevo producto a nuevo destino	1	1

B. Margen extensivo por destino

Destino	1995-2002	2003-2010
Mundo	16	14.5
América Latina y el Caribe	21	19.5
Asia	16.5	15
Estados Unidos	5.5	3.5
Unión Europea	20.5	19

Fuente: Comisión Económica para América Latina y el Caribe (CEPAL), sobre la base de Naciones Unidas, Base de datos estadísticos sobre el comercio de mercaderías (COMTRADE).

[a] La descomposición del crecimiento de las exportaciones a precios corrientes puede conducir a una sobrestimación del margen intensivo durante los años dos mil, en la medida que este se encuentra determinado principalmente por las exportaciones de productos básicos cuyos precios crecieron fuertemente. El margen extensivo, en cambio, está compuesto por productos nuevos cuyos precios registraron un menor incremento.

5. Las empresas exportadoras

En comparación con los países industrializados, la proporción de empresas que exportan es baja en América Latina y el Caribe. Los datos de algunos países de la región reflejan que las empresas exportadoras representan menos del 1% del total de empresas —salvo en el caso del Uruguay—, mientras que en países desarrollados este porcentaje es superior al 2,5% (véase el cuadro V.6). Otra característica de varios países latinoamericanos es la concentración de las exportaciones entre las empresas: el primer percentil de empresas exportadoras es responsable de sobre un 60% del valor total exportado (salvo en el Uruguay). Reflejo de esta situación es la baja participación de la pequeña y mediana empresa (Pyme) en las exportaciones. En la mayoría de los países de la región, esta participación es cercana al 5%, mientras que en los países de la OCDE supera el 15% (CEPAL, 2013a). Otro ejemplo de las diferencias de América Latina con los países industrializados en esta materia es el reducido presupuesto público destinado al apoyo a la Pyme en el primer grupo de países (véase el cuadro V.6).

Cuadro V.6
Países seleccionados: exportaciones, empresas y apoyo a la pyme
(En dólares, porcentajes y número)

País	Exportaciones 2010 per cápita (en dólares)	Exportadoras/Total de empresas, 2010 (en porcentajes)	Participación del primer percentil de exportadoras en los envíos totales 2010 (en porcentajes)	Apoyo a la Pyme[a] (en porcentajes del PIB)
Argentina	1 683	s/d	72,0	s/d
Brasil	1 010	0,5	59,5	0,085
Colombia	860	0,4	78,6	0,008
Chile	4 813	0,8	81,0	0,03
México	2 695	0,7	73,1	0,015
Uruguay	1 999	1,6	40,8	0,024
Bélgica	27 685	5,8	48,0	s/d
España	8 019	3,4	64,0	0,41
Estados Unidos	5 758	4,5	66,3[b]	0,39[b]
República de Corea	10 875	2,7	s/d	0,27

Fuente: Comisión Económica para América Latina y el Caribe (CEPAL), sobre la base de Naciones Unidas, Base de datos estadísticos sobre el comercio de mercaderías (COMTRADE), y datos oficiales de los países.
[a] Considera el presupuesto total de los organismos que apoyan a la Pyme (sobre la base de presupuestos anuales). En el caso de los Estados Unidos incluye el promedio de 11 estados (véase en el Programa de las Naciones Unidas para el Desarrollo (PNUD), www.undp.org.mx/IMG/pdf/PNUD_presupuestos_subnacionales.pdf).
[b] Considera el total de empresas exportadoras industriales, sobre la base de la Oficina del Censo de los Estados Unidos, Departamento de Comercio, Washington, D.C.

De acuerdo al análisis por destino, participan más empresas, en particular la pyme, en las exportaciones hacia los países vecinos de la región que en las ventas hacia otros mercados, en especial debido a la mayor presencia de manufacturas (véase el cuadro V.7). América Latina y el Caribe no es solo el principal destino para la mayoría de las empresas exportadoras, también es hacia donde se envían más productos y donde existe menor concentración de las exportaciones. Más de la mitad de las empresas exporta a un destino de la propia región[17], a pesar que hacia esta solo se dirige un sexto de los envíos totales. En la mayoría de los países, la región presenta el menor monto medio exportado por empresa, el mayor número promedio de productos exportados por empresa y los menores índices de concentración. Por el contrario, en las exportaciones a China se registra el menor número de empresas, el mayor valor exportado por empresa y la concentración más alta. Los datos analizados indican que las exportaciones a la región tienen una mayor diversidad de productos (el 87% del total, considerando el sistema armonizado a 6 dígitos) y un número promedio más alto de productos exportados por empresa (4,8), lo que se traduce en que los envíos por empresa hacia la región tengan menores índices de concentración que aquellos dirigidos a otros destinos (índice de Herfindahl-Hirschmann de 0,02) (véase el cuadro V.7).

Cuadro V.7
América Latina y países y regiones del mundo seleccionados: indicadores de empresas exportadoras, 2010
(En porcentajes, millones de dólares, número e índice)

Destino de las exportaciones	Empresas por destino (en porcentajes)	Monto promedio exportado (en millones de dólares)	Promedio de productos exportados por empresa (número)	Concentración, índice de Herfindahl-Hirschmann (coeficiente)
América Latina y el Caribe[a]	69	1,8	4,5	0,02
China	7	8,9	1,6	0,14
Estados Unidos	28	2,2	2,6	0,05
Unión Europea	29	3,1	3,1	0,10
Resto del mundo	31	4,5	3,2	0,07
Total	...	4,8	3,3	0,04

Fuente: Comisión Económica para América Latina y el Caribe (CEPAL), sobre la base de datos de las aduanas de los países.
[a] Se consideran ocho países: Argentina, Brasil, Chile, Colombia, Panamá, Paraguay, Perú y Uruguay.

Varios estudios demuestran la elevada rotación de las empresas exportadoras en América Latina y el Caribe y que las exportaciones están concentradas en un pequeño núcleo de empresas (Urmeneta, 2010). Las

---

[17] Entre el 55% y el 69% de las empresas exporta a la región, según si se incluye o no a México.

empresas entrantes y salientes sobrepasan el 30% del total de empresas exportadoras en varios países de la región, lo que ha generado un estancamiento del número total de exportadoras en los últimos años (CEPAL, 2012). Lo anterior refuerza la necesidad de incorporar a nuevas empresas exportadoras, favoreciendo la diversificación y disminuyendo la extrema vulnerabilidad de muchos pequeños exportadores que exportan un solo producto a un único destino (CEPAL, 2013a). En Colombia, Eaton y otros (2008) comprueban que cerca de la mitad de los exportadores no lo eran el año previo. Alrededor de la mitad del crecimiento de las exportaciones colombianas en una década es atribuible a empresas que no exportaban inicialmente, y los países vecinos aparecen como el primer peldaño para después exportar a otros mercados de la región.

E. El vínculo microeconómico del comercio y la productividad

Las teorías recientes del comercio internacional, comenzando por Melitz (2003), son una respuesta frente a la creciente disponibilidad de microdatos. Estos han permitido investigar los comportamientos heterogéneos de empresas que no habían podido ser explicados por las teorías tradicionales. Estas últimas suponen una empresa representativa de la industria. Por ejemplo, los modelos basados en las ventajas comparativas, como el de Heckscher-Ohlin, se focalizan en las explicaciones de comercio entre industrias (interindustrial), sobre la base de supuestos de competencia perfecta y rendimientos constantes a escala. Incluso en los modelos de variedad de productos, como aquellos avanzados por Krugman (1980), en que las empresas se especializan en variedades horizontalmente diferenciadas y existe la posibilidad de comercio al interior de una misma industria (intraindustrial), también se omite la diversidad que existe a nivel de las empresas.

Las nuevas investigaciones empíricas se han centrado fundamentalmente en tres áreas: i) la relación de las exportaciones y la productividad; ii) los factores que determinan la salida y entrada de empresas exportadoras; y iii) el margen intensivo y extensivo, entendido en sus tres dimensiones (número de productos, empresas y destinos) A partir de estos tópicos se ha desarrollado estudios que a menudo se traslapan, por lo que las fronteras no son nítidas.

Con la constatación empírica de que las empresas exportadoras son más productivas, surgió una línea que investiga la dirección de la causalidad de productividad y exportación. En general, los estudios mencionan al menos una de las dos hipótesis siguientes para explicar el fenómeno: i) autoselección, y ii) "aprender haciendo". La primera se refiere a la observación de que solo las empresas más productivas se involucran en los procesos de exportación. El "aprender haciendo" pone énfasis en que la experiencia exportadora previa es fundamental para las decisiones futuras de exportación. Estas investigaciones parecerían haber probado que la productividad es una condicionante de la actividad exportadora.

Sobre la base de la revisión de 45 estudios con datos para 33 países, publicados de 1995 a 2006, Wagner (2007) argumenta que, obviando los detalles, las conclusiones tras diez años de investigaciones sobre la relación de exportaciones y productividad son: i) las empresas exportadoras son más productivas que las no exportadoras; ii) las empresas más productivas se autoseleccionan para exportar; y iii) exportar no necesariamente eleva la productividad de las empresas. Sin embargo, el autor advierte que estas observaciones generales esconden bastante heterogeneidad, ya que la comparación de países e incluso estudios sobre un mismo país es difícil debido a las diferencias metodológicas. Para remediarlo, Wagner promovió el Grupo internacional de estudios sobre exportaciones y productividad, donde se analiza la relación de exportaciones y productividad de 14 países, incluidos dos de América Latina (Chile y Colombia), usando similar metodología.

Cuadro V.8
Países seleccionados de América Latina: evidencia microeconométrica sobre los vínculos del comercio y el desempeño de las empresas

País, autor y año de publicación	Período analizado	Relación	Resultados
México. Bernard (1995)	1986-1990	PL, X	PL mayor para las empresas exportadoras, mientras que el crecimiento de esta no difiere significativamente en las empresas exportadoras y no exportadoras.
Chile. Meller (1995)	1986-1989	PL, X	PL significativamente mayor en las empresas exportadoras (pequeñas y grandes) que en las que no exportan; el diferencial de productividad difiere entre industrias.
Colombia. Clerides y otros (1998)	1981-1991	PL, X	PL más alta en las empresas exportadoras que en las no exportadoras. PL más alta en empresas que comienzan a exportar que en otros grupos de empresas.
México. Clerides y otros (1998)	1986-1990	PL, X	PL más alta en las empresas exportadoras que en las no exportadoras, al igual que en las que recién comenzaron a exportar y aquellas que dejaron de hacerlo. No se observaron efectos de aprendizaje de exportación.
Colombia. Isgut (2001)	1981-1991	PL, X, tamaño de plantas	PL más alta en las empresas exportadoras que en las que no exportan. El efecto es mayor en las plantas pequeñas. El crecimiento de la PL no difiere significativamente en las empresas exportadoras y no exportadoras.

Cuadro V.8 (conclusión)

País, autor y año de publicación	Período analizado	Relación	Resultados
Colombia. Fernandes e Isgut (2005)	1981-1991	Edad de plantas, X	Las empresas jóvenes que ingresan a los mercados de exportación registran tasas de crecimiento anual de PTF más altas que las empresas jóvenes que no exportan. El efecto es bastante más débil en las empresas antiguas.
Chile. Alvarez y López (2005)	1990-1996	Productividad, X	Efecto de primas de exportación positivas y significativas para la PL y PTF. Los diferenciales de productividad varían considerablemente según la industria. Las empresas que ingresan a la exportación tienen mayor PL y PTF que las no exportadoras. Las empresas realizan actividades para aumentar la productividad antes de comenzar a exportar.
Chile. López (2006)	1990-1999	M de bienes intermedios y probabilidad de sobrevivencia	Los importadores tienen mayor probabilidad de sobrevivir, mientras que los exportadores tienen mayor probabilidad de sobrevivir solo si importan bienes intermedios. La exportación no parece reducir por si sola la probabilidad de salir del mercado.
Chile. Kasahara y Lapham (2008)	1990-1996	Productividad, X, M	Las empresas que a la vez exportan e importan son más productivas que aquellas que solo hacen una de los dos actividades. Hay evidencia de autoselección de empresas más productivas en actividades de importación.
Chile. Kasahara y Lapham (2008)	1979-1996	M de bienes intermedios y desempeño de plantas	Iniciar la importación de bienes intermedios mejora la productividad.
México. Frías, Kaplan y Verhoogen (2009)	1993-2001	X y prima salarial	Casi dos tercios de la correlación entre el salario promedio de la planta y el tamaño de la planta se explican por la prima salarial relacionada con las exportaciones y el tercio restante por la composición de la fuerza laboral.
Chile. Gibson y Graciano (2011)	2001-2006	Costos para comenzar y continuar en la comercialización	Las empresas importadoras tienen una menor probabilidad de salir del mercado que aquellas que no importan.
Chile. Namini, Facchini y López (2011)	1990-1999	Crecimiento X y competencia en el mercado de factores	Las empresas importadoras de bienes intermedios tienen una mayor probabilidad de sobrevivencia que aquellas no importadoras. Las empresas exportadoras tienen una mayor probabilidad de sobrevivencia que aquellas no exportadoras, pero esta disminuye con el valor exportado por el sector correspondiente.

Fuente: J. Wagner, "Exports, imports and firm survival: first evidence for manufacturing enterprises in Germany", *IZA Discussion Paper*, N° 5924, agosto de 2011 y "Exports and productivity: a survey of the evidence from firm-level data", *The World Economy*, vol. 30, N° 1, 2007.

Nota: X = exportaciones; M = importaciones; PL = productividad laboral; PTF = productividad total de los factores.

De forma complementaria, el Grupo internacional de estudios sobre exportaciones y productividad determinó que: i) las empresas exportadoras son más productivas que las no exportadoras; ii) el premio en productividad tiende a aumentar con la participación de las exportaciones en las ventas de la empresa; iii) existe evidencia a favor de la hipótesis de autoselección, y iv) prácticamente no existe evidencia a favor de la hipótesis de aprender haciendo. Asimismo, se estableció que incluso usando el mismo modelo, el premio para los exportadores varía de forma considerable: países con economías más abiertas y con gobiernos más efectivos reportan premios de productividad más altos. El nivel de desarrollo de los países no tendría un impacto en la relación entre las exportaciones y la productividad de las empresas (International Study Group on Exports and Productivity, 2007).

Una vertiente relacionada de la literatura especializada ha examinado los procesos de liberalización y su impacto sobre la productividad. Estos estudios han determinado que gran parte de la reasignación de recursos, como el trabajo, se registra dentro de la misma industria, con la salida de las empresas menos productivas y un aumento en el nivel agregado de productividad (Pavcnik, 2002; Bernard, Jensen y Schott, 2006).

Otra línea de investigación que destaca ha sido el análisis de la entrada y salida de empresas al mercado. Se han obtenido aquí resultados que arrojan diferencias sistemáticas en la productividad, el tamaño y otras características económicas de las empresas que acceden y se retiran del mercado (Dunne, Roberts y Samuelson, 1989). Al respecto, Wagner (2011) resume los estudios publicados de 2006 a 2011 y señala que la probabilidad de sobrevivencia es mayor para los exportadores, incluso si se controla por tamaño, edad y productividad. Por el lado de las importaciones, basado en tres estudios sobre Chile (López, 2006; Gibson y Graciano, 2011; Namini, Facchini y López, 2011), el autor señala que los importadores tienen una menor probabilidad de salida que los no importadores. Una variedad de estudios muestra que el tamaño de las empresas se encuentra estrechamente relacionado a la supervivencia en mercados externos (Manjón-Antolín y Arauzo-Carod, 2008) y que mientras más pequeñas las empresas mayor es su probabilidad de salida (Grilli, Piva y Lamastra, 2010).

Otros estudios han indagado respecto de diferentes impactos en las dimensiones del margen extensivo, entre estos el efecto de los aranceles. Por ejemplo, Gómez y Volpe (2008) y Molina, Bussolo y Iacovone (2010) obtienen resultados, de magnitudes diferentes, que sugieren que, tanto para las empresas colombianas como para las de República Dominicana (en el contexto del Tratado de Libre Comercio entre República Dominicana, Centroamérica y los Estados Unidos, DR-CAFTA), una rebaja de aranceles en terceros mercados tendría un impacto positivo sobre el margen extensivo.

F. Inserción en cadenas regionales y globales de valor

El grado en que el comercio integra una cadena de valor internacional es un factor determinante de su impacto sobre el crecimiento inclusivo. Como ya se señaló, la participación de una empresa, sector o país en una cadena puede significar beneficios para la productividad, tales como mayor estabilidad de la demanda y acceso a nuevas tecnologías, prácticas empresariales y/o financiamiento.

La evidencia disponible indica que América Latina y el Caribe participa poco en cadenas de valor internacionales. Si se considera el peso de los bienes intermedios en el comercio como un indicador de la fragmentación geográfica de los procesos productivos, se observa que en el bienio 2010-2011 estos bienes representaron menos del 30% de las exportaciones totales de bienes de la región y el 35% de las exportaciones intrarregionales[18]. En otras regiones del mundo los bienes intermedios representaron en el mismo período sobre el 40% de las exportaciones de bienes, destacándose los países de la Asociación de Naciones de Asia Sudoriental (ASEAN)+3 con un peso del 55% en las ventas intrarregionales (véase el cuadro V.9).

Cuadro V.9
Agrupaciones seleccionadas: participación de los bienes intermedios en las exportaciones de bienes, promedio 2010-2011
(En porcentajes)

	Exportaciones intrarregionales	Exportaciones extrarregionales	Exportaciones totales
América Latina y el Caribe	34,7	27,1	28,5
América Latina y el Caribe sin México	34,5	24,1	26,7
Tratado de Libre Comercio de América del Norte (TLCAN)	41,3	44,1	42,7
TLCAN sin México	40,1	47,0	44,7
Unión Europea	46,4	44,2	45,6
ASEAN+3 [a]	54,8	40,2	47,1

Fuente: Comisión Económica para América Latina y el Caribe (CEPAL), sobre la base de Naciones Unidas, Base de datos estadísticos sobre el comercio de mercaderías (COMTRADE).
[a] ASEAN+3 incluye los países miembros de la Asociación de Naciones de Asia Sudoriental (ASEAN), China, el Japón, la República de Corea, las regiones administrativas especiales chinas de Hong Kong (Región Administrativa Especial de China) y Macao, y la provincia china de Taiwán.

---

[18] La definición de bienes intermedios considerada excluye los bienes primarios (véase Durán Lima y Zaclicever, 2013).

Sin perjuicio de lo anterior, existen diferencias marcadas en los países de la región en cuanto a sus encadenamientos productivos con otros países. Esto se puede advertir con el indicador de integración vertical, que mide la proporción de insumos importados en las exportaciones (véase el gráfico V.9). De acuerdo con este indicador, en 2007 los países de la región más integrados —es decir, aquellos cuyas exportaciones incorporaron una mayor proporción de insumos importados— fueron Costa Rica, México, Nicaragua y el Uruguay, mientras que el Brasil, el Perú y la República Bolivariana de Venezuela reflejan la menor integración. Como región, América Latina y el Caribe registra una baja en su integración vertical de 2004 a 2007.

Gráfico V.9
Países seleccionados: índice de integración vertical 2001, 2004 y 2007
(Porcentaje de insumos importados en las exportaciones)

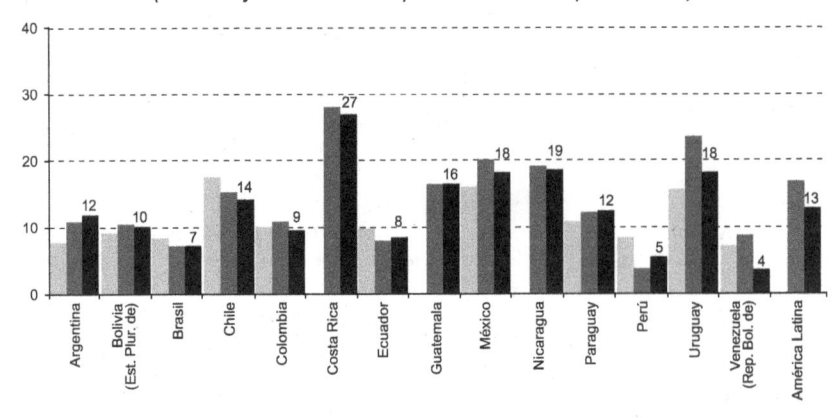

Fuente: Comisión Económica para América Latina y el Caribe (CEPAL) sobre la base de cálculos con datos de Global Trade Analysis Project (GTAP), versión 7.

Los autores Durán Lima y Zaclicever (2013) encuentran también una marcada heterogeneidad en la inserción de los países de América Latina y el Caribe en redes internacionales de producción. Mientras que en México y los países de Centroamérica se registra una mayor vinculación con los Estados Unidos, en los países de América del Sur y el Caribe se observa una orientación marcada hacia redes de producción subregionales, por lo general incipientes. Plantean en su análisis para el Brasil y México, basado en matrices de insumo-producto multirregionales, que en el primero de estos países hay una mayor inserción en los eslabones iniciales de las cadenas de valor (como proveedor de insumos al exterior), mientras que en México la integración es más alta en los eslabones que involucran actividades de ensamblado de bienes finales con escasa incorporación de valor agregado.

El impacto de la participación en cadenas de valor sobre el crecimiento inclusivo depende crucialmente del valor agregado generado en el eslabón donde se encuentra la empresa, sector o país y del potencial de escalamiento hacia eslabones con mayores niveles de productividad y aprendizaje. Como existen diferencias importantes en los sectores según los eslabones de la cadena de mayor valor agregado, a continuación se pasa revista a cuatro tipos de cadenas: agrícola, minera, manufacturas y servicios.

Para muchos países de la región, en especial en el Cono Sur, la agricultura y los alimentos procesados son sectores competitivos internacionalmente y que representan un considerable potencial de aprendizaje tecnológico para aumentar la productividad. Estos sectores ofrecen oportunidades de eslabonamientos hacia adelante para la integración de nuevos productos y actividades, y hacia atrás en la generación de insumos para la agricultura (maquinaria, semillas, productos agroquímicos y servicios de asistencia técnica), a partir de la interacción con industrias tecnológicas de punta, como demuestran las experiencias de varios países desarrollados. El potencial tecnológico asociado al complejo agroalimentario se ha modificado sustancialmente con el impacto de los nuevos paradigmas tecnológicos, en particular la biotecnología y las tecnologías de la información y de las comunicaciones. Por ejemplo, la biotecnología está cambiando la trayectoria tecnológica de varias actividades primarias y de procesamiento que afectan de distinta forma la estructura de mercado, el tipo de agentes y las estrategias competitivas.

En la minería e hidrocarburos, el aprendizaje tecnológico no está limitado a las grandes empresas de extracción, sino que se extiende hacia la red de proveedores de bienes y servicios que se aprovechan de los estímulos tecnológicos y la demanda. Sin embargo, el acceso a los segmentos de mayor contenido de conocimiento requiere de la generación de capacidades tecnológicas para la exploración y extracción minera. Ejemplos al respecto incluyen la teledetección satelital, las tecnologías de perforación geofísicas, el procesamiento de datos e imágenes de los yacimientos, la utilización de equipos de perforación más sofisticados y el uso de métodos de extracción por solventes y la biolixiviación (CEPAL, 2012). Algunos países mineros de la región como Chile han realizado actividades para incrementar la competitividad de sus proveedores mediante un esfuerzo público y privado (CEPAL, 2013a).

Varios países de la región han alcanzado una competitividad importante en torno a un grupo de industrias manufactureras de intensidad tecnológica media y alta. Aunque la participación de estos productos en las exportaciones totales es modesta, representan una combinación de competitividad y capacidades susceptible de aumentar[19]. En esta situación se encuentra el mercado latinoamericano, donde la proporción de los productos manufacturados en las exportaciones totales es superior en comparación con la de las ventas extrarregionales. El mercado regional es entonces clave para el aprendizaje tecnológico.

Otro grupo, que en cierta medida se traslapa con el anterior, es el de los países que han desarrollado una industria manufacturera de procesamiento para la exportación. Este es el caso de México, algunos países centroamericanos y la República Dominicana. Si bien la competitividad de estos países se sustenta sobre todo en sus costos de mano de obra relativamente reducidos, su cercanía y acceso preferencial al mercado de los Estados Unidos y ciertos incentivos fiscales, también es fruto de una trayectoria lenta de escalamiento hacia procesos de mayor valor agregado y encadenamientos productivos. Por ejemplo, a las industrias textil, automotora (incluidas las autopartes) y electrónica, se han agregado nuevos nichos como la fabricación de equipos médicos y el sector aeroespacial.

En el sector de los servicios existen ejemplos de cadenas de valor en la región en el turismo y los servicios empresariales a distancia (*offshoring*). En el turismo, algunos países han logrado agregar valor con el traslado desde el turismo de masas (complejos hoteleros y cruceros) hacia el turismo de nichos (carnaval, eventos deportivos, veleros de lujo, ecoturismo, patrimonio cultural, entre otros). En los servicios a distancia o globales, la región registra algunos avances notables, aunque el mercado mundial de estos servicios creció todavía más rápido. La expansión de los servicios globales en América Latina y el Caribe fue promovida en parte por dos tendencias de las empresas multinacionales: la creación de centros de servicios en diferentes partes del mundo y la localización de centros de atención en la misma zona horaria de los clientes. La difusión de la banda ancha también apoyó la inserción en cadenas internacionales. El aprendizaje y el desarrollo en esta industria dependen en forma decisiva del desarrollo de las capacidades humanas (por ejemplo, en informática e inglés). En la medida que la formación esté más relacionada con los estándares internacionales, parece más probable que la región pueda ascender desde los servicios sencillos como un centro de contacto hacia los servicios más complejos como la informática o la investigación (Fernandez-Stark, Bamber y Gereffi, 2013).

---

[19] La liberalización comercial en los años ochenta y noventa condujo a una reconversión, la que redujo la participación de actividades manufactureras menos competitivas en términos de escala y diferenciación de productos, y permitió consolidar un núcleo que mostró mayor competitividad internacional.

G. Conclusiones

En este capítulo se examina de qué forma el comercio internacional puede, bajo ciertas condiciones y con el apoyo de políticas complementarias, contribuir al crecimiento económico y la inclusión social. Las características del comercio que afectan al crecimiento y su grado de inclusión incluyen el grado de apertura de la economía, su dinamismo, la diversificación y el contenido tecnológico y de valor agregado de las exportaciones; la inserción y las perspectivas de escalar en las cadenas globales y regionales de valor; los encadenamientos con los sectores domésticos; el grado de comercio intraindustrial; los márgenes extensivo e intensivo; la participación de la Pyme; la generación de empleo, y la productividad y dinámica de las empresas y los ocupados en el sector exportador y otros sectores proveedores que permiten reducir las brechas de productividad.

Las características y los impactos del comercio internacional no solo dependen de la política comercial, sino también de un conjunto de políticas complementarias. En el corto plazo, cabe la posibilidad de que la apertura comercial genere perdedores, como por ejemplo trabajadores que pierden su empleo. En la medida que el sector exportador se expande, estos trabajadores podrían emigrar a esta actividad con un resultado final positivo. En el mediano plazo, el comercio por sí solo no acelera el crecimiento, sino que esto depende de otros factores decisivos como la inversión en capital físico y humano. En consecuencia, para la promoción de un crecimiento inclusivo, la apertura comercial requiere ser complementada por otros factores como la estabilidad macroeconómica, la inversión y la innovación.

Un mayor comercio y crecimiento tampoco implica automáticamente un impacto social favorable. Es fundamental el crecimiento, pero también lo es el patrón de crecimiento; y análogamente, no solo es clave la cantidad de empleo, sino también su calidad. Aunque la política comercial no es un instrumento para reducir la pobreza y la desigualdad, puede desempeñar un papel en este terreno como complemento y en coordinación con las políticas orientadas a reducir las brechas productivas entre empresas grandes y pequeñas —con el consiguiente impacto favorable en la igualdad—, así como con los programas sociales de combate a la indigencia y pobreza.

La evidencia más contundente sobre la relación del comercio y la productividad se observa a nivel de las empresas. Diversos estudios coinciden en que las empresas exportadoras son más productivas que las no exportadoras, aunque aquellas más productivas se autoseleccionan para exportar, y esta actividad no necesariamente eleva la productividad de las empresas. Además, la probabilidad de sobrevivencia es mayor para las empresas exportadoras, incluso controlando por tamaño, edad y productividad. Por otro lado, las empresas importadoras tienen probabilidades de salida inferiores que las no importadoras.

Al tenor de estas evidencias, sería conveniente que en los gobiernos de la región se reflexionara sobre su estrategia de inserción internacional, considerando las grandes transformaciones que ha experimentado la economía mundial en los años noventa y dos mil. La creciente demanda de China y otras economías emergentes de Asia por materias primas ha contribuido a un auge de las exportaciones de la región, y de América del Sur en particular, pero también empuja hacia una reprimarización de estas exportaciones. Se prevé que este proceso se mantendrá durante el resto de esta década, debido al acelerado crecimiento económico y urbanización en Asia. Paralelamente, los cambios en la organización de la producción, el comercio y la inversión mundial en torno a las cadenas globales y regionales de valor ofrecen desafíos ingentes y oportunidades para los países de América Latina y el Caribe.

El aporte del comercio al crecimiento inclusivo en el nuevo escenario internacional depende en forma crítica del reforzamiento de la integración regional. Así lo corrobora la experiencia de otras regiones como América del Norte, el Sudeste de Asia y la Unión Europea. Estas regiones funcionan como espacios económicos altamente integrados, favoreciendo el desarrollo de las cadenas de valor, que necesitan de un mercado amplio y unificado, con apoyo en la convergencia de normas, disciplinas y regulaciones, y una seguridad jurídica que facilite las decisiones empresariales a largo plazo así como las alianzas internacionales. El adecuado funcionamiento de estas cadenas también precisa de la interconexión de las redes de infraestructura nacional de aduanas, transporte, energía y telecomunicaciones.

Comparada con otras regiones, América Latina y el Caribe tiene un nivel bajo de integración productiva y participación en cadenas, lo que pone un freno a la diversificación y sofisticación de la canasta exportadora así como a la vinculación del comercio y el crecimiento inclusivo. La baja integración es, por un lado, consecuencia de la especialización en recursos naturales de muchas de las economías de la región, y por otro, atribuible a la falta de un espacio regional económico integrado.

Con diferentes ritmos y modalidades, en los últimos años la mayoría de los países latinoamericanos y caribeños ha puesto un fuerte énfasis en la liberalización del comercio con sus principales socios extrarregionales, en especial con los Estados Unidos, los países de la Unión Europea y más recientemente de Asia. A través de la negociación de acuerdos comerciales con estos socios, los países de la región han buscado responder a la drástica modificación del mapa mundial de intercambios, ventajas comparativas y localización de las inversiones. La liberalización comercial en esos tratados es usualmente más ambiciosa que en los acuerdos intrarregionales, tanto en términos del acceso al mercado de bienes, como en el comercio de servicios, las inversiones y las compras públicas.

No obstante, el comercio intrarregional ofrece un mayor potencial para el crecimiento inclusivo respecto del comercio extrarregional. En el cuadro V.10 se clasifican las diferencias de los patrones comerciales de la región con sus principales socios en lo relativo a su impacto sobre la inclusión. Estas diferencias, a su vez, reflejan los sectores productivos que predominan en las ventas a cada mercado. Por ejemplo, las exportaciones intrarregionales y, en menor medida, a los Estados Unidos (destino que redujo su participación en 20 puntos porcentuales de 2000 a 2011) están más diversificadas, generan mayor número de empleos y tienen más eslabonamientos internos. Por el contrario, las ventas hacia el Asia Pacífico (que aumentaron sobre 12 puntos porcentuales su participación en las exportaciones totales en igual período) están muy concentradas en unos pocos productos (sobre todo primarios) y empresas (generalmente de gran tamaño), con un efecto inclusivo bastante inferior.

Cuadro V.10
América Latina y el Caribe: comercio internacional por destino e impacto sobre diversas dimensiones de la inclusión [a]

Destino[b]	Diversificación		Empleo		Participación de la pyme	Eslabonamientos	
	Productos	Empresas	Directo	Indirecto		Externos	Internos
América Latina y el Caribe (+2,5)	Alto	Alto	Alto	Alto	Medio	Medio	Alto
Asia y el Pacífico (+12,3)	Bajo	Bajo	Bajo	Bajo	Bajo	Bajo	Bajo
Estados Unidos (-20,3)	Alto	Alto	Alto	Alto	Medio	Medio	Medio
Unión Europea (+1,3)	Alto	Medio	Medio	Medio	Bajo	Bajo	Medio

Fuente: Comisión Económica para América Latina y el Caribe (CEPAL) sobre la base de Naciones Unidas, Base de datos estadísticos sobre el comercio de mercaderías (COMTRADE), indicadores construidos a partir de matrices de insumo-producto, y datos de aduanas y otras fuentes nacionales de cinco países latinoamericanos (Brasil, Chile, Colombia, México y Uruguay).
[a] Se clasifica el nivel del indicador en alto, medio o bajo según la posición relativa de cada destino en cada dimensión.
[b] El número entre paréntesis es la variación (en puntos porcentuales) de la participación de cada destino en el total exportado de 1990 a 2011.

Para avanzar hacia una mejor inserción en el mundo y promover la igualdad, América Latina y el Caribe requeriría fortalecer la integración regional, un factor fundamental en el aumento de la competitividad en el mercado internacional. De esta forma se lograría promover el comercio intraindustrial y la diversificación exportadora. La mayor escala que proporciona un mercado regional integrado no solo contribuiría a aumentar el intercambio en la región, sino que además favorecería la atracción de inversión extranjera directa, así como la gestación y el robustecimiento de empresas translatinas. Además, la integración regional permitiría impulsar las incipientes cadenas regionales de producción y potenciaría el proceso de innovación.

Es fundamental reducir los costos de transacción que enfrentan los agentes económicos en las cadenas de valor en la región, lo que permitiría facilitar la gestación y el desarrollo de estas cadenas. Con mayor frecuencia, dichos costos resultan sobre todo de obstáculos de carácter regulatorio ("detrás de la frontera"). La disminución de estos costos se puede alcanzar mediante un acercamiento gradual de las regulaciones nacionales en áreas tales como el comercio de servicios, el tratamiento de la inversión extranjera, las subvenciones y la facilitación del comercio, así como de la armonización o el reconocimiento mutuo de estándares técnicos, entre otras modalidades. Esta agenda, denominada de "integración profunda", surge de la constatación de que son cada vez más tenues los límites del comercio de bienes, servicios y la inversión extranjera directa, porque estas tres modalidades suelen estar presentes en una cadena de valor típica que incluye a dos o más países (CEPAL, 2012).

Para una mayor integración de América Latina y el Caribe en la economía mundial es decisivo fortalecer la complementariedad de los esquemas de integración regional o subregional y su convergencia. La integración regional promueve el desarrollo de actividades con uso intensivo de tecnología y conocimiento, incluida la agregación de valor a productos derivados de recursos naturales. Además, contar con un mercado integrado reforzaría la posición negociadora de la región en futuras tratativas comerciales, en especial en una coyuntura en que comienzan a perfilarse importantes iniciativas de alcance regional y transregional[20]. Estas iniciativas proseguirán a pesar de que en diciembre

---

[20] Entre éstas se cuentan las negociaciones en curso desde 2010 para alcanzar un Acuerdo Estratégico Transpacífico de Asociación Económica (AETAE, o TPP por su sigla en inglés), así como los siguientes procesos de negociación que comenzaron en 2013: i) un acuerdo de libre comercio de los miembros de la ASEAN, con Australia, China, la India, el Japón, Nueva Zelandia y la República de Corea, en el marco del denominado Regional Comprehensive Economic Partnership; ii) un acuerdo transatlántico entre los Estados Unidos y la Unión Europea; iii) un acuerdo de libre comercio entre la Unión Europea y el Japón; y iv) un acuerdo de libre comercio entre China, el Japón y la República de Corea.

de 2013 se logró un nuevo acuerdo acotado en el ámbito de la Organización Mundial de Comercio, debido a que el alcance del anterior era muy reducido en comparación con los nuevos acuerdos multirregionales.

La diversidad de visiones que coexiste en la región sobre el aporte del comercio internacional a un desarrollo inclusivo y las modalidades más adecuadas de inserción en el mundo no debería erigirse en un obstáculo para avanzar en diferentes ámbitos de cooperación regional. Entre estos se cuentan la infraestructura, conectividad, cohesión social, innovación, así como el apoyo al comercio en las economías de menor desarrollo relativo y la elaboración de posturas unificadas para abordar los retos del cambio climático. Es factible construir espacios de encuentro que, con geometrías variables, visión estratégica y un profundo compromiso integracionista, permitan la gradual convergencia hacia una institucionalidad regional representativa, que pueda plantearse con una sola voz en la defensa y promoción de los intereses de América Latina y el Caribe.

La integración no se agota en la dimensión comercial, y es necesario tener en cuenta siempre que su objetivo final debería consistir en reducir la heterogeneidad productiva y social, sobre todo en un continente tan marcado por las desigualdades. Si bien se cuenta con una vasta agenda en materia de infraestructura, energía y logística, así como de cooperación en el terreno macroeconómico, migratorio, medioambiental y de cohesión social, entre otros aspectos, su concreción no debería significar una postergación o pérdida de importancia de los asuntos económicos y comerciales de la integración, sino que se deberían reforzar sinergias entre todas estas preocupaciones.

A nivel nacional se requerirían diversas políticas complementarias para incrementar el impacto del comercio sobre el crecimiento inclusivo. Los gobiernos de la región podrían, por ejemplo, promover una estrategia de inserción internacional en las redes de innovación y negocios tecnológicos, hacer de la educación y capacitación el eje central de la transformación productiva, llevar a cabo programas para la incorporación de la Pyme en las cadenas de valor internas y externas, fortalecer la coordinación interministerial e interagencial y el enfoque integrado de las políticas así como mejorar la competitividad con políticas activas en pro de la igualdad. Igualmente, sería conveniente que definieran criterios conjuntos para sus relaciones con Asia, por ejemplo, a fin de abordar conjuntamente los desafíos de la innovación y el cambio tecnológico en los sectores asociados a los recursos naturales exportados a esta región.

El principal reto estriba en reforzar los encadenamientos entre los recursos naturales, las manufacturas y los servicios. Para avanzar en esta dirección se requeriría incentivar la innovación en cada uno de esos eslabones, a través de la articulación en torno a conglomerados productivos (clusters), donde existan espacios para la Pyme, de modo que el impulso exportador refuerce su capacidad de arrastre sobre el resto de la economía y que los resultados del crecimiento se distribuyan con mayor igualdad. También sería necesario un enfoque integrado del estímulo a la competitividad y la innovación, que favoreciera la articulación de las políticas de promoción y diversificación de exportaciones, innovación y difusión tecnológica, atracción de inversión extranjera directa y formación de recursos humanos.

En la actualidad existirían condiciones como para intentar la reversión de la conocida heterogeneidad estructural de la región y aminorar el impacto de la reprimarización de las exportaciones, en la medida que las políticas públicas se orienten hacia el aprovechamiento del acceso a las nuevas tecnologías para reducir las brechas de productividad de las empresas y los sectores. Sin acciones sustantivas en esta dirección, la heterogeneidad productiva y tecnológica junto con la desigualdad podrían tender a acentuarse, tornando cada vez más inviable una conciliación del crecimiento con los avances en materia de equidad.

Bibliografía

Álvarez, R. y R. A. López (2005), "Exporting and performance: Evidence from Chilean plants", *Canadian Journal of Economics*, vol. 38, N° 4.

Arellano, M. y O. Bover (1995), "Another look at the instrumental-variable estimation of error component models", *Journal of Econometrics* vol. 68, N°1.

Bernard, A. B. (1995), "Exporters and trade liberalization in Mexico: Production structure and performance", MIT, febrero, inédito.

Bernard A. B., J. B. Jensen y P. K. Schott (2006), "Trade costs, firms, and productivity", *Journal of Monetary Economics*, vol. 53, N° 5.

Blundell, R. y S.R. Bond (1998), "Initial conditions and moment restrictions in dynamic panel data model", *Journal of Econometrics*, vol.87.

Cadot, O., C. Carrère y V. Strauss-Kahn (2012), "Trade diversification, income and growth: What do we know?", *Journal of Economic Surveys*, vol. 27, N° 4.

CEPAL (Comisión Económica para América Latina y el Caribe) (2013a), *Comercio y crecimiento inclusivo: Construyendo sinergias* (LC/G.2562), Santiago de Chile.

___(2013b), *Panorama de la Inserción Internacional de América Latina y el Caribe, 2013* (LC/G.2578-P), Santiago de Chile.

___(2012), *Panorama de la Inserción Internacional de América Latina y el Caribe, 2011-2012* (LC/G.2547-P), Santiago de Chile.

___(2011), *Panorama de la Inserción Internacional de América Latina y el Caribe, 2010-2011* (LC/G.2502-P), Santiago de Chile.

___(2010), *La hora de la igualdad: brechas por cerrar, caminos por abrir* (LC/G.2432(SES.33/3)), Santiago de Chile.

___(2008), *La transformación productiva 20 años después: Viejos problemas, nuevas oportunidades* (LC/G.2367(SES.32/3)), Santiago de Chile.

Clerides, S. K., S. Lach y J. R. Tybout (1998), "Is learning by exporting important? Micro-dynamic evidence from Colombia, Mexico, and Morocco", *Quarterly Journal of Economics*, vol. 113, N° 3.

Dingemans, A. y C. Ross (2012), "Los acuerdos de libre comercio en América Latina desde 1990. Una evaluación de la diversificación de exportaciones", *Revista CEPAL*, N° 108 (LC/G.2549-P), Santiago de Chile, Comisión Económica para América Latina y el Caribe (CEPAL).

Dunne, T., M. J. Roberts y L. Samuelson (1989), "The growth and failure of U.S. manufacturing plants", *Quarterly Journal of Economics*, vol. 104, N° 4.

Durán Lima, J. E. y M. Álvarez (2011), "Manual de comercio exterior y política comercial: Nociones básicas, clasificaciones e indicadores de posición y dinamismo", *Documentos de Proyecto*, N° 430 (LC/W.430), Santiago de Chile, Comisión Económica para América Latina y el Caribe (CEPAL).

Durán Lima, J. E. y D. Zaclicever (2013), "América Latina y el Caribe en las cadenas internacionales de valor", *serie Comercio Internacional*, N° 124 (LC/L.3767), Santiago de Chile, Comisión Económica para América Latina y el Caribe (CEPAL).

Eaton, J. y otros (2008), "Export dynamics in Colombia: Firm-level evidence", *The Organization of Firms in a Global Economy*, E. Helpman, D. Marin y T. Verdier (eds.), Cambridge, Harvard University Press.

Fernandes, A. M. y A. E. Isgut (2005), "Learning-by-doing, learning-by-exporting, and productivity: evidence from Colombia", *World Bank Working Paper*, N° WPS3544, Banco Mundial.

Fernandez-Stark, K., P. Bamber y G. Gereffi (2013), "Regional competitiveness in the Latin America offshore services value chain", *The Oxford Handbook of Offshoring and Global Employment*, Ashok Bardhan, Dwight Jaffee y Cynthia Kroll, Oxford University Press.

Ffrench-Davis, R. (2005), *Reformas para América Latina: después del fundamentalismo neoliberal*, Buenos Aires, Comisión Económica para América Latina y el Caribe (CEPAL)/Siglo XXI Editores.

Frías, J. A., D. S. Kaplan y E.A. Verhoogen (2009), "Exports and wage premia: evidence from Mexican employer-employee data", *The Selected Works of David S. Kaplan* [en línea] http://works.bepress.com/david_kaplan/15.

Gibson, M. J. y T. A. Graciano (2011), "Costs of starting to trade and costs of continuing to trade", Washington State University, enero, inédito.

Gómez, S. y C. Volpe (2008), "Trade policy and export diversification: what should Colombia expect from the FTA and the United States?", Working Paper, N° 05, Banco Interamericano de Desarrollo (BID).

Grilli, L., E. Piva y C. Lamastra (2010), "Firm dissolution in high-tech sectors: an analysis of closure and M&A", *Economic Letters*, vol. 109, N° 1.

Grossman, G. y E. Helpman (1991), *Innovation and Growth in the Global Economy*, Cambridge, MIT Press.

Grossman, G. M. y E. Rossi-Hansberg (2008), "Trading tasks: a simple theory of offshoring", *American Economic Review 2008*, vol. 98, N° 5.

Helpman, E. y P. Krugman (1989), *Trade Policy and Market Structure*, Cambridge, MIT Press.

Hesse, H. (2008), "Export diversification and economic growth", Working Paper, N°21, Commission on Growth and Development.

International Study Group on Exports and Productivity (2007), "Exports and Productivity: Comparable Evidence for 14 countries" [en línea] http://ideas.repec.org/p/urb/wpaper/07_14.html.

Isgut, A. E. (2001), "What's different about exporters? Evidence from Colombian manufacturing", *Journal of Development Studies*, vol. 37, N° 5.

Kasahara, H. y B. Lapham (2008), "Productivity and the decision to import and export: theory and evidence", *CESifo Working Paper*, N° 2240, Municha, CESifo Group.

Kacef, O. y S. Manuelito (2008), "El ingreso nacional bruto disponible en América Latina: Una perspectiva de largo plazo", serie *Macroeconomía del Desarrollo*, No. 69 (LC/L.2982-P), Santiago de Chile, Comisión Económica para América Latina y el Caribe (CEPAL).

Kaufmann, D., A. Kraay y M. Mastruzzi (2010), "The worldwide governance indicators: methodology and analytical issues", *World Bank Policy Research Paper*, N° 5430, Washington, D.C., Banco Mundial.

Krugman, P. (1980), "Scale economies, product differentiation, and the pattern of trade", *American Economic Review*, N° 70.

Lall, S. (2000), "The technological structure and performance of developing country manufactured exports, 1985-98", *Oxford Development Studies*, vol. 28, N° 3.

Lederman, D. (2011), *International Trade and Inclusive Growth: A Primer for Busy Policy Analysts*, The World Bank, Poverty Reduction and Economic Management Network, Washington, D.C., Banco Mundial, noviembre.

López, R. A. (2006), "Imports of intermediate inputs and plant survival", *Economics Letters*, vol. 92, N° 1.

Manjón-Antolín, M. y J. Arauzo-Carod (2008), "Firm survival: methods and evidence", *Empirica*, N° 35.
Melitz, M. (2003), "The impact of trade on intra-industry reallocations and aggregate industry productivity", *Econometrica*, vol. 71, N° 6.
Meller, P. (1995), "Chilean export growth, 1970–90: an assessment", *Manufacturing for Export in the Developing World. Problems and Possibilities*, G. K. Helleiner (ed.), Nueva York, Routledge.
Molina, A. C., M. Bussolo y L. Iacovone (2010), "The DR-CAFTA and the extensive margin: A firm-level analysis", *World Bank, Policy Research Working Paper*, N° 5340, Washington, D.C., Banco Mundial.
Namini, J. E., G. Facchini y R. López (2011), "Export growth and factor market competition: theory and evidence", Departmento de Economía, Erasmus University, Rotterdam, febrero, inédito.
OMC (Organización Mundial del Comercio) (2011), *Participation of developing economies in the global trading system. Note by the Secretariat* (WT/COMTD/W/181), Ginebra.
OMC/IDE-JETRO (Organización Mundial del Comercio/Instituto de Economías een Desarrollo de la Organización de Comercio Exterior de Japón) (2011), *Trade patterns and global value chains in East Asia: From trade in goods to trade in tasks*, Ginebra.
Pavcnik, N. (2002), "Trade liberalization, exit, and productivity improvement: evidence from Chilean plants", *Review of Economic Studies*, vol. 69, N° 1.
Squalli, J. y K. Wilson (2011), "A new measure of trade openness", *The World Economy*, vol. 34, N° 10, octubre.
UNCTAD (Conferencia de las Naciones Unidas sobre Comercio y Desarrollo) (2011), *Informe sobre las inversiones en el mundo 2011*, Ginebra.
Urmeneta, R. (2010), *Empresas Exportadoras Chilenas: Características y Evolución, 2000-2009*, Santiago de Chile, Dirección General de Relaciones Económicas Internacionales (DIRECON).
Wagner, J. (2011), "Exports, imports and firm survival: first evidence for manufacturing enterprises in Germany", *IZA Discussion Paper*, N° 5924, agosto.
___(2007), "Exports and productivity: a survey of the evidence from firm-level data", *The World Economy*, vol. 30, N° 1.
Young, A. (1991), "Learning by doing and the dynamic effects of international trade", *Quarterly Journal of Economics*, N° 106.

Capítulo VI

Crecimiento económico y volatilidad real: el caso de América Latina y el Caribe

Rodrigo Cárcamo-Díaz
Ramón Pineda-Salazar

Introducción

Los países de América Latina y el Caribe han tenido un desempeño modesto en materia de crecimiento económico, que en los últimos 30 años puede ser caracterizado como inestable y desigual (CEPAL, 2013). Debido a este bajo crecimiento, la región ha sido incapaz de converger hacia los niveles de ingreso de las economías más desarrolladas y, por el contrario, ha perdido terreno en esta materia, lo que se ha identificado como uno de los principales problemas del desarrollo en la región (Restuccia, 2012).

América Latina y el Caribe también se ha caracterizado como una región con una volatilidad macroeconómica muy superior a la que registran las economías desarrolladas (Haussman y Gavin, 2011; Céspedes y Poblete, 2011; ocasionando pérdida de bienestar a sus habitantes. La volatilidad de las economías de la región ha estado relacionada a factores de origen externo (Titelman, Pérez y Minzer, 2008) e interno, tales como las políticas fiscal, monetaria y cambiaria, a la irrupción de crisis financieras (Cerra y Saxena, 2008) y a deficiencias de institucionalidad vinculadas a factores históricos (Acemoglu y otros, 2003).

En los últimos años los gestores de política de la región han empleado diversas herramientas, incluido el uso activo de la política monetaria y cambiaria para intentar reducir la volatilidad macroeconómica. Dichos esfuerzos se fundamentan sobre todo en el consenso entre los hacedores de política acerca del impacto directo de la volatilidad en el bienestar, a través de caídas en el producto interno bruto (PIB) per cápita, el nivel de empleo, el incremento de la pobreza y la distribución del ingreso más regresiva.

Además, la reducción de la volatilidad, como resultado de un manejo contracíclico de la política macroeconómica, podría traducirse en un mayor crecimiento del PIB. Comenzando con el trabajo de Ramey y Ramey (1995), distintos estudios han encontrado evidencia de una correlación negativa, estadísticamente robusta, de la relación de la volatilidad real y el crecimiento económico en distintos grupos de países. Con posterioridad, una serie de estudios teóricos buscó desarrollar modelos para explicar esta relación (Martin y Rogers, 1997; Aghion y otros, 2005 y 2010; Fatas, 2002; Barlevy, 2007). Dichos estudios asumen invariablemente que existe una relación de causalidad negativa desde la volatilidad hacia el crecimiento.

Una primera hipótesis planteada por Martin y Rogers (1997 y 2000) sostiene que la volatilidad reduce la acumulación de capital humano. Estos autores presentan un modelo donde el capital humano se acumula a través de un proceso de *learning-by-doing* (aprender haciendo), en que políticas macroeconómicas capaces de mantener los niveles de empleo frente a choques negativos aumentan el crecimiento al proteger dicha acumulación de capital humano. Por el contrario, en la medida que la actividad económica se encuentra durante períodos prolongados en recesión, aumenta la velocidad a la que el capital humano instalado se torna obsoleto, desestimulando el crecimiento. Martin y Rogers (2000) testearon empíricamente la relación de la volatilidad (medida por el desvío estándar de la tasa de crecimiento) y el crecimiento, utilizando datos anuales de regiones europeas, países desarrollados y países en desarrollo. Encontraron una relación negativa, estadísticamente significativa de ambas variables para regiones europeas y países desarrollados, pero no así para países en desarrollo. Los autores plantean que en el caso de los países en desarrollo, este resultado podría deberse a que el crecimiento no se encuentra determinado por el proceso de *learning-by-doing*.

Una segunda hipótesis es que la composición de la inversión cambia durante una recesión, existiendo desincentivos para realizar inversiones que generen mayores retornos en el largo plazo, pero cuya tasa de maduración es más lenta. En América Latina y el Caribe, este tipo de inversión sería aquella que conduce a la incorporación de nuevas técnicas productivas (por ejemplo, cuando se introducen nuevas maquinarias y procesos, lo que trae asociado consigo modificaciones en la capacitación, procedimientos y otros factores), mientras que en países desarrollados esto se encontraría también relacionado con inversiones en investigación y desarrollo (I + D). Por un lado, en Aghion y otros (2010) se sostiene que si bien en presencia de mercados de crédito perfectos existen incentivos para realizar este tipo de inversiones durante una recesión (debido al menor costo de oportunidad respecto de otras inversiones, como por ejemplo frente a una expansión de la capacidad instalada), en presencia de restricciones de crédito y de choques de liquidez, es factible que dichas inversiones sean procíclicas. Por tanto, en un modelo de crecimiento endógeno, los autores plantean que ante restricciones de crédito, la volatilidad del PIB puede reducir el crecimiento económico. Por otro lado, Barlevy (2007) sostiene que las inversiones en nuevas técnicas y procesos o en I + D generan ingresos para la empresa innovadora que son temporales, parcial o totalmente, dado que pueden ser imitados y/o mejorados (o sea, están sujetos a la "ventaja del primero" (*first mover advantage*)), por lo que una empresa tendrá menos incentivos para emprender dichas actividades durante la parte baja del ciclo económico. Los inversionistas saben que la probabilidad de que sus innovaciones sean copiadas o mejoradas se incrementa con el paso del tiempo, de modo que cuanto más lejos en el futuro se encuentre la recuperación de la demanda, menos atractivas serán inversiones de ese tipo. De esta forma, si se asume que las expectativas de los agentes *ex ante* se encuentran correlacionadas positivamente con la duración de las fases bajas del ciclo *ex post*, cuanto más duren las etapas recesivas de un ciclo económico, menor será la inversión en aumentos de productividad y el crecimiento.

Cabe resaltar que, en ambos tipos de modelos, podría esperarse *a priori* que la duración de los períodos recesivos[1] fuera sobre todo nociva para el crecimiento.

A la luz de dichos postulados y del comportamiento de facto de los bancos centrales de la región en su papel contracíclico, en este capítulo se contrasta la hipótesis de si en América Latina y el Caribe la volatilidad real se encuentra significativamente correlacionada con el pobre desempeño que tienen sus economías en términos de crecimiento económico.

En primer lugar, para testear la relación empírica de la volatilidad y el crecimiento, en este estudio se utilizaron distintas medidas de volatilidad macroeconómica. En particular, además de las medidas estadísticas de volatilidad utilizadas por Ramey y Ramey (1995), Martin y Rogers (2000) y la mayoría de los otros estudios en el área (por ejemplo, sobre desvío

---

[1] Operacionalmente definidos como caídas del PIB en al menos dos trimestres consecutivos.

estándar, coeficiente de variación de la serie temporal de crecimiento del PIB real y de su componente cíclico), se incorporaron medidas de volatilidad real que la definen a partir de las contracciones registradas por el PIB, y en especial, la frecuencia de las contracciones, la duración de los episodios y las pérdidas acumuladas del producto. Estas variables habían sido previamente utilizadas por Diebold y Rudebusch (1992) y Young y Du (2009) para estudiar los ciclos de negocios en la economía de los Estados Unidos y en los trabajos que analizan los efectos de las crisis financieras sobre el crecimiento económico (Cerra y Saxena, 2007 y 2008; Prasad, Roggoff y Wei, 2004; Comisión Europea, 2009; Furceri y Mourougane, 2012), así como el impacto de la crisis en general sobre el crecimiento económico (Howard, Martin y Wilson, 2011; Haltmaier, 2012). Nuestro estudio encontró que las medidas estadísticas de volatilidad tradicionales no están correlacionadas con el crecimiento en la región, tal como plantearon Martin y Rogers (2000) para el caso de los países en desarrollo. Además, se halló evidencia empírica de una correlación negativa de la volatilidad y el crecimiento utilizando medidas de volatilidad provenientes de la literatura de crisis económicas y financieras. El resultado que se obtiene en este capítulo, de que la *duración* de los episodios recesivos es robusta como factor correlacionado con el crecimiento económico en América Latina y el Caribe de 1990 a 2012, agrega evidencia empírica a las explicaciones teóricas formuladas en los estudios especializados acerca de las formas mediante las cuales la volatilidad puede afectar negativamente al crecimiento (Aghion y otros, 2010; Barlevy, 2007).

En segundo lugar, dado que existe un amplio consenso acerca de la vulnerabilidad de la región frente a choques externos tales como la reversión de flujos de capitales o en los términos de intercambio (Hausmann y Gavin, 2011; Céspedes y Poblete, 2011; Loayza y otros, 2007), surgen preguntas acerca de hasta qué punto la volatilidad real observada podría ser explicada solo por dichos choques exógenos. Incorporando variables que controlan por estos choques, nuestro estudio concluye que empleando los indicadores de volatilidad real propuestos, la correlación de la volatilidad y el crecimiento continúa siendo negativa y estadísticamente significativa. Esto abre la puerta a estudios futuros sobre las fuentes internas de la elevada volatilidad observada, y cómo reducirlas mediante la utilización de la política macroeconómica (sobre todo fiscal, monetaria y cambiaria).

Este capítulo se ha organizado en cuatro secciones, incluida esta introducción. La sección B contiene una descripción de las metodologías y fuentes utilizadas para la construcción de la base de datos. Además, en dicha sección se presentan algunos hechos estilizados del crecimiento económico y la volatilidad real para 21 países de América Latina y el Caribe. En la sección C se describe evidencia favorable a una relación significativa de la volatilidad y el crecimiento económico en la región. Se señala que la definición de volatilidad empleada no es inocua al momento de probar empíricamente la existencia de su relación con el crecimiento, y se plantea que una definición de volatilidad real basada en las características de los episodios de contracción del PIB pareciera ser la más apropiada debido a su fundamento en argumentos teóricos y a los resultados empíricos encontrados en este capítulo, donde se observa una correlación negativa de ambas variables. La sección D, a modo de conclusiones, contiene una discusión acerca de los resultados y sus implicaciones de política.

A. Crecimiento económico y volatilidad real en la región (1990-2012): datos y hechos estilizados

1. Descripción de los datos utilizados

Para buscar evidencia de una correlación negativa y robusta de la volatilidad real y el crecimiento económico en América Latina y el Caribe se emplea una base de datos de 21 países de la región, de frecuencia trimestral, que parte en el primer trimestre de 1990 y finaliza en el cuarto trimestre de 2012.

En términos generales, esta base de datos fue "construida" a partir de información proveniente de las cuentas nacionales de fuentes oficiales de los países incluidos, mediante el empalme de distintas series con diferentes años base. En la mayoría de los casos, se recurrió a la metodología de interpolación de datos para completar algunas[2] observaciones faltantes y extender la muestra en el período analizado. En todos los casos en que se empleó el método de interpolación, el enfoque utilizado fue el de Fernández (1981) y la información fue procesada mediante el *software* "Ecotrim Package", desarrollado por Eurostat. Las series trimestrales obtenidas fueron corregidas por factores estacionales con el método X.12 elaborado por la Oficina de Censos del Departamento de Comercio de los Estados Unidos, para efectuar el análisis comparativo. En el cuadro VI.1 se sintetiza información sobre las fuentes y los métodos estadísticos empleados para completar la serie. Además, se informa la fecha del primer trimestre que se obtiene directamente de las fuentes oficiales.

---

[2] En el caso de Bahamas, los datos trimestrales se obtuvieron a partir de información anual del PIB a la que se le impuso la estructura trimestral de series relacionadas.

Cuadro VI.1
América Latina y el Caribe: elaboración de series del PIB trimestral, 1990-2012

País	Fuente	Interpolación con series relacionadas	Primer dato oficial disponible (año y trimestre)
Argentina	Instituto de Estadísticas		1990 (I trimestre)
Bahamas	Instituto de Estadísticas	X	
Belice	Instituto de Estadísticas	X	1994 (I trimestre)
Bolivia (Estado Plurinacional de)	Instituto de Estadísticas		1990 (I trimestre)
Brasil	Instituto de Estadísticas	X	1996 (I trimestre)
Chile	Banco Central		1990 (I trimestre)
Colombia	Instituto de Estadísticas	X	1994 (I trimestre)
Costa Rica	Banco Central	X	1991 (I trimestre)
Ecuador	Banco Central		1990 (I trimestre)
El Salvador	Banco Central		1990 (I trimestre)
Guatemala	Banco Central	X	2001 (I trimestre)
Jamaica	Instituto de Estadísticas	X	2003 (I trimestre)
México	Banco Central		1990 (I trimestre)
Nicaragua	Banco Central	X	1994 (I trimestre)
Panamá	Instituto de Estadísticas	X	1996 (I trimestre)
Paraguay	Banco Central	X	1994 (I trimestre)
Perú	Banco Central		1990 (I trimestre)
República Dominicana	Banco Central		1990 (I trimestre)
Trinidad y Tabago	Banco Central	X	2000 (I trimestre)[a]
Uruguay	Banco Central		1990 (I trimestre)
Venezuela (República Bolivariana de)	Banco Central	X	1993 (I trimestre)

Fuente: Elaboración propia sobre la base de los bancos centrales y los institutos nacionales de estadística de los respectivos países.
[a] Tasa de variación.

2. Hechos estilizados vinculados al crecimiento en la región

a) Bajo crecimiento relativo respecto a las economías industrializadas

A nivel mundial, una de las regiones con menor crecimiento relativo en los últimos 30 años es América Latina y el Caribe. Esto ha significado un aumento de la brecha del nivel de ingresos, medida por el PIB per cápita, de la población en la región respecto al nivel observado en las economías desarrolladas. En el cuadro VI.2 se puede observar que si bien el ingreso relativo de la región respecto al de los Estados Unidos creció un 12,7% de 1990 a 2010, en este mismo período el ingreso relativo de los países de la Organización de Cooperación y Desarrollo

Económicos (OCDE)[3] se incrementó un 19,6%, a pesar de que la mayoría de estas economías fueron en 2008-2009 el epicentro de la mayor crisis financiera internacional desde la Gran Depresión de los años treinta, con efectos posteriores y problemas fiscales en países como España, Grecia, Irlanda, Italia y Portugal.

Se puede observar que el bajo crecimiento relativo de América Latina y el Caribe se ha traducido un rezago inclusive respecto de otras economías que a comienzos de los años noventa registraban un nivel de producto interno bruto per cápita similar o menor que el de la región[4]. Por ejemplo, las economías de los países del Oriente Medio y África del norte, que en 1990 registraban un ingreso relativo equivalente al 20,8% del de los Estados Unidos, en 2010 alcanzaron al 45,8%, con un incremento del 120,3%. Al comparar con la región, el PIB per cápita de este grupo de economías pasó de ser un 92% de América Latina y el Caribe en 1990 a un 180% en 2010.

Cuadro VI.2
América Latina y el Caribe: PIB per cápita relativo respecto a los Estados Unidos
(En promedios regionales)

Región	1990	2010	Variación porcentual
África subsahariana	0,057	0,061	7,8
Asia y el Pacífico; Sudeste de Asia	0,245	0,336	37,0
Europa y Asia Central	0,262	0,251	-4,3
Oriente Medio y África del norte	0,208	0,458	120,3
Sur de Asia	0,061	0,093	53,4
Países de altos ingresos de la OCDE	0,662	0,791	19,6
América Latina y el Caribe	0,225	0,254	12,7

Fuente: Elaboración propia, sobre la base de Universidad de Pennsylvania, Penn World Tables (PWT 8.0), 2013.

b) Diferencias en el crecimiento de las economías de la región

Detrás del bajo crecimiento de la región como un todo también se esconde una fuerte heterogeneidad en términos de dinamismo de la expansión entre países. Por un lado, mientras que economías como Belice y Panamá registran un crecimiento acumulado superior al 20% desde el primer trimestre de 1990 al cuarto trimestre de 2012, por otro, economías como Jamaica solo han crecido 1,8% en el mismo período (véase el gráfico VI.1).

---

[3] Se incluyeron en este grupo a: Alemania, Australia, Austria, Bélgica, Canadá, Dinamarca, Estados Unidos, España, Eslovaquia, Finlandia, Francia, Gran Bretaña, Grecia, Holanda, Hungría, Islandia, Irlanda, Italia, Japón, Luxemburgo, Noruega, Nueva Zelandia, Portugal, República Checa, República de Corea, Suecia y Suiza.

[4] Para un análisis más exhaustivo de la evolución del crecimiento en la región véase Pineda-Salazar y Cárcamo-Díaz (2013).

Gráfico VI.1
América Latina y el Caribe (21 países): crecimiento acumulado del PIB, 1990 (primer trimestre)-2004 (cuarto trimestre)
(En porcentajes; datos trimestrales ajustados por factores estacionales)

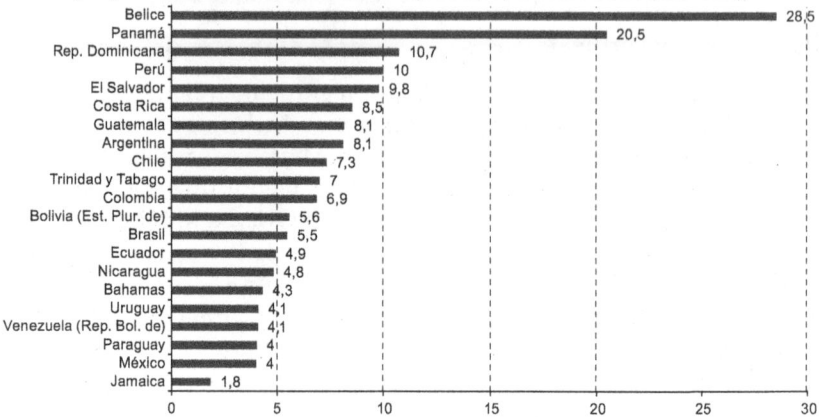

Belice	28,5
Panamá	20,5
Rep. Dominicana	10,7
Perú	10
El Salvador	9,8
Costa Rica	8,5
Guatemala	8,1
Argentina	8,1
Chile	7,3
Trinidad y Tabago	7
Colombia	6,9
Bolivia (Est. Plur. de)	5,6
Brasil	5,5
Ecuador	4,9
Nicaragua	4,8
Bahamas	4,3
Uruguay	4,1
Venezuela (Rep. Bol. de)	4,1
Paraguay	4
México	4
Jamaica	1,8

Fuente: Elaboración propia, sobre la base de información oficial de los países.

3. Medición de la volatilidad real[5] en la región

a) Indicadores de volatilidad real

En la literatura económica se emplean una variedad de indicadores que permiten medir la volatilidad del PIB. En líneas generales, estos indicadores se pueden clasificar en dos grupos:

i) Medidas estadísticas de dispersión de la serie de tiempo estudiada, tales como el coeficiente de variación (CV) o la desviación estándar (SD) de la tasa de crecimiento del PIB. Estas medidas son las más comúnmente empleadas en los estudios que vinculan la volatilidad con el crecimiento económico (por ejemplo, en Ramey y Ramey, 1995; Martin y Rogers, 1997 y 2000; Aghion y otros, 2010).

ii) El segundo grupo de indicadores proviene de entender a las crisis (o contracciones abruptas del producto interno bruto) como una forma extrema de "volatilidad real", según indica Prasad, Roggoff y Wei (2004), o como indicadores de la "inestabilidad del crecimiento" (Pritchett, 2000). Destacan

---

[5] La región ha tendido a ser una de las más volátiles del mundo en términos de volatilidad nominal, medida utilizando la tasa de inflación. Sin embargo, las economías de la región han logrado reducir significativamente su volatilidad nominal a través del tiempo, puesto que en general, los episodios de tasas de inflación elevadas registrados en los años noventa (en algunos casos, con tasas de tres dígitos) han dado lugar a tasas de inflación de un dígito en la mayoría de los países. (Pineda-Salazar y Cárcamo-Díaz, 2013).

tres de estos indicadores: i) el número de episodios de crisis o "puntos de quiebre"; ii) la duración de dichos episodios, y iii) la cuantificación de la pérdida del producto observada durante los episodios. El uso de esta segunda fuente de indicadores ha ido creciendo, en especial, debido a una línea de investigación donde se enfatiza la importancia de las crisis (del sector financiero y externas) para explicar el comportamiento de largo plazo de la actividad económica (Cerra y Saxena, 2007 y 2008). De especial interés ha sido en los estudios especializados el análisis del impacto de las crisis financieras sobre el crecimiento (European Commission, 2009; Furceri y Mourougane, 2012) y también de crisis económicas en general sobre el crecimiento (Howard, Martin y Wilson, 2011; Haltmaier, 2012).

Aunque los indicadores de volatilidad están estrechamente relacionados, existen diferencias entre ellos. En este capítulo se concluye que la selección del indicador de volatilidad no es neutral a la hora de explorar una posible conexión entre la volatilidad real y el crecimiento en la región.

b) Hechos estilizados de la volatilidad en la región

i) La volatilidad real ha disminuido de 1990 a 2012

Los resultados regionales[6] de la comparación de los indicadores de volatilidad antes descritos, del primer período considerado en este capítulo (12 trimestres, desde el primero de 1990 al cuarto de 1992), con el último período (12 trimestres, desde el primero de 2011 al cuarto de 2012) se pueden observar en el cuadro VI.3. El primer bloque de indicadores del cuadro VI.4 contiene la serie que refleja la volatilidad del componente cíclico del PIB, obtenido con el filtro de Hodrick-Prescott, a partir de la medición de su variabilidad (desviación estándar o coeficiente de variación). En el segundo bloque se mide la volatilidad a partir de la variabilidad de la tasa de crecimiento intertrimestral de la serie del PIB ajustada por factores estacionales. En el tercer bloque están los indicadores de volatilidad construidos mediante el análisis de los episodios de contracción de la actividad económica, el número de episodios, la duración y la magnitud de la caída. Para todos los indicadores, el valor registrado en el primer período es mayor al registrado en el último, lo que indica que la volatilidad regional ha descendido (véase los cuadros VI.4.A y VI.4.B).

---

[6] Para realizar este análisis, la información fue organizada en ventanas de 12 trimestres, salvo la última ventana, que solo incluye 8 trimestres. Los datos contenidos en el cuadro VI.3 corresponden a las medias regionales.

Cuadro VI.3
América Latina y el Caribe: volatilidad real, coeficiente de variación y desviación estándar de la tasa de crecimiento del PIB y su componente cíclico, 1990-1992 y 2011-2012

	1990-1992	2011-2012
Bloque 1		
Componente cíclico del PIB		
Desviación estándar	2,58	1,16
Coeficiente de variación	8 315,27	794,40
Bloque 2		
Tasa de crecimiento del PIB		
Desviación estándar	1,95	1,09
Coeficiente de variación	240,69	194,47
Bloque 3		
Episodios de contracción del PIB		
Contracción acumulada	2,20	1,10
Duración	1,19	1,05
Número de episodios	1,19	0,95

Fuente: Elaboración propia, sobre la base de información oficial de los países.

Sin embargo, esta *reducción de la volatilidad regional no ha ocurrido de una forma monotónica*, y en muchos de los indicadores los valores máximos se registraron alrededor del período comprendido del primer trimestre de 1999 al cuarto trimestre de 2001 (véanse los gráficos VI.2A y VI.2B). Otro factor destacable es que en la mayoría de los indicadores *el período de la reciente crisis financiera global* (primer trimestre de 2008 al cuarto trimestre de 2010), *significó un incremento de la volatilidad real media de la región*. La variabilidad de la tasa de crecimiento y del ciclo económico fue mayor a la registrada en períodos anteriores, y la duración de las contracciones y la caída experimentada por el producto también fueron superiores.

Gráfico VI.2A
América Latina y el Caribe: variabilidad del componente cíclico del PIB, desviación estándar y coeficiente de variación, 1990-2012
(Promedio regional)

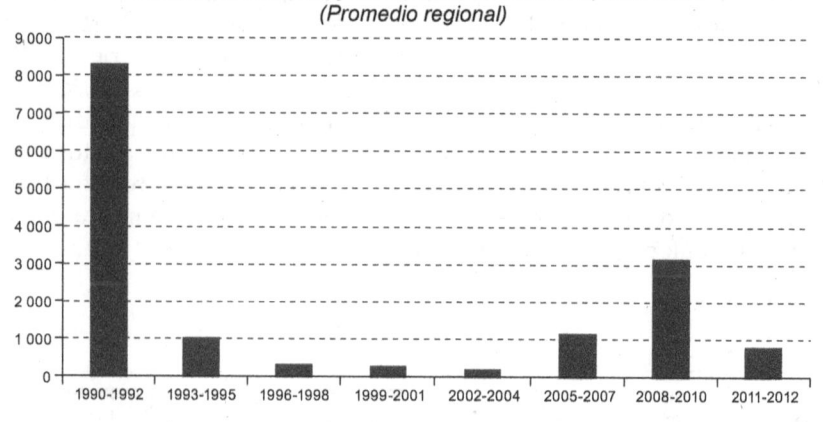

Gráfico VI.2A (conclusión)

Desviación estándar del ciclo

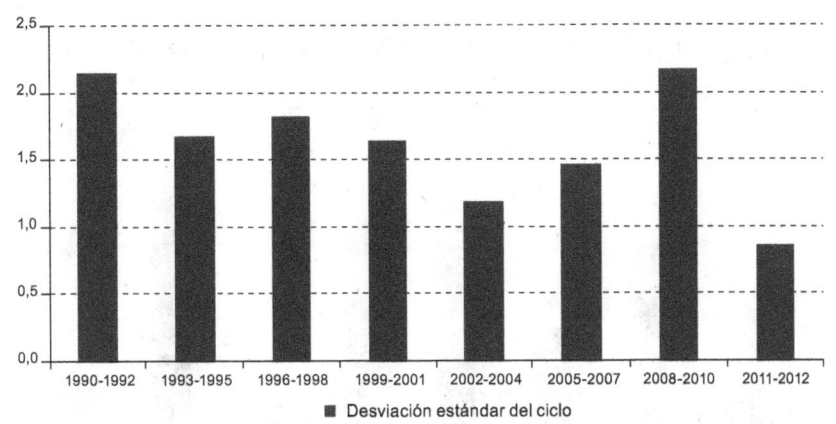

América Latina y el Caribe: variabilidad del componente de la tasa de crecimiento del PIB, desviación estándar y coeficiente de variación, 1990-2012
(promedio regional)

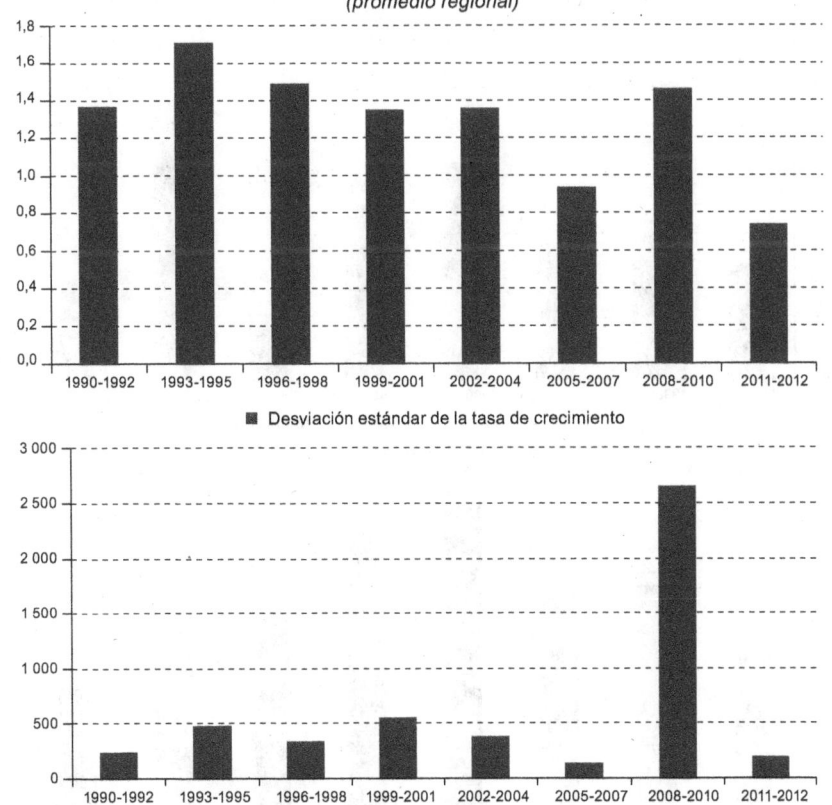

Desviación estándar de la tasa de crecimiento

Coeficiente de variación de la tasa de crecimiento

Fuente: Elaboración propia, sobre la base de información oficial de los países.

Gráfico VI.2B
Episodios de contracción acumulada del PIB, duración y número, 1990-2012
(Promedio regional)

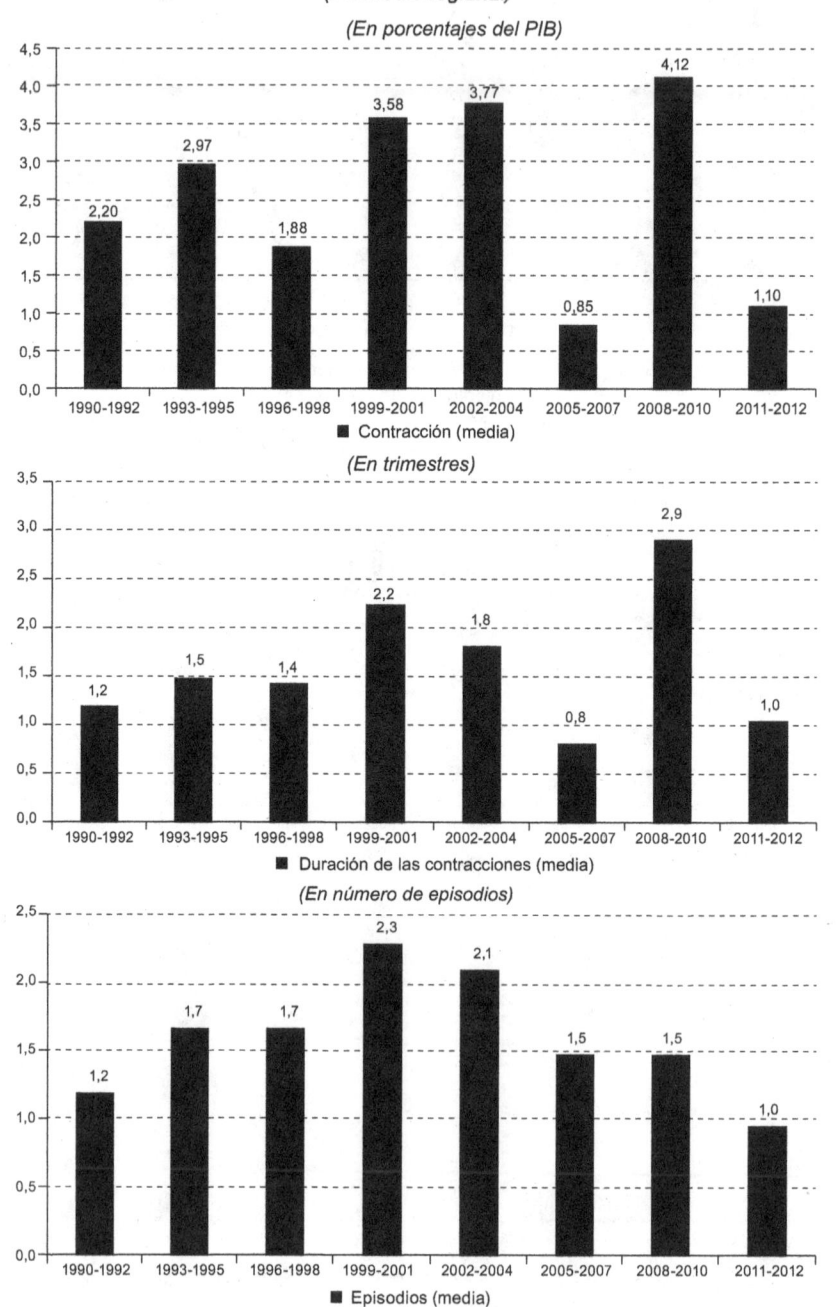

(En porcentajes del PIB)

Período	Contracción (media)
1990-1992	2,20
1993-1995	2,97
1996-1998	1,88
1999-2001	3,58
2002-2004	3,77
2005-2007	0,85
2008-2010	4,12
2011-2012	1,10

(En trimestres)

Período	Duración de las contracciones (media)
1990-1992	1,2
1993-1995	1,5
1996-1998	1,4
1999-2001	2,2
2002-2004	1,8
2005-2007	0,8
2008-2010	2,9
2011-2012	1,0

(En número de episodios)

Período	Episodios (media)
1990-1992	1,2
1993-1995	1,7
1996-1998	1,7
1999-2001	2,3
2002-2004	2,1
2005-2007	1,5
2008-2010	1,5
2011-2012	1,0

Fuente: Elaboración propia, sobre la base de información oficial de los países.

Inestabilidad y desigualdad: la vulnerabilidad del crecimiento... 243

ii) Altas diferencias de volatilidad real

Un segundo aspecto sobresaliente es que la trayectoria de *la volatilidad real en América Latina y el Caribe no es homogénea a nivel de los países*. Se observa, en general, evidencia a favor de una *elevada dispersión en* los valores promedios que registran los países en los indicadores considerados (véanse los gráficos VI.3A, VI.3B y VI.3C)

Gráfico VI.3A
América Latina y el Caribe: variabilidad del componente cíclico del PIB, desviación estándar y coeficiente de variación, 1990-2012
(Promedio regional)

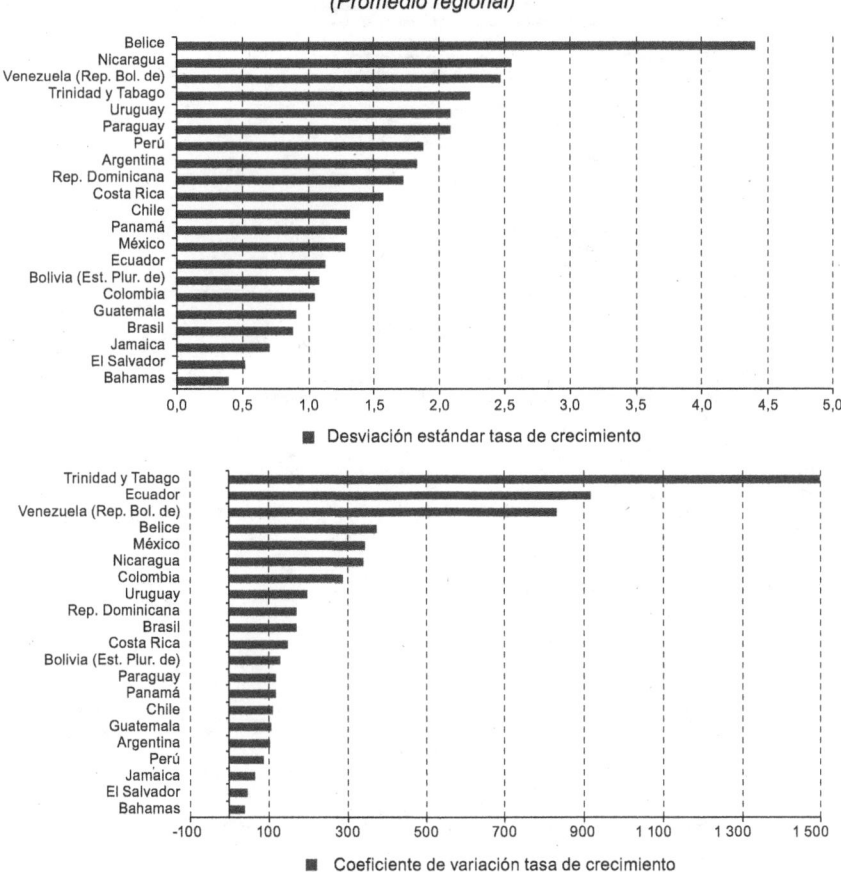

Fuente: Elaboración propia sobre la base de información oficial de los países.

Por ejemplo, resalta que, mientras consistentemente Belice y Venezuela (República Bolivariana de) se encuentran dentro de los primeros cinco países con mayor nivel de volatilidad, Bahamas y El Salvador están entre los cinco países con menor volatilidad de este ranking.

Gráfico VI.3B
América Latina y el Caribe: variabilidad del componente de la tasa de crecimiento del PIB, desviación estándar y coeficiente de variación, 1990-2012
(Promedio regional)

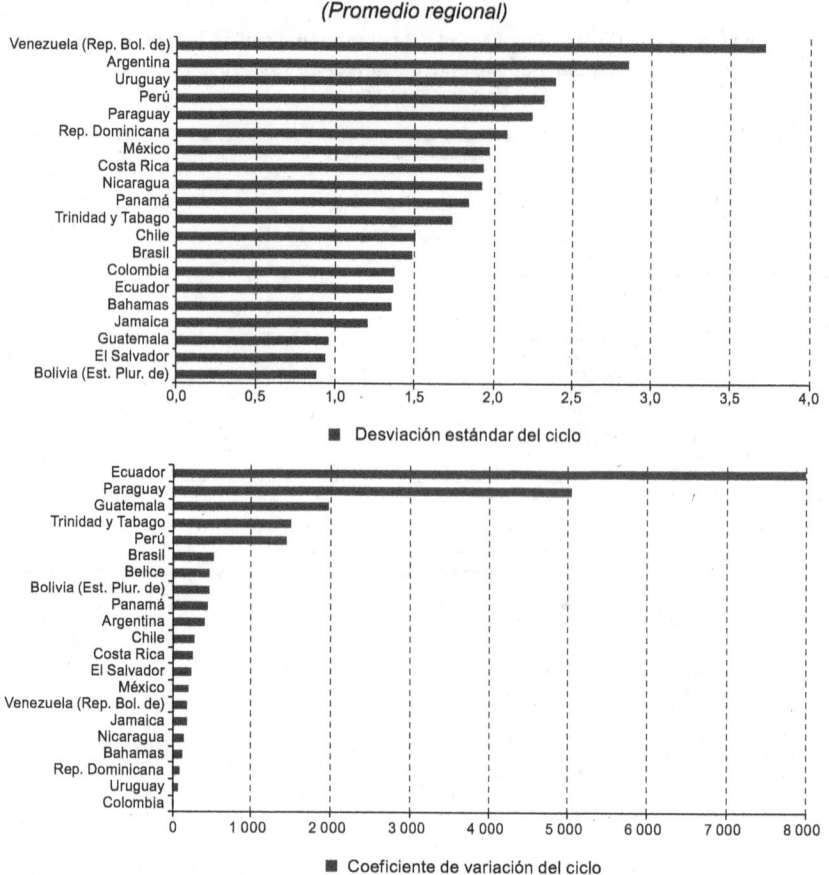

Fuente: Elaboración propia sobre la base de información oficial de los países.

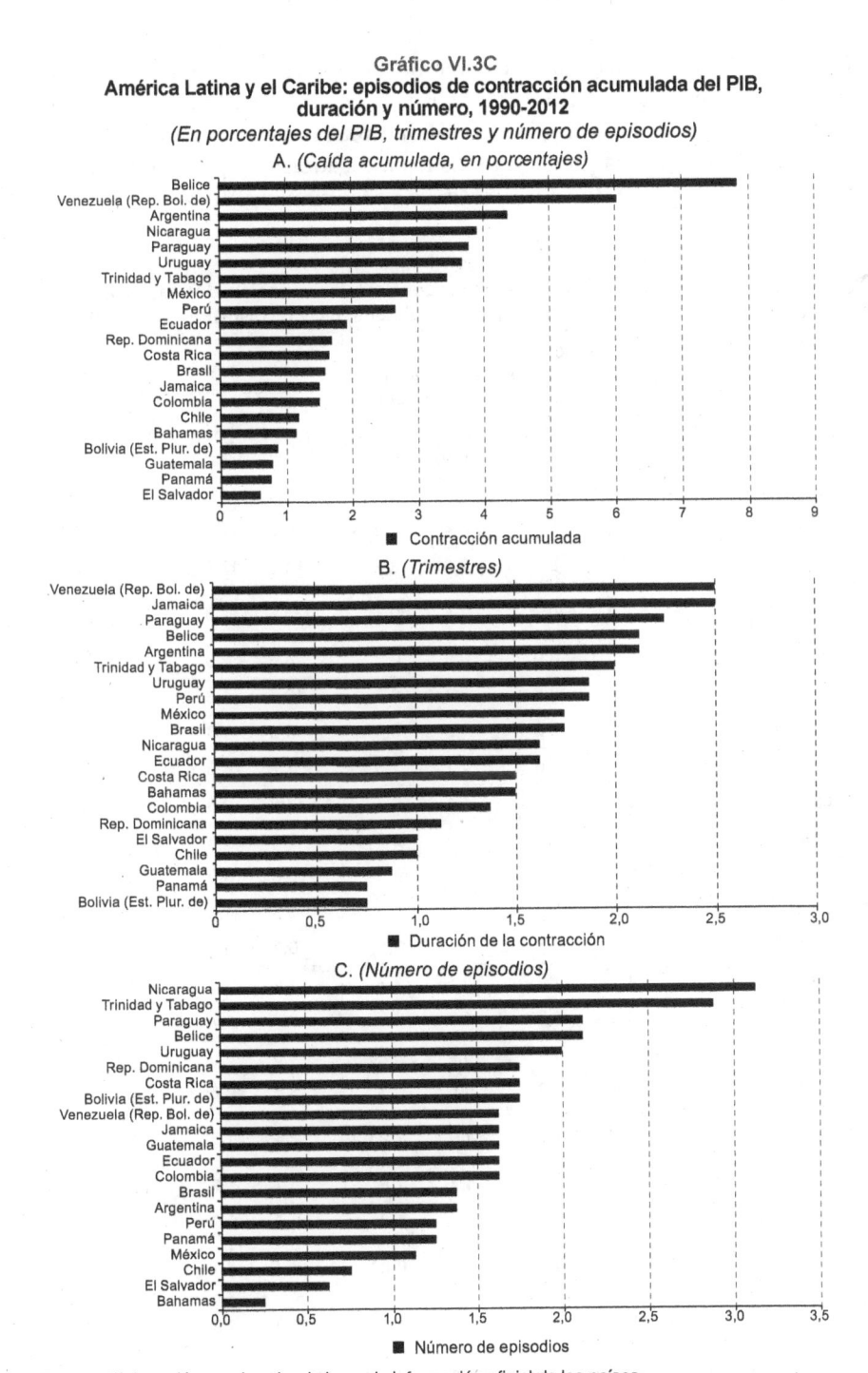

Inestabilidad y desigualdad: la vulnerabilidad del crecimiento... 245

Gráfico VI.3C
América Latina y el Caribe: episodios de contracción acumulada del PIB, duración y número, 1990-2012
(En porcentajes del PIB, trimestres y número de episodios)

A. *(Caída acumulada, en porcentajes)*

País	Contracción acumulada
Belice	~7.8
Venezuela (Rep. Bol. de)	~7.5
Argentina	~4.3
Nicaragua	~3.9
Paraguay	~3.8
Uruguay	~3.7
Trinidad y Tabago	~3.3
México	~2.9
Perú	~2.7
Ecuador	~2.0
Rep. Dominicana	~1.8
Costa Rica	~1.7
Brasil	~1.6
Jamaica	~1.6
Colombia	~1.4
Chile	~1.2
Bahamas	~1.1
Bolivia (Est. Plur. de)	~1.0
Guatemala	~0.7
Panamá	~0.6
El Salvador	~0.3

B. *(Trimestres)*

País	Duración de la contracción
Venezuela (Rep. Bol. de)	~2.6
Jamaica	~2.4
Paraguay	~2.2
Belice	~2.0
Argentina	~2.0
Trinidad y Tabago	~2.0
Uruguay	~1.8
Perú	~1.8
México	~1.7
Brasil	~1.7
Nicaragua	~1.6
Ecuador	~1.6
Costa Rica	~1.5
Bahamas	~1.5
Colombia	~1.3
Rep. Dominicana	~1.1
El Salvador	~1.0
Chile	~1.0
Guatemala	~0.9
Panamá	~0.8
Bolivia (Est. Plur. de)	~0.8

C. *(Número de episodios)*

País	Número de episodios
Nicaragua	~3.2
Trinidad y Tabago	~2.8
Paraguay	~2.2
Belice	~2.2
Uruguay	~2.0
Rep. Dominicana	~1.8
Costa Rica	~1.8
Bolivia (Est. Plur. de)	~1.7
Venezuela (Rep. Bol. de)	~1.6
Jamaica	~1.6
Guatemala	~1.6
Ecuador	~1.6
Colombia	~1.6
Brasil	~1.4
Argentina	~1.4
Perú	~1.3
Panamá	~1.2
México	~1.1
Chile	~0.8
El Salvador	~0.6
Bahamas	~0.3

Fuente: Elaboración propia sobre la base de información oficial de los países.

Si bien la volatilidad real media de América Latina y el Caribe disminuyó, en *algunos países de la región ha tendido a incrementarse*. La mayoría de los indicadores de volatilidad real registró un incremento de 1990 a 2012 en el Paraguay (en todos los indicadores) y Trinidad y Tabago (en seis de los siete indicadores) (véanse en los cuadros VI.4A y VI.4B).

Cuadro VI.4A
América Latina y el Caribe: volatilidad real, coeficiente de variación, desviación estándar de la tasa de crecimiento del PIB y su componente cíclico, 1990-1992 y 2011-2012

País	Coeficiente variación - Tasa crecimiento 1990-1992	Coeficiente variación - Tasa crecimiento 2011-2012	Desviación estándar - Tasa crecimiento 1990-1992	Desviación estándar - Tasa crecimiento 2011-2012	Coeficiente variación - Ciclo 1990-1992	Coeficiente variación - Ciclo 2011-2012	Desviación estándar - Ciclo 1990-1992	Desviación estándar - Ciclo 2011-2012
Argentina	1,3	1,5	2,5	1,7	3,4	7,4	2,2	2,4
Bahamas	0,5	2,7	0,4	0,2	5,2	3,5	2,7	0,8
Belice	2,3	8,3	8,8	3,2	1,9	13,5	11,9	2,5
Bolivia (Estado Plurinacional de)	1,8	0,7	1,4	0,7	25,6	32,3	1,2	0,5
Brasil	2,8	0,9	0,5	0,3	4,6	6,0	2,1	1,4
Chile	1,3	0,5	2,7	0,7	16,7	1,3	2,4	0,7
Colombia	3,0	0,6	1,5	0,7	3,5	1,8	2,4	0,6
Costa Rica	1,0	0,9	2,1	1,0	2,7	26,5	1,9	1,1
Ecuador	1,0	0,4	1,1	0,7	1 543,8	0,6	1,0	0,5
El Salvador	0,7	1,3	0,9	0,7	2,0	23,8	1,3	0,7
Guatemala	1,0	0,6	1,0	0,5	72,6	8,0	0,9	0,3
Jamaica	1,3	6,8	1,5	0,7	5,3	1,5	2,9	0,4
México	1,2	0,5	1,1	0,5	6,2	1,1	1,3	0,9
Nicaragua	4,0	1,2	2,1	1,7	1,4	2,3	2,0	1,3
Panamá	0,5	0,3	1,3	0,8	3,6	1,7	2,4	0,8
Paraguay	1,2	4,9	0,7	2,2	4,0	9,0	1,2	2,9
Perú	16,8	0,2	5,5	0,3	13,4	9,5	5,5	0,3
República Dominicana	3,8	1,2	1,9	1,2	12,4	1,6	3,1	0,9
Trinidad y Tabago	2,8	5,1	1,3	2,8	0,7	3,2	1,0	1,9
Uruguay	1,3	1,6	1,6	1,8	10,3	9,2	1,5	1,6
Venezuela (República Bolivariana de)	0,8	0,6	1,3	0,8	6,7	3,1	3,4	1,9
América Latina y el Caribe	2,4	1,9	1,9	1,1	83,2	7,9	2,6	1,2

Fuente: Elaboración propia sobre la base de información oficial de los países.

Cuadro VI.4B
Volatilidad real: episodios de contracción, duración y pérdida acumulada del PIB
(En número de episodios, trimestres y porcentaje del PIB)

País	Episodios 1990-1992	Episodios 2011-2012	Duración 1990-1992	Duración 2011-2012	Pérdida acumulada 1990-1992	Pérdida acumulada 2011-2012
Argentina	3	1	1,0	1,0	2,6	2,3
Bahamas	0	1		3,0		0,4
Belice	1	2	3,0	2,0	19,9	5,0
Bolivia (Estado Plurinacional de)	1	0	1,0		1,1	
Brasil	1	1	3,0	1,0	1,5	0,1
Chile	1	0	1,0		1,6	
Colombia	2	1	1,0	1,0	2,2	0,1
Costa Rica	2	1	1,0	2,0	0,6	0,3
Ecuador	2	0	1,0		0,5	
El Salvador	1	1	1,0	1,0	0,4	0,2
Guatemala	1	0	1,0		1,5	
Jamaica	0	2		3,0		1,1
México	2	0	1,0		1,2	
Nicaragua	1	2	3,0	1,0	3,5	1,6
Panamá	0	0				
Paraguay	1	2	1,0	2,0	0,6	3,4
Perú	2	0	4,0		6,7	
República Dominicana	0	2		1,0		0,9
Trinidad y Tabago	2	2	1,0	3,0	1,2	5,3
Uruguay	2	2	1,0	1,0	1,2	2,4
Venezuela (República Bolivariana de)	0	0				
América Latina y el Caribe	25	20	1,6	1,7	2,9	1,8

Fuente: Elaboración propia sobre la base de información oficial de los países.

B. Relación empírica de la volatilidad y el crecimiento en la región, 1990-2012

Los hechos estilizados presentados en la sección anterior dan cuenta de una región que ha tenido problemas para crecer al ritmo que lo han hecho las economías más industrializadas del mundo, mientras que paralelamente, si bien se ha registrado una reducción de la volatilidad en muchos países en los últimos años, América Latina y el Caribe ha mantenido niveles de volatilidad elevada (cualquiera sea la medida que se utilice).

En esta sección se procura determinar si existe o no una relación estadísticamente significativa de la evolución de la volatilidad real y el crecimiento, empleando un panel balanceado de datos trimestrales para 21 países de América Latina y el Caribe, que abarca desde el primer trimestre de 1990 al cuarto trimestre de 2012. Cabe destacar que la mayoría de los estudios realizados hasta el presente que examinan empíricamente esta relación utilizan datos anuales (por ejemplo, Ramey y Ramey, 1995).

1. Resultado del uso de distintos indicadores de volatilidad

Si bien todos los indicadores de volatilidad dan cuenta de una reducción de esta variable en América Latina y el Caribe (véase en la sección B de este capítulo), la información que se encuentra en cada uno de estos indicadores difiere (véanse los cuadros VI.4.A y VI.4.B). Por esta razón, la selección del indicador resulta fundamental para comprobar la existencia de una relación de la volatilidad y el crecimiento económico.

Los resultados de las estimaciones sobre la correlación de la volatilidad y el crecimiento económico para 21 países de la región, efectuadas con el método de panel y efectos fijos[7] se presentan en el cuadro VI.5. La diferencia en cada ecuación corresponde a la definición de volatilidad empleada.

El grupo A muestra las correlaciones del promedio de la tasa de crecimiento del PIB[8] y la volatilidad del crecimiento del PIB, empleando la desviación estándar y el coeficiente de variación de la tasa de crecimiento y del componente cíclico del producto como indicadores de volatilidad real[9]. En ese grupo se puede observar que, a diferencia de lo que consigna la literatura especializada, en el período en cuestión no se encuentra evidencia de una correlación negativa de la volatilidad del crecimiento y el crecimiento económico en la región. De hecho, el único indicador de volatilidad que arroja evidencia de una relación estadísticamente significativa es el coeficiente de variación de la tasa de crecimiento, y el signo de esta correlación es positivo, en contra de lo esperado[10]. Los resultados son similares a los obtenidos en Martin y Rogers (2000) para el caso de los países en desarrollo.

---

[7] La selección de este método es apropiada dado el supuesto de que características específicas de los países están correlacionadas con los "regresores" empleados. El test de Hausman provee evidencia a favor de esta hipótesis.
[8] Los resultados son similares cuando se emplea el crecimiento acumulado en lugar del promedio de la tasa de crecimiento del período.
[9] Para la obtención del componente cíclico se aplicó el filtro de Hodrick y Prescott a la serie trimestral ajustada por factores estacionales.
[10] Debe destacarse que Fang y Miller (2012) encuentran que la volatilidad de la tasa de crecimiento del PIB de los Estados Unidos está correlacionada positivamente con el crecimiento en este país.

Cuadro VI.5
América Latina y el Caribe: volatilidad real y crecimiento

Grupo A: coeficiente de variación y desviación estándar
(tasa de crecimiento y ciclo)

	Modelo 1	Modelo 2	Modelo 3	Modelo 4	Modelo 5
Tasa de inversión	0,04117588**	0,04121902**	0,04122414**	0,04166914**	0,0426833**
Población	-0,000000002	0,000000002	0,000000001	-0,000000002	-0,000000008
Volatilidad real					
Coeficiente de variación tasa de crecimiento	0,00001249**				0,0000123**
Desviación estándar tasa de crecimiento		0,00289614			0,0383145
Coeficiente de variación ciclo			-0,00000023		
Desviación estándar ciclo				-0,01099449	-0,000000265
					-0,0398232
Constante	-0,00010986	-0,0002668	-0,00020432	-0,00002563	-0,0001438
N	167	167	167	167	167
Países	21	21	21	21	21
R-Sqt: Within	0,0889	0,0835	0,0835	0,0839	0,0907
Between	0,0715	0,0660	0,0652	0,0637	0,0775
Overall	0,0478	0,0434	0,0431	0,0426	0,0495
Rho	0,3642	0,3647	0,3645	0,3658	0,3692

Nota: * $p<0,05$; ** $p<0,01$; *** $p<0,001$

Grupo B: características de las contracciones del PIB
(magnitud, duración y episodios)

	Modelo 6	Modelo 7	Modelo 8	Modelo 9
Tasa de inversión	0,04035128*	0,03762334*	0,03343458*	0,03493761
Población	0,000000003	0,000000003	-0,000000016	-0,000000004
Volatilidad real				
Pérdida de PIB en episodio	-0,00045464			0,00017884
Duración del episodio		-0,00212677***		-0,00210689***
Número de episodios			-0,00181377**	-0,00071315
Constante	0,00109932	0,00398464	0,00487645	0,0054303
N	167	167	167	167
Países	21	21	21	21
R-Sqt: Within	0,1351	0,3507	0,1834	0,3950
Between	0,0534	0,1552	0,0568	0,2171
Overall	0,0696	0,2558	0,0953	0,3136
Rho	0,3482	0,3616	0,3698	0,3403

Nota: * $p<0,05$; ** $p<0,01$; *** $p<0,001$
Fuente: Elaboración propia.

Por su parte, en el grupo B se incorporan indicadores vinculados a los episodios de contracción, el número (total) de episodios de contracción registrado en el subperíodo, la pérdida (media) acumulada de producto y la duración del episodio de contracción observado.

De esta manera es posible observar que pareciera existir evidencia de la volatilidad real, medida tanto por el número de episodios observados como por la duración (media) de estos, la que se encuentra *negativamente correlacionada* con la tasa de crecimiento promedio del PIB, y de que esta correlación es estadísticamente significativa. En el modelo 9 es posible apreciar que al incluir estos tres indicadores de la volatilidad real conjuntamente, la significancia individual de los episodios de contracción disminuye, pero no así la de la duración de las contracciones.

Cabe destacar que no se encontró evidencia de una correlación negativa y estadísticamente significativa de la magnitud de las contracciones y el crecimiento económico.

En conjunto con los fundamentos provenientes de los modelos teóricos antes mencionados, estos resultados permitirían sostener que la duración de las contracciones constituye un buen indicador del grado de volatilidad real que tiene una economía. De hecho, empleando este indicador, se encuentra que en el caso de América Latina y el Caribe, la volatilidad real está negativamente correlacionada con el crecimiento económico observado en el período 1990-2012.

Otro elemento interesante de destacar, es que utilizando la duración de las contracciones como indicador de volatilidad real, los resultados de este estudio son similares a los encontrados por Ramey y Ramey (1995) y por Martin y Rogers (2000), pero en el caso de las economías desarrolladas.

A continuación se tratará de verificar la robustez de esta correlación a la ocurrencia de choques de origen externos. En particular, se cuestionará si la correlación negativa de la volatilidad real y el crecimiento de la región es sólida frente a la incorporación de variables que recogen información relacionada a la evolución de los precios de los principales *commodities* que comercia la región, perturbaciones al comercio internacional y choques importantes a los mercados financieros internacionales.

2. Volatilidad y crecimiento: controlando por choques externos

En la literatura especializada se ha destacado el hecho de que América Latina y el Caribe está muy expuesta a choques de origen externo, y comúnmente se asocian estos factores con el pobre desempeño relativo exhibido por la región[11]. Las conexiones entre estos choques externos y el desempeño macroeconómico de la región se producen por diversos canales (CEPAL, 2012), descritos a continuación.

i) Canal comercial: la incidencia de los movimientos en los precios de los bienes primarios y del volumen de comercio internacional afecta significativamente a los países de la región, dada la importante participación de estos bienes dentro de las exportaciones o de las importaciones en los países de la región.

ii) Canal fiscal: para un gran número de economías de la región, la exportación de bienes primarios genera grandes ingresos fiscales[12] en forma directa (por la propiedad pública de las empresas, como en Chile) o indirecta, por vía tributaria. Esto es sobre todo importante para aquellos países que, por su baja carga tributaria interna, sus finanzas públicas dependen en alta proporción de la evolución de bienes de exportación primarios, y, por tanto, la exposición de la economía a los vaivenes de los mercados de bienes primarios es elevada.

iii) Canal financiero: independientemente del grado de integración a los mercados financieros internacionales, las economías de la región están sujetas a las fluctuaciones de variables como las tasas de interés prevalecientes en los mercados financieros internacionales y los flujos de ingreso y salida de capitales. Los cambios en los precios y volúmenes de capitales disponibles implican modificaciones en el costo de capital, afectan los tipos de cambio y, por ende, la actividad económica.

iv) Canal de expectativas: para aquellas economías en que un alza (baja) en los precios de los productos básicos redunda en mayores (menores) excedentes externos, un alza (reducción) en estos precios induce expectativas positivas (negativas) de los escenarios a futuro que pueden afectar las decisiones racionales de los consumidores e inversionistas en términos del patrón y volumen intertemporal del consumo y la inversión.

---

[11] Véanse al respecto Hausmann y Gavin (2011), Céspedes y Poblete (2011), Loayza y otros (2007) y CEPAL (2011).

[12] En algunos casos, las importaciones de productos primarios también generan importantes efectos fiscales. Por ejemplo, así ocurre en Argentina con la importación de productos energéticos.

En el gráfico VI.4 se puede observar la evolución de los índices de precios reales de canastas compuestas de bienes agrícolas, metales y energía, en el período 1990-2012. Dichos índices recogen las fluctuaciones registradas por los precios de estos bienes en este período que, en general, desde 2003 registran una tendencia al alza.

Gráfico VI.4
Evolución trimestral de los precios de bienes básicos (energía, bienes agrícolas, metales), ajustada por factores estacionales, 1990 (primer trimestre)-2012 (cuarto trimestre)
(Primer trimestre 1990=1,00)

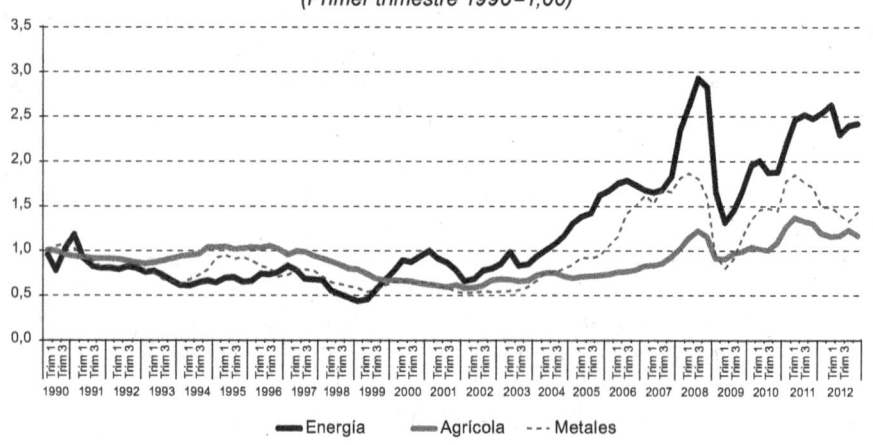

Fuente: Elaboración propia sobre la base de datos del Banco Mundial.

Después de la crisis global de mediados de 2008, la tasa de interés de los fondos de la Reserva Federal de los Estados Unidos[13] se ha mantenido cercana a cero[14] (véase el gráfico VI.5). Si bien el acceso de América Latina y el Caribe a los mercados financieros es bastante heterogéneo y, en consecuencia, los cambios de la evolución de esta variable han incidido de forma diferenciada en los países, en general, en los últimos años se ha producido una caída de las condiciones crediticias internacionales y, por tanto, en el costo del financiamiento externo para los países de la región.

---

[13] Los resultados son similares cuando se utilizan las tasas de fondos federales o el rendimiento de los bonos federales a diez años, dada la elevada correlación entre estas variables.
[14] Además de la baja de las tasas de interés, la Reserva Federal y otros bancos centrales pusieron en marcha a partir de la crisis financiera una serie de acciones destinadas a inyectar enormes volúmenes de liquidez para estimular la recuperación de la actividad económica en sus países. Esto se ha traducido en un alto aumento de la liquidez existente en los mercados financieros internacionales (CEPAL, 2013).

Gráfico VI.5
Estados Unidos: evolución de la tasa de interés de los fondos de la Reserva Federal
(En porcentajes)

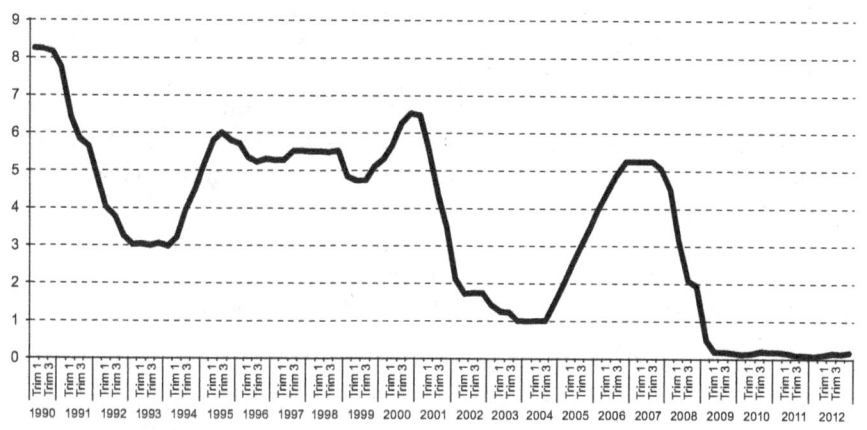

Fuente: Elaboración propia sobre la base de información de la Reserva Federal de los Estados Unidos [en línea] http://www.federalreserve.gov/econresdata/default.htm.

En el modelo 10 (véase el cuadro VI.6) se pueden observar los resultados del análisis estadístico que explora la relación de la volatilidad real y el crecimiento, controlando con algunos de los factores que señala la literatura especializada, tales como fuentes de choques externos, por ejemplo fluctuaciones en los precios de los productos básicos (agrícolas, metales y energía), volumen del comercio internacional y variables que recogen la volatilidad de los mercados financieros internacionales, como la tasa de los fondos federales de la Reserva Federal.

La incorporación conjunta de estos indicadores de choques de origen externo es estadísticamente significativa y no ha debilitado la evidencia a favor de la *correlación negativa y estadísticamente significativa del crecimiento y los indicadores de volatilidad real*. Esto es factible de interpretar como señal del grado de robustez de los indicadores y de la correlación. Sin embargo, debe destacarse que individualmente ninguno de los indicadores de choque externo arroja coeficientes significativos.

En una serie de trabajos, Bloom (2007 y 2009) muestra cómo los cambios en la incertidumbre afectan las decisiones de inversión de las empresas, y por tanto, el empleo y el crecimiento en los Estados Unidos. Carriere-Swallow y Céspedes (2011) encuentran resultados similares en las economías emergentes. En estos trabajos los autores emplean el índice VIX, una medida de la volatilidad implícita del Standard & Poor's 500 de los Estados Unidos, como un indicador sintético del nivel global de incertidumbre, dada la elevada correlación que este tiene con variables de índole sistémicas como crisis políticas internacionales (guerras), crisis financieras, choques de los precios de la energía y fluctuaciones significativas de las tasas de interés de los principales centros financieros mundiales así como de las condiciones monetarias financieras internacionales. Dichos trabajos encuentran que saltos abruptos del VIX reflejan cambios en la incertidumbre del entorno económico internacional, y que estos se traducen en modificaciones de la trayectoria de variables como el empleo y crecimiento económico (véase el gráfico VI.6).

Gráfico VI.6
Evolución de la volatilidad externa: índice de volatilidad VIX [a]

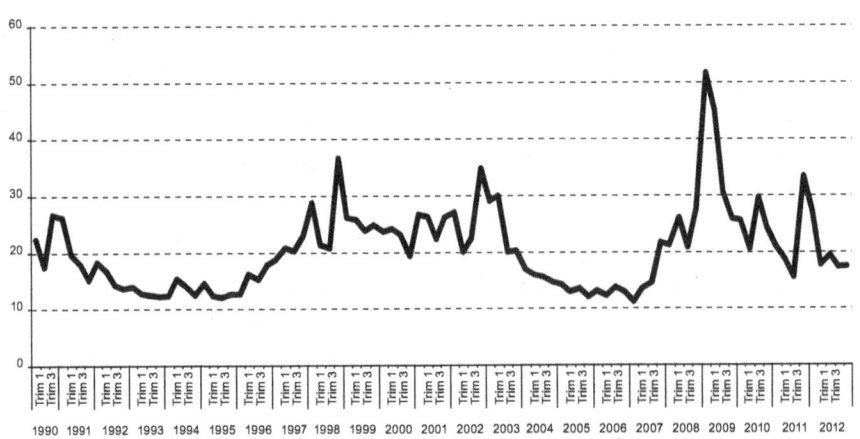

Fuente: Elaboración propia sobre la base de información de Bloomberg.
[a] Indica la volatilidad de las acciones del Standard & Poor's 500 de los Estados Unidos.

En el modelo 11 (véase el cuadro VI.6), se incluye VIX para controlar por choques de características sistémicas y verificar la solidez de la evidencia a favor de una correlación negativa del crecimiento y la volatilidad real. La correlación de VIX con el crecimiento resulta *negativa y estadísticamente significativa*, lo que confirma los resultados de Carrie-Swallow y Céspedes (2011), y tal y como ocurría con las demás indicadores de volatilidad externa, *los datos siguen mostrando evidencia a favor de una correlación negativa de la volatilidad real (la duración de estos episodios) y la tasa de crecimiento* promedio. El controlar por choques a la incertidumbre global no debilita la evidencia a favor de la existencia de una correlación negativa entre la volatilidad real y el crecimiento económico en la región.

Cuadro VI.6
América Latina y el Caribe: volatilidad real controlada por choques externos

	Modelo 7	Modelo 10	Modelo 11
Tasa de inversión	0,03762334*	0,0401047**	0,0393607**
Volatilidad real			
Duración del episodio	-0,00212677***	-0,0020443***	-0,0018834***
Volatilidad externa			
Crecimiento precios agrícolas		0,0218935	
Crecimiento precios metal		0,0355734	
Crecimiento precios energía		-0,0416391	
Cambios en la tasa de la FED		-0,0007092	
Crecimiento del comercio internacional		0,0821215	
Variación de VIX			-0,0002015***
Constante	0,00398464	0,0025489	0,0073983**
N	167	167	167
Países	21	21	21
R-Sqt: Within	0,3507	0,3994	0,3746
Between	0,1552	0,1497	0,1423
Overall	0,2558	0,2766	0,2598
Rho	0,3616	0,3946	0,3884

Fuente: Elaboración propia.
Nota: * $p<0,05$; ** $p<0,01$; *** $p<0,001$

C. Conclusiones: discusión de los resultados e implicaciones de política

Si bien las economías de América Latina y el Caribe, en promedio, han logrado reducir su volatilidad nominal, todavía tienen mucho camino que recorrer en términos de la volatilidad real. La región sigue mostrando indicadores de volatilidad muy superiores a los de las economías desarrolladas, como indican diversos estudios (Pineda-Salazar y Cárcamo-Díaz, 2013; Céspedes y Poblete, 2011; Haussman y Gavin, 1996).

De acuerdo a la evidencia expuesta en este trabajo, la elevada volatilidad real se encuentra significativamente relacionada con el bajo crecimiento económico de la región en el período 1990-2012. Sin embargo, cabe destacar que el estudio aquí presentado no representa evidencia de la existencia de una relación de causalidad que vaya desde la mayor volatilidad hacia el menor crecimiento económico en la región, sino que contiene pruebas de una *correlación* robusta entre ambas variables. El interés para los hacedores de política existe sobre todo a partir de la concreción del supuesto adicional de que la correlación indica la existencia de causalidad: mayor volatilidad real implica menor crecimiento.

En este capítulo se ha medido la volatilidad real a partir de información sobre los episodios de contracción que ha enfrentado la región. En particular, se encontró que la duración de las contracciones pareciera un indicador de volatilidad bastante robusto, de acuerdo con los datos.

Aunque este trabajo no intenta comprobar empíricamente por cual canal la volatilidad y el crecimiento se encuentran negativamente correlacionados, los resultados obtenidos concuerdan con diversas hipótesis teóricas (Martin y Rogers, 2010; Aghion y otros, 2005 y 2010; Barlevy, 2007), que sostienen que las contracciones y en especial, su duración, afecta el crecimiento económico.

Además, en este capítulo se muestra que la relación entre la volatilidad real y el crecimiento económico es robusta a la inclusión de variables que controlan por volatilidad externa (VIX).

Identificar los factores que pueden dar cuenta de la correlación negativa de la duración de las contracciones y el crecimiento económico es imperativo para los países de la región, en especial en aquellos donde las contracciones tienden a extenderse significativamente, como ocurre en los casos de Argentina, Jamaica, Paraguay y Venezuela (República Bolivariana de).

Bibliografía

Acemoglu, D. y otros (2003), "Institutional causes, macroeconomic symptoms: volatility, crises and growth", Journal of Monetary Economics, N° 50.
Aghion, P. y G. Saint-Paul (1993), "Uncovering some causal relationships between productivity growth and the structure of economic fluctuations: a tentative survey", NBER Working Paper, N° 4603, National Bureau of Economic Research.
Aghion, P. y otros (2010), "Volatility and growth: Credit constraints and the composition of investment", Journal of Monetary Economics, N° 57.
___(2005), "The effect of financial development on convergence: theory and evidence", The Quarterly Journal of Economics, vol. 120, N° 1,,enero.
Banco Mundial, World Development Indicators [base de datos en línea] http://data.worldbank.org/data-catalog/world-development-indicators; y "Pink Sheet" [en línea] http://go.worldbank.org/4ROCCIEQ50.
Barlevy, G. (2007), "On the cyclicality of research and development", The American Economic Review, N° 97.
Bloom, N. (2009), "The impact of uncertainty shocks", Econometrica, vol. 77, N° 3.
___(2007), "Uncertainty and the dynamics of R&D", NBER Working Papers, N° 12841, National Bureau of Economic Research.
Carriere-Swallow, Y. y L.F. Céspedes (2011), "The Impact of Uncertainty shocks in Emerging Economies", Documentos de Trabajo, Santiago de Chile, Banco Central de Chile.
CEPAL (Comisión Económica para América Latina) (2013), Estudio Económico para América Latina y el Caribe 2013 (LC/G.2574-P), Santiago de Chile.
___(2012), Estudio Económico para América Latina y el Caribe 2012 (LC/G.2546-P), Santiago de Chile.
___(2009), Estudio Económico para América Latina y el Caribe 2008-09 (LC/G.2410-P), Santiago de Chile.
Cerra, V. y S. Chaman Saxena (2008), "Growth dynamics: the myth of economic recovery", American Economic Review, vol. 98, N° 1.
___(2007), "Growth dynamics: the myth of economic recovery", BIS Working Papers, N° 226.
Céspedes, L. y S. Poblete (2011), "Política fiscal en países exportadores de bienes primarios: La experiencia chilena", Volatilidad macroeconómica y respuestas de política, J. Fanelli, , J. Jiménez y O. Kacef (comps.), Documentos de Proyectos, N° 396 (LC/W.396), Santiago de Chile, Comisión Económica para América Latina y el Caribe (CEPAL).
Comisión Europea (2009), "Impact of the current economic and financial crisis on potential output", Occasional Papers, N° 49.
Diebold, F. y Glenn Rudebusch (1992), "Have postwar economic fluctuations been stabilized?", American Economic Review, vol. 82, N° 4.
Fatas, A. (2002), The Effects of Bussiness Cycles on Growth (Central Banking, Analysis, and Economic Policies Book Series), Banco de Chile.
Fernández, Roque (1981), "A methodological note on the estimation of time series", The Review of Economic and Statistics, vol. 63.
Furceri, D. y A. Mourougane (2012), "The effect of financial crises on potential output: new empirical evidence from OECD countries", Journal of Macroeconomics, vol. 34.

Haltmaier, J. (2012), "Do recessions affect potential output?", International Finance Discussion Papers, N° 1066, Board of Governors of the Federal Reserve System, diciembre.

Hausmann, R. y M. Gavin (2011), "Securing Stability and Growth in a Shock Prone Region: The Policy Challenge for Latin America", SSRN Scholarly Paper, N° ID 1815944, Nueva York, Social Science Research Network, Rochester.

Howard, G., R. Martin y B.A. Wilson (2011), "Are recoveries from banking and financial crises really so different?", International Finance Discussion Papers, N° 1037, Board of Governors of the Federal Reserve System, noviembre.

Jarrow, R. (2013), "Financial crises and economic growth", Johnson School Research Paper Series, N° 37-2011, Cornell University.

Jones, L.E., R.E. Manuelli y E. Stacchetti (2000), "Technology (and policy) shocks in models of endogenous growth", Staff Report, N° 281, Federal Reserve Bank of Minneapolis.

Koren, M. y S. Tenreyro (2007), "Volatility and development", The Quarterly Journal of Economics, vol. 122, N° 1.

Loayza, N. y otros (2007), "Macroeconomic volatility and welfare in developing countries: an introduction", World Bank Economic Review, vol. 21, N° 3, octubre.

Martin, P. y C.A. Rogers (2000), "Long-term growth and short-term economic instability", *European Economic Review*, vol. 44.

___(1997), "Learning-by-doing, and economic growth", Oxford Economic Papers, New Series, vol. 49, N° 2.

Ouyang, M. (2010), "On the cyclicality of R&D", Review of Economics and Statistics, N° 93.

Pineda-Salazar, R. E. y R. Cárcamo-Díaz (2013), "Política monetaria, cambiaria y macroprudencial para el desarrollo. Volatilidad y crecimiento en América Latina y el Caribe, 1980-2011", serie Macroeconomía del Desarrollo, N° 142 (LC/L.3733), Santiago de Chile, Comisión Económica para América Latina y el Caribe (CEPAL).

Prasad, E., K. Roggoff y S. Wei (2004), Financial Globalization, Griowth and Volatility in Developing Economies. In Globalization and Poverty, Ann Harrison, Editor.

Pritchett, L. (2000), "Understanding patterns of economic growth: searching for hills among plateaus, mountains and plains", The World Bank Economic Review, vol. 14, N° 2.

Ramey, G. y V.A. Ramey (1995), "Cross-country evidence on the link between volatility and growth", *American Economic Review*, N° 85.

Restuccia, Diego (2012), "The Latin American development problem", Working Paper, N° 318, University of Toronto.

Titelman, D., E. Perez-Caldentey y R. Minzer (2010), "Comparación de la dinámica e impactos de los choques financieros y de términos del intercambio en America Latina", serie Financiamiento del Desarrollo, N° 203 (LC/L.2907-P/E), Santiago de Chile, Comisión Económica para América Latina y el Caribe (CEPAL).

Young, A. y S. Du (2009), "Did leaving the gold standard tame the business cycle? Evidence from NBER reference dates and real GNP", *Southern Economic Journal*, vol. 76, N° 2, octubre.

Capítulo VII

Políticas fiscales para el crecimiento y la igualdad[1]

Ricardo Martner
Andrea Podestá
Ivonne González

Introducción

En la teoría económica clásica, se asume que existe un planificador benevolente y omnisciente que puede definir las condiciones de eficiencia y, por tanto, la delimitación entre bienes públicos y privados, siendo los primeros aquellos bienes no rivales ni excluibles. Según esta concepción tradicional, al existir relativamente pocos bienes públicos "genuinos", el tamaño óptimo del Estado debería quedar delimitado por el costo de sus funciones esenciales: la defensa, la seguridad, la administración de justicia y la infraestructura, según la descripción de Adam Smith de lo que hoy se denomina "Estado mínimo".

Solo a partir de la segunda mitad del siglo XX la visión respecto del papel del Estado comienza a cambiar, principalmente con la introducción del concepto de bien público meritorio. Este puede definirse como un bien subconsumido en una economía de mercado, que crea externalidades positivas, en un marco de miopía de los agentes. Estas tesis crearon un espacio para legitimar la función pública en los más diversos ámbitos económicos y sociales. Los gobiernos democráticos, esencialmente europeos, desarrollaron

---

[1] Este documento es una síntesis de la publicación del mismo nombre de la *serie Macroeconomía del Desarrollo*, núm. 138.

funciones sociales y redistributivas, dando nacimiento al Estado del bienestar y sus cuatro pilares: educación, salud, pensiones universales e inclusión social.

La crisis financiera y de endeudamiento público en los países desarrollados ha reabierto una vez más el debate sobre el papel del gasto público, pues tuvieron que destinarse grandes sumas a los ámbitos productivo (incluidas las grandes empresas) y bancario. Ante estas limitaciones surgen periódicamente presiones para reducir el activismo fiscal. La idea subyacente es que se pueden mejorar o mantener los indicadores de desarrollo humano con un gasto público mucho menor, recurriendo a la prestación privada de servicios de salud, educación y pensiones y a la sustitución progresiva de programas universales por esquemas focalizados en los más pobres (véase Tanzi, 2009).

Además del peso de la deuda pública, a menudo se argumenta que un gasto estatal elevado es perjudicial para el crecimiento, pues el impacto positivo del gasto público sería menor que las distorsiones que introducen los impuestos requeridos para su financiamiento o que dicho gasto desplazaría el gasto privado.

Ante estas aseveraciones, en los países en desarrollo el desafío es potenciar el papel de catalizador del sector público con políticas de alta rentabilidad social, evitando los efectos de desplazamiento asociados a un manejo financiero inadecuado y a eventuales distorsiones del sistema tributario.

Resulta muy difícil evidenciar una relación causal entre las políticas fiscales y el crecimiento económico, tanto por la complejidad de las interacciones mutuas como por la dificultad de establecer mediciones satisfactorias de la multiplicidad de acciones del Estado en la economía. Sin embargo, es incuestionable la influencia del nivel y la composición de los gastos e ingresos públicos en el ciclo macroeconómico y en la tendencia de mediano plazo del PIB.

Por ello, es importante para el crecimiento y la igualdad diseñar políticas fiscales que se caractericen por su capacidad contracíclica, amplia incidencia en la distribución del ingreso disponible y creciente calidad del gasto, así como sistemas tributarios con una adecuada capacidad recaudatoria, eficientes y equitativos.

Conviene recordar en este contexto las tres funciones tradicionales de la política fiscal (Musgrave y Buchanan, 1999): proveer bienes públicos (esto es, impulsar el proceso político por el que estos bienes están disponibles), realizar ajustes en la distribución del ingreso y contribuir a la estabilización macroeconómica. Como señala Tanzi (2009), concurren además en la política fiscal múltiples factores explicativos del potencial de crecimiento de las economías.

Para llevar a cabo estas funciones, que inciden decisivamente en los objetivos de desarrollo, crecimiento, equidad distributiva e inclusión social, la política fiscal cuenta con diversos instrumentos, como el gasto público y los impuestos, que a su vez requieren de instituciones que los gestionen adecuadamente. Sin embargo, existen factores de economía política y de capacidad institucional, problemas de sostenibilidad fiscal y costos de eficiencia de los impuestos y del endeudamiento que pueden limitar las posibilidades de implementar las políticas fiscales (véase el diagrama VII.1).

Diagrama VII.1
Objetivos e instrumentos de la política fiscal

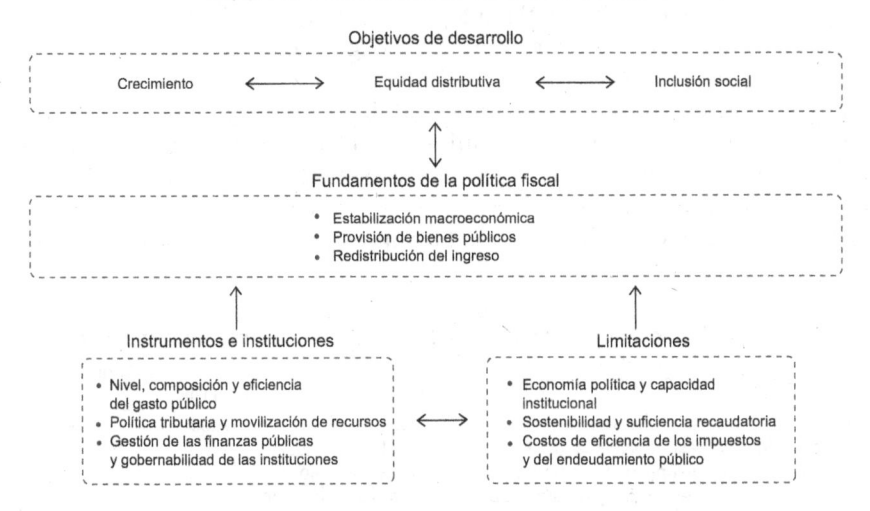

Objetivos de desarrollo

- Crecimiento ⇄ Equidad distributiva ⇄ Inclusión social

Fundamentos de la política fiscal
- Estabilización macroeconómica
- Provisión de bienes públicos
- Redistribución del ingreso

Instrumentos e instituciones
- Nivel, composición y eficiencia del gasto público
- Política tributaria y movilización de recursos
- Gestión de las finanzas públicas y gobernabilidad de las instituciones

⇄

Limitaciones
- Economía política y capacidad institucional
- Sostenibilidad y suficiencia recaudatoria
- Costos de eficiencia de los impuestos y del endeudamiento público

Fuente: Elaboración propia sobre la base de B. Moreno-Dodson, *Is Fiscal Policy the Answer? A Development Country Perspective*, Banco Mundial, 2012.

Para enfrentar estas limitaciones es preciso fortalecer la conexión entre las prioridades gubernamentales y la programación del gasto público, acelerando el tránsito desde una gestión pública basada en insumos y procesos hacia otra orientada a objetivos de desarrollo e indicadores de desempeño, en sintonía con las demandas ciudadanas[2]. El avance en este campo podría favorecer un pacto fiscal inspirado en una relación más directa entre la gestión pública de los recursos y la recaudación de estos por la vía de la tributación.

En la sección B de este capítulo se revisa la literatura sobre el vínculo entre política fiscal y crecimiento económico, tras lo cual se describe en la sección C la evolución reciente de las finanzas públicas en la región, enfatizándose la importancia de una arquitectura contracíclica que permita

---

[2] Véase CEPAL/SEGIB (2011).

enfrentar con éxito la excesiva volatilidad de los ingresos y gastos públicos. Por último, en la sección D se ilustra la relevancia del nivel y la composición de gastos e ingresos públicos en los objetivos de crecimiento con igualdad.

A. Aspectos conceptuales y evidencia empírica del vínculo entre política fiscal y crecimiento económico

Los efectos de la política fiscal sobre el crecimiento económico pueden ser muy diferentes a corto y mediano plazo. En general, los efectos de corto plazo se manifiestan a través de la demanda agregada, mientras que los de mediano y largo plazo lo hacen a través de la oferta agregada. Existen numerosos modelos teóricos antagónicos, pues keynesianos y neokeynesianos predicen que los estímulos fiscales aumentan el consumo agregado, la demanda y, por lo tanto, el PIB, mientras que, por el contrario, los neoclásicos anticipan efectos nulos e incluso negativos. Los efectos de la política fiscal sobre el crecimiento (véase el cuadro VII.1) dependen del horizonte considerado, de los supuestos sobre el comportamiento de los agentes privados y de la credibilidad de las estrategias utilizadas.

Cuadro VII.1
Modelos de efectos de corto plazo de la política fiscal sobre el crecimiento

Modelo teórico	Supuestos principales	Mecanismos	Efecto neto sobre el PIB
Modelos neokeynesianos	Horizonte de corto plazo; expectativas adaptativas o miopía de los agentes; rigidez de precios y recursos ociosos	Multiplicador lineal del gasto; eventuales efectos de desplazamiento	Ajuste fiscal recesivo; déficit expansivo
Modelos ricardianos	Consumidores de horizonte infinito y con expectativas racionales	Desplazamiento uno a uno del consumo privado por el consumo público	Política fiscal neutra a corto y largo plazo
Modelos neoclásicos con impuestos distorsionadores	Efecto distorsionador de los impuestos: su aumento reduce la producción por la caída de la oferta de trabajo	Una disminución permanente del gasto público reduce los impuestos esperados y aumenta el consumo privado	Ajuste fiscal recesivo con alza de impuestos; ajuste fiscal expansivo con caída del gasto; déficit expansivo si se reducen los impuestos; déficit contractivo si aumentan los gastos
Modelos keynesianos con "puntos de inflexión"	Comportamiento keynesiano mientras el nivel de deuda pública es sostenible; comportamiento de repudio de la deuda pública cuando existe posibilidad de incumplimiento de pago	No linealidades atribuibles a la probabilidad de insolvencia del sector público	Ajuste fiscal recesivo y déficit expansivo en niveles normales de deuda; ajuste expansivo y déficit recesivo cuando la deuda es elevada

Fuente: Elaboración propia.

En la teoría neokeynesiana tradicional se supone un horizonte de mediano plazo, con agentes miopes que no incorporan la restricción intertemporal del sector público en sus decisiones, así como la existencia de capacidad instalada ociosa en la economía y de precios y salarios rígidos. El multiplicador del gasto público es positivo, y mayor o igual que uno en el corto plazo si el gasto público se financia con el mismo monto de impuestos. Así, el ajuste del sector público es recesivo y el déficit, expansivo[3].

La teoría neoclásica, por el contrario, se basa en las premisas de que el horizonte es infinito y los consumidores son racionales, y que estos integran la restricción intertemporal del sector público en su propia restricción presupuestaria y toman las decisiones sobre consumo en función de perspectivas de largo plazo. El alza del gasto público presente conduciría a un aumento de impuestos en el futuro, por lo que el ingreso disponible actualizado no cambiaría. Los agentes anticipan esta situación y no modifican su consumo ante cambios en el gasto público. Existe entonces neutralidad de la política fiscal o equivalencia ricardiana.

Si se introduce el supuesto de tributos distorsionadores (Alesina y Perotti, 1995), un aumento de los impuestos implicaría una disminución de la producción, en tanto que una caída del gasto público, al suponer una reducción de los impuestos futuros, permitiría prever una mayor disponibilidad de ingreso, de manera que se incrementaría el consumo actual, con los consiguientes efectos positivos en la oferta, que harían aumentar el PIB en el corto plazo.

Otra categoría de modelos incorpora no linealidades para explicar los cambios de régimen. Según Sutherland (1995), las no linealidades se atribuyen a la probabilidad de insolvencia del sector público. Si esta es baja, los agentes no se preocupan de los impuestos futuros. En cambio, si existe la posibilidad de que se incumpla el pago de la deuda, los consumidores anticipan un alza futura de los impuestos y ahorran en consecuencia.

Los estudios posteriores a la gran recesión que se inició en 2008 en varios países miembros de la Organización de Cooperación y Desarrollo Económicos (OCDE)[4] señalan que el efecto de los estímulos fiscales sobre el crecimiento económico depende de las circunstancias de la economía, como la existencia de recursos ociosos, la efectividad de la política monetaria, el porcentaje de población con restricciones crediticias, el carácter temporal o permanente de las medidas implementadas, el grado de confianza con respecto a las perspectivas económicas futuras, la competitividad, la apertura comercial y el régimen cambiario.

---

[3] Véase Martner (2000) para una reseña sobre las principales teorías que explican los efectos de la política fiscal.
[4] Véase Giavazzi y McMahon (2011), Auerbach y Gorodnichenko (2012), Roeger e in't Veld (2012).

Según los modelos neoclásicos de crecimiento económico, en el largo plazo la política fiscal puede afectar los incentivos para ahorrar e invertir y, por lo tanto, la relación capital-producto de equilibrio y el nivel del PIB, pero no puede influir en la tasa de crecimiento del estado estacionario[5].

Sin embargo, la falta de convergencia de las tasas de crecimiento entre países debilita esas conclusiones, por lo que surgen los modelos de crecimiento endógeno (como los de Barro (1990), Futagami, Morita y Shibata (1993) y Devarajan, Swaroop y Zou (1996)), que otorgan un mayor protagonismo a la política fiscal, la cual puede incidir tanto en el nivel del PIB como en su crecimiento en el largo plazo. Estos modelos suponen la existencia de ciertos gastos públicos "productivos", que se asocian a la función de producción y afectan la productividad del sector privado, mientras que hay otros gastos públicos "improductivos", que solo afectan la función de utilidad de los hogares. Además, para financiar estos gastos se recurre a impuestos que distorsionan las decisiones de inversión.

Así, Barro (1990) analiza cómo la tributación y el gasto público influyen en el crecimiento en el supuesto de que no exista déficit financiero. Su modelo sugiere un rol positivo del gobierno para promover el crecimiento económico a través de la provisión de bienes públicos y servicios que elevan la productividad marginal del capital e incentivan una mayor inversión. No obstante, este efecto positivo depende del nivel inicial de los impuestos, dado que una carga tributaria excesiva reduce la tasa de crecimiento. Loayza (1996) extiende el modelo de Barro para incorporar al sector informal y concluye que la tasa impositiva óptima es menor.

Según Cornia, Gómez-Sabaini y Martorano (2011), los impuestos pueden redundar positivamente en el crecimiento a través de diversos canales. El primero es mediante la provisión de bienes públicos, como carreteras, agua y saneamiento, salud y educación, y contribuye a aumentar la tasa de rendimiento de las inversiones privadas. Un segundo canal para mejorar el crecimiento es a través de la estabilidad macroeconómica, ya que los gobiernos que recaudan ingresos en una medida adecuada tienen menos probabilidades de monetizar el déficit fiscal o de recurrir al endeudamiento externo, con lo que se reducen las probabilidades de crisis macroeconómicas. Un tercer canal es la disminución de la desigualdad de los ingresos, en virtud de la cual un incremento de los impuestos puede aumentar el crecimiento.

En suma, el efecto neto de la política fiscal en el crecimiento parece determinarse empíricamente, pues los argumentos abundan en ambos sentidos. Una parte de la evidencia que se utiliza para analizar el impacto de los impuestos sobre el crecimiento económico no permite concluir que esos efectos sean significativos. Por ejemplo, sobre la base de datos de panel de los

---

[5] Véase Sanz-Sanz y Sanz (2013).

países de la OCDE con promedios de cinco años, Mendoza, Milesi-Ferretti y Asea (1997) no observan repercusiones significativas de los impuestos en el crecimiento económico; solo hallan efectos limitados de los impuestos en la inversión (con un incremento de 10 puntos porcentuales de los impuestos la inversión disminuye entre un 1% y un 2%). En otros estudios, como los de Angelopoulos, Economides y Kammas (2007) tampoco se ha encontrado ningún efecto negativo de los impuestos en el crecimiento. Piketty, Saez y Stantcheva (2011) analizan una muestra de 18 países de la OCDE y no observan evidencia de que los países que han disminuido los gravámenes a las rentas del trabajo hayan experimentado mayores crecimientos de la productividad y del PIB.

A partir de una muestra de 17 países de la OCDE, Gemmell, Kneller y Sanz y otros (2011a y 2011b) tampoco constatan efectos robustos de las tasas impositivas medias para las rentas del capital en la actividad económica. En cambio, sí perciben un impacto negativo y significativo de la tasa impositiva de las rentas del trabajo sobre el crecimiento, al igual que ocurre con la tasa que se aplican a las empresas. Por otra parte, las reducciones de impuestos a las empresas de los países que imponen tasas más bajas afectan negativamente al crecimiento económico.

En cuanto a los efectos de los distintos tipos de impuestos en el crecimiento económico en el caso de los países desarrollados, Johansson y otros (2008) y Romero-Ávila y Strauch (2008) observan que el impuesto que provoca más distorsión es el que se aplica a las empresas, seguido del impuesto a la renta personal, mientras que los de consumo son los menos perjudiciales. Arnold y otros (2011) argumentan que los aumentos óptimos de impuestos al consumo son los que se basan en ampliaciones de la base imponible más que en incrementos de las tasas impositivas.

Tras un análisis de la literatura disponible, Salinas y Delgado (2012) sistematizan los principales resultados y extraen las siguientes conclusiones (véase el cuadro VII.2) de los estudios realizados sobre países de la OCDE:

i) En general se constata un efecto negativo de los impuestos en el crecimiento económico, aunque no es despreciable el número de estudios en que no se observa una conexión significativa.

ii) Cuando se examinan las tasas medias, efectivas y marginales, la relación que se halla con el crecimiento es también negativa (aunque el número de estudios analizados es reducido).

iii) A mayor progresividad de los sistemas tributarios, menor crecimiento.

iv) Un cambio en la estructura tributaria (o *tax mix*) que incremente el peso de la imposición indirecta en detrimento de la directa redunda en un mayor crecimiento económico.

Cuadro VII.2
Literatura empírica sobre la relación entre impuestos y crecimiento económico: principales resultados

Objeto y número de estudios	Número y porcentaje de estudios en que se concluye que la relación es positiva	Número y porcentaje de estudios en que se concluye que la relación es negativa	Número y porcentaje de estudios en que se concluye que la relación no es significativa
Impuestos			
21	1 (4,8%)	13 (61,9%)	7 (33,3%)
Tipos medios, efectivos y marginales			
6	0 (0%)	4 (66,7%)	2 (33,3%)
Progresividad			
6	0 (0%)	6 (100%)	0 (0%)
Cambio de la estructura tributaria: más impuestos indirectos en detrimento de los impuestos directos			
5	5 (100%)	0 (0%)	0 (0%)

Fuente: J. Salinas Jiménez y F. Delgado Rivero, "Impuestos, crecimiento económico y bienestar: una visión panorámica", documento presentado en el XXIV Seminario Regional de Política Fiscal, Santiago de Chile, 24-26 de enero de 2012.

Respecto de la evidencia empírica sobre América Latina, Cornia, Gómez-Sabaini y Martorano (2011) evalúan econométricamente el impacto de los impuestos sobre la tasa de crecimiento del PIB per cápita para 18 países de la subregión en el período comprendido entre 1990 y 2008, controlando diversas variables (inversión, educación, déficit presupuestario, términos del intercambio y coeficiente de Gini) y aplicando cuatro modelos. Los resultados sugieren que entre el 3% y el 4% de aumento en promedio de la relación de impuestos con respecto al PIB que se observó entre 2002 y 2009 había elevado la tasa de crecimiento del PIB per cápita entre un 0,3% y un 1%, contradiciendo, según los autores, las afirmaciones de la teoría neoclásica sobre los costos de eficiencia de impuestos "distorsionadores" como los impuestos directos.

En definitiva, la evidencia empírica disponible sobre el efecto de los impuestos en el crecimiento económico no es concluyente y muestra la necesidad de incorporar los gastos en las estimaciones. En efecto, el gasto público puede contribuir al crecimiento económico al afectar el nivel de los factores de producción y aumentar su productividad. Por ejemplo, los gobiernos pueden proveer ciertos tipos de bienes y servicios (como infraestructura, investigación y desarrollo y educación, entre otros) que elevan la productividad marginal del capital y del trabajo en el proceso de producción. Con la mejora de la productividad se incrementan, además, los rendimientos de la inversión privada, lo que da lugar a un aumento del capital privado y de la producción.

Sin embargo, los costos de financiar estos gastos pueden superar los beneficios. En el caso de los impuestos, las distorsiones y los costos de eficiencia perjudican el crecimiento. La emisión de deuda pública implica mayores impuestos en el futuro y también puede afectar el crecimiento, por ejemplo desplazando al sector privado en el acceso al financiamiento o socavando la confianza que tienen los inversores con respecto a la sostenibilidad de las finanzas públicas.

De aquí la importancia de considerar el efecto conjunto de los gastos públicos y su forma de financiamiento a la hora de evaluar el impacto que puede tener en el crecimiento un cambio en el gasto público. En última instancia, el efecto neto de la política fiscal sobre el crecimiento económico depende del nivel y la composición de los gastos e impuestos. En el cuadro VII.3 se presentan los efectos sobre el crecimiento de las distintas combinaciones posibles de ejecución del gasto público (productivo y no productivo) y su financiamiento (impuestos distorsionadores y no distorsionadores o deuda).

Cuadro VII.3
Efectos en el crecimiento económico del aumento de los impuestos, el gasto público y el déficit

Medio de financiamiento		Gasto público		Superávit fiscal (reducción de deuda)
		Productivo	No productivo	
Impuestos	Distorsionadores	Negativo o positivo (gastos elevados o bajos)	Negativo	Ambiguo
	No distorsionadores	Positivo	Cero	Positivo
Déficit fiscal (aumento de deuda)		Ambiguo	Negativo	-

Fuente: N. Gemmell, R. Kneller e I. Sanz, "The timing and persistence of fiscal policy impacts on growth: evidence from OECD countries", *Economic Journal*, vol. 121, febrero de 2011.

En cuanto a la evidencia empírica sobre la relación entre el gasto público y el crecimiento económico, esta puede dividirse atendiendo a dos generaciones de estudios, según se considere o no la restricción presupuestaria del gobierno (véase Gemmell, 2010). En los estudios de primera generación, realizados antes de mediados de la década de 1990, no se contempla esta restricción presupuestaria, es decir, no se tiene en cuenta que todo aumento del gasto público debe financiarse con más impuestos u otros ingresos, incremento del déficit fiscal (o deuda) o reasignación de partidas de gastos. Además, en varios de estos estudios se considera solo el gasto público total, donde hay componentes que influyen de manera positiva en la actividad económica (como transportes, comunicaciones y educación) y otros que tienen un efecto neutro o negativo. Como consecuencia de estas limitaciones, los resultados de estos estudios no suelen ser robustos[6].

Por el contrario, en los estudios de segunda generación, realizados a partir de la segunda mitad de los años noventa, se tiene en cuenta la restricción presupuestaria del gobierno y, por lo tanto, los resultados son más robustos.

Si bien en la gran mayoría de los estudios se recurre a datos de panel de distintos países para realizar las estimaciones, algunos autores han comenzado a utilizar datos fiscales subnacionales para estimar los efectos del gasto público sobre el crecimiento económico (Rocha y Giuberti (2007) para el Brasil; Hong y Ahmed (2009) para la India o Yan y Gong (2009) para China).

En algunos de los estudios empíricos sobre la materia los gastos del gobierno se dividen en productivos e improductivos a partir de la clasificación funcional del gasto, utilizando una definición a priori de gasto productivo común en esta literatura que incluye educación, salud, vivienda, transporte y comunicaciones, servicios generales y defensa. En términos generales, estos estudios concluyen que los gastos más productivos tienen un impacto positivo sobre el crecimiento, bien porque se financien a través de reducciones de gastos menos productivos, mediante déficits fiscales relativamente moderados o por una combinación de ambos medios[7].

Entre los estudios relativos a países en desarrollo en que se obtienen estos resultados figuran los de Adam y Bevan (2005), Bayraktar y Moreno-Dodson (2010), López y Miller (2007) y Hong y Ahmed (2009). Se constata que, según la forma de financiamiento, con un aumento de 1 punto porcentual del gasto productivo en términos del PIB aumenta la tasa de crecimiento entre 0,1 y 1,1 puntos porcentuales. Adam y Bevan (2005) muestran que, como excepción, el gasto productivo tiene efectos negativos para el crecimiento si se financia con déficit y este es superior al 1,5% del PIB.

En cuanto a los efectos sobre el crecimiento en los países en desarrollo objeto de estudio, a partir de los gastos desglosados por

---

[6] Nijkamp y Poot (2004) revisaron 93 artículos de esta primera generación de estudios sobre la relación entre gasto público y crecimiento económico y observaron que los componentes del gasto que más positivamente influían en la actividad económica eran las infraestructuras (transportes y comunicaciones) y la educación.
[7] Véase Gemmell, Misch y Moreno-Dodson (2012).

sector o función, Bose, Haque, y Osborn (2007) cruzan información entre el sector o la función del gasto (educación, sanidad, transportes y comunicaciones, entre otros) y su naturaleza económica (inversión, consumo o transferencias) y observan que la inversión pública en educación y el gasto total en educación son los únicos gastos que están positiva y significativamente asociados con el crecimiento. En esta misma línea, Rocha y Giuberti (2007) concluyen que existe una relación positiva entre los gastos de defensa, educación, transporte y comunicaciones y el crecimiento económico en los estados del Brasil. En cambio, Ghosh y Gregoriou (2008), utilizando datos de panel para 15 países en desarrollo, muestran que el gasto en operaciones y mantenimiento tiene un mayor impacto en el crecimiento que el gasto en salud o educación.

En otros estudios empíricos se descompone el gasto público según la clasificación económica, es decir, entre gasto corriente y gasto de capital. Los efectos de los gastos de capital sobre el crecimiento dependen de la forma en que se financien y, por otro lado, no se registra ningún avance del crecimiento económico si se sustituye gasto corriente por gasto de capital (Ghosh y Gregoriou (2008), Rocha y Giuberti (2007), Devarajan, Swaroop y Zou (1996) y Haque (2004)); este comportamiento indicaría que existe complementariedad entre ambos tipos de gastos. En cambio, Bose, Haque y Osborn (2007) constatan efectos positivos sobre el crecimiento si las inversiones se financian con ingresos no tributarios, mientras que Gupta y otros (2005) obtienen ese mismo resultado cuando el gasto en capital se financia mediante endeudamiento o también a través de más ingresos.

Por otra parte, M'Amanja y Morrisey (2005) comprueban en el caso de Kenia que con la inversión pública aumenta el crecimiento, mientras que los gastos en educación, sanidad, asuntos económicos y los gastos corrientes influyen de forma negativa en ese indicador. En cambio, Muinelo-Gallo y Roca-Sagalés (2011), utilizando datos de panel sobre 43 países de ingreso mediano y alto, no detectan un efecto significativo de la inversión pública en el crecimiento económico, aunque sí en la reducción de la desigualdad.

En cuanto a la evidencia obtenida para países desarrollados, a partir de una muestra de economías de la OCDE Mendoza, Milesi-Ferretti y Asea (1997), De la Fuente (1997), y Schuknecht y Tanzi (2005) hacen notar que el gasto público total afecta negativamente el crecimiento económico. De manera similar, Miller y Russek (1997) señalan que el gasto público total financiado con impuestos tiene un impacto negativo en el crecimiento, mientras que si se financia mediante deuda es neutro. Sin embargo, estos autores revelan que el gasto en educación tiene un efecto positivo en el crecimiento, mientras que las erogaciones en sanidad, seguridad social y servicios económicos influyen negativamente.

Respecto de la composición de los gastos, Gemmell, Kneller y Sanz (2009) concluyen, tras analizar una serie de países de la OCDE, que un aumento del gasto en infraestructura y educación financiado con disminuciones proporcionales del resto de las partidas tiene un impacto positivo en el crecimiento económico. Lo mismo ocurre si se restan recursos del consumo público para financiar más inversiones. Gemmell, Kneller y Sanz (2011a y 2011b) estiman que con un aumento de los gastos públicos productivos equivalente a un 1% del PIB se incrementa la tasa de crecimiento 0,12 puntos porcentuales si se financia con déficit público, y 0,26 puntos porcentuales si es a través de aumentos de los impuestos no distorsionadores o de disminuciones de gastos no productivos.

En síntesis, la evidencia empírica es mixta, pero sugiere que tanto en los países desarrollados como en las economías en desarrollo la política fiscal en conjunto tiende a influir positivamente en el crecimiento de largo plazo, lo que confirma las predicciones de los modelos de crecimiento endógeno con finanzas públicas (Gemmell, Misch y Moreno-Dodson, 2012).

Lo anterior también queda documentado en las regresiones de panel del cuadro II.4, donde se verifica que el gasto público tuvo un impacto positivo sobre el PIB per cápita durante el período 1990-2010 en 20 países de América Latina. Ante las dificultades de establecer una colinealidad entre el gasto público, los ingresos fiscales y el déficit, se optó por dar prioridad en las estimaciones a las variables de gasto, distinguiéndose entre el gasto corriente primario y el de capital. Al incluirse como variable explicativa la deuda pública, implícitamente se están considerando los déficits acumulados y, por lo tanto, se puede diferenciar la forma de financiamiento del gasto.

La elasticidad del gasto público primario con relación al PIB per cápita es positiva y significativa, como también lo son las de la inversión total y la del tipo de cambio real. A su vez, tanto la deuda pública como la inflación tienen repercusiones negativas en el crecimiento. Las variables de capital humano, estabilidad política y derechos civiles son claramente relevantes, lo que corrobora la importancia de los "determinantes profundos" del nivel y de la tasa de crecimiento del PIB per cápita en la región, así como el tipo de cambio real (véase Rodrik, 2008). Vale la pena notar que el coeficiente rezagado del PIB per cápita también es significativo, lo que indica un marcado componente inercial y un impacto de las variables explicativas mucho mayor en el mediano plazo.

Cuadro VII.4
América Latina (20 países): efectos del gasto público sobre el producto interno bruto, 1990-2010 [a][b]
(En variables valoradas a precios constantes, expresadas en logaritmos)

Variable explicada: Producto interno bruto por habitante			
Regresiones	1	2	3
Variables explicativas			
Fiscales			
Gasto público primario	0,05 ***	0,10 ***	...
	(0,01)	(0,03)	
Gasto corriente primario	...	...	0,12 ***
			(0,03)
Deuda pública	-0,017 *	-0,005	-0,035 *
	(0,006)	(0,01)	(0,01)
Macroeconómicas			
Formación bruta de capital fijo	0,13 ***	...	...
	(0,01)		
Formación bruta de capital fijo (sector público)	...	...	0,07 ***
			(0,01)
Formación bruta de capital fijo (sector privado)	...	0,084 ***	0,083 ***
		(0,01)	(0,01)
Tipo de cambio real	0,05 ***	0,08 **	0,079 *
	(0,01)	(0,02)	(0,03)
Variación del índice de precios al consumidor (IPC)	-0,003	-0,005	-0,06 *
	(0,002)	(0,01)	(0,02)
Producto por habitante (-1)	0,65 ***	0,70 ***	0,36 ***
	(0,09)	(0,10)	(0,06)
Logros en educación			
Indicador de capital humano (población adulta con educación terciaria y secundaria/población adulta con educación primaria)	0,026 ***	0,06 *	0,06 **
	(0,006)	(0,02)	(0,01)
Institucionales			
Estabilidad política	0,02 **	0,018	0,024 *
	(0,005)	(0,01)	(0,009)
Derechos civiles	0,04 ***	0,06 **	0,045 **
	(0,01)	(0,02)	(0,02)
Número de observaciones	310	218	218

Fuente: Elaboración propia.
[a] Modelo de datos de panel, incluidos los efectos fijos y la corrección de sección cruzada.
[b] Valores estadísticamente significativos al 10% (*), al 5% (**) y al 1% (***). El error estándar se indica entre paréntesis.

Si se desagrega el efecto del gasto, incluidas las variables de control mencionadas, se observa que tanto el gasto corriente primario como la formación bruta de capital fijo del sector público inciden positiva y significativamente sobre el PIB per cápita (ecuaciones 2 y 3). Dada la extensión del período considerado y la cantidad de países que abarca la estimación de panel, resulta destacable un efecto tan relevante de las variables fiscales sobre el crecimiento. Probablemente debido al bajo nivel del gasto público en el período inicial de la estimación (1990), la recuperación de las erogaciones corrientes y de inversión han tenido un impacto retroalimentador sobre el crecimiento económico. Vale recordar que la evidencia empírica muestra que los efectos del gasto público varían según la composición de este; son positivos en rangos moderados y pueden llegar a ser negativos si se exceden ciertos límites (véase Comisión Europea (2002) para una discusión detallada).

Como lo muestran estas regresiones de panel, para la inmensa mayoría de los países de la región el nivel de gasto público es inferior al óptimo, aun en el caso de que su único objetivo fuese el crecimiento económico. En otras palabras, todo tipo de gasto público (corriente, de capital, transferencias o gasto directo) puede aumentar la eficiencia macroeconómica en la medida en que favorece la oferta laboral y la formación de capital físico y humano. Por supuesto, ello no se opone a la posibilidad de que se registren mejoras de productividad.

B. La deuda pública y las políticas fiscales

En la historia moderna de América Latina, un obstáculo recurrente al crecimiento ha sido el efecto de arrastre de la deuda pública, cuyo peso en la economía deteriora las expectativas y aumenta el costo financiero de los proyectos públicos y privados. En numerosos trabajos recientes se pone en evidencia un vínculo negativo entre la deuda pública como porcentaje del PIB y el crecimiento (aunque la causalidad es discutible), tanto en los países de la OCDE (véase, por ejemplo Panizza y Presbitero, 2012) como en la región (CEPAL, 2012a).

1. Evolución de la deuda pública

Aunque ya en la década de 1970 se observa un crecimiento de la deuda externa pública como porcentaje del PIB (véase el gráfico VII.1), en la década de 1980 la combinación de un escaso crecimiento económico, escasez de capitales y grandes depreciaciones de las monedas domésticas en un marco de pasivos dolarizados jugó un papel preponderante en la ampliación de los déficits fiscales y de la deuda pública. Así, entre

1980 y 1989 la deuda pública externa creció desde menos del 35% del PIB hasta un máximo del 78% del PIB como promedio, alcanzando valores superiores al 100% en Bolivia (Estado Plurinacional de), el Ecuador, Nicaragua, Panamá y el Perú.

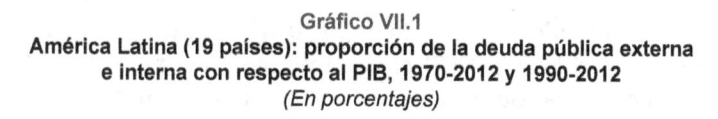

Gráfico VII.1
América Latina (19 países): proporción de la deuda pública externa e interna con respecto al PIB, 1970-2012 y 1990-2012
(En porcentajes)

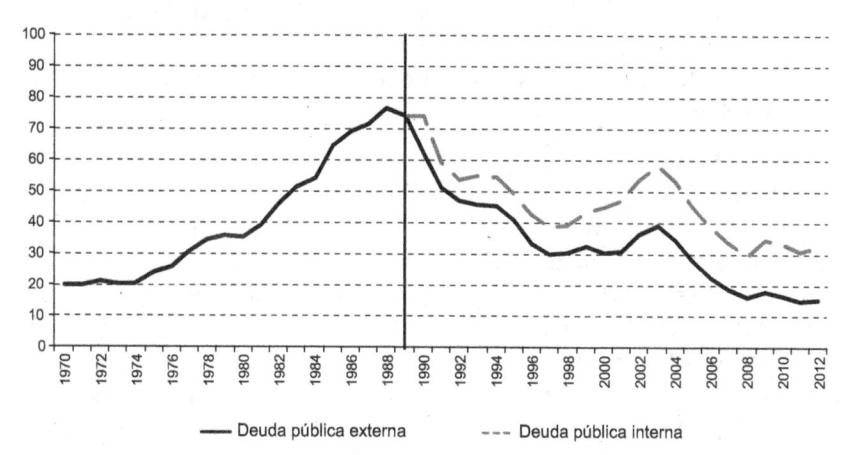

—— Deuda pública externa --- Deuda pública interna

Fuente: Elaboración propia sobre la base de cifras oficiales.

Gran parte de esta "bola de nieve" puede explicarse por el denominado "pecado original", definido como la dificultad para un país emergente de endeudarse externamente en su propia moneda o de endeudarse a largo plazo, incluso en el mercado interno. En varios países, el presupuesto fiscal se vio envuelto en una dinámica explosiva de crecimiento de la deuda en la que una proporción cada vez mayor de los ingresos fiscales era absorbida por el servicio de la deuda.

En la década de 1990 disminuyó considerablemente el peso de la deuda pública externa, gracias a la recuperación del crecimiento económico, a procesos de renegociación y a significativas reestructuraciones de deuda en algunos países, si bien influyó en otros casos el mantenimiento de tipos de cambio fijos o revaluados (lo que redujo los pasivos externos en moneda nacional).

Tras la crisis de 2002, que se tradujo en una nueva contracción del financiamiento externo, varios países de la región lograron activar a partir de 2003 un proceso combinado de generación sistemática de superávits primarios (apoyado por el fortalecimiento de sus sistemas tributarios y por la obtención de ingresos extraordinarios provenientes de la exportación de productos básicos), de mecanismos de autoseguro (como los fondos de estabilización o los esquemas de prepago de deuda durante las fases de auge o de reducción de las tasas de interés), y de mejoramiento de la gestión de pasivos y activos públicos.

En tal sentido, es de destacar que, además de reducirse en pocos años (entre 2003 y 2007) el nivel de la deuda pública, se modificó considerablemente la composición de esta con una extensión de los plazos, una mayor proporción de deuda a tasa fija, un aumento de la participación de los residentes y un incremento del peso de las deudas en moneda local (a partir de 2010, la deuda interna tiene una mayor participación en el total del endeudamiento público que la deuda externa).

Así, la deuda pública pasó de valores promedios cercanos al 60% del PIB en 2003 a solo el 32% del PIB en 2008. A su vez, el componente externo se contrajo hasta valores cercanos al 16% del PIB. Como se señaló, una parte importante de esta reducción se produjo en el período comprendido entre 2003 y 2007 y, a pesar del deterioro del saldo primario a partir de 2008, el coeficiente de deuda se ha mantenido prácticamente constante desde entonces (fue de un 31,2% del PIB en 2012), pues el diferencial entre la tasa de interés y la de crecimiento de la economía (o efecto "bola de nieve") ha sido poco significativo, excepto en algunos países de Centroamérica y en el Caribe.

Cuando se analizan los factores explicativos de la dinámica de la deuda pública se pone de manifiesto la gran exposición al aumento del tipo de cambio hasta 2002. La posterior caída de la deuda como porcentaje del PIB se debió a la inversión de esa tendencia, pero también a que se registraron saldos primarios positivos, al crecimiento económico y a menores tasas de interés externa e interna (véase el gráfico VII.2). También se pone de manifiesto la importancia de diversos factores discrecionales y de composición (ajuste saldo-flujo), probablemente asociados a las decisiones de varios países de prepagar deuda externa durante ese período[8].

---

[8] En este tipo de ejercicios es habitual encontrar un residuo elevado, el denominado "ajuste saldo-flujo", que da cuenta de las incoherencias entre los balances fiscales y la evolución de la deuda pública. Puede deberse a razones de cobertura y de registro contable, efectos de valuación de activos y pasivos, y también a renegociaciones o, directamente, quitas de deuda.

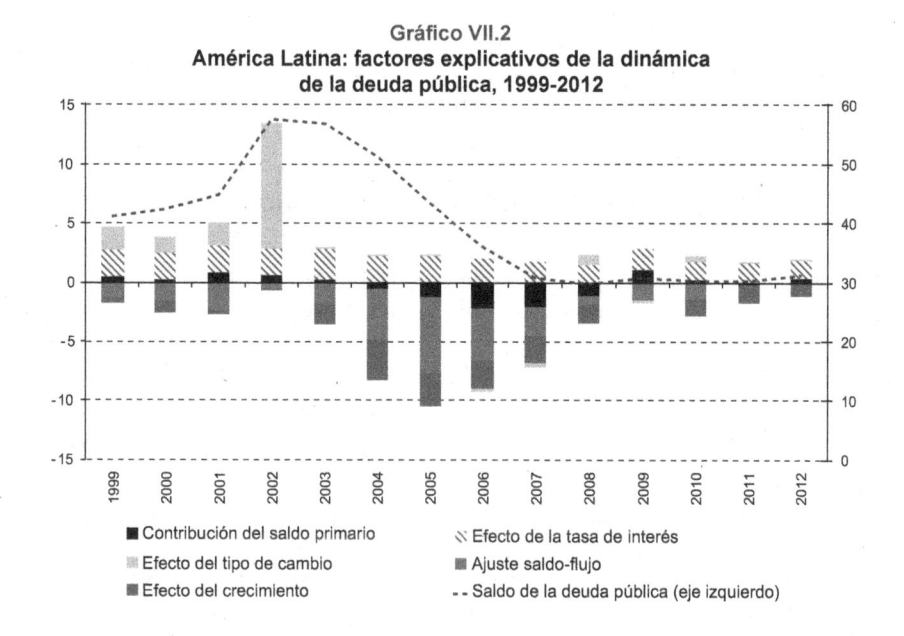

Gráfico VII.2
América Latina: factores explicativos de la dinámica de la deuda pública, 1999-2012

- Contribución del saldo primario
- Efecto de la tasa de interés
- Efecto del tipo de cambio
- Ajuste saldo-flujo
- Efecto del crecimiento
- - - Saldo de la deuda pública (eje izquierdo)

Fuente: Elaboración propia, sobre la base de cifras oficiales.

En contraste con lo que sucede en otras partes del mundo y con lo que había acontecido en el pasado en la subregión, se logró una reducción de la deuda pública, lo que constituye un factor estabilizador de las expectativas de los agentes económicos. El control de las finanzas públicas es hoy un activo significativo para América Latina en su conjunto.

Cabe apuntar, sin embargo, que la situación sigue siendo muy heterogénea. Algunos países de Centroamérica continúan con niveles de endeudamiento relativamente altos; en el Caribe, por su parte, muchas economías exhiben porcentajes de deuda muy elevados con respecto al PIB. Por otra parte, en algunos países de América del Sur es preciso reducir aún más los niveles de endeudamiento en el mediano plazo, dadas las aun elevadas tasas de interés de la deuda pública.

Este conjunto de factores determina que la región siga disponiendo de espacios (si bien acotados) para enfrentar escenarios adversos, debido principalmente a que los niveles de deuda pública son menores que los que se habían registrado antes de la crisis. En efecto, en la Argentina, Bolivia (Estado Plurinacional de), el Brasil, Chile, Colombia, el Ecuador, Haití, Guatemala, Nicaragua, Panamá, el Paraguay, el Perú y el Uruguay la deuda pública (bruta o neta, según los países) se ha reducido o mantenido como porcentaje del PIB entre 2008 y 2012 (véase CEPAL, 2013a).

Por el contrario, en Costa Rica, El Salvador, Honduras y la República Dominicana la deuda pública ha aumentado como porcentaje del PIB, aunque moderadamente. Lo mismo ha sucedido en nueve países del Caribe, pero con niveles iniciales mucho más altos.

2. Hacia una arquitectura fiscal contracíclica

Las políticas fiscales contracíclicas generan ganancias en términos de bienestar, pues estabilizan el consumo, reducen la volatilidad del PIB y minimizan las distorsiones producidas por cambios impositivos continuos, además de otorgar protección social en momentos de alto desempleo. Idealmente, las políticas fiscales deben asegurar excedentes en situaciones de bonanza y aceptar déficits cuando se producen recesiones.

El balance fiscal cíclicamente ajustado (BFCA) es un indicador que permite evaluar la orientación de la política en una perspectiva de mediano plazo. Partiendo del supuesto de que el producto real fluctúa en torno a una tendencia, permite calcular el efecto cíclico que la actividad económica y la variación de precios relevantes tienen en el resultado fiscal, mostrando el balance que resultaría si el PIB estuviese en su nivel de tendencia y si los precios fueran los del mediano plazo.

Los cálculos muestran que en la región las cuentas fiscales son muy sensibles a la fluctuación del PIB y de los precios de productos básicos (véase el cuadro VII.5), por lo que es fundamental disponer de indicadores estructurales. Los efectos cíclicos dependen de tres factores: el tamaño de las brechas entre las series efectivas y la tendencia, el valor de la elasticidad de la fuente de ingresos relevante (respecto del PIB o del precio de las materias primas) y el peso de dicha fuente en los ingresos totales. Se observa que, con la excepción de Guatemala y México, en el período de estimación las elasticidades brutas han sido superiores a uno.

En los países cuyos ingresos fiscales dependen más de las fluctuaciones del PIB que de las variaciones de precios de los productos básicos, los efectos cíclicos son modestos, pues en la región los impuestos equivalen al 19% del PIB (véase CEPAL, 2013a), por lo que los estabilizadores automáticos son relativamente menores (la semielasticidad del balance fiscal con respecto al PIB es de 0,2 en promedio, en contraste con el 0,5 de los países de la OCDE). Sin embargo, las amplias brechas (recesivas) entre el crecimiento efectivo y el de tendencia, como las que surgieron a inicios de la década de 2000, provocaron saldos cíclicos negativos equivalentes a más de 3 puntos del PIB en países como la Argentina, Bolivia (Estado Plurinacional de), Costa Rica, el Ecuador, Panamá, la República Dominicana, el Uruguay y Venezuela (República Bolivariana de).

Los países que presentan una mayor diferencia entre el balance fiscal efectivo y el balance fiscal cíclico ajustado (es decir, el saldo cíclico) son Bolivia (Estado Plurinacional de), Chile, el Ecuador, México, el Perú, Trinidad y Tabago y Venezuela (República Bolivariana de), donde se registran desviaciones superiores a cuatro puntos porcentuales del PIB. Es posible apreciar que en estos países, que reciben significativos ingresos por recursos no renovables[9], el efecto cíclico está directamente relacionado con la posición de los precios con respecto a su tendencia.

Cuadro VII.5
América Latina (16 países): máximos y mínimos de la brecha del PIB y del saldo fiscal cíclico y elasticidades de largo plazo, 1990-2012

País	Brecha del PIB (en porcentajes del PIB potencial) Mínimo	Máximo	Saldo fiscal cíclico (en porcentajes del PIB) Mínimo	Máximo	Elasticidades de largo plazo PIB	Recursos no renovables
Argentina	-27,9 (2001)	21,6 (1994)	-3,3	2,1	1,22	
Bolivia (Estado Plurinacional de)	-11,0 (2003)	9,2 (1998)	-9,8 (1999)	7,7 (2008)	1,23	2,44
Brasil	-3,7 (2003)	3,1 (1997)	-0,8	0,6 (2011)	1,30	
Chile	-10,3 (2002)	9,8 (1995)	-2,0 (2002)[a]	7,3 (2007)[a]	1,09	1,32
Colombia	-6,2 (2003)	15,1 (1991)	-1,0	1,3	1,17	1,76
Costa Rica	-18,7 (2002)	18,2 (1997)	-3,3	2,9 (1998)	1,06	
Ecuador	-44,3 (2000)	22,0 (1994)	-7,2	2,5	1,75	1,52
El Salvador	-7,1 (1992)	6,2 (2008)	-1,0	1,2	1,41	
Guatemala	-5,3 (2005)	12,2 (1991)	-0,5	0,9	0,88	
México	-29,6 (1994)	11,4 (1992)	-3,2	2,6 (2008)	0,99	1,40
Nicaragua	-11,0 (2003)	21,9 (1992)	-2,1	3,1	1,24	
Panamá	-15,5 (2003)	9,5 (1998)	-4,9	2,4	1,70	
Perú	-23,2 (1991)	12,5 (1997)	-3,2	2,1	1,20	
República Dominicana	-35,8 (2002)	11,4 (1995)	-5,3	1,3	1,08	
Uruguay	-18,7 (2002)	18,2 (1997)	-3,4	3,0 (1998)	1,09	
Venezuela (República Bolivariana de)	-58,7 (2003)	84,9 (1995)	-10,6	7,2 (1995)	1,01	1,81

Fuente: Elaboración propia.
[a] Proyecciones oficiales.

---

[9] En el Ecuador, México, Trinidad y Tabago y Venezuela (República Bolivariana de), al menos el 30% del total de los ingresos fiscales se obtienen de la producción de petróleo, mientras que en el caso de Bolivia (Estado Plurinacional de), un porcentaje similar procede de la explotación de gas. Los ingresos fiscales provenientes de la explotación de recursos naturales son también significativos en Chile, Colombia y el Perú, donde la participación de estos recursos se ubicó en promedio en torno al 15% en 2011.

Una forma de identificar cuál fue la orientación de la política fiscal en ciertos períodos consiste en comparar las variaciones del balance fiscal cíclicamente ajustado (BFCA) con la brecha del PIB. El fundamento es que los cambios que se observan en el BFCA reflejan las decisiones discrecionales de las autoridades de cambiar las tasas tributarias o los niveles de gasto. Por ejemplo, si la brecha del PIB es positiva, una política fiscal procíclica (contracíclica) se caracteriza por una reducción (aumento) del BFCA, lo que indica una medida discrecional expansiva (contractiva). En Martner (2007) se analizan 267 episodios para 18 países de América Latina en el período comprendido entre 1990 y 2005 y se constata que en un 55% de los casos el resultado es procíclico y en el 45%, contracíclico o neutro. Estos resultados contradicen la idea generalizada de que en América Latina las políticas han sido siempre procíclicas. De hecho, en varios países de la región se aplicaron medidas restrictivas en fases de bonanza durante la década de 1990 y después de 2003. Además, existe un cierto grado de asimetría: cuando la brecha del PIB es positiva, se ha registrado una mayor tendencia a la prociclicidad. Según estos resultados, sería más difícil aplicar políticas contracíclicas en tiempos de bonanza. Con la misma metodología, para este estudio se amplió la muestra a fin de comparar 364 episodios entre 1990 y 2012. La conclusión es que no es posible detectar un patrón generalizado en América Latina (véase el gráfico VII.3)[10].

Gráfico VII.3
América Latina (18 países): variación del balance fiscal cíclicamente ajustado (BFCA) y de la brecha del PIB, 1990-2012
(En porcentajes del PIB)

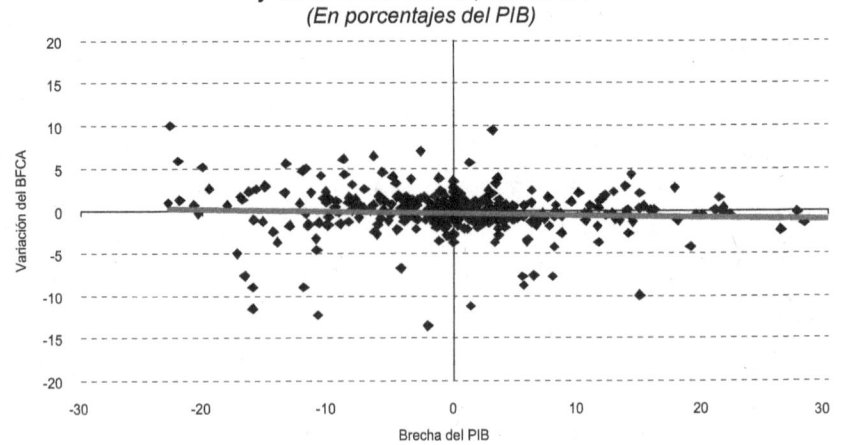

Fuente: Elaboración propia.

---

[10] Los estudios disponibles a nivel nacional sí muestran comportamientos más definidos; véase por ejemplo Lozano (2009) para el caso de Colombia.

Sin embargo, en parte debido a la volatilidad de los ingresos fiscales, en varios países de América Latina la tendencia del gasto público fue más bien procíclica en las últimas décadas. En el cuadro VII.6 se muestra que, en promedio, en las fases de auge el diferencial ha sido generalmente positivo, evidenciándose la propensión de las autoridades a gastar a un ritmo superior al del crecimiento del PIB en épocas de bonanza, con lo que se reducía la capacidad de reacción ante eventos adversos.

Cuadro VII.6
América Latina (20 países): diferencial entre las tasas reales de crecimiento del gasto primario y del PIB, 1990-2012
(En puntos porcentuales)

	1990-1996	1997-2002	2003-2008	2009	2010-2012
Argentina	4,0	-1,8	5,2	18,0	6,0
Bolivia (Estado Plurinacional de)	4,8	5,1	1,0	4,2	0,4
Brasil	-0,1	3,8	1,6	1,5	1,7
Chile	2,6	2,3	0,0	15,8	-3,2
Colombia	5,9	9,9	1,1	9,9	-1,0
Costa Rica	1,1	1,6	0,4	13,1	3,6
Cuba	...	-0,9	7,7	-3,3	-8,4
Ecuador	1,4	4,0	10,2	0,9	10,5
El Salvador	0,1	1,2	-0,7	12,2	1,1
Guatemala	-3,5	4,6	0,1	4,0	-0,3
Haití	...	5,1	2,3	8,5	3,5
Honduras	-2,7	5,8	2,5	5,7	-6,6
México	0,6	1,1	2,6	1,5	-0,8
Nicaragua	0,5	-0,6	3,8	0,9	-0,4
Panamá	1,1	1,9	2,3	3,8	-0,9
Paraguay	7,8	1,0	-2,8	33,7	6,5
Perú	5,3	-0,6	0,1	8,0	-0,5
República Dominicana	3,1	4,4	3,3	-17,1	4,5
Uruguay	5,1	3,4	-1,9	5,2	0,7
Venezuela (República Bolivariana de)	-3,5	3,6	2,6	2,9	3,2
América Latina	**1,9**	**2,7**	**2,1**	**6,5**	**1,0**

Fuente: Elaboración propia, sobre la base de cifras oficiales.

Por ello, en 2009, en plena crisis mundial, el menor espacio fiscal obligó a algunos países a disminuir el ritmo de expansión del gasto público, a pesar de las expectativas de recesión o de desaceleración económica, según el caso. Por el contrario, el aumento del gasto fue notable en otros países, como la Argentina, Chile, Colombia, Costa Rica, El Salvador, el

Paraguay y el Perú, que mostraron capacidad de gasto ante el entorno recesivo (aunque no siempre puede atribuirse ese incremento a políticas contracíclicas explícitas). Entre 2010 y 2012 el diferencial promedio fue mucho menor, dado que se retiraron algunos estímulos fiscales en varios de los países reseñados. Aunque se verifica una alta volatilidad de las tasas de crecimiento del gasto público cuando se comparan con las tasas de crecimiento del PIB, se advierte una aceleración en 2012, probablemente asociada a una reacción contracíclica ante los efectos adversos de la profundización de la crisis de la economía mundial.

En los países del Caribe el gasto público primario aumentó menos o en la misma medida que el PIB entre 2003 y 2008 en cinco países (Antigua y Barbuda, Belice, Granada, Saint Kitts y Nevis y Santa Lucía), y se incrementó considerablemente durante 2009 en seis de ellos (Antigua y Barbuda, Barbados, Guyana, Saint Kitts y Nevis, Suriname y Trinidad y Tabago) (véase el cuadro VII.7). Al mismo tiempo, las erogaciones se redujeron en Dominica, Granada y Jamaica, países en que el espacio fiscal es muy reducido por el significativo peso de la deuda pública. Entre 2010 y 2012, el patrón general parece tener escasa correlación con la posición de la economía en el ciclo, verificándose una alta volatilidad de las tasas de crecimiento del gasto público, aunque en promedio este ha aumentado más en los 13 países del Caribe observados que en los 20 de América Latina.

Cuadro VII.7
El Caribe (13 países): diferencial entre las tasas reales de crecimiento del gasto primario y del PIB, 1997-2012
(En puntos porcentuales)

	1997-2002	2003-2008	2009	2010-2012
Antigua y Barbuda	7,2	0,2	7,1	-4,8
Bahamas	-1,8	4,0	4,1	7,1
Barbados	3,4	0,7	6,4	-3,5
Belice	4,0	-2,6	4,8	-0,1
Dominica	-20,2	7,1	-4,0	6,6
Granada	17,0	-2,5	-10,8	-3,6
Guyana	-1,2	2,6	6,4	3,6
Jamaica	0,6	4,1	-3,8	4,3
Saint Kitts y Nevis	15,8	-3,8	7,4	4,4
San Vicente y las Granadinas	-0,9	2,2	4,5	-2,1
Santa Lucía	1,4	-1,5	6,0	6,2
Suriname	-14,5	1,4	30,2	0,3
Trinidad y Tabago	1,3	2,7	40,6	-1,0
El Caribe	0,9	1,1	7,6	1,3

Fuente: Elaboración propia, sobre la base de cifras oficiales.

Cuando se afirma que en la región las políticas fiscales son procíclicas porque el gasto público crece más que el PIB en épocas de bonanza, surge un problema metodológico de causalidad inversa (véase Jaimovich y Panizza, 2007), pues es perfectamente posible que una variable explicativa del crecimiento sea el propio gasto público, como se señaló en la sección anterior.

Por tanto, es necesario disponer de un conjunto más amplio de indicadores para calificar la orientación global de la política fiscal en América Latina. En efecto, a pesar del crecimiento del gasto, la política fiscal ha podido orientarse a la generación de superávits primarios y a la reducción de la deuda pública durante las fases de bonanza (CEPAL, 2012b).

Así, el hecho de que el gasto público crezca más que el PIB en épocas de bonanza no es suficiente argumento para calificar de procíclica una política fiscal. Durante la década de 2000 en América Latina los ingresos, inclusive los tributarios (véase Cornia, Gómez-Sabaini y Martorano, 2011)) crecieron más rápidamente que el PIB y que los gastos, por lo que se incrementó el superávit primario y se redujo la deuda pública. Al aumentar el patrimonio y mejorar los resultados fiscales, la política fiscal ha ejercido más bien un efecto neto de estabilización del gasto del sector privado.

Con fines ilustrativos y para reafirmar lo anterior, en este documento se diferencian cuadrantes de política fiscal según las variaciones de gasto y de deuda. En época de bonanza, la política fiscal sería entonces contracíclica (procíclica) en sentido estricto cuando al mismo tiempo se contraen (aumentan) el gasto público y la deuda pública como porcentajes del PIB, y contracíclica (procíclica) en sentido "débil" cuando, como porcentaje del PIB, crece (disminuye) el gasto público y disminuye (aumenta) la deuda pública[11]. Como se mostró, el cambio en la deuda no obedece exclusivamente a una decisión de política, aunque su dinámica y su costo tienen una considerable influencia en las decisiones de gasto.

Por lo anterior, resulta interesante ilustrar simultáneamente las evoluciones del gasto público y de la deuda pública en épocas de bonanza (véanse los gráficos VII.4 y VII.5). En la década de 1990 se produjeron episodios procíclicos (en sentido estricto) en algunos países, pues en fase de bonanza aumentaron al mismo tiempo el gasto y la deuda pública, con los consiguientes efectos negativos en el mediano plazo.

En cambio, en la gran mayoría de los países de América Latina entre 2003 y 2007 se redujo la deuda pública y en algunos se contrajo al mismo tiempo el peso del gasto público, lo que dio lugar a políticas

---

[11] Esta definición es solo parcial, ya que no incluye la evolución de los ingresos. Implícitamente, se supone que el efecto multiplicador del gasto público es mayor que el de los ingresos, como se explica más adelante.

contracíclicas estrictas. La excepción fue la República Dominicana, donde la crisis bancaria derivó en aumentos importantes de la deuda pública y también del gasto. También se registró una reducción de la deuda en el Caribe, en general con un aumento del gasto (véase el gráfico VII.5). En el caso de Guyana, en el marco de la Iniciativa a favor de los Países Pobres Muy Endeudados (PPME), en 2004 se aprobó una condonación de deuda externa equivalente al 100% del PIB.

Gráfico VII.4
América Latina: cambios en el gasto y la deuda pública con respecto al PIB, 1991-1998 y 2003-2007
(En puntos porcentuales)

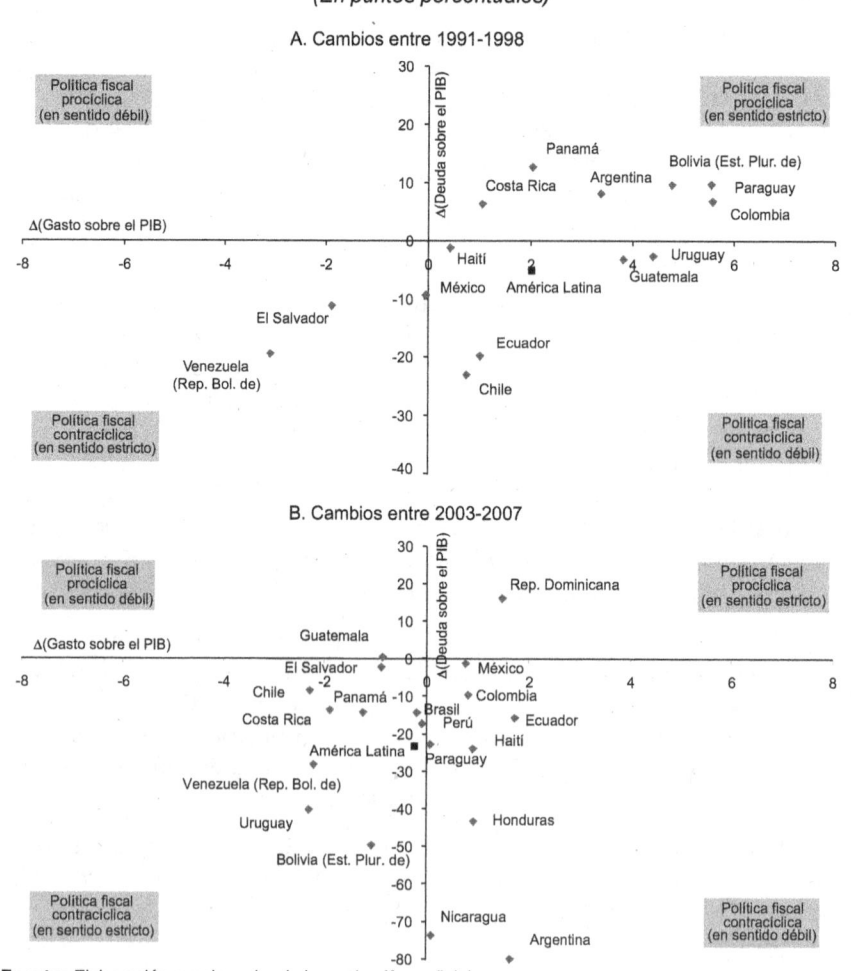

A. Cambios entre 1991-1998

B. Cambios entre 2003-2007

Fuente: Elaboración propia, sobre la base de cifras oficiales.

Gráfico VII.5
El Caribe: cambios en el gasto y la deuda pública con respecto al PIB, 2003-2007
(En puntos porcentuales)

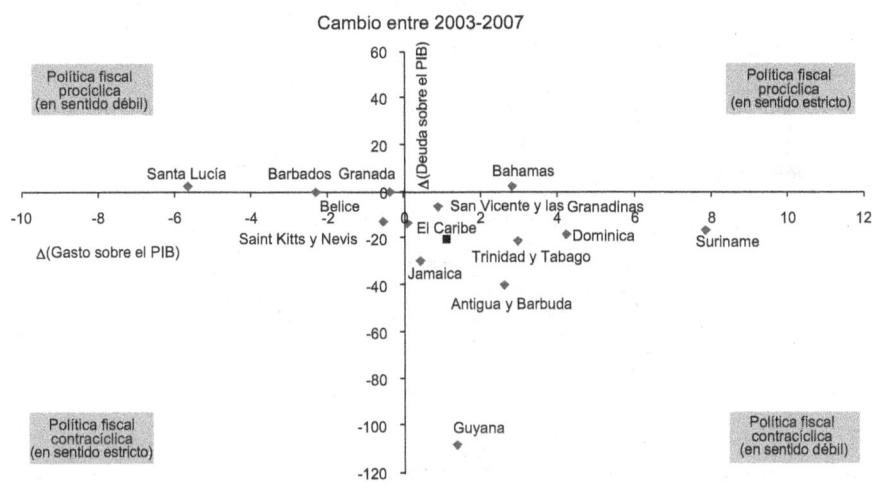

[Gráfico de dispersión: Cambio entre 2003-2007. Eje vertical: Δ(Deuda sobre el PIB), de -120 a 60. Eje horizontal: Δ(Gasto sobre el PIB), de -10 a 12.

Cuadrantes:
- Superior izquierdo: Política fiscal procíclica (en sentido débil)
- Superior derecho: Política fiscal procíclica (en sentido estricto)
- Inferior izquierdo: Política fiscal contracíclica (en sentido estricto)
- Inferior derecho: Política fiscal contracíclica (en sentido débil)

Países ubicados: Santa Lucía, Barbados, Granada, Belice, Saint Kitts y Nevis, El Caribe, Bahamas, San Vicente y las Granadinas, Dominica, Trinidad y Tabago, Jamaica, Antigua y Barbuda, Suriname, Guyana.]

Fuente: Elaboración propia, sobre la base de cifras oficiales.

La ampliación de los espacios fiscales permitió reaccionar a la crisis financiera internacional en varios países de América Latina, lo que en algunos casos se tradujo en notorios aumentos del gasto, como se ilustraba en el cuadro VII.6, y en otros en un mayor endeudamiento a causa del déficit producido por la merma de ingresos durante 2009 y con posterioridad. En el Caribe se observaron incrementos (en algunos casos muy significativos) del peso relativo del gasto público y de la deuda pública.

El período comprendido entre 2010 y 2012 es más heterogéneo, pues ni en América Latina ni en el Caribe se detectan pautas claras en la orientación de la política fiscal en función del ciclo macroeconómico.

En el *Estudio Económico de América Latina y el Caribe, 2013*, la CEPAL concluye que, salvo ciertas excepciones (los países del Caribe de habla inglesa y algunos de Centroamérica), los gobiernos de la región disponen de espacios para enfrentar escenarios adversos. De manera inédita, a partir de 2008 la política fiscal pasó a ser un potencial instrumento de estabilización macroeconómica. Durante la fase de contracción del gasto privado, en los paquetes de estímulo fiscal se observó una combinación de aumento de gastos, especialmente sociales y de inversión pública, y de reducción de impuestos a familias y empresas, lo que favoreció efectos multiplicadores que amortiguaron los impactos de la crisis (véase el recuadro VII.1)[12].

---

[12] Véase CEPAL (2012b) para un análisis exhaustivo de la reacción en política fiscal durante los tres episodios externos críticos que afectaron a la región entre 2008 y 2012.

Recuadro VII.1
Multiplicadores de política fiscal

La evidencia sugiere que el activismo fiscal puede estimular la economía durante las recesiones, y que sus potenciales efectos negativos —sobre la inflación, por ejemplo— son de menor consideración (Auerbach y Gorodnichenko, 2012). Cuando se enfrenta un límite inferior en la fijación de las tasas de interés, los multiplicadores de política fiscal son de gran magnitud. Su tamaño depende del tipo de gastos o impuestos y de otros muchos factores propios del país y del momento. El grado de apertura y de integración financiera y el régimen del tipo de cambio condicionan el tamaño del multiplicador fiscal, especialmente el de las importaciones en economías abiertas.

Sin embargo, está generalmente aceptado que, en el corto plazo, ciertos gastos públicos tienen efectos significativos, superiores a las reducciones de impuestos o al aumento de las transferencias, pues en el primer caso se estimulan directamente la demanda agregada y el empleo, mientras que en el segundo existe la posibilidad de que una parte del incremento de ingresos se ahorre en vez de ser consumida.

Las estimaciones del Fondo Monetario Internacional (FMI) para el Grupo de los 20 (G20) son de multiplicadores máximos de 0,6 para las transferencias o los impuestos, de 1 para los gastos en general y de 1,8 para los gastos de capital (Spilimbergo, Symansky y Schindler, 2010). La UNCTAD (2011), por su parte, aplicando un modelo de vectores autorregresivos (VAR), para el caso de los Estados Unidos en el período comprendido entre 1980 y 2010 estima valores de 0,71 en lo referente a los impuestos y 1,87 para el gasto público general. Estos valores serían sensiblemente menores para los países en desarrollo, aunque la escasa evidencia disponible revela efectos considerables en períodos recesivos, con un valor multiplicador en torno a 1,25 para el gasto en el caso del Perú (véase Sánchez y Galindo (2013)). También se muestra que el impacto es más significativo cuando la posición fiscal es mejor (véase Vargas, González y Lozano (2012) para obtener detalles sobre la aplicación de estas metodologías al caso de Colombia).

La experiencia reciente tiende a mostrar, pues, que los estímulos fiscales tuvieron repercusiones positivas en América Latina. Cabe también recordar que los gastos sociales en educación, salud, vivienda y pensiones destinados a los grupos más pobres constituyen un medio racional de promover la reactivación económica, a la par que mejoran la distribución del ingreso.

Fuente: Elaboración propia.

3. La necesidad de fortalecer las instituciones fiscales

En muchos casos, sin embargo, los paquetes de estímulo fiscal no se aplicaron con la intensidad ni la duración anunciadas, pues dependían de los espacios fiscales disponibles, del acceso al financiamiento y de la economía política del proceso. En efecto, la capacidad de reacción discrecional debe ir de la mano de la credibilidad que otorga un manejo razonablemente simétrico de las finanzas públicas.

Como se sabe, desde inicios de la década de 2000 cobran importancia en la región las iniciativas legales tendientes a reforzar la responsabilidad y la transparencia en el ámbito de las finanzas públicas, denominadas genéricamente "reglas fiscales". Estas reglas de primera generación tuvieron un sesgo procíclico, pues las metas que se basan en un presupuesto balanceado, o déficit cero, o en una reducción de la deuda pública independientemente de las condiciones macroeconómicas impiden la consecución de objetivos de crecimiento. Para la estabilización no es suficiente fijar límites anuales de déficit o de deuda pública.

Si el objetivo es asegurar consistencia dinámica impulsando la reducción de deuda en períodos de auge y aceptando un mayor déficit en períodos de menor crecimiento, las reglas macrofiscales de "segunda generación" tienen que incorporar una programación presupuestaria plurianual, con cláusulas de excepción y algún tratamiento explícito de los ingresos transitorios. Asimismo, estas reglas macrofiscales requieren de un desarrollo sustancial de las instituciones, sobre todo en lo que respecta a capacidades que permitan transformar los análisis de sensibilidad y la construcción de escenarios prospectivos en procedimientos presupuestarios.

Aunque la mayor prudencia y la capacidad de reacción observadas en los últimos años se han basado en un cierto consenso, este no ha dado pie a instituciones fiscales consensuadas. El desafío, entonces, estriba en diseñar estrategias que permitan internalizar los efectos del ciclo sobre las finanzas públicas. Para reducir la amplitud y duración del ciclo en América Latina, en el ámbito institucional se podría avanzar con las medidas que se enumeran a continuación.

a) Mayores grados de coordinación de las políticas monetarias y fiscales

Las políticas contracíclicas, para ser eficaces, deben abarcar acciones en múltiples ámbitos, como la fijación de la tasa de interés de política monetaria en función de la brecha del PIB (y no solo en virtud de las expectativas de inflación), la consolidación de los mecanismos de transmisión de la política monetaria al sistema financiero, las regulaciones macroprudenciales y diversos aspectos en los ámbitos laboral y productivo.

Podrán existir diversos grados de independencia en la definición de objetivos e instrumentos de los bancos centrales, pero lo importante es el grado de coordinación de las políticas monetaria y fiscal (por coordinación se entiende el proceso por el que dos autoridades definen estrategias para mejorar los resultados de la labor de ambas). Por ejemplo, una política monetaria expansiva, acompañada por la plena operación de los estabilizadores automáticos (y, por lo tanto, una política fiscal neutra) puede representar una respuesta óptima para atenuar choques transitorios negativos, sin necesidad de recurrir a un mayor activismo fiscal.

Por el contrario, al menos dos dinámicas son capaces de exacerbar las fluctuaciones macroeconómicas. En la parte baja del ciclo la ausencia de coordinación puede dar lugar a tasas de interés más altas de lo necesario, lo que a su vez amplifica los desequilibrios fiscales —tanto en lo relativo al saldo primario como al pago de intereses— y pone en peligro la solvencia del sector público, retroalimentando las expectativas de aumentos de la tasa de interés. La subsecuente corrección del desequilibrio de las cuentas públicas puede transformar la recesión en depresión. Las consecuencias sobre el desempleo son sumamente negativas, como se ha visto en la reciente experiencia de la Unión Europea.

Desarrollar una organización institucional que otorgue incentivos a la coordinación de las políticas monetaria y fiscal es una reforma que sigue pendiente, que está presente en el debate en varios países y que sin duda surgirá con mayor fuerza en la agenda futura.

b) El dividendo fiscal

La principal causa de fracaso de las experiencias de consolidación fiscal ha sido el excesivo optimismo acerca del crecimiento en el mediano plazo. Más generalmente, las desviaciones respecto de los supuestos macroeconómicos clave constituyen el principal riesgo que debe enfrentar la autoridad fiscal. Tanto si las proyecciones son sistemáticamente superiores a la recaudación (dando lugar a un sesgo de optimismo que puede terminar en problemas agudos de sostenibilidad) como en el caso contrario (lo que origina un excedente presupuestario cuyo manejo suele ser discrecional), el proceso presupuestario se ve fuertemente afectado en su credibilidad y transparencia.

Un criterio utilizado en muchos países consiste en clasificar como transitorios los ingresos no esperados en la ley de presupuestos (los dividendos del crecimiento y del precio de las materias primas), separándolos por tanto del resto y definiendo con claridad el destino de estos recursos. La condición *sine qua non* para institucionalizar las políticas fiscales contracíclicas es que el proceso de proyección de los ingresos públicos sea lo más prudente y transparente posible.

c) El avance en la transparencia fiscal

La transparencia fiscal, que es un elemento clave de la gestión pública, supone un acceso inmediato a la información sobre las orientaciones, proyecciones, metas y contabilidad de las actividades del sector público. Dos actividades fundamentales para asegurar esa transparencia consisten en reducir las prácticas cuasifiscales, haciéndolas explícitas en los presupuestos, y mejorar la información fiscal. En el congreso se debe discutir la política fiscal en conjunto, lo que implica que el gobierno tiene que presentar un análisis de todas las finanzas públicas, incluidas las de las instituciones autónomas, las empresas públicas y los gobiernos locales.

Además de los controles del presupuesto y de los gastos por parte del poder legislativo, de los tribunales de cuentas o de las contralorías, el control social ha de extenderse como instrumento de participación de los ciudadanos en la formulación, la fiscalización y el seguimiento de las acciones de las administraciones públicas. El control social es un importante medio de prevención de la corrupción y del fortalecimiento de la participación ciudadana en los asuntos fiscales. En la región, las iniciativas en materia de transparencia y, sobre todo, de control social han seguido distintos ritmos y han tenido diversos alcances, si bien su desarrollo es aún incipiente.

No obstante, a la luz de la experiencia de la región en los últimos años, parece también pertinente insistir en la creación de consejos fiscales independientes o vinculados al parlamento. En efecto, tanto la discusión de aspectos técnicos relativos a la formulación presupuestaria como el monitoreo de su ejecución y la evaluación sistemática de los programas públicos ameritan la consolidación de entidades que reflejen los dilemas de la política fiscal. Hay varios modelos de observatorios fiscales en la región, pero requieren de una consolidación institucional similar a la existente en países desarrollados.

d) La adopción de reglas estructurales de balance fiscal

Las reglas macrofiscales deben tener un objetivo de saldo estructural de mediano plazo, cláusulas de excepción y de transitoriedad y cierto margen de maniobra para afrontar eventos catastróficos o situaciones recesivas persistentes. La regla de balance estructural permite dar continuidad a la acción fiscal mediante la ejecución plena del presupuesto, independientemente de cuál sea la etapa del ciclo económico y la evolución coyuntural de los ingresos, lo que supone ganancias de eficacia y eficiencia en la gestión pública.

En su concepción más amplia, es decir, incluyendo el efecto del precio de las materias primas, el componente cíclico del balance ha sido muy significativo en la región en los últimos años, por lo que la conducción de la política fiscal en función de un objetivo de mediano plazo está muy vinculada a la capacidad institucional de ahorrar en tiempos de bonanza. A su vez, "la libre operación de los estabilizadores automáticos" en períodos de estrechez puede llevar a déficits transitorios considerables. Por tanto, el corolario de las reglas estructurales es la constitución de fondos de estabilización.

e) La constitución de fondos de estabilización de materias primas o de tributos

Aunque ha resultado complejo consolidar en la región mecanismos explícitos de ahorro en tiempos de bonanza (muchos países han preferido prepagar deuda externa o mantener activos financieros por otros medios), algunos fondos de estabilización asociados a leyes de responsabilidad fiscal (como en los casos de Chile y el Perú) se han transformado en instrumentos privilegiados de las políticas fiscales, al captar una parte de los ingresos transitorios durante la fase de auge del ciclo de la minería y brindar una mayor capacidad de reacción ante situaciones adversas o cambios imprevistos.

f) El fortalecimiento de instancias de coordinación con los gobiernos subnacionales

Asimismo, es importante evitar comportamientos procíclicos en las políticas fiscales subnacionales, sobre todo en un contexto de grandes desequilibrios verticales, en que las entidades territoriales dependen casi exclusivamente de transferencias del gobierno central, a menudo supeditadas a la recaudación nacional. De hecho, las fórmulas de coparticipación de los ingresos federales obligan a los gobiernos subnacionales a frenar sus gastos en períodos de caída de ingresos, incitando a la adopción de políticas expansivas en tiempos de bonanza.

Para remediar estos efectos de amplificación de las políticas procíclicas, es recomendable desvincular las transferencias de las variaciones en el corto plazo de los ingresos públicos, recurriendo en vez de ello a acuerdos multianuales de crecimiento, por ejemplo, y, sobre todo, fortalecer el pacto fiscal vigente mediante una coordinación más efectiva en torno a las decisiones de gasto público de los diferentes niveles de gobierno.

Estas medidas o acciones pueden mejorar la economía política del proceso y la percepción de los mercados. Para que perduren, es conveniente que estas innovaciones se instrumenten en la fase expansiva del ciclo. Si se desea profundizar las políticas contracíclicas y lograr que sus efectos sean permanentes, resulta crucial perfeccionar la institucionalidad macroeconómica y los mecanismos que aseguren la transparencia fiscal.

Pero los objetivos de sostenibilidad y de estabilización no son los únicos: también es importante la contribución de las finanzas públicas al crecimiento de largo plazo de las economías y a la distribución del ingreso.

C. La incidencia de los gastos e ingresos públicos en el crecimiento y la distribución del ingreso disponible

Cuando se evalúa el desempeño económico simultáneamente por el crecimiento del ingreso disponible y por su distribución, los impactos de la política fiscal pueden ser positivos para ambos objetivos; la evidencia empírica reciente muestra la importancia de estas complementariedades (Hoeller y otros, 2012).

En el período reciente, la gran mayoría de los países de América Latina combinó crecimiento económico con apreciables mejoras de sus índices de Gini. Sin duda, los avances en materia de empleo formal y el consecuente aumento de los ingresos laborales explican buena parte de estos progresos.

Como se detalla en CEPAL (2012c), el análisis de las variaciones de la desigualdad revela que el ingreso por adulto aparece como el principal factor impulsor de la mejora distributiva. En diez países de la región la variación del ingreso laboral representa el 90% o más del total de estas mejoras; en otros cinco el cambio de los ingresos no laborales, esencialmente transferencias, contribuyó al menos en un 40% a la reducción de la desigualdad. No cabe duda de que para futuras mejoras el componente fiscal será significativo, al menos mientras la distribución primaria se mantenga tan desigual.

El efecto redistributivo de la acción fiscal directa depende del nivel, la composición y el grado de progresividad de cada componente de los impuestos y las transferencias. Estas tres dimensiones definen las características de cada país (Joumard, Pisu y Bloch, 2012), tal como se ilustra a continuación para el caso de la OCDE:

i) Los impuestos y las transferencias directas tienen un impacto redistributivo significativo en los países de la OCDE; la desigualdad en el ingreso disponible después de impuestos y transferencias es un 30% menor que la desigualdad antes de impuestos y transferencias. Medida por el índice de Gini, la reducción es de 15 puntos porcentuales en promedio en estas economías.

ii) Los países de la OCDE que presentan una distribución más desigual del "ingreso de mercado" (antes de impuestos y transferencias) tienden a redistribuir más. Los casos extremos se encuentran en Italia, el Reino Unido y Finlandia, cuyos coeficientes de Gini pasan de 0,55 a 0,35, de 0,50 a 0,32 y de 0,48 a 0,25, respectivamente. Un caso especial es el de la República de Corea, que tiene un bajo coeficiente de Gini (0,34) previo a la acción fiscal, y de 0,31 después de esta. Aunque en este país no se registran transferencias directas significativas a los hogares y la presión fiscal es reducida, la igualitaria distribución primaria del ingreso puede asociarse al tremendo salto en educación de los últimos 30 años, pues más de un 65% de la población de entre 25 y 34 años posee educación terciaria, en contraste con algo más de 10% de la población de 55 a 64 años.

iii) En los países de la OCDE, las transferencias directas reducen más la dispersión del ingreso que los impuestos; alrededor del 75% de la reducción de la desigualdad entre el ingreso de mercado y el ingreso disponible puede atribuirse a las transferencias, y el 25% a los impuestos.

iv) Al tratarse esencialmente de pensiones en el marco de sistemas de reparto, en la mayoría de los países de la OCDE las transferencias reducen sobre todo la inequidad para los mayores de 65 años, grupo etario en que el coeficiente de Gini pasa de 0,70 a 0,29. En cambio, para la población en edad de trabajar el coeficiente se reduce de 0,41 a 0,31. En países con sistemas públicos de pensiones maduros, las personas mayores de 65 años son pobres en términos de ingresos de mercado y las pensiones públicas son su principal fuente de recursos.

En los países de América Latina la distribución del ingreso, muy desigual antes de impuestos y transferencias directas, mejora solo levemente por la acción fiscal directa. Lustig, Pessino y Scott (2013) observan que la magnitud de la reducción de la desigualdad inducida por impuestos directos y transferencias en efectivo, si bien es significativa en la Argentina, el Brasil y el Uruguay (del orden del 6% del coeficiente de Gini), es muy acotada en el resto de la región (un 2% en promedio)[13].

Este fenómeno guarda relación, por un lado, con un menor nivel relativo de transferencias en efectivo (sobre todo de las más progresivas) y, por otro, con un impacto modesto de los impuestos directos, debido a su limitada recaudación —que equivale aproximadamente a la mitad de la de los impuestos indirectos, los cuales tienen un efecto regresivo sobre la distribución del ingreso. La escasa contribución del impuesto sobre la renta (especialmente personal), unida a lo reducido del monto recaudado por los impuestos a la propiedad y al patrimonio, hace que los sistemas tributarios contribuyan muy poco a mejorar los coeficientes de Gini; la redistribución mediante impuestos es prácticamente inexistente en la región (véase CEPAL, 2013a).

En cuanto a los efectos redistributivos indirectos o de más largo plazo de las políticas fiscales, Tanzi, Afonso y Schuknecht (2008) plantean que, en un momento dado, la distribución del ingreso "primaria" (previa a la intervención del Estado) en un país estaría determinada, en términos generales, por diversas herencias, la riqueza tangible y material, el capital humano —lo que incluye una infinidad de activos que determinan el capital social de una persona— y las políticas públicas precedentes.

Así, es importante destacar la preponderancia de los factores hereditarios, que no se pueden cambiar en el corto plazo y que tienen que ver esencialmente con la posición inicial de los individuos en la sociedad. Es claro que la distribución previa del ingreso constituye uno de los principales motivos de la actual mejora del coeficiente de Gini. Sin duda, la persistencia de la desigualdad de ingresos que muestran los

---

[13] Sin embargo, de acuerdo con este estudio, mediante las transferencias en especie, tanto en educación como en salud, se logra un mayor grado de redistribución que con las transferencias en efectivo en los seis países. La disminución final de la desigualdad cuando se agrega este concepto supera el 20% en la Argentina, el Brasil y el Uruguay, mientras que en México, el Estado Plurinacional de Bolivia y el Perú el efecto es menor (el 16%, el 11% y el 8%, respectivamente).

indicadores refleja la existencia de heterogeneidad estructural y la falta de políticas capaces de modificar esta situación, pero también proviene de una distribución desigual de los activos, tanto físicos como humanos.

Como lo recuerdan Infante y Sunkel (2009), "la heterogeneidad estructural de América Latina se manifestaba en los niveles diferentes de productividad de los ocupados en los distintos estratos productivos, lo que caracterizaba el funcionamiento económico de la región y además era el factor originario de la desigual distribución del ingreso". Por tanto, para reducir esas brechas de productividad se requieren políticas distributivas, además de redistributivas, encaminadas a mejorar el ingreso primario (autónomo) de los sectores menos favorecidos. Si bien este tipo de intervenciones son necesarias, no se pueden cuantificar fácilmente y no parece necesario plantear un dilema entre ese tipo de fomento productivo y las políticas sociales[14].

Otro factor explicativo está directamente relacionado con el mercado del trabajo, por su capacidad de agregar movilidad social, lo que se vincula también a la demanda de empleo, a la evolución de los salarios y, por tanto, al nivel de actividad. No obstante, lejos de intentar ofrecer una relación exhaustiva de los factores explicativos de la desigualdad de ingresos, el objeto de esta sección es resaltar la importancia de la política fiscal en los objetivos conjuntos de crecimiento y distribución.

En tal sentido, la provisión de bienes públicos tiene efectos indirectos y de más largo plazo, pues las políticas que inciden en la productividad de los sectores más pobres se caracterizan por grandes retornos en materia de equidad. Los gastos públicos en justicia, seguridad ciudadana, infraestructura y transporte público, salud, capacitación laboral e inclusión social, entre otros muchos, benefician más que proporcionalmente a las personas más pobres, al insertarlas en la fuerza laboral en mejores condiciones.

El nivel de los impuestos y su progresividad afectan también indirectamente la distribución del ingreso. La capacidad del sistema tributario para corregir esas desigualdades dependerá del volumen recaudado y de la estructura de las tasas según los niveles de ingresos, pero también del porcentaje de evasión del impuesto a la renta y del monto de las exenciones. A mediano plazo, el sistema tributario puede también influir en la oferta y la demanda de trabajo (por ejemplo, si existen muchas cargas asociadas al empleador), el esfuerzo individual y el tamaño de las familias. Todos esos efectos inciden en la evolución del coeficiente de Gini.

En la región, la evidencia empírica reciente (González y Martner, 2012) muestra que las políticas fiscales han tenido repercusiones

---

[14] Muchas políticas de fomento productivo tienen un componente financiero (banca de desarrollo y préstamos subsidiados para ciertas actividades) más que presupuestario, como ocurre generalmente en el caso de las políticas sociales, por lo que no resulta fácil contrastar ambas formas de redistribución.

en la distribución del ingreso: directamente por el gasto social y la progresividad tributaria e indirectamente por la calidad de la educación y de las instituciones. Asimismo, se subraya el papel primordial de los ingresos laborales en las mejoras recientes.

Sobre la base de la ecuación de panel estimada para 18 países de América Latina en González y Martner (2012), al descomponer las variaciones del índice de Gini entre 2000 y 2011 (véase el cuadro VII.8), se observa que la mejora de 4,4 puntos de Gini por cien obedeció esencialmente a un cambio en tres variables: el gasto social, el indicador de capital humano y la tasa de desempleo. Si bien el aumento de la progresividad tributaria también contribuyó a la reducción de la desigualdad, lo hizo en menor medida que el gasto social.

Cuadro VII.8
América Latina (18 países): cambios en el coeficiente de Gini y en sus variables explicativas, 2000-2011 [a]

Variables	2000	2011	Cambio de variables entre 2000 y 2011	Cambio en el coeficiente de Gini
Fiscales				
Gasto social sobre el PIB	11,7	14,5	2,8	-1,16
Gasto público de capital sobre el PIB	3,4	4,5	1,1	-0,25
Indice de progresividad tributaria (razón entre impuestos directos e impuestos indirectos)	43,0	58,7	15,7	-0,22
Institucionales				
Índice de estabilidad política	40,55	40,47	-0,08	0,00
Logros en educación				
Gasto público en educación sobre el PIB	3,9	5,0	1,2	-0,02
Indicador de capital humano (razón entre el número de personas adultas con educación terciaria y secundaria y el número de personas adultas con educación primaria)	72,5	86,9	14,4	-1,44
Macroeconómicas				
Tasa de desempleo	10,2	7,2	-3,0	-1,31
Coeficiente de Gini	**0,54**	**0,50**	**-4,3**	**-4,4**

Fuente: Elaboración propia sobre la base de I. González y R. Martner, "Superando el "síndrome del casillero vacío". Determinantes de la distribución del ingreso en América Latina", *Revista CEPAL*, N° 108 (LC/G.2549-P), Santiago de Chile, Comisión Económica para América Latina y el Caribe (CEPAL), 2012.

[a] En las variables expresadas sobre el PIB, los cambios se calculan en puntos porcentuales del PIB; en el coeficiente de Gini, en puntos de Gini por cien; en los demás casos, las variaciones son absolutas.

Particular atención merecen los indicadores de capital humano, que en cualquiera de sus mediciones resultan altamente significativos para determinar la distribución del ingreso disponible, tanto en un período determinado como desde una perspectiva transversal (véase el gráfico VII.6).

Gráfico VII.6
América Latina (18 países) y economías de la Organización para la Cooperación y el Desarrollo Económicos (OCDE): índice de Gini y años de educación de la población de entre 25 y 64 años, 2011

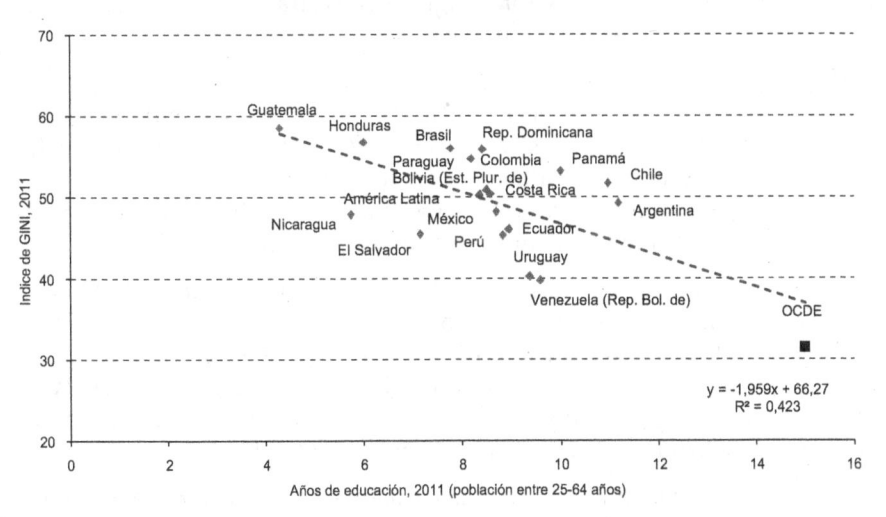

[Gráfico de dispersión con países de América Latina y OCDE. Eje Y: Índice de GINI, 2011. Eje X: Años de educación, 2011 (población entre 25-64 años). Ecuación de regresión: $y = -1{,}959x + 66{,}27$, $R^2 = 0{,}423$]

Fuente: Elaboración propia, sobre la base de datos oficiales.

D. Comentarios finales

Como consecuencia de la crisis financiera internacional, la discusión sobre la política fiscal ha estado muy marcada en los últimos años (y seguirá estándolo en el futuro próximo) por el dilema entre la estabilización macroeconómica y la sostenibilidad de la deuda pública. Así como los eventos recientes en Europa han demostrado que no basta con políticas de austeridad fiscal para reducir la incertidumbre y dinamizar el crecimiento, en especial porque los multiplicadores fiscales son mucho más elevados de lo anticipado (véase Blanchard y Leigh (2013)), la propia dinámica perversa de la deuda pública en condiciones de estancamiento ha ilustrado la dificultad de llevar a cabo políticas fiscales contracíclicas cuando el origen de la crisis es financiero. Más allá de los matices, importa encauzar este dilema hacia una perspectiva de mediano plazo; no solo se trata de aplicar paquetes de estímulo fiscal en condiciones cíclicas adversas, sino de delinear estrategias orientadas a potenciar el crecimiento de las economías.

Según Jeffrey Sachs (2011), no basta con gastar y con reducir impuestos para que la economía se recupere y vuelva a la normalidad. Sachs cree en el papel de la inversión pública para satisfacer las necesidades de la sociedad y sostiene que es preciso modernizar la infraestructura, renovar el sistema eléctrico, mejorar las ciudades y entrenar a una nueva fuerza laboral. Para ello, afirma, se requieren programas de gobierno bien diseñados y una buena coordinación con las administraciones locales. Concluye señalando que esas políticas deben incluir aumentos de ingresos provenientes de la imposición a la riqueza y a los altos ingresos, a las transacciones financieras, a las ganancias de capital y a las emisiones de carbono.

Aunque, afortunadamente, América Latina ha podido crecer y controlar su deuda pública en los últimos años, los desafíos de mediano plazo son muy similares a los reseñados; solo un gasto público de mayor calidad, debidamente respaldado por un sistema tributario eficiente y equitativo, posibilitará la transición hacia esquemas de desarrollo sostenible y con grados crecientes de igualdad e inclusión social.

Para superar los dilemas de corto plazo entre estabilidad macroeconómica, crecimiento de largo plazo, protección social y tributación es preciso crear o consolidar instituciones orientadas al desarrollo de políticas fiscales transparentes y con objetivos claros. El consenso social y la legitimidad del gobierno y del Estado se construyen sobre la base de la confianza que los ciudadanos depositan en la acción estatal.

Como se plantea en *La hora de la igualdad: brechas por cerrar, caminos por abrir* (CEPAL, 2010), "es necesario crear una nueva arquitectura estatal que permita posicionar al Estado en el lugar que le corresponde en la conducción de las estrategias de desarrollo de los países de la región", articulando acciones al menos en cinco grandes ejes: dinamizando el crecimiento económico; promoviendo la convergencia en la productividad sectorial, fomentando una mayor articulación territorial; impulsando mejores condiciones de empleo e institucionalidad laboral, y proveyendo bienes públicos y protección social con clara vocación universalista y redistributiva.

En ese marco la CEPAL viene planteando desde hace ya 15 años la relevancia de este pacto fiscal (CEPAL, 1998, 2013a, Fuentes Knight, 2012). Un pacto fiscal cuya noción se asocia estrechamente al diseño explícito y consensuado de una ruta de navegación de mediano y largo plazo y a la necesidad de un diseño integral de políticas y programas públicos.

Bibliografía

Adam, C. S. y D. L. Bevan (2005), "Fiscal deficits and growth in developing countries", *Journal of Public Economics*, vol. 89.
Alesina, A. y R. Perotti (1995), "Fiscal expansions and adjustments in OECD Countries", *Economic Policy*, vol. 21, octubre.
Angelopoulos, K., G. Economides y P. Kammas (2007), "Tax-spending policies and economic growth: theoretical predictions and evidence from the OECD", *European Journal of Political Economy*, vol. 23.
Arnold, J. y otros (2011), "Tax policy for economic recovery and growth", *Economic Journal*, vol. 121, febrero.
Auerbach, A. e Y. Gorodnichenko (2012), "Measuring the output responses to fiscal policy", *American Economic Journal: Economic Policy*, vol. 4, N° 2.
Barro, R. (1990), "Government spending in a simple model of exogenous growth", *Journal of Political Economy*, vol. 98.
Bayraktar, N. y B. Moreno-Dodson (2010), "How can public spending help you grow? an empirical analysis for developing countries", *Policy Research Working Paper*, N° 5367, Washington, D.C., Banco Mundial.
Blanchard, O. y D. Leigh (2013), "Growth forecast errors and fiscal multipliers", *Working Paper*, N° 13/1, Fondo Monetario Internacional (FMI).
Bose, N., M.E. Haque y D.R. Osborn (2007), "Public expenditure and economic growth: a disaggregated analysis for developing countries", *Manchester School*, vol. 75, N° 5.
CEPAL (Comisión Económica para América Latina y el Caribe) (2013a), *Panorama fiscal de América Latina y el Caribe: reformas tributarias y renovación del pacto fiscal* (LC/L.3580), Santiago de Chile, febrero.
____(2013b), *Estudio Económico de América Latina y el Caribe, 2013. Tres décadas de crecimiento desigual e inestable* (LC/G.2574-P), Santiago de Chile, agosto. Publicación de las Naciones Unidas, N° venta: S.13.II.G.3.
____(2012a), *Cambio estructural para la igualdad. Una visión integrada del desarrollo* (LC/G.2524(SES.34/3)), Santiago de Chile.
____(2012b), *Estudio Económico de América Latina y el Caribe, 2012* (LC/G.2546-P), Santiago de Chile. Publicación de las Naciones Unidas, N° de venta: S.12.II.G.3.
____(2010), *La hora de la igualdad: brechas por cerrar, caminos por abrir* (LC/G.2432(SES.33/3)), Santiago de Chile.
____(1998), "El pacto fiscal. Fortalezas, debilidades, desafíos. Síntesis", *Libros de la CEPAL*, N° 47 (LC/G.2024/E), Santiago de Chile, abril.
CEPAL/SEGIB (Comisión Económica para América Latina y el Caribe/Secretaría General Iberoamericana) (2011), *Espacios iberoamericanos: hacia una nueva arquitectura del Estado para el desarrollo* (LC/G.2507), Santiago de Chile, octubre.
Comisión Europea (2002), "Public finances in EMU-2002", *European Economy, Reports and Studies*, N° 3, Bruselas.
Cornia, G. A., J.C. Gómez-Sabaini y B. Martorano (2011), "A new fiscal pact, tax policy changes and income inequality. Latin America during the last decade", *Working Paper*, N° 2011/70, Instituto Mundial de Investigaciones de Economía del Desarrollo (WIDER), Universidad de las Naciones Unidas (UNU).
De la Fuente, A. (1997), "Fiscal policy and growth in the OECD", *CEPR Discussion Paper*, N° 1755.

Devarajan, S., V. Swaroop y H. Zou (1996), "The composition of public expenditure and economic growth", *Journal of Monetary Economics*, vol. 37.

Fuentes Knight, J.A. (2012), "Hacia pactos fiscales en América Latina: entre la reciprocidad y la confrontación", *Reforma fiscal en América Latina. ¿Qué fiscalidad para qué desarrollo?*, Alicia Bárcena y Narcis Serra (eds.), Santiago de Chile, Comisión Económica para América Latina y el Caribe (CEPAL)/Secretaría General Iberoamericana (SEGIB)/Centro de Información y Documentación de Barcelona (CIDOB).

Futagami, K., H. Morita y A. Shibata (1993), "Dynamic analysis of an endogenous growth model with public capital", *Scandinavian Journal of Economics*, vol. 95.

Gemmell, N. (2010), "Public expenditure and economic growth. What do we know?", documento presentado en el taller Política fiscal para el crecimiento y el desarrollo, Washington, D.C., Banco Mundial.

Gemmell, N., F. Misch y B. Moreno-Dodson (2012), "Public spending and long-run growth in practice: concepts, tools, and evidence", *Is Fiscal Policy the Answer? A Developing Country Perspective*, B. Moreno-Dodson (ed.), Washington, D.C., Banco Mundial.

Gemmell, N., R. Kneller e I. Sanz (2011a), "The growth effects of corporate and personal tax rates in the OECD", *Bond University Working Paper Series*, N° 49, mayo.

___(2011b), "The timing and persistence of fiscal policy impacts on growth: evidence from OECD countries", *Economic Journal*, vol. 121, febrero

___(2009), "The composition of government expenditure and economic growth", *European Economy: The Quality of Public Finances and Economic Growth*, S. Barrios, L. Pench, y A. Schaechter (eds.), Bruselas, Comisión Europea.

Ghosh, S. y A. Gregoriou (2008), "The composition of government spending and growth: is current or capital spending better?", *Oxford Economic Papers*, vol. 60, N° 3.

Giavazzi, F. y M. McMahon (2012), "The household effects of government spending", *Fiscal Policy After the Great Recession*, A. Alesina y F. Giavazzi (eds.), University of Chicago Press/National Bureau of Economic Research (NBER).

González, I. y R. Martner (2012), "Superando el "síndrome del casillero vacío". Determinantes de la distribución del ingreso en América Latina", *Revista CEPAL*, N° 108 (LC/G.2549-P), Santiago de Chile, Comisión Económica para América Latina y el Caribe (CEPAL). Gupta, S. y otros (2005), "Fiscal policy, expenditure composition, and growth in low-income countries", *Journal of International Money and Finance*, vol. 24, N° 3.

Haque, M.E. (2004), "The composition of public expenditures and economic growth in developing countries", *Global Journal of Finance and Economics*, vol. 1, N° 1.

Harju, J. y T. Kosonen (2012), "The impact of tax incentives on the economic activity of entrepreneurs", *NBER Working Paper*, N° 18442.

Hoeller, P. y otros (2012), "Less income inequality and more growth. Are they compatible? Part 1. Mapping income inequality across the OECD", *OECD Economics Department Working Papers*, N° 924, OECD Publishing.

Hong, H. y S. Ahmed (2009), "Government spending on public goods: evidence on growth and poverty", *Economic and Political Weekly*, vol. 44, N° 31.

Infante, R. y O. Sunkel (2009), "Chile: hacia un desarrollo inclusivo", *Revista CEPAL*, N° 97, (LC/G.2400-P), Santiago de Chile, Comisión Económica para América Latina y el Caribe (CEPAL), abril.

Jaimovich, D. y U. Panizza (2007), "Procyclicality or reverse causality?, *IDB Working Paper*, N° 501.
Johannson, A. y otros (2008) "Taxation and economic growth", *OECD Economics Department Working Paper*, N° 620, París.
Joumard, I., M. Pisu y D. Bloch (2012), "Tackling income inequality: the role of taxes and transfers", *OECD Journal: Economic Studies*.
Loayza, N. (1996), "The economics of the informal sector: a simple model and some empirical evidence from Latin America", *Carnegie-Rochester Conference Series on Public Policy*, vol. 45, N° 1.
López, R. y S. Miller (2007), *The Structure of Public Expenditure: A Robust Predictor of Economic Development?*, College Park, University of Maryland.
Lozano, I. (2009), "Caracterización de la política fiscal en Colombia y análisis de su postura frente a la crisis internacional", *Borradores de Economía*, N° 566.
Lustig, Nora, Carola Pessino y John Scott (2013), "The impact of taxes and social spending on inequality and poverty in Argentina, Bolivia, Brazil, Mexico and Peru: an overview", *Public Finance Review*, forthcoming.
M'Amanja, D. y O. Morrissey (2005), "Fiscal policy and economic growth in Kenya", *Research Paper*, N° 05/06, Centre for Research in Economic Development and International Trade (CREDIT), University of Nottingham.
Martner, R. (2007), "La política fiscal en tiempos de bonanza", serie *Gestión Pública*, N° 66 (LC/L.2736-P), Santiago de Chile, Comisión Económica para América Latina y el Caribe (CEPAL).
___(2000), "Estrategias de política económica en un mundo incierto. Reglas, indicadores, criterios", serie *Cuadernos del ILPES*, N° 45 (LC/IP/G.123-P/E), Santiago de Chile, Comisión Económica para América Latina y el Caribe (CEPAL).
Martner, R., A. Podestá e I. González (2013), "Políticas fiscales para el crecimiento y la igualdad", serie *Macroeconomía del Desarrollo*, N° 138 (LC/L.3716), Santiago de Chile, Comisión Económica para América Latina y el Caribe (CEPAL).
Mendoza, E., G. Milesi-Ferretti y P. Asea (1997), "On the ineffectiveness of tax policy in altering long-run growth: Harberger's superneutrality hypothesis", *Journal of Public Economics*, vol. 66.
Miller, S. y F. Russek (1997), "Fiscal structures and economic growth: international evidence", *Economic Inquiry*, vol. 35.
Moreno-Dodson, B. (2012), *Is Fiscal Policy the Answer? A Development Country Perspective*, Banco Mundial.
Muinelo-Gallo L. y O. Roca-Sagalés (2011), "Economic growth and inequality: the role of fiscal policies", *Australian Economic Papers*, vol. 50, N° 2-3.
Musgrave, R. y J. Buchanan (1999), *Public Finance and Public Choice: Two Contrasting Visions of the State*, MIT Press Books, diciembre.
Nijkamp, P. y J. Poot (2004), "Meta-analysis of the effects of fiscal policies on long-run growth", *European Journal of Political Economy*, vol.20.
Panizza, U. y A. Presbitero (2012), "Public debt and economic growth: is there a causal effect?", *MoFiR Working Paper*, N° 65.
Piketty, T., E. Saez y S. Stantcheva (2011), "Optimal taxation of top labor incomes: a tale of three elasticities", *CEPR Discussion Paper*, N° 8675.
Rocha, F. y A.C. Giuberti (2007), "Composição do gasto público e crescimento econômico: uma avaliação macroeconômica da qualidade dos gastos dos Estados brasileiros", *Economía Aplicada*, vol. 11, N° 4.

Rodrik, D. (2008), "The real exchange rate and economic growth", *Brookings Papers on Economic Activity*, vol. 2008, N° 2.
Roeger, W. y Jan in't Veld (2012), "On the appropriate fiscal stance in the current crisis", Dirección General de Asuntos Económicos y Financieros de la Unión Europea, Comisión Europea, inédito.
Romero-Avila, D. y R. Strauch (2008), "Public finances and long-term growth in Europe: evidence from a panel data analysis", *European Journal of Political Economy*, vol. 24.
Sachs, J. (2011), *The Price of Civilization*, Random House.
Salinas Jiménez, J. y F. Delgado Rivero (2012), "Impuestos, crecimiento económico y bienestar: una visión panorámica", documento presentado en el XXIV Seminario Regional de Política Fiscal, Santiago de Chile, 24-26 de enero.
Sánchez, W. y H. Galindo (2013), "Multiplicadores asimétricos del gasto público y de los impuestos en el Perú", documento de trabajo, Ministerio de Economía y Finanzas.
Sanz-Sanz, J.F. e I. Sanz Labrador (2013), "Política fiscal y crecimiento económico: Consideraciones microeconómicas y relaciones macroeconómicas", serie Macroeconomía del Desarrollo, N° 138 (LC/L.3638), Santiago de Chile, Comisión Económica para América Latina y el Caribe (CEPAL).
Schuknecht, L. y V. Tanzi (2005), "Reforming public expenditure in industrialised countries. Are there trade-offs?", *Working Paper Series*, N° 435, Banco Central Europeo.
Spilimbergo, Antonio, Steve Symansky y Martin Schindler (2009), "Fiscal multipliers", *IMF Staff Position Note*, N° SPN/09/11 [en línea] https://www.imf.org/external/pubs/ft/spn/2009/spn0911.pdf.
Sutherland, Alan (1995), "Fiscal crises and aggregate demand: can high public debt reverse the effects of fiscal policy?", *CEPR Discussion Papers*, N° 1246.
Tanzi, V. (2009), "The role of the State and public finance in the next generation", *Las finanzas públicas y el pacto fiscal en América Latina*, Ricardo Martner (ed.), serie Seminarios y Conferencias, N° 54 (LC/L.2977-P), Santiago de Chile, Comisión Económica para América Latina y el Caribe (CEPAL).
Tanzi, V., A. Afonso y L. Schuknecht (2008), "Income distribution determinants and public spending efficiency", *Working Paper*, N° 861, Banco Central Europeo.
UNCTAD (Conferencia de las Naciones Unidas sobre Comercio y Desarrollo) (2011), *Trade and Development Report, 2011* (UNCTAD/TDR/2011), Ginebra.
Vargas H., A. González y I. Lozano (2012), "Macroeconomic effects of structural fiscal policy changes in Colombia", *Borradores de Economía*, N° 691.
Yan, C. y L. Gong (2009), "Government expenditure, taxation and long-run growth", *Frontiers of Economics in China*, vol. 4, N° 4.

Publicaciones recientes de la CEPAL
ECLAC recent publications

www.cepal.org/publicaciones

Informes periódicos institucionales / *Annual reports*
También disponibles para años anteriores / *Issues for previous years also available*

- Anuario Estadístico de América Latina y el Caribe 2013 / *Statistical Yearbook for Latin America and the Caribbean 2013, 226 p.*
- Balance Preliminar de las Economías de América Latina y el Caribe 2013, 92 p.
  Preliminary Overview of the Economies of Latin America and the Caribbean 2013, 92 p.
- Panorama Social de América Latina, 2013, 226 p.
  Social Panorama of Latin America, 2013, 220 p.
- Panorama de la Inserción Internacional de América Latina y el Caribe 2013, 128 p.
  Latin America and the Caribbean in the World Economy 2013, 122 p.
- Estudio Económico de América Latina y el Caribe 2013, 220 p.
  Economic Survey of Latin America and the Caribbean 2013, 210 p.
- La Inversión Extranjera Directa en América Latina y el Caribe 2012, 152 p.
  Foreign Direct Investment in Latin America and the Caribbean 2012, 142 p.

Libros y documentos institucionales
Institutional books and documents

- Pactos para la igualdad: hacia un futuro sostenible, 2014, 340 p.
  Covenants for Equality: Towards a sustainable future, 2014, 330 p.
- Integración regional: hacia una estrategia de cadenas de valor inclusivas, 2014, 226 p.
  Regional Integration: Towards an inclusive value chain strategy, 2014, 218 p.
  Integração regional: por uma estratégia de cadeias de valor inclusivas, 2014, 226 p.
- Prospectiva y desarrollo: el clima de la igualdad en América Latina y el Caribe a 2020, 2013, 72 p.
- Comercio internacional y desarrollo inclusivo: construyendo sinergias, 2013, 210 p.
- Cambio estructural para la igualdad: una visión integrada del desarrollo, 2012, 330 p.
  Structural Change for Equality: an integrated approach to development, 2012, 308 p.
- La hora de la igualdad: brechas por cerrar, caminos por abrir, 2010, 290 p.
  Time for Equality: closing gaps, opening trails, 2010, 270 p.
  A Hora da Igualdade: Brechas por fechar, caminhos por abrir, 2010, 268 p.

Libros de la CEPAL / *ECLAC books*

126 Planificación, prospectiva y gestión pública: reflexiones para la agenda del desarrollo, Jorge Máttar, Daniel E. Perrotti (eds.), 2014, 250 p.

125 La crisis latinoamericana de la deuda desde la perspectiva histórica, José Antonio Ocampo, Barbara Stallings, Inés Bustillo, Helvia Velloso, Roberto Frenkel, 2014, 174 p.

124 La integración de las tecnologías digitales en las escuelas de América Latina y el Caribe: una mirada multidimensional, Guillermo Sunkel, Daniela Trucco, Andrés Espejo, 2014, 170 p.

123 Fortalecimiento de las cadenas de valor como instrumento de la política industrial: metodología y experiencia de la CEPAL en Centroamérica, Ramón Padilla Pérez (ed.), 2014, 390 p.

122 Cambio estructural y crecimiento en Centroamérica y la República Dominicana: un balance de dos décadas, 1990-2011, Hugo E. Beteta y Juan Carlos Moreno-Brid, 2014, 398 p.

Copublicaciones / *Co-publications*

- *Decentralization and Reform in Latin America: Improving Intergovernmental Relations*, Giorgio Brosio and Juan Pablo Jiménez (eds.), ECLAC / Edward Elgar Publishing, United Kingdom, 2012, 450 p.
- Sentido de pertenencia en sociedades fragmentadas: América Latina desde una perspectiva global, Martín Hopenhayn y Ana Sojo (comps.), CEPAL / Siglo Veintiuno, Argentina, 2011, 350 p.
- Las clases medias en América Latina: retrospectiva y nuevas tendencias, Rolando Franco, Martín Hopenhayn y Arturo León (eds.), CEPAL / Siglo XXI, México, 2010, 412 p.
- *Innovation and Economic Development: The Impact of Information and Communication Technologies in Latin America*, Mario Cimoli, André Hofman and Nanno Mulder, ECLAC / Edward Elgar Publishing, United Kingdom, 2010, 472 p.

Coediciones / *Co-editions*

- Perspectivas de la agricultura y del desarrollo rural en las Américas: una mirada hacia América Latina y el Caribe 2014, CEPAL / FAO / IICA, 2013, 220 p.
- Perspectivas económicas de América Latina 2014: logística y competitividad para el desarrollo, CEPAL/OCDE, 2013, 170 p.
  Latin American Economic Outlook 2014: Logistics and Competitiveness for Development, ECLAC/OECD, 2013, 164 p.
- Juventud y bono demográfico en Iberoamérica, Paulo Saad, Tim Miller, Ciro Martínez y Mauricio Holz, CEPAL/OIJ/UNFPA, 2012, 96 p.
- Perspectivas económicas de América Latina 2013: políticas de pymes para el cambio estructural, OCDE/ CEPAL, 2012, 192 p.
  Latin American Economic Outlook 2013: SME Policies For Structural Change, OECD / ECLAC, 2012, 186 p.

Cuadernos de la CEPAL

101 Redistribuir el cuidado: el desafío de las políticas, Coral Calderón Magaña (coord.), 2013, 460 p.
101 Redistributing care: the policy challenge, Coral Calderón Magaña (coord.), 2013, 420 p.

100 Construyendo autonomía: compromiso e indicadores de género, Karina Batthyáni Dighiero, 2012, 338 p.

99 Si no se cuenta, no cuenta, Diane Alméras y Coral Calderón Magaña (coordinadoras), 2012, 394 p.

98 Macroeconomic cooperation for uncertain times: The REDIMA experience, Rodrigo Cárcamo-Díaz, 2012, 164 p.

97 El financiamiento de la infraestructura: propuestas para el desarrollo sostenible de una política sectorial, Patricio Rozas Balbontín, José Luis Bonifaz y Gustavo Guerra-García, 2012, 414 p.

Documentos de proyecto / *Project documents*

- La economía del cambio climático en la Argentina: primera aproximación, 2014, 240 p.
- La economía del cambio climático en el Ecuador 2012, 2012, 206 p.

- Economía digital para el cambio estructural y la igualdad, 2013, 130 p
  The digital economy for structural change and equality, 2014, 128 p.
- Estrategias de desarrollo bajo en carbono en megaciudades de América Latina, Joseluis Samaniego y Ricardo Jordán (comps.), María Teresa Ruiz-Tagle (ed.), 2013, 184 p.
- La cooperación entre América Latina y la Unión Europea: una asociación para el desarrollo, José E. Durán Lima, Ricardo Herrera, Pierre Lebret y Myriam Echeverría, 2013, 157 p.

Cuadernos estadísticos de la CEPAL

41 Los cuadros de oferta y utilización, las matrices de insumo-producto y las matrices de empleo. Solo disponible en CD, 2013.

40 América Latina y el Caribe: Índices de precios al consumidor. Serie enero de 1995 a junio de 2012. Solo disponible en CD, 2012.

Series de la CEPAL / *ECLAC Series*

Asuntos de Género / Comercio Internacional / Desarrollo Productivo / Desarrollo Territorial / Estudios Estadísticos / Estudios y Perspectivas (Bogotá, Brasilia, Buenos Aires, México, Montevideo) / *Studies and Perspectives* (The Caribbean, Washington) / Financiamiento del Desarrollo / Gestión Pública / Informes y Estudios Especiales / Macroeconomía del Desarrollo / Manuales / Medio Ambiente y Desarrollo / Población y Desarrollo / Política Fiscal / Políticas Sociales / Recursos Naturales e Infraestructura / Reformas Económicas / Seminarios y Conferencias.

Revista CEPAL / *CEPAL Review*

La Revista se inició en 1976, con el propósito de contribuir al examen de los problemas del desarrollo socioeconómico de la región. La *Revista CEPAL* se publica en español e inglés tres veces por año.

CEPAL Review first appeared in 1976, its aim being to make a contribution to the study of the economic and social development problems of the region. CEPAL Review is published in Spanish and English versions three times a year.

Observatorio demográfico / *Demographic Observatory*

Edición bilingüe (español e inglés) que proporciona información estadística actualizada, referente a estimaciones y proyecciones de población de los países de América Latina y el Caribe. Desde 2013 el Observatorio aparece una vez al año.

Bilingual publication (Spanish and English) proving up-to-date estimates and projections of the populations of the Latin American and Caribbean countries. Since 2013, the Observatory appears once a year.

Notas de población

Revista especializada que publica artículos e informes acerca de las investigaciones más recientes sobre la dinámica demográfica en la región. También incluye información sobre actividades científicas y profesionales en el campo de población.
La revista se publica desde 1973 y aparece dos veces al año, en junio y diciembre.

Specialized journal which publishes articles and reports on recent studies of demographic dynamics in the region. Also includes information on scientific and professional activities in the field of population.
Published since 1973, the journal appears twice a year in June and December.

Las publicaciones de la CEPAL están disponibles en:
ECLAC Publications are available in:

www.cepal.org/publicaciones

También se pueden adquirir a través de:
They can also be ordered through:

www.un.org/publications

United Nations Publications
PO Box 960
Herndon, VA 20172
USA

Tel. (1-888)254-4286
Fax (1-800)338-4550
Contacto / *Contact*: publications@un.org
Pedidos / *Orders*: order@un.org